主编·吕章申

国博讲堂

2011
—
2012

上海古籍出版社

图书在版编目(CIP)数据

国博讲堂. 2011—2012 / 中国国家博物馆编. —上
海：上海古籍出版社，2015.1
ISBN 978-7-5325-7471-1

Ⅰ.①国… Ⅱ.①中… Ⅲ.①社会科学—文集 Ⅳ.
①C53

中国版本图书馆 CIP 数据核字(2014)第 260677 号

国博讲堂(2011—2012)

吕章申 主编

上海世纪出版股份有限公司
上 海 古 籍 出 版 社 出版

(上海瑞金二路 272 号 邮政编码 200020)

(1)网址：www.guji.com.cn

(2)E-mail：guji1@guji.com.cn

(3)易文网网址：www.ewen.co

上海世纪出版股份有限公司发行中心发行经销

上海丽佳制版印刷有限公司印刷

开本 889×1194 1/16 印张 21.25 插页 2 字数 300,000

2015 年 1 月第 1 版 2015 年 1 月第 1 次印刷

印数：1—1,300

ISBN 978-7-5325-7471-1

K·1958 定价：195.00 元

如有质量问题，请与承印公司联系

编辑委员会

目　录

前　言

　　"国博讲堂"是在原中国国家博物馆学术讲座的基础上发展而来的。2007年3月国家博物馆开始改扩建工程，闭馆期间，为了提升博物馆业务和学术水平，拓宽研究人员的学术视野，营造学术氛围，增强学术意识，国家博物馆先后举办了二十九次主要面向馆内职工的学术讲座，内容涵盖了博物馆学、非物质文化遗产保护、中国古代物质文明、水下考古等诸多领域。2011年3月，中国国家博物馆改扩建工程顺利完成，重新开馆的国家博物馆总面积接近二十万平方米，已经成为世界第一大馆。在新的宏伟建筑里如何以多种方式服务各界人士，既是时代的要求，更是新国博自身发展的需要。本着人才立馆、藏品立馆、学术立馆、服务立馆的办馆方针，国家博物馆决定将已形成很好机制的国博学术讲座改造为面向社会公众的学术平台——国博讲堂。

　　"国博讲堂"是中国国家博物馆落实"学术立馆"方针的重要举措，面向公众开放，是国家博物馆为公众服务的项目之一，是联系专家学者、专业人士和社会公众的桥梁，是展现国博业务工作的窗口，是衡量国博的学术水平是否达到国内领先、国际一流的标志；同时，开设"国博讲堂"也是实现我馆"人才立馆"的一个重要举措，目的是通过多种手段培养人才，建立合理的各类人才队伍，最大限度地推进博物馆的多学科研究，以保证国家博物馆各项事业快速发展，更好、更全面地服务于社会，使国博的人才队伍建设和人才储备与世界大馆的地位相称。

  "国博讲堂"以历史与艺术并重为宗旨，选题包括历史、艺术、文物考古及文保科技三大系列，或追踪学术前沿，或配合同期展陈，邀请国内外不同学科的专家学者发表高见。大多数讲座还加入了听众提问环节，提高听众的参与度，增强讲座的互动性和开放性。自2011年4月开讲以来，截至2012年12月，"国博讲堂"已举办二十四场，以其科学性、思想性、学术性、开放性受到馆内外、国内外听众的好评。

  《国博讲堂（2011-2012）》，精选十五次讲座的整理稿，以讲座时间为序编次（"启蒙之对话"五讲因内容相关，编为一个单元）。除个别讲座因散谈等形式问题不便整理收录外，大部分讲座都根据演讲专家讲稿或现场录像、速记等整理成文，部分整理稿又经演讲专家后期审核加工，补充了新的内容，在此谨向各位专家及为本书编辑整理付出辛劳的工作人员致以谢忱。

  希望本书的出版能依靠书籍这一新的传播媒介，进一步扩大"国博讲堂"的影响，让智者的思想之光照亮更多的地方。

中国国家博物馆馆长

吕章申

启蒙之对话（五讲）

启蒙的艺术——展览的历史

——"启蒙之对话"系列论坛第一场

时　　间：2011年4月2日上午
地　　点：中国国家博物馆剧院
主持人：中国国家博物馆馆长　吕章申（上半场）
　　　　中国国家博物馆副馆长　陈履生（下半场）

上半场

吕章申：

尊敬的德国副总理兼外长韦斯特维勒先生，尊敬的蔡武部长，尊敬的各位来宾，女士们、先生们：与昨天隆重开幕的"启蒙的艺术"大型展览同步进行的"启蒙之对话"中德系列学术论坛现在开始。"启蒙之对话"学术论坛共分五讲，今天是第一讲。

下面请允许我首先介绍出席今天论坛的主要贵宾：德国副总理兼外长韦斯特维勒先生，中华人民共和国文化部部长蔡武先生，德国驻华大使施明贤先生，德国墨卡托基金会主席洛伦茨先生。

参加今天论坛的还有中外各方面的专家、学者、嘉宾、朋友，还有中外新闻媒体的朋友，在此，我代表中国国家博物馆向大家表示由衷的欢迎和感谢。

现在请允许我荣幸地邀请中华人民共和国文化部部长蔡武先生发表演讲。

蔡武：

尊敬的韦斯特维勒副总理阁下，各位参会的学者、嘉宾，女士们、先生们、朋友们：大家上午好！

昨天我们刚刚为"启蒙的艺术"大型展览举办了隆重的开幕典礼，现在，我和韦斯特维勒副总理阁下以及中德双方博物馆工作者又相聚在这里，为"启蒙之对话"系列论坛揭幕，感到非常高兴。

今天是"启蒙之对话"系列论坛的第一讲，在以后的一年里，将有更多来自中国和欧洲的专家、学者，加入到这个对话当中来，从不同的角度出发，共同回顾启蒙运动的历史源流，探讨启蒙对今天的影响，展望启蒙之光如何对世界未来的发展作出新的贡献。

我认为，此次论坛无论从规模还是立意、选题以及学者的阵容方面，都可以说是中德文化交流史上的一件盛事，也是中欧文化交流史上的一件盛事。启蒙运动是继文艺复兴运动之后又一次重大的思想解放运动，虽然已经过去了近三个世纪，但到今天仍然有着巨大的影响。启蒙思想在当时社会各个阶层中广泛传播，并与科学、技术和工业化一起将欧洲带入现代化的进程，进而对整个人类历史的发展产生巨大的影响。

蔡武

中德两国都有悠久的历史和灿烂的文化，都为人类的文明进步作出过巨大的贡献，两国之间文化和思想的交往源远流长，其中一座重要的桥梁就是启蒙运动。正是在启蒙运动时期，德国乃至欧洲的思想家们，开始较为深刻地接触和认识中国的传统文化精神，并且一度将中国视作理想国而大为称颂，经过他们的研究、推介，孔子、孟子等中国哲人和他们的著述进入了欧洲人民的视野。德国启蒙思想家莱布尼茨是其中的先行者之一，他曾经这样说："我们一直觉得自己极有教养，可是谁会料到，世界上还有另外一个民族遵循着更有教养的文明生活准则，现在我们对中华民族有了一定的了解，我们体会到此民族正是这样的民族。"莱布尼茨的话代表了当时欧洲思想界、文化界许多人的想法，他们认识到，在欧洲文明之外，还存在着另外同样发达的文明，所以要求能够与中国有更多的交流，以获得变革社会的助力。无独有偶，中国古代学者们同样也渴望能够对地球另一侧的文明有更深入的认识。在"启蒙的艺术"展览入口的地方，引用了四百年前中国古人的一句话："即如中国圣人之教，西士固未前闻，而其所传乾方先圣之书，吾亦未之前闻，乃兹交相发明，交相裨益。惟是六合一家，心心相印，故东渐西被不爽耳。"继之一百四十年前，清末的知识分子已经开始关注启蒙运动，他们创办报刊，撰写著作，大力宣传启蒙思想，将其与爱国、救亡紧密结合在一起，试图借助启蒙的力量改变现状、振兴民族。随着启蒙思想的传播，欧洲的文学艺术作品也纷纷传入中国，歌德、席勒等名字在中国深入人心，其影响与地位并不亚于在德国本土。

当历史翻过近代这一页，当我们把目光聚焦在今天这个充满变数的时代，人类更加应该不断地探索、反思，需要深入地开展不同的文明对话和思想的碰撞。因此，在今天全球化浪潮席卷世界的背景下，人文领域特别是文化艺术的交流合作成为中欧、中德关心的重要内容。此次，中国国家博物馆与德国柏林国家博物馆、德累斯顿国家艺术收藏馆、慕尼黑巴伐利亚国家绘画收藏馆以及墨卡托基金会共同举办的"启蒙的艺术"展览和"启蒙之对话"系列论坛，是中德两国文化机构之间合作的典范，我对此表示赞赏。公共博物馆本身就是启蒙运动的产物，是启蒙运动为后世留下的宝贵遗产之一，相比博物馆当时单纯的收藏和展示艺术品或对民众进行美学熏陶的功能，今天的博物馆已经发展成为人类文明、技艺等传承与创新的重要领地，既是大众启迪智慧、陶冶情操、欣赏艺术的文化休闲的理想方式，也是普及科学文化知识、提升公民素质、提高社会文明程度的重要平台。中德双方通过博物馆界的合作，在艺术上相互认识，通过合作了解彼此，然后将交流的成果推向整个社会，吸引更多的人前来分享，这本身也是一件非常有意义的事情。

"启蒙之对话"论坛第一场"启蒙的艺术——展览的历史"现场（上半场）

女士们、先生们、朋友们，当代社会是一个信息网络高度发达的时代，是一个各种思潮不断涌现的时代，更是一个各种文化相互交融、相互交锋的时代。在这个时代中，坚持文化的多样性特征，大力推进文化开放与交流是最为强烈的时代精神。中华五千年文明之所以延绵不绝、生生不息，并在新的时代焕发出新的活力，其根本的原因在于它海纳百川的开放性和包容性，多元一体的中华文化本身就是多民族相互融合、相互借鉴、共同缔造、共同繁荣发展的结果。历史上，中国独有的儒家、道家以及中土化的佛家的思想哲学传至东亚邻国，同时又大量地吸收和改造印度的佛教文化和近代欧洲的文化精髓。开放与交流一直成为推动中国文化发展的重要外交动力，它丰富了中国文化的内涵，促进了中国与世界各国、各民族的交往和友谊。

今天我们在这里举办"启蒙的艺术"展览和"启蒙之对话"系列论坛，也正是要把这种已有悠久传统的交流和对话持续下去，并且推上一个新的高度。

衷心祝愿"启蒙的艺术"展览和"启蒙之对话"系列论坛圆满成功。

谢谢大家。

吕章申：

谢谢蔡部长精彩的演讲。下面请德国驻华大使施明贤先生致辞。

施明贤：

尊敬的韦斯特维勒外长，尊敬的蔡武部长，亲爱的吕馆长，亲爱的伯恩哈德·洛伦茨主席，尊敬的各位嘉宾，女士们、先生们：早上好。

哲学家伊曼努尔·康德在1783年将启蒙的实质定义为个体运用理性获得的解放。他提出"要有勇气运用你自己的理性"的口号，吹响了一场思想和社会运动的进军号角，而这场运动对于现代欧洲所产生的深远影响是其他任何运动无法比拟的。

施明贤

启蒙运动往往被看成是欧洲内部的发展，然而如果当时没有与东方文化，特别是中国文化的重要接触，启蒙运动也是不可想象的。对于戈特弗里德·威廉·莱布尼茨等学者来说，中国思想家诸如孔子和孟子代表着一种包罗万象的人性和社会图像，可以作为基督教、犹太教思想之外的另一种理性选择。有些人甚至把中国看成是相对于欧洲的另一个世界，他们对中国推崇备至，并在与中国的对照中重新审视自己的质疑和对未来的构想。

因此启蒙运动也是早期文化碰撞的结果，因为启蒙运动的杰出先驱们满怀自信和虔诚，创造性地向奇异的未知世界敞开了胸怀。

我们举办"启蒙的艺术"大型展览和"启蒙之对话"系列论坛活动，就是为了秉承这一启蒙精神。我们愿与中国朋友一起以启蒙精神为导向，以开放的态度并怀着相互了解的愿望，放眼未来。

在世界新格局的形成进程中，相互信任和相互了解对于避免误解是必不可少的。为了能在全球化的世界里成为合作伙伴，我们必须更好地相互了解和理解，在存在不同出发点和不同观点的问题上——如实现个体人权的问题，尤其需要这样。

这种理解只能通过会谈、对话、讨论来实现，特别是两国公民社会之间的会谈、对话和讨论。这就是我们与中国朋友在举办"启蒙的艺术"展览的同时举办"启蒙之对话"系列活动的初衷。我们期望通过对话和讨论获得开放性的、增进彼此了解的接触，这些接触正如过去的启蒙者所理解的那样，是世界各国相互交织的先声。

在此，我感谢中国国家博物馆，特别是您——尊敬的吕馆长，感谢您从一开始就秉着名副其实的启蒙精神，毫无保留地支持这个对话。

感谢墨卡托基金会，这个独特项目的举办离不开该基金会，特别是伯恩哈德·洛伦茨先生的投入和奉献。

我还要特别感谢您，韦斯特维勒外长，以及您的前任所给予的支持。您本人对这个议题的高度重视令我们很受鼓舞。您出席今天的开幕式本身就强调了您和联邦政府对于与中国发展密切伙伴关系以及进行坦诚对话的高度重视。

我深信，未来十二个月的展览和对话，定将使我们的伙伴关系得到新的提升。

谢谢你们。

吕章申：

下面请允许我荣幸地邀请古多·韦斯特维勒先生发表演讲。

古多·韦斯特维勒

古多·韦斯特维勒：

尊敬的蔡武部长，尊敬的各位专家，女士们、先生们：

昨天我们在这里为"启蒙的艺术"这个大型展览举行了开幕式，我感到非常高兴。今天有机会在这里进一步进行对话，我们对话的主题是启蒙、启蒙时代、启蒙的价值、启蒙的思想以及启蒙对于今天来讲给我们带来了什么。我们首先感谢蔡武部长，感谢中国文化部，同时，感谢中国国家博物馆，我也感谢墨卡托基金会，没有你们共同的努力，我想这个论坛是不太可能如期举行的。

我们希望能够同中国社会进行坦诚、积极的交流，这样的一种交流不应该仅仅是针对某一学科专家，而是针对有兴趣的、整体的中国公众。我感到高兴的是，今天有这么多年轻人来参加这个活动。希望通过今天这样一种"对话"形式的论坛，能推动一个讨论的进程，而它的影响应该远远超出展览本身。

三十多年前，中国开始改革开放，为这个国家带来了巨大的变化。通过改革开放打破了计划经济的禁锢，使得中国的经济和社会焕发了活力，使中国成为世界第二大经济体。中国用很短的时间，使数亿人摆脱了贫困，中国人民的生活水准以及教育水准都得到极大的提高。有上亿的中国人，现在已经成为受过良好的教育、具有活力的中国中间阶层。这个中间阶层的人数在不久之后将会超过整个欧洲的人口。随着中间阶层的增长，社会也会越来越公正，贫富差距会越来越小，从这个角度来讲，中间阶层是凝聚社会的主导。

实际上无人不为中国的复兴所折服，大家非常钦佩中国人的勤奋、乐观向上的精神，从这个角度讲，中国人民完全应该为自己的伟大成就而自豪。温家宝总理在最近的工作报告中指出，中国走向现代化的过程中面临很多新的挑战，包括保护自然资源、去除城乡之间的差异、缩小贫富差距等。同时，温总理进一步阐释了中国的意愿，将中国的改革继续下去。我想，要在这样的路径上取得成功，意识形态将不再是政策关注的核心，而人应成为关注的重心，这样做才能为所有的人带来意义，作为公民才有可能来决定自己生活的目标。

今天更多的人有机会去旅行、接受教育、进行贸易，从而释放人们巨大的活力和创新力。所以我想，世界没有一个国家能够有中国这种欣欣向荣的推动力。中国几十年开放的道路，使我想起我们自己的历史，但是，中国几十年走过的道路，在欧洲我们需要几百年才能走完。今天来回顾启蒙，我们自己觉得，启蒙并没有被圈定在历史上的某一个进程或者是阶段，它是一个认识的进程，它不是一帆风顺的，而是时常反复甚至失败的。走向法制、富裕社会的道路并不是现成的。而启蒙预示了思想史上新的阶段，启蒙思想就是要促进人本身思维的发展，而且要促使每一个人对已有的思维惯性进行批判。在这样的进程中，理性被大家认为是放之四海而皆准的判断的主体。实际上，理性奠定了个人的自由，它使人们的主体权利得到保护，而且也使现代国家服务于全体公民，这一点也能够在我们的展览上看出来。有越来越多的人受到教育，新的科学领域不断发展，像康德、莱布尼茨、洪堡这些人，实际上都是发展过程中的代表人物。

对理性的信任，实际上对欧洲18、19世纪社会、政治、经济的发展都产生了重要影响，那个时代为今天社会的发展奠定了基础。当然启蒙的价值并不是欧洲的专利，世界上很多其他大洲的思想家也受到了启蒙思想的影响。当然启蒙同样也受到了各大洲有益思想的影响，中国在其中起到了重要作用。18世纪的德国哲学家克里斯蒂·沃尔夫讲过，他熟悉孔子的著述，通过孔子的思想，我们认识到一种理性的、负责任的治国方法，这是良好的治国思想。

我们认为，启蒙的价值具有普世性，自由、民主以及法治国家，是我们理政的非常重要的导引。我们也深知，普世性并不意味着单一性，今天很多国家都在寻求现代化道路，对于这些国家而言，向往的正是自由、民主和法治的国家。虽然它们走的路不太一样，一些国家可能走得顺畅一点，一些国家走得艰难一些，每个国家因为各有其历史而有所不同，每个国家都应该对其他国家表示应有的尊重。德国崇尚自由，崇尚民主，崇尚法治。

回顾启蒙，我们深知启蒙给人类带来了多大的成果。当我还是三十岁左右的青年人时，我见证了中、东欧发生的剧变，作为德国人，我们感到非常幸运，在我们国家发生了和平剧变，类似的剧变还席卷了整个欧洲。其实柏林墙并不是自然倒下的，而是被具有自由意志的人们推翻的。在一个民主的社会中，人们的尊严能够得到尊重。稳定与此并不矛盾，我们要从长远的角度来看，一个自由、多样的社会能为我们带来更多的稳定。一个社会如果不自由，或者它的统一是被强迫的，这个社会就可能出现不稳定，而且会带来压迫，带来停滞。

许多欧洲之外的国家，包括中国，经历了长时间的殖民统治，殖民统治实际上是欧洲历史上黑暗的一页。在欧洲，人们为自己的独立进行斗争，但是在欧洲之外，他们却将很多人置于奴役和剥削之下。所以，如果回忆殖民时期的话，很多人对西方人致力于人权持怀疑态度，他们比较担心这些人会利用人权，把它作为控制他人的工具。德国基本法的第一条是人的尊严不可侵犯，这是我们的最高价值，也是我们德国从黑暗和痛苦的历史中摸索出的经验。这一个原则，实际上约束着整个德国的政治和政治家，约束着我们体现这种价值观的外交政策，也约束着我们为人权所进行的抗争。人权的保护并不是针对某些人和某些国家，相反是希望这些国家能够稳定、发展。人权也被写入中国的宪法之中，这是中国改革开放三十年来的一大成就。

胡锦涛主席在2011年1月访问美国时承认人权的普遍性，德国对此表示欢迎。这些年来，我们一直和中国进行着对话，其中包括政治自由权利的对话。因为我们的制度、看待问题的方式可能不太一致，我们会在很多问题上持不同观点。比如，德国有一些人在死刑、处理持不同政见者的方式等问题上，对中国持批判态度。正是基于这个原因，我们应该多对话，我们所进行的对话是相互尊重的对话。在这次访华过程中，中国政府给我的一个非常好的印象是：在国家的建设过程中，非常注重法治的建设，包括要整治腐败。我们非常荣幸能够在中德法治国家对话的过程中，对中国法治国家的建设给予一定的建议。我们今天的世界会有新的问题，要求我们寻找新的答案。人的基本权益的保护，是一个永续的任务。

在德国，人们也经常讨论，在网络世界里个人隐私如何得到保护，英特网不可能成为没有法律监督的空间。英特网的开放性也是一个问题，在今天全球化的时代里带给我们非常大的挑战，今天的世界，大家相互之间的联系越来越密切，信息量也越来越大，任何一个国家都没有办法单独迎接挑战。同时我们觉得，英特网给我们带来的并不只是风险，也有机遇。没有英特网，过去几年经济如此快速的发展是不可能的。我们能够运用英特网，使原本局限在学校的教育资源共享；也使得经济和社会发展得越来越快速；英特网为我们带来新的公共空间，我们能够借助英特网进行交流，这也在加强我们的公民组织。我们都知道，发展良好的公民组织是一个国家长久稳定、健康发展的基础。在世界上没有任何一个国家像中国这样快速地使用英特网来发展自己。

现在，世界上使用英特网的人达到了二十亿，这个数字还在增长，在全球化进程中，英特网是关键性的技术。英特网的开放性本身具有极高的价值，在我们进行当下的现代启蒙的时候，英特网无疑是一个助推器。在欧洲启蒙时代，书、报是促成当时人们生活发生变化的媒介，借助这种媒介，欧洲社会产生了新型意义上的具有批判精神的公众。我们自己也知道，形成一个开放的、具有批判性的社会，并不是一件特别容易的事情，无论是中国，还是德国，都是如此，但这对社会发展是有重要意义的。怀疑已经接受的东西，质疑被大家肯定的东西，这种态度会为社会带来进步。一种怀疑的文化，一种具有建设性的批判精神，实际上是助推器，会令我们好上加好、优中更优。一个社会如果不允许别人抱有怀疑态度，不仅不可能获得稳定，相反可能会带来停滞。孔夫子的思想对欧洲的启蒙产生了很大的影响，人在社会中的升迁不应该由他的家庭背景决定，而应该取决于他在教育和事业上所取得的成就。每个人都应该有通过教育发展自己的可能性，实际上教育已经成为一个人决定自我生活的关键，教育使我们更宽容，使整个社会更开放。事实上，当个体受到良好教育的时候，整个社会都会受益。

在今天全球化的世界中，决定一个国家稳定与否及其成就的，并不是自然资源，而是一个一流的教育体制、一个公正的教育体制、一个具有贯通性的教育体制。现在在德国的大学里面，已经有两万五千多名中国学生，他们是德国最大的留学生群体。已经有四百多家德国的大学与中国的大学签署协议，我们认为这种合作对于德国有重要的意义。中国在很短的时间里，使文盲的数量极大地下降。中国人民热情好学，这是值得我们学习的地方。教育是一种态度，在启蒙的时代大家对于未来、对于进步持乐观的态度，这种态度对今天而言也应该是全球化进程中的一个关键。在冷战时期，很多人觉得世界的末日已经到来，而现在两极的终结实际上是启蒙的胜利，证实了很多人的悲观论调是错误的。我们一向认为，通过暴力不能使启蒙的精神得到传播，而启蒙也不可能被暴力所抑制。每个国家走的道路不太一样，启蒙的路径也不尽相同。今天世界上很多国家，其启蒙的路径和欧洲、德国的路径是不太一样的，每个国家都会找到自己通向启蒙和现代的

吕章申馆长向德国副总理兼外长韦斯特维勒赠送书法作品

路径。我们并不是处在历史终结的时代，而是处在未来开始的时期，我们需要好奇心，谁好奇谁才能赢得未来。这包括彼此间的好奇，我们在今天"启蒙之对话"中展示出来的好奇，我们认为这种好奇是中德关系具有最美好未来的保障，我非常感谢大家。

我本人不仅希望"启蒙的艺术"展览取得圆满成功，希望"启蒙之对话"系列活动也取得圆满的成功，更非常高兴能够为这个活动作出贡献，为中德友谊发展作出我们的努力。

谢谢。

吕章申：

感谢韦斯特维勒博士刚才发表的精彩演讲。为了感谢韦斯特维勒副总理兼外长对于中德两国国家博物馆交流作出的贡献，应施明贤大使的再三要求，我有一件书法作品送给总理阁下：中德友谊之树长青——德国启蒙的艺术展览成功 吕章申书贺。

女士们、先生们，让我们以热烈的掌声感谢蔡武先生、施明贤先生、古多·韦斯特维勒博士的精彩演讲。下面请德国墨卡托基金会主席洛伦茨先生致辞。

伯恩哈德·洛伦茨：

尊敬的蔡武部长，尊敬的外长，女士们、先生们：大家好。

非常高兴、非常荣幸终于盼来了酝酿了很长时间的展览，我们等这一天已经很久了。

我要讲的是，我们共同做了"启蒙之对话"的论坛，在美妙无比的博物馆中，今天迎来了开讲的一天。非常感谢我的伙伴：三家德国博物馆、中国国家博物馆以及墨卡托基金会的同仁们，他们在协调和组织当中，作了非常多的贡献。感谢各位先生：施明贤先生、马丁·霍顿先生还有朗宓榭先生，虽然朗宓榭先生没能参加今天的活动，但是如果没有他作为中德专家筹备小组的组长，我们也很难做出这样的活动。

女士们、先生们，墨卡托基金会为什么要到中国来？三年前，深受一种思想的鼓舞，我们希望举办一个非常大型的展览并推动从属和延伸的项目。什么是启蒙？其实它象征着我们的能力和意愿，一种找到新的答案、新的路径的意志，互相交流理解、克服谬误的意志。吕馆长也说了，我们了解启蒙是一种进程和过程，因此我们把这个系列的活动叫作"启蒙之对话"。哈贝马斯说，启蒙是现代未竟的事业，需要我们形成自己的观点并就此进行交流。

再次强调一下，我们之所以来到这里，是因为我们相信这样对话的力量。在过去两年当中，每当我们拟定了项目，开展的这类对话都是非常扣人心弦的，墨卡托基金会希望支持人与人之间及思想之间的交流。我们认为，只有相互携手，才能找到途径去解决全球共同面临的挑战。在过去的两年中，我们的伙伴和朋友给了我很大的鼓舞，你们的开放和友好，使我们可以找到共同接受的方案，正是这样的原因才使我们到这里来。中国将给21世纪的世界打上烙印，而德国作为欧洲的一部分，同样愿意并且也将为21世纪打上自己的烙印。我想我们都需要以具有伟大前景的教育和科学作为现代社会持续发展的基础。大家都非常清楚，中国

伯恩哈德·洛伦茨

有数千年悠久的文化，而且你们的发展之路是一条能给所有人非常重要影响的成功之路。在德国和欧洲、中国和欧洲、德国和中国之间，通过启蒙的对话，我们彼此之间都能学到很多东西。我们认为启蒙是具有当下性意义的一个题目。启蒙是什么？康德曾经说过，启蒙就是人类脱离自己加之于自己的不成熟状态。不成熟状态就是如果不经别人的引导，就对运用自己的理智无能为力。我们要进行自由的讨论，这就是我们来到这里的原因，我们来就是要进行启蒙的对话。

谢谢大家。

下半场

陈履生：

"启蒙之对话"论坛第一场下半场现在开始。

陈履生

首先，我介绍主席台上的嘉宾：中国国家博物馆馆长吕章申先生，中国美术馆馆长范迪安先生，上海博物馆馆长陈燮君先生，德国柏林国家博物馆总馆长米歇尔·艾森豪威尔先生，德累斯顿国家艺术收藏馆总馆长马丁·罗特先生，慕尼黑巴伐利亚国家绘画收藏馆总馆长克劳斯·施恩克先生。

在昨天的开幕式上，罗特总馆长在代表德方三位馆长的致辞中引用了一句中国的俗语"一山不容二虎"，后来他作了解释，以"一山容了四虎"来形容本次展览的四馆合作。今天我们的论坛"一山容了六虎"，中德双方各三位馆长的对话将为我们"启蒙之论坛"第一讲以及持续一年的每一讲带来一个很好的开头。为这次论坛作出重要贡献的朗宓榭教授，作为德方专家组成员，为本次论坛贡献了自己的智慧和辛勤的劳动，本来要代表专家组在这里介绍本次论坛的源起，但遗憾的是他身体不适，他为不能来到北京而感到非常痛心。这里我代表我们专家组成员，遥祝他早日安康。

下面请墨卡托基金会柏林艺术中心主任安德鲁·威肯斯先生，代表朗宓榭教授宣读他的书面发言，介绍论坛的情况。有请安德鲁·威肯斯先生。

安德鲁·威肯斯：

尊敬的女士们、先生们：上午好！

我很荣幸能够在此对由墨卡托基金会与中国国家博物馆共同策划的"启蒙之对话"系列论坛的设想和思路作一个简单的介绍。"启蒙之对话"是昨天开幕的"启蒙的艺术"大型展览的一个延伸活动。艺术展把德国多家博物馆的重要馆藏展现给中国观众，而系列对话活动将以中欧对话的精神、多维度的视角，来再现启蒙的思想。我们的出发点不是为艺术展作诠释，而是希望激活这个展览所蕴含的精神世界。"启蒙之对话"的基本观点是：启蒙运动虽然是欧洲18、19世纪的一个单元的历史事件——如展品所展示的那样，但同时又是一个无处不在、每个阶段都有可能出现的普遍现象，可谓是一个人类学上的常量。康德有

安德鲁·威肯斯

一句被大家引用得非常多的话，他给启蒙作了一个定义：启蒙就是人类脱离自己加之于自己的不成熟状态。不成熟状态就是如果不经别人的引导，就对运用自己的理智无能为力。

在此，我们不应该把这段话简单地看作是康德对自己所处的那个时代的启蒙的定义，而是从本质上揭示了人的一个可能性。从这个意义上来讲，每一个人、每一种文明、每一种传统都可以获得启蒙的体验。而对话，有时也以讨论甚至争辩的形式出现，是启蒙的标志。遵循康德的教导，不依赖别人的引导运用自己的理智，但是这同时也意味着我们必须对理智运作的结果进行交流，并加以讨论。欧洲的启蒙运动是这样一个例证，中国的"五四"运动的一大特点也是对话和辩论。对启蒙运动的这种理解，不仅不排斥各种各样不同甚至对立的启蒙观念，而且恰恰促进各个看法的生成。

由于时间关系，我仅举一个例子：德国当代哲学家卡尔萨斯认为"欧洲的启蒙不是一个由具备同样思想和信仰的人的一个内在统一的运动"。比如卢梭就对启蒙运动中某些领袖的进步乐观主义持批评态度，而这也是启蒙历史的一个组成部分。

我们的活动正是基于这样的对话原则：平等是论坛的基石，没有一个论坛只

是单向关注西方的启蒙，每一个论坛都以当今的中国和欧洲为主题。

论坛共有五组。在今天的论坛中，我们将向大家介绍中德博物馆馆长之间的"启蒙的艺术"展览的合作，可以说这是"制作展览"的经验报告。在这个过程中，没有双方持续的对话，展览的成功举办是无法想象的。

在第二场论坛中，我们将对"艺术和启蒙"进行反思。我们不仅要对启蒙时代的艺术进行探讨，也要讨论在艺术创作中，启蒙的概念究竟有什么内涵。

启蒙，就像我前面所讲的，归根结底是一个普遍性的概念。正因为如此，为中国的启蒙专设一个论坛——这也是我们的第三场论坛，就显得尤为重要。显然，康德所特别注重的人的理智的力量，在中国悠久历史的各个时期都有彰显。

没有启蒙，就没有现代，这是我们大家的共识。但是，我们所谈论的现代，真的是同一个概念吗？而我们是不是也在承受着现代性的某些不良后果？无论是在欧洲还是在中国，是否也在抱怨精神传统的丧失？这些问题将构成第四场论坛的核心。

没有启蒙也就没有现代科学，这一点我们似乎深信不疑。但是，人类社会知识的发展，可以回溯到比现代科学古老得多的年代。不同文明中的知识文化将是我们最后一场论坛的题目。

此外，我还想提醒大家来关注墨卡托基金会组织的一系列小型的聚会，这个构想受到了"沙龙"这个古老的形式的启发。在欧洲沙龙曾经对"讨论"这种社交形式有过很大的推动作用，同样在中国，类似沙龙的这种社交形式我们甚至可以追溯到南北朝，齐武帝次子萧子良及其"八友"，就经常聚在一起探讨书法、艺术、佛学、儒学。墨卡托基金会组织的各种沙龙活动，将持续到2012年3月，讨论的主题包括教育、语言、妇女解放、历史和社会框架下的艺术、历史的记忆、理性和政治哲学等。

最后我也想借此机会，感谢所有参加策划的同仁，尤其是我们的中国同行，正是你们在系列对话活动中，自始至终坦诚相待，才让我们之间的对话能够持续不断。

谢谢。

陈履生：

谢谢朗宓榭教授以及威肯斯先生。朗宓榭先生是著名的汉学家，他把五场论坛的主题逐一作了简要的介绍，希望在场的各位能够在一年的时间之内，持续关注我们的每一场论坛。下面有请中国国家博物馆馆长吕章申先生作本次论坛的主旨发言。

吕章申：

尊敬的三位德国馆长，我亲爱的朋友，台下尊敬的两位德国老馆长，也是我亲爱的朋友，还有中国的两位馆长也是我的老朋友，尊敬的各位女士、各位先生、各位专家学者：欢迎大家来到中国国家博物馆，参加"启蒙之对话"论坛。

经过数年的策划和准备，"启蒙的艺术"大型展览已于昨天在我馆隆重开幕。这是中国国家博物馆与德国柏林国家博物馆、德累斯顿国家艺术收藏馆和慕尼黑巴伐利亚国家绘画收藏馆联合向中国和世界观众奉献的一场艺术盛宴。这次展览展出藏品近六百件，绝大多数为启蒙运动时期的名家名作，也有部分20世纪大师的作品。整个展览展品数量之多、规模之大、品级之高，以及展览所受到的两国政府的高度重视，都可以说是史无前例，必将在国际文化交流史上产生巨大而深远的影响。

吕章申

在国家博物馆历时近四年的改扩建工程竣工之后，重新开馆的第一个国际交流艺术大展是"启蒙的艺术"，这在国际博物馆界的影响将是巨大的，同时也标志着中国国家博物馆作为中国国家文化形象窗口的地位提升到了一个新的高度。中国国家博物馆"历史与艺术并重"的发展定位不仅主导着我们的发展方向，而且也为我们未来在国际博物馆界的更大作为奠定了基础。

发轫于17、18世纪欧洲的启蒙运动，将欧洲带进了一个崭新的历史发展时期，给人类思想带来了革命性的变化，也使像中国这样长期处于封建社会的国家受益，所以，很多国内外专家学者都看到了启蒙与中国的关系。在把启蒙理解为一种普遍现象，在把中国思想史上特定时期出现的启蒙现象放在国际文化背景中考量的时候，20世纪开始的中国启蒙运动作为一种政治上的、思想上的运动，也为近代中国开启了新的篇章。反映在文化上，辛亥革命的第二年，1912年，在蔡元培先生的倡导下，民国政府教育部在北京筹建了"国立历史博物馆筹备处"。

可以说，中国国家博物馆的前身"国立历史博物馆筹备处"就是中国启蒙运动的产物。作为中国近代第一座国立博物馆，它在中国思想史上具有文物标本的意义。它把过去为帝王所拥有的艺术品变为国家所有，把过去文人在书斋、庭院中把玩的艺术品引进到了公众领域，其意义如同欧洲在启蒙运动中将艺术解放出来一样。如果说欧洲的启蒙运动把教堂中的画匠从教堂中解放出来，转变为投身社会的画家，那么，在以启蒙为特征的中国新文化运动中，许多世代恪守于画谱的画家也走出了画室，投入到新时代的新生活之中，为20世纪的中国画开创了时代新风。与之相关的是，当1926年国立历史博物馆开馆时，在故宫午门之上，开幕当天就有四万五千名观众参观了展览，成为当时京城的一大盛事。启蒙所带来的个人思想上和社会生活上的变化，也影响到艺术的生态。无疑，博物馆在中国启蒙运动中扮演着重要的角色，发挥了难以替代的作用，产生了广泛的社会影响。

一百年来，中国国家博物馆发展到今天如此的规模，已经令世界瞩目，也反映了启蒙的思想和精神给予我们的持之久远的影响。所以，我们共同选择了"启蒙"这一在欧洲产生重大影响的历史文化现象作为展览的主题，借助于此，将我们新的发展定位中的"历史"和"艺术"结合起来，并将我们的展览带入到一个新的境界。

"启蒙的艺术"大型展览的成功举办，是日益广泛和深化的国际博物馆界交流与合作的一个缩影，由此，我们可以看到国际博物馆界的交流对于当代文化发展的重要意义。这又是一个可以对话和值得对话的特别的话题，是我们博物馆界的同仁都必须面对而又有经验能够面对的问题。

中国国家博物馆百年来的每一个时期、每一个阶段，都在国际交流中获益。因为有了交流，我们所反映的公众文化权益得到了保证。像中国这样社会发展比较特殊的国家，博物馆长时间来以保存国粹为己任，缺少国外历史和艺术品的收藏，因此，难以依靠自身的藏品来策划关于国外历史和艺术主题的展览。所以，在过去很长一段时间内，中国的公众要了解西方的艺术，只有亲自到国外才有可能大饱眼福。而长时间的闭关锁国，使得许多西方美术史专业的教授都没有机会到国外的著名博物馆中欣赏到他们在课堂上讲解到的原作。20世纪80年代以来，改革开放给中国的各项事业都带来了翻天覆地的变化，其中博物馆的事业更是有了长足的发展。今天，我们的公众不需要走出国门，就可以看到来自德国三大馆的收藏，就能够通过这些艺术品而启发认知欧洲启蒙运动的历史意义和社会影响。而德累斯顿交响乐团昨晚在本馆的成功演出，以启蒙在音乐方面的影响，来诠释启蒙运动在社会中的广泛性和深刻性，也将国际博物馆界的交流带进了一个新的历史阶段。

以"历史与艺术并重"为发展定位和以"国内领先，国际一流"为目标的中国国家博物馆，为了实现在收藏、展览、研究、教育等方面以高水平服务于社会和公众的理想，广泛开展国际交流是一条必然的途径。我们还会与世界上其他国家的博物馆进行广泛的交流，我们还会挖掘在世界文明史上占有重要地位或有广泛影响的内容，组织像"启蒙的艺术"这样的高水平展览。当然，交流是双向的，我们在引进展览的同时，也会积极地向世界各国推出我们自主策划的展览，让世界各国人民通过我们的展览更多地了解中国文化的辉煌。

可以说，我们的交流不止于展览。本馆与德国三大馆进行展览合作的同时，还以"启蒙的艺术"展览为平台，展开了其他领域的合作。双方在科技保护、文化产业等方面的合作也日趋紧密。2010年，一个旨在帮助博物馆青年学者拓宽视野、提高能力的交流项目也已经展开，首批国博的年轻学者完成了在德国的课程，今年将会有来自德国三家博物馆的青年学者到国博进修。

交流也绝不是你来我往，而是过程中不同文明之间的对话，如同我们今天在这里开展的关于启蒙的对话一样。处于不同文明传统中的博物馆事业，可能在表现社会和文明的方式上不尽相同，或者在表现人文和自然的形式上大相径庭，但是，通过交流中的对话，就能够增进了解，促进融通，取长补短，求同存异，共同进步。

中国春秋时期的伟大哲学家和思想家老子曾说："千里之行，始于足下。"新国博是我们脚下新的千里行程的开始，"启蒙的艺术"是我们未来进行广泛国际交往的新的起点。因此，我们不仅有着对美好前景的期待，而且还将为之不懈地努力。

最后，再次感谢远道而来的三位德国的馆长，以及在场的各位专家学者和嘉宾，感谢本次论坛的合作伙伴德国墨卡托基金会。

谢谢。

陈履生：

谢谢吕章申馆长。

在吕章申馆长发言的时候，台上的五位馆长陷入了沉思之中，因为吕章申馆长提出了关于启蒙与中国、启蒙与中国国家博物馆、启蒙带来的文化交流等问题，特别是谈到国际博物馆界的交流对于文化发展的重要性，这将成为本次论坛的一个主题。下面有请德国柏林国家博物馆总馆长艾森豪威尔先生发表他在这一主题下的看法。德国柏林国家博物馆有一个亚洲馆，在东西方之间的文化交流方面有着丰富的经验。

米歇尔·艾森豪威尔：

各位先生，正如陈先生所介绍的，我们柏林国家博物馆中有一个重要的陈列就是亚洲艺术品的陈列，其中最为重要的是来自于中国的丰富的馆藏。我们一直都在探求了解藏品的原产地，比如我们的馆藏来自中国，我们就要和它进行非常密切的对话。这对我们来说是至关重要的，因为对话的深入对于加深相互理解作用重大，当然所有的对话都是建立在互惠或者是双向的基础之上的。

米歇尔·艾森豪威尔

在新疆维吾尔自治区，我们开展了科学研究方面的合作项目。20世纪初期德国探险队曾进行过两次很大规模的西域探险。我们知道了中国西北的丝绸之路，便去吐鲁番进行了一次探险之旅。众所周知，丝绸之路上有一处令人称奇的克孜尔石窟，我们在那里挖掘了很多著名的绘画，带到了柏林。大家都知道，中国文化历史中有一些非常重要的画作没有被认真、科学地研究过，因此，我们担负起对重要绘画进行科学研究的使命，也跟中国同事一道从事这样的研究，比如说，莫高窟的窟里面有什么样的画藏，哪个洞窟里有哪些画作等。可以说，我们的科学研究达到了最高水平，另外还包括文物保护的问题，具体到这里是艺术品尤其是画作的保护问题。这是一个非常重要的例子，通过这样的形式，我们使相互之间的研究更为深入。在柏林，要进行文物保护，很重要的一个问题是对来自中国的重要画作进行保护。通过这样的交流，我们在未来会有更好的理解。

陈履生：

谢谢艾森豪威尔总馆长。

马丁馆长是我在中国美术馆任职期间的老朋友，他多年来致力于中德展览的交流，下面有请马丁总馆长。

马丁·罗特：

这是一个非常广阔的话题。我觉得当前中国呈现出一种活力，尤其最近十到十五年，呈现出其他国家所没有的发展活力。正是十年之前，我和同事与陈燮君先生在上海曾经有过对话。我们当时很难想象，未来十年上海会有数百家博物馆建立起来。当时的中国美术馆在中国是比较重要的，但是在国际上，中国美术馆还不是那么声名远播。1999年，陈平先生把德国著名的艺术品收藏家路德维希夫妇带到了中国，这对我们来说是一个特别大的惊喜，奏响了相互之间关系的序曲。从路德维希先生向中国美术馆捐赠画作之后，我们无法停下来了。十年前，我和陈燮君先生在上海的时候，就是要发挥先锋和开拓者的作用。也就是说，中国呈现的这种活力，正体现在我们博物馆的工作领域中。这并非玩笑，中国发生的事情真是令人难以置信的。

马丁·罗特

我们博物馆也有很多的国际项目，就像艾森豪威尔先生那里那样，可以说也举办了很多引起轰动的大型展览。但问题在于我们的活力不一定能够使得大家对于文化和教育工作有更深的认知。我们可以在很短时间内举办很多这种大型展览，其中一些还不乏亮点。但是，我们需要的是什么？我认为是紧密的合作。最近几天中，在接受德国媒体采访时，我就谈到合作所起的牵线搭桥的作用。对话是非常重要的。现在的情况发生了变化，我们的文化机构应该建立这样的联系，要进行对话，要进行争辩，要进行争吵。这些年，我们非常友好地进行合作，包括能够做"启蒙的艺术"这样的大型展览。在现在的背景下，我们要开展共同的研究项目，不知会遇到什么样的共同挑战。当然，有很多是语言方面的问题。我想，我们这一代人可能来不及完成的，下一代人都可以做到。我认为，我们要从共同的切入点找到共同的议题。我要给大家提的建议包括批评就是这样，总之我认为启蒙的主题词是非常重要的。

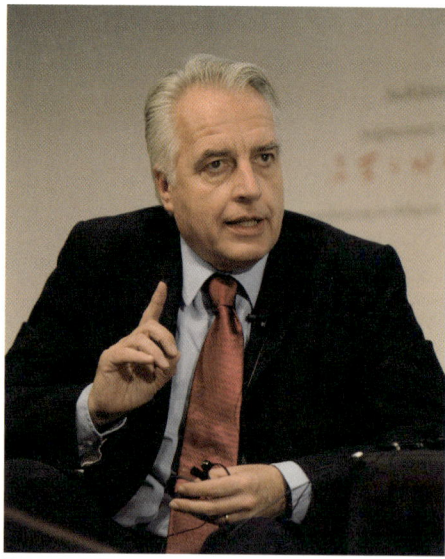

陈履生：

谢谢马丁·罗特总馆长。我认为他提到的一个问题非常有意思，这就是德国的路德维希的捐赠，使中国美术馆成为国际知名的美术馆。当然罗特总馆长刚才说了，论坛要引起争论和对话，我想，中国美术馆在国际上知名，不仅仅得益于路德维希的捐赠，这一点我想请教范迪安馆长。范迪安馆长是中国美术博物馆界从事国际交流比较多的馆长之一，你能不能认同罗特总馆长所说的这样的捐赠给予中国美术馆的影响。

吕章申：

在范馆长没说之前我插一句话，路德维希夫妇捐赠作品时，我是美术馆的副馆长，是我和杨力舟先生、陈平先生共同促成的这次捐赠。

范迪安：

谢谢主持人。特别高兴今天能够和这么多的德国馆长坐在一起，不仅是见证中国国家博物馆在开馆之际形成这样的中德之间、中国和国际间的广泛交流，尤其是能够通过这样的活动，来回首过去十年来，也就是进入21世纪以来，中德双方通过博物馆这样一个平台，所构建起的一个宽广的思想与文化交流的空间。文化之间的交流是可以通过很多渠道的，如音乐艺术、表演艺术。但是，在过去的十年里，中德两国之间，通过博物馆、通过艺术展览、通过博物馆人才培训等方面，打开了一个文化交流的广阔空间。我觉得这在中国博物馆自身历史上，也包括在博物馆的国际交流上，都可以说是杰出的典范。在这一点上，我有特别多的感受，可以和大家一起分享。

谈到两国博物馆交流的话题，我也特别想和大家一起回顾一下。中国美术馆和德国三个大的艺术类博物馆，在过去几年里有过深度的交流。我们曾在2008年成功举办了德国浪漫主义的绘画展和格哈德·里希特的个人画展，这也是在艺术类的项目里面非常充分和深入的交流。当然再往前一点，就涉及到刚才罗特先生以及吕章申馆长提到的彼得·路德维希夫妇向中国捐赠的一批现代作品。毫无疑问，在很长时间里，在中国境内所拥有的西方艺术品是少之又少，相比起在西方国家那么多博物馆里面有东方馆、

范迪安

亚洲馆，甚至有中国馆，有那么多的藏品，显然是有很大差距的。这里面有许多的历史故事，这些故事里面也包括了国家之间、文化和文明之间的矛盾与焦虑。但是，在今天这样一个新的形势下，彼此分享不同国家的文化和艺术成果，成为我们大家的共识。所以，路德维希夫妇向中国捐赠的艺术品，的的确确使中国拥有了一批国际现代重要艺术家的成果，这些艺术品在中国美术馆有过陈列，而且这些年我们在中国各地很多博物馆举办过巡回展出，让大家看到不容易看到的西方现代艺术。

我自己在和朋友介绍中国美术馆的时候，也特别说到过，中国美术馆以为骄傲的是拥有包括四幅毕加索原作在内的一批现代作品。当然，我们也会不断补充西方现代和当代艺术的收藏。但是，一个博物馆最重要的建设还是要更多从自己本土的文化艺术的遗产和当代艺术的创作成果中来寻找主题，形成展览项目、教育项目、推广项目和文化交流的项目，这些年来我们非常注重和国际上许多博物馆进行这方面的工作。藏品是立馆的资源，但是，更重要的是如何把这些资源打造为有主题意义的展览，和以展览为中心的视觉文化活动。

"启蒙之对话"论坛第一场"启蒙的艺术——展览的历史"现场（下半场）

在这个意义上，我是高度评价"启蒙的艺术"大型展览的，它是由德国几个博物馆联合打造的，当然也包括中方的合作。我觉得这样的策划展览和实施展览的模式，也给今天中国与西方、中国与国际博物馆交流，提供了非常好的借鉴。因为在以往的交流中，两馆之间合作是比较多的，跨馆就不容易做了。双方共同构想主题，来判断这个主题对于当下文化、当下社会的作用，这就更不容易了。在这样的意义上，"启蒙的艺术"不仅给中国人民带来非常多的艺术作品和文献，更重要的是这样的博物馆合作机制有非常重要的启发意义。这也是更多的中国的博物馆和美术馆，包括我个人，所需要寻求的方式和方法。

还有一点，这个展览的的确确在策划构想上很好地反映了21世纪以来，博物馆展览的新趋势：一方面调动多种展品，另一方面形成展览自身非常有学术性和文化性的结构。这个展览不仅题目是有意思的，是有今天的当下性的，而且在结构上有很多的板块，比如展品的介绍，非常具有博物馆的专业性，同时这个专业性是能够面向大众阅读的。甚至在展品的选择上，这个展览也是非常精彩的，没有一个博物馆能把自己看家的最好的作品都拿来，因此如何搭配好展品的关系，这就是智慧，这个展览就有这样的智慧。我特别欣赏这个展览在启蒙的主题下，把展品延续到现代和当代，这就是展览的最后一个板块：艺术革命。包括约瑟夫·博伊斯等很重要的现当代的艺术家的作品，虽然量不是很大，但非常说明问题，说明启蒙这个主题延续到今天。既有对于历史的再认识，更有作用于当下的文化交流与对话，这让展览的含量显得特别大，相信这个展览会在中国引起巨大的反响。

最后一个感想是，这个展览最后的作品是博伊斯的，他的作品很简单，是一个灯泡和一个柠檬放在一起，这很好地反映了观念性的艺术特征。作为这个展览的最后一件作品，似乎意味深长。因为灯泡是科技的成果，柠檬是自然的象征，两者放在一起，就成为了艺术。更重要的是，这件作品提示我们，当我们看到以科技发明为代表的理性之光的伟大作用的时候，不要忘记自然会永远散发出引人入胜的光芒，使得我们不断尊重它，从而得到新的发展。

谢谢。

陈履生：

谢谢范迪安馆长。

罗特总馆长在发言中还提到上海博物馆馆长陈燮君先生，提到和他的过往，下面有请陈燮君馆长。

陈燮君：

非常高兴。这两天，短短的，其实是一天的时间，印象太深刻了，感受太深了，启迪也太深了。我简要谈三个观点。

第一，"启蒙的艺术"展览的意义。关于这个展览，是不是可以简短地概括成几句话：四馆联合，展期一年，活动一年。层次之高，大家响应之热烈，是不是可以这样说：如果新的国博是新时期、新启蒙的标志性的建筑，那么"启蒙的艺术"展览和"启蒙之对话"系列研讨，是这一时期的新的文化艺术的主题和良好的起始。

我们这一代人，在改革开放三十多个年头当中，我们读的书，我细细地排列了一下，从《寂静的春天》到《科学革命的结构》《第三次浪潮》《大趋势》《世界是平的》，到最近的一本书《中国震撼》。我想，很可能通过这一年的活动，在吕馆长的领衔下，会出现一本同样令人震撼、发人深省的书，那就是《启蒙的艺术》或者是《启蒙之对话》，我想，这本书可能对于我们这个时代，特别是新的历史时期的开端具有非常重要的历史意义。

吕章申：

我非常赞成陈馆长代表我们博物馆界的表态，我们也会为此而努力。

陈燮君：

第二个观点是"启蒙之对话"的学术意义。启蒙运动是文艺复兴之后又一次思想解放的运动，我们可以认识到，在哲学、艺术乃至于整个社会的发展当中，科技起了很重要的作用。根据我的爱好，展览当中的绘画作品显然光是认真地看还不够。我也关注到在昨天的展览当中，科技和科技精神对于启蒙时代的到来、对于今天中国的重要意义。在欧洲文明之外，昨天的展览告诉我们，欧洲发现了中国文明；今天我觉得应该这样说，发展中的中国也认识到了西方文明，包括启蒙运动对于思想解放、对于社会文化艺术发展的重要意义。刚刚蔡武部长讲得非常好，公共博物馆本身就是启蒙运动的产物，今天的中国博物馆，

陈燮君

应该说新一轮的博物馆建设这种文化现象是方兴未艾。今天，就我们确定的启蒙的主题进行对话，在展览的背景下进行一种思考，显然具有重要的历史意义和现实意义。

第三个观点，"启蒙之对话"的实践意义。就上海博物馆来说，刚才罗特馆长也讲了，近十年来，德国的博物馆和中国的博物馆之间，大家开始频繁往来。我这几年有一个感受：中德之间的博物馆交流，应该说作为交流来讲起步不迟，然而，作为博物馆之间的实践性的探索，起步也不算早。但是，中德之间的博物馆文化交流有一个很重要的特点，就是它的实践性，要么不起步，一旦起步之后起点就很高，而且像这样大的研讨、展览，应该说在近年来中国和外方的文化博物馆事业的交流当中，都是在历史上留得下它们的足印的。

从上海博物馆和上海世博会的实践当中，我们也感受到和德国这几个博物馆之间的交流所带来的文化震撼——因为自己作为世博会的总策划之一，为上海世博会投入了八九年的时间。这还是在表面上的。近四五年来我投身于对城市足迹馆和世博会博物馆两馆的打造，除了得到国内的中国国家博物馆、中国美术馆等同行的大力助推以外，来自德国的助推作用给人的印象是非常深刻的。比如说我们在巴比伦伊斯塔城门的展览当中，从德国柏林博物馆的藏品中，搬来了一座大狮子和一条龙，使我们再现了两千多年前巴比伦的伊斯塔的城门。正是这些文物的历史见证，使得我们这些展项能够非常挺拔地站立在2010年的上海世博会的园区之中。正是来自于德国馆藏的西方宫廷、民间的艺术品，使得中国2010年上海世博会如此之精彩、成功和令人难忘。在今天的会上除了一并感谢以外，想引出今天研讨的命题：中德之间的博物馆文化交流，支撑了中国2010年上海世博会，放在时代的意义上，放在启蒙对话的学术意义和实践意义上，非常了不得。

最后讲几点思考。我们今天迎来了新的历史时期的启蒙阶段，特别是对于发展中的中国，具有标志性、阶段性的意义。我想，我们今天是不是可以取得这样的共识：摆脱经济的贫困，一定要摆脱思想的贫困。中国的文明当然是博大精深、源远流长，这是无可怀疑的，但是在今天时代思考的意义下，我们还是应张开双臂，敞开胸怀，包括西方对文艺复兴、启蒙时代的思考，我们应该积极引进。另外，我们讲社会的复兴，需要文化艺术的复兴，需要社会主义文化的大发展、大繁荣。我们应该有这样的认识，理性、创新、开放都是启蒙时代的重要元素，也是今天我们所关注的。今天我们讲到的对产业链和价值链的认识，最近体现在很多的场合。我们的时代是思想者的时代，是经典的时代，是选择的时代，我们应该认识科学精神在城市发展当中的重要地位。中国的发展和崛起需要一种新的思想解放、思想启蒙，在这样的过程当中，逐渐形成中国文化艺术文明的一种新气象、新气派。我们从启蒙时代中，包括上溯到文艺复兴时代，发现城市发展强调一种生命，今天我们或缺的是一种感恩之心、敬畏之心。我想在今天的研讨当中论及的，我们都需要在未来一年当中直面，这就是这一个展览、这次一年跨度的研讨给我们带来的启迪。

谢谢。

陈履生：

谢谢陈燮君馆长，他特别援引上海世博会的成功经验，说明了国际交流的重要性。下面请慕尼黑巴伐利亚国家绘画收藏馆总馆长施恩克先生。

克劳斯·施恩克：

我觉得前面几位同行讲得非常好，他们的讲述向我们表明文化的交流对于我们有多么重要的意义。在交流的过程中，我觉得重要的一点是要给不同的文化以相应的对接，要达到一定的水准。为什么"启蒙"对于这个论坛非常重要，为什么选择了"启蒙"作为我们对话的主题，是因为我们想通过这样的话题向世人表明，在我们今天变化的社会中，启蒙的核心问题仍然没有丧失现实意义。

前面几位先生的发言已经指出，在18世纪的时候，艺术实际上是从专制的宫廷中走出来的，是在寻求一条新的道路。在那个时代，特别是后面的19世纪和20世纪的时候，艺术的地位和作用发生了变化。在18世纪，艺术还是一个工具，是教育的工具，是每一个人提高自身

克劳斯·施恩克

修养的工具。同时，我们也知道，科学和哲学的发展对于一个变化的社会而言是一种基础，它会改变美学的内容，带来一个社会美学行为的改变。我想，如果我们把目光投向现代，会发现我们正面临着比较大的挑战。今天，我们的知识面临比较大的变化，这个问题非常重要，充分说明大家相互之间应该进行实质性的交流，这一点是非常必要的。在18世纪的时候，艺术还经常是具有代表意义的，对

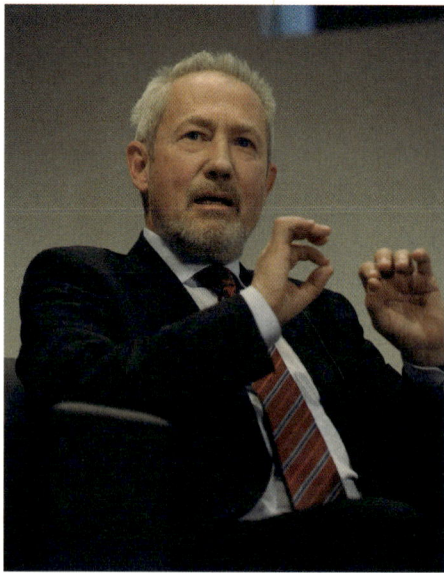

外具有表征的意义，时至今日，艺术有了新的形式和新的意义。我们会问，今天的艺术是不是仅仅是向外展示？我们是否应该把眼光放到艺术品本身当中去？因为我们今天所看到的艺术本身并不单单是在反映着当时社会的变革，艺术家也在用自己的能力和智力来塑造新的内容。我觉得范馆长刚刚讲到博伊斯的灯泡和柠檬，是非常好的例子。我们如何阐释这个作品，我认为需要对艺术表述的方法重新进行审视，艺术不仅是现实的反映，更应该是每个人重新展现自己思想的一种方式。从这个意义上讲，这在韦斯特维勒外长的讲话里面也表述过，我们认为教育有着非常重要的作用。只有尊重每一位作家、艺术家，给他们以充分的创作自由，我们才能在一个社会上营造一种气氛，使得人们进行平等的交流。

陈履生：

谢谢施恩克馆长。

中德双方六位馆长就启蒙以及博物馆间的国际合作对于文化发展的意义作了各自的阐述。我们把启蒙从17、18世纪一直延伸到当下，包括施恩克总馆长所说的追寻和拷问，对现代艺术应该有新的理解和不同的追求。启蒙的普遍意义和普世价值，已经展现在我们面前，而启蒙本身也蕴含了交流的意义和交流的价值，六位馆长都阐述了他们的观点。由于时间关系，嘉宾的陈述到此告一段落，下面是提问的时段，台下有哪位观众想就今天的主题提出看法？

提问：

我是"启蒙的艺术"展览及活动的德方参与者中的一员。

首先是一个评论。听陈燮君馆长讲到"启蒙的艺术"展览在新世纪非常重要，我觉得特别高兴，我们所有人为这个展览投入了非常多的精力。

另外还有一个建议，就是做一本书，记录我们的"启蒙之对话"系列活动，我们非常愿意支持你们，并进行这样的合作。

我现在有一个问题提给中方。在策划展览的过程中，我们进行了很好的合作，未来是不是会有更多这样的合作项目，能讲得具体一点吗？你们是不是会秉承这次合作，来进行进一步的合作？

陈履生：

谢谢这位先生的评论，也感谢您的建议。关于"启蒙的艺术"展览和"启蒙之对话"论坛，吕章申馆长和德国三个馆的总馆长已经有规划，我们会在展览及活动结束之后，整理一个类似文集或纪念集的文本出来，使得后人能够了解我们今天的工作以及付出的努力。

吕章申：

下面我来回答这位先生的提问。"启蒙的艺术"展览的意义，几位馆长的评价都非常高，我刚才讲，这是国家博物馆一个新的起点。第二个国际交流展览，是明年与大英博物馆和英国国立维多利亚与艾伯特博物馆合作。他们看到德国能办这样的展览，他们很着急，特别是意大利。意大利说我们的文艺复兴比他们还早，应该我们先做，现在意大利希望2011年10月就把这个展览办起来。所以说，并不是"启蒙的艺术"之后就没有了，英国、意大利都有这样的意愿。美国大都会博物馆分管展览的副馆长也来过，他们想在2013年也做大的展览，我觉得"启蒙的艺术"是我们中德博物馆之间开的一个很好的头，开的一个很好的先河。像这样大规模的四家博物馆的合作，我曾经说过可能是"前无古人，后无来者"，我但愿不是。

谢谢。

陈燮君：

这一段时间，我们觉得应该和国博资源共享，包括我们这个大展的资源，我们上海博物馆愿意共享，接下来进行具体的洽谈。

吕章申：

对于上海博物馆我们会全力地支持，包括对中国美术馆都会有全力的合作和大力支持。

范迪安：

两位馆长所管辖的博物馆，既有历史的作品又有艺术的作品。中国还有一些完全艺术类的博物馆，就是我们讲的美术博物馆，这里会特别注重时代的延伸，从古代到现代，特别是当代。我举一个例子，我特别希望和德国博物馆包括现代艺术博物馆的朋友，一起来做中德之间在绘画上的现代性或者是当代性之间比较的展览。因为中德两国都有着非常深厚的绘画基础、悠久的绘画传统，而且我注意到德国许多的艺术家到今天仍然不放弃绘画，他们在绘画领域坚守着，和今天泛滥的科技图像作战，从已有的那么多风格的绘画历史中寻求突破。在这方面，中国当代艺术中的绘画和德国当代的绘画，有非常充分的对话条件，现在需要博物馆馆长们携手推动交流，使它们能够向大家呈现。

陈履生：

谢谢中方三位馆长。我作一个补充说明，刚才提问的是墨卡托基金会的主席，他表示一年之后的出版物由他们提供资金赞助，再次向您表示感谢。

提问：

各位馆长好。刚才马丁馆长提到博物馆的开拓性，他说博物馆的活力代表国家发展的活力。我这个问题是提给德方的各位馆长的，你们在工作当中是怎么样对话的？你们需要完成的更多是政治任务还是思想的创新？你们觉得在欧洲如何优化美术馆在社会福利当中的作用？

马丁·罗特：

我觉得博物馆现在要做的事情，不仅是要集中精力做博物馆，特别重要的一点，是应该与公共服务、学术密切联系，形成一个网络，德国有这样的经验。我想，我们中德博物馆合作的新的开始也可以树立新的标准。举几个例子，近几年歌德学院在中国做的事情，比如"德中同行"，就是联合互动的非常好的机会，可以把它和博物馆的工作联系起来。刚才陈燮君先生讲到的世博会的合作，可以从中延伸到博物馆的合作。通过这些项目可以促进相互了解、合作与学习。还有策展人和学者之间的交流，都可以纳入到博物馆日常工作中来。

不仅博物馆之间进行交流，共同办展，我觉得还可以考虑建立新的组织形式来进一步促进这种交流。刚才讲到了，除了传统的或者是经典的交流方式，我觉得还应该有一些新的结构和新的内容填充进来，这非常重要。

米歇尔·艾森豪威尔：

我作一个简短的补充。

刚才那位听众问我们对自己所扮演的角色和产生的作用是怎么样考虑的，我觉得应该秉承启蒙的传统，这是我们的遗产，应该秉承下去并延续到当代。我们认为启蒙不是直线性的进程，而是应该促使社会不断进行新的思考。我们做"启蒙的艺术"展览，可以说是踏上新的处女地，类似的展览，德国还没有做过。我们这个项目其实有着很大的风险，因为不知道能不能办成。恰恰因为如此，博物馆应该有一种触动，有一种强有力的推动，这是一个思想的进程，这样才符合我们文化交流的传统，这个传统在二战前就有。我们现在对彼此怀有好奇，互相学习，致力于一些共同的事业，在欧洲和德国，这都是我们当仁不让的工作和使命。我们感受到中方同仁的一种雄心、一种干劲、一种意志，就是要实行革新。我们有一个非常明确的愿望，就是要秉承博物馆的传统，把它纳入我们的国际交流当中，这样才能真正地成就国际交流。在德国，三大博物馆的所在地有很多人会讲汉语，同时我们发现很多中国同行讲德语，我们非常愿意增进相互之间的了解和尊敬，未来应该这样做。

克劳斯·施恩克：

有一点是非常确定的，我们的共同工作或者是合作，它的基础是什么？就是一种相互之间的信任，这是在别的地方没有经历过的。在德国，人们对中国有很多的偏见，理解中国很困难。我们博物馆希望通过这样的展览，把德国人对中国的既定思维给调正。给德国人讲中国的活力，要把中方对我们的这种信任带回去，向他们宣传中国的正面形象。

马丁·罗特：

文化的任务之一就是要进行对话，我们数年以来都在不同的关联之中，和其他的国家和文化进行对话。我们和中国进行对话的时候，中国的发展速度对于我们欧洲人来说简直难以想象，中国的发展太迅速了。我们有机会去领略或亲身感受中国的这种发展，把它传播出去，所以我们现在做这样的展览。启蒙开启了欧洲对于文化的认识，而中国对于这段历史、文化和艺术了解得不够充分，举办这样的展览很有必要。而两国间这种展览的交流，是不是一定要一一对等，这是个问题。中国对于世界各地、对于全球抱有浓厚的兴趣，从这个角度来说，我们太有必要奋起直追了，我们和中国的差距太大了。我们希望进行交流，2010年在艺术、音乐方面也已经有了非常好的交流，我们非常希望能够搭建一个古代和现代的桥梁。希望德国的音乐家对此能有所回应，希望能够把它启动起来，让交流深深植根到艺术领域当中去。

陈履生：

谢谢三位德国馆长的回答。非常抱歉，我们的话题刚刚开启，但论坛已经比原定时间延长了二十分钟，我相信我们以后还有机会进行对话。最后有请吕章申先生对本次论坛作一个小结。

吕章申：

不能叫小结，是听了三位德国的博物馆馆长发言之后，有感而发。这次中德四个博物馆之间的合作，我有一个体会：为什么能够成功？就是彼此之间的高度信任。我刚才讲了，这三位馆长是我的朋友，台下还有两位老馆长，加起来五位馆长，我到国博六年了，合作了六年，才结出"启蒙的艺术"这个了不起的文化艺术的成果。我想只要建立在彼此信任的基础上，什么事情都可以合作成功，这是我深有感触的一点体会。

这也是中国国家博物馆在新世纪新的起点，光是建筑面积大不行，更重要的是它将来的软件建设。今天我们的展览和学术对话，是实践国博设想的开始，要从现在起就把它实践好。将来国博要设一个常年的学术讲台，我们叫作"国博讲堂"，这个平台是世界性的。今天论坛举行的地点是剧场，对面还有一个学术报告厅，大概有三百个座位，我们正在做这样的学术规划，历史、文化、艺术，包括考古、美术，包括我们的国学，会在国博形成一个大的讲堂。我们要把世界的专家学者，还要把国内的，不仅限于博物馆的专家，只要对于我们的社会有指导意义的学术都引进来，确实建立21世纪世界的合作。通过博物馆的平台，我们共同为人类奉献我们博物馆人应该做的、应该奉献的一种力量！

谢谢大家。

(摄影：董清)

启蒙与艺术
——"启蒙之对话"系列论坛第二场

时　间：2011年7月14日上午
地　点：中国国家博物馆剧院
主持人：中国国家博物馆副馆长　陈履生
　　　　歌德学院（中国）前总院长　米歇尔·康–阿克曼

陈履生：

各位来宾，上午好！

"启蒙之对话"第二讲"启蒙与艺术"现在开始！首先，我介绍一下出席今天论坛的中德双方的嘉宾，他们是中国国家博物馆馆长吕章申先生，中华人民共和国文化部外联局局长董俊新先生，中国国家博物馆副馆长董琦先生，中华人民共和国文化部外联局西欧处处长陈平先生，德国驻华大使施明贤博士，德国墨卡托基金会国际事务中心主任米夏艾勒·施瓦茨先生，德国德累斯顿国家艺术收藏馆总馆长马丁·罗特先生。

接下来我们会对台上的嘉宾作专门的介绍。我们首先有请中国国家博物馆馆长吕章申先生致辞！

吕章申：

尊敬的德国驻华大使施明贤博士，尊敬的德累斯顿国家艺术收藏馆马丁·罗特总馆长，尊敬的墨卡托基金会国际事务中心施瓦茨主任，尊敬的各位来宾，女士们、先生们：大家上午好！

欢迎各位来到中国国家博物馆，参加"启蒙之对话"系列论坛的第二讲。在此，请允许我代表中国国家博物馆向大家表示由衷的欢迎和感谢！

伴随着为期一年的"启蒙的艺术"大型展览，2011年4月2日我们在这里开始了"启蒙之对话"系列

吕章申

论坛的第一讲，当时德国副总理兼外长韦斯特维勒先生、中国文化部部长蔡武先生都出席了论坛并作了重要的讲话，双方回顾了启蒙运动的历史源流，探讨了启蒙对今天的影响，并展望了启蒙之光如何为世界未来的发展作出新的贡献。双方都称赞中国国家博物馆与德国柏林国家博物馆、德累斯顿国家艺术收藏馆、慕尼黑巴伐利亚国家绘画收藏馆共同举办的"启蒙的艺术"展览，以及与墨卡托基金会联合举办的"启蒙之对话"系列论坛，认为这是中德文化交流史上的一件盛事。这一系列文化活动增进了中德两国人民之间的理解，促进了两国人民之间的交流，也是国际博物界交流的一个成功范例。

经过我们与墨卡托基金会一段时间以来的努力工作，论坛第二讲得以顺利开讲，此次"启蒙与艺术"的主题承前启后，是这一系列论坛中的一个重要部分。我们特别邀请了中国中央美术学院院长潘公凯先生、德国慕尼黑现代艺术馆展览策划人约阿希姆·卡克博士，以及中国北京大学朱青生教授、柏林自由大学艺术史系东亚艺术史研究专家李卡利施博士，作为本次论坛的主讲人和嘉宾，相信他们会有精彩的演讲和讨论，这是我们三个多月以来的期待。最后我衷心祝愿"启蒙之对话"系列论坛第二讲圆满成功！

谢谢大家。

陈履生：

谢谢吕章申馆长。

正如吕章申馆长致辞中所言，第二讲是我们三个多月以来的期待，下面我们的论坛正式开始。今天的论坛由我和歌德学院（中国）前总院长阿克曼博士共同主持，下面我们首先有请阿克曼博士介绍一下中方的专家。

米歇尔·康-阿克曼：

非常高兴能够在这里与陈履生副馆长共同主持"启蒙之对话"，探讨启蒙和艺术之间的关系。我们大家事前已经商讨好了，我是德国人，但是由我来介绍中方参加讨论的嘉宾。

这位是潘公凯先生，他是中国最重要的艺术学

米歇尔·康-阿克曼

院——中央美术学院的院长。他不仅有这样重要的行政角色，也是非常出色的艺术家。作为一位艺术家，他有自身的艺术特质。他在浙江读的大学，学的是古典艺术水墨画。

朱青生先生，我们这些外国同行都称他为老朱，我想他今天不需要用任何翻译，因为他自己能够非常娴熟地掌握德语。他不仅仅是一个学者，在北京大学艺术系担任教授，此外他还是非常重要的，最为引起争议的，同时是极有创造力的艺术家之一。

陈履生先生，他不仅是中国国家博物馆的副馆长，也是中国国画画家，所以他不仅仅是担任主持，同时他也能从艺术的观点来贡献自己的想法。

陈履生：

下面我来介绍参加论坛的德方的嘉宾。

首先我介绍一下卡克博士。卡克博士是"启蒙的艺术"展览的策展人，他有在德国、意大利、荷兰学习艺术史的学习经历；他从2003年开始担任慕尼黑现代艺术馆的策展人，在这之前还曾在杜塞尔多夫北威州艺术收藏馆和慕尼黑现代美术馆任职，也就是说他在美术馆有着丰富的工作经历。这一切使得他对启蒙的艺术以及启蒙的概念有独特的认知，对于我们今天的主题，也就是启蒙与艺术这两个方面，有着独特的见解。

他右首的李卡利施教授是一位韩裔的学者，她出生在德国，能讲汉语，学习经历不同一般。她是柏林自由大学东亚艺术系的教授，我想要对李卡利施教授说的是，可能让她意外的是，今天台下有三十位来自柏林自由艺术大学的她的同仁——可能和她不是一个系的，这三十位德国朋友是接受中央美术学院余丁教授邀请前来参加今天的会议的。李卡利施教授2006年就成为德国东亚艺术学会负责策展的成员，她在东亚艺术史和韩国艺术史的研究方面有着很多的著作，以及独特的见解。

在介绍了中德双方的专家之后，我们特别邀请墨卡托基金会国际事务中心主任施瓦茨先生致辞！

米夏艾勒·施瓦茨：

尊敬的各位报告人，女士们、先生们！

今天非常高兴来参加"启蒙之对话"的第二讲。我们基金会的工作就是要

米夏艾勒·施瓦茨

加强理解，相互学习，共同应对挑战。这样就需要我们有明确的意愿，就是要加强相互的了解。因此我们跟中方伙伴——中国国家博物馆，一起举办了"启蒙之对话"系列活动，我感到非常高兴。我们都知道，我们之所以进行合作正与我们肩负的责任有关，中德的思想渊源或者说意识形态的渊源是不一样的，所以了解对于我们来说显得尤其重要。中国和德国之间是友好的，我们不光要看到彼此不同的地方，把我们联系在一起的是什么，这一点更重要。如果说我们有不同的文化，从德国方面，我们会更加努力地看我们之间有什么样的共同点，这样做其实就是为了加深了解，而不是指手画脚对别人进行说教。我们聚集到这里就是这个目的。

我要向台上的几位嘉宾表示感谢，你们愿意通过对话的方式增进相互了解。最后我要感谢一下阿克曼院长和陈履生副馆长，谢谢你们两位担任今天的主持。希望今天的论坛愉快。

陈履生：

谢谢施瓦茨先生。施瓦茨先生以及墨卡托基金会，为本次论坛做了很多工作。下面我们有请德国德累斯顿国家艺术收藏馆总馆长马丁·罗特博士致辞。马丁·罗特博士即将卸任，到英国维多利亚博物馆任职，这或许是他在这一任上最后一次到中国来。

马丁·罗特：

女士们、先生们，亲爱的吕先生、董先生、陈先生！

当然我是代表德国的三大博物馆向各位表示欢迎，欢迎大家来参加墨卡托基金会举办的对话。展览刚开始的前几个月，我们相互之间学习了很多东西，我们共同关注了一个问题，那就是启蒙与艺术的关系。启蒙时期也是艺术蓬勃发展的阶段，是艺术的发展引发了启蒙运动，还是说启蒙思想改变了艺术家们对于政治和哲学运动的认知，我们在媒体上也讨论了这个问题。今天我们要看看，这次论坛会得到什么样的结论。

就在最近几个月当中，我们已经搞了"启蒙的艺术"这样一个展览，在德国、在中国都引发了一些争议。我们中德之间的合作能够引发这样的争议，我感到非常高兴。这说明我们德国也需要更多地启蒙。启蒙的对象是什么呢？就是当下的中国以及当下在中国发生的事情。我们应该跟中国多交流，这样我们才能对中国有一个全面的了解。所以我非常感谢今天举办的系列对话活动，我们在很多方面都有不同的见解，我们从来都没有经历过共同的项目，我们在做这个展览

马丁·罗特

项目时才有了这个论坛的计划。在为期十一到十二个月的展览中，我们才能思考一下怎么能够用不同的视角来观察事物。我们把这样一个展览当作一个试验，我们看一下如何能够承受各种批评，或者说直面各种批评，然后改变一些事物。

我要谢谢我们的出资人墨卡托基金会。这个基金会对中国有浓厚的兴趣，我们也希望他们继续关注中国，让中国有一个被全面、公平地认知的结果。

感谢施明贤先生，如果没有你的帮助，很难想象一切都进展得如此顺利。我们"启蒙之对话"是"启蒙与艺术"的附属项目，我们要考虑一下启蒙的作用，以及个人在历史进程当中所发挥的作用，我们把这样一种启蒙或者是这样一种展览，融入到对话当中来，我感到非常高兴。我特别要向参与到这个项目来的各位表示感谢，包括我们今天齐聚在这个地方的朋友们。我作为德国德累斯顿艺术馆的总馆长（大家都知道我马上要离职了），参与这个项目，有很多非常激动人心的经历和感触，一时难以言表。我要谢谢董俊新局长和陈平处长，谢谢你们在这十年当中跟我们良好的合作。我要到维多利亚博物馆去了，我希望在未来的几年当中，我们还会进行展览，今天虽然说告别，但是明年我还是会回来的。

谢谢大家。

陈履生：

下面我们有请"启蒙的艺术"策展人卡克博士做主题演讲，他演讲的题目是"从新的角度看启蒙与艺术的关系"。

约阿希姆·卡克

约阿希姆·卡克：

大使先生，陈先生，先生们、女士们！

在刊载于《柏林月刊》1784年第9期的题为《论"什么是启蒙"这一问题》的文章中，德国哲学家摩西·门德尔松开篇就认定："启蒙、文化和教育这些词儿都是我们语言中的新兴事物。它们目前只属于书面语言，普通大众很少能理解它们。"

我想，如果要描述艺术与启蒙关系的话，我们可以说，那是一切的交锋都是发生在言语中或者是书本上的时代，因为很多思想的碰撞都是关于政治的纸上谈兵。大家在政治辩论中的正反交锋，体现在汗牛充栋的论文中；活跃的书信往来将欧洲的学者联系在一起，以史无前例的规模，促成了知识与经验的交流；自然科学与人文科学各学科积累的知识，通过百科全书得到汇编、构建和推广；若干科学院主办有关科学与哲学基本问题的有奖征文，也促成了多篇启蒙运动的伟大文献。卢梭在1755年写了《论人类不平等的起源和基础》就是这样产生的；而康德著名的文章《什么是启蒙？》，也是发表于《柏林月刊》，是回应这个问题的一篇文章。

事实上，我们若想尝试着命名欧洲启蒙的内核，就应提到君特·洛特斯所说的"新思想"。所谓新思想，不着重以形而上学的权威方式建立各种正当理由之间的关联，而只要求一种义务，即具有自身的逻辑一致性和真实性。这唯一的义务就是运用个人理性的义务。

正如维尔纳·布什在"启蒙的艺术"展览图录中撰文论述的，"对于所有的这些，18世纪欧洲的艺术以其自身的方式作出了回应，艺术既为启蒙大张旗鼓地宣传了，同时也把很多问题揭示出来"。因而，启蒙与艺术的关系可以说枝蔓交缠，相互交错。这里绘画的新主题值得一提。这些新主题在德比的约瑟夫·赖特的著名绘画中显而易见（图一、图二），他的绘画为作为科学门外汉的观众展现了科学知识。

这两幅画都是18世纪60年代的作品，不仅母题发生了转变，同时展示作品的场所也发生了变化，由此产生了获取审美经验的新场所。比如说在1737年在巴黎

图一　气泵里的鸟实验（1796年，美柔汀法版画，瓦伦丁·格林仿德比的约瑟夫·
　　　赖特，柏林国家博物馆版画陈列馆藏）
　　　一个魔法师般的实验者用真空泵将大号玻璃容器中的空气抽了出来。容器
　　　中的白凤头鹦鹉已奄奄一息，这一现象引起了桌边人的不同反应

图二　哲学家用太阳系仪授课（1768年，美柔汀法版画，威廉·佩瑟仿德比的约瑟
　　　夫·赖特，德累斯顿国家艺术收藏馆版画陈列馆藏）
　　　1766年，德比的约瑟夫·赖特给艺术家协会展示了一幅名为《哲学家用太阳
　　　系仪授课，即用灯光充当太阳》的画。这幅画也是以黑暗为背景，一群对知
　　　识充满好奇的外行正在接受科学的启蒙。在赖特那个时代，桌式行星仪出
　　　现没多久，借助这个仪器，人们可以直观地了解当时所知的宇宙形象

卢浮宫方形沙龙厅举办的首次大型画展，使有关艺术与艺术家的讨论获得了公共空间，随后巴黎、慕尼黑、维也纳和伦敦等地也在公共场所举办了大型国际艺术展，直到今天，这种公共空间在威尼斯双年展和卡塞尔文献展得以延续。艺术沙龙呈现的数以千计的作品也改变着艺术，除了主题、构图和色彩之外，出于对展出效果的考虑，作品的篇幅大小也被考虑进去。

这是皮埃特罗·安东尼奥·马尔提尼的《1787年卢浮宫沙龙画展》，现藏于柏林国家博物馆艺术图书馆（图三）。科学知识的进步，要求艺术表现有关自然现象，也能提供更为精确的观察和更为准确的重现。版画技术不断得到关键性的改进，水平日益提高，对于欣赏者的要求也日益提高。早在17世纪，鉴赏家们就通过漫游欧洲的"壮游"教育之旅，来提高自我教养及完成审美趣味的培养，这

1

2

图三　1787年卢浮宫沙龙画展（1787年，铜版画，皮埃特罗·安东尼奥·马尔提尼，柏林国家博物馆艺术图书馆藏）

些版画活页作品和古典雕塑使得这些审美经验能够近在眼前。

这是乔瓦尼·巴提斯塔·皮拉内西创作于1761年前后的《罗马景象》（图四），包括《斗兽场外观》《万神殿》《卡匹托尔山上通往阿拉科埃利圣母堂的阶梯》《人民广场》等多幅作品，现藏于柏林国家博物馆铜版画陈列馆。正如帕斯卡·格兰内在谈及启蒙时代被改变了的审美经验时所表述的那样——一个"眼睛的共和国"诞生了。艺术与启蒙的关系因而表现为艺术对整个社会进程的参与。启蒙的艺术不像诸如巴洛克艺术或古典主义的艺术，能以特殊的方式与一个时代统一起来。因为启蒙的艺术勾勒了艺术在功能上的改变，而且整个媒介也发生了改变。

1.斗兽场外观

2.万神殿

3.卡匹托尔山上通往阿拉科埃利圣母堂的阶梯

4.人民广场

图四　罗马景象（约1746年~1748年，铜版画，乔瓦尼·巴提斯塔·皮拉内西，柏林国家博物馆版画陈列馆藏）

在开头提到的哲学家门德尔松眼中，启蒙、文化和教育相互作用，息息相关。在这个过程里，理论属于启蒙的一部分；另一方面，思想、道德和艺术的实践，亦渗透在文化当中。就像门德尔松在文章中所写到的："教育、文化和启蒙是对社会共同生活的不断改进和修正，是人们改进社会状况的辛勤劳动和努力的结晶。一个民族的社会状况，若是通过艺术和勤奋，越能与人的天性和使命相和谐，这个民族就越有教养。"

启蒙时代的艺术反思了一种不断变化的人类形象，人不再是被简单地划分为一个地点、一个时段或某个特定的社会阶层的存在物，启蒙的艺术伴随的是一个历史进程，这个进程结出各种观念、动机和经验。可以说这个历史进程，对于欧洲的现代性和随之产生的现代艺术的定义，是至关重要的，它们对后启蒙时代逐渐形成的社会一致认同的观念、动机和经验，起着奠基性的作用。

"启蒙的艺术"展通过九个章节展现了这个现象的不同分枝。这些章节并非任意设定，而是扎根于那个时代的观念、动机和经验，它们如同母题一样贯穿着这种新思想。这个过程中不仅产生了新主题，也诉诸于极为多样的媒介。鉴于此，在绘画主题之外，展览也反思了媒体的、接受美学的和理论上的革新。

"看"具有科学所赋予的洞悉力，而审美经验的趣味高低同样非同小可。在一个非常广阔的新世界中的诸多经验，不仅仅体现在复杂的世界地图或发达的科学仪器当中，也体现在大众文化的日常物件当中。

我们在这个展览里可以看到艾伦·阿罗史密斯所画的《标记着库克船长海洋探索航行的球形投影世界地图》（图五），我们也可以看到克里斯蒂安·弗里德里希·恩斯特·莱因塔勒制作于1780年前后的太阳显微镜（图六），这个显

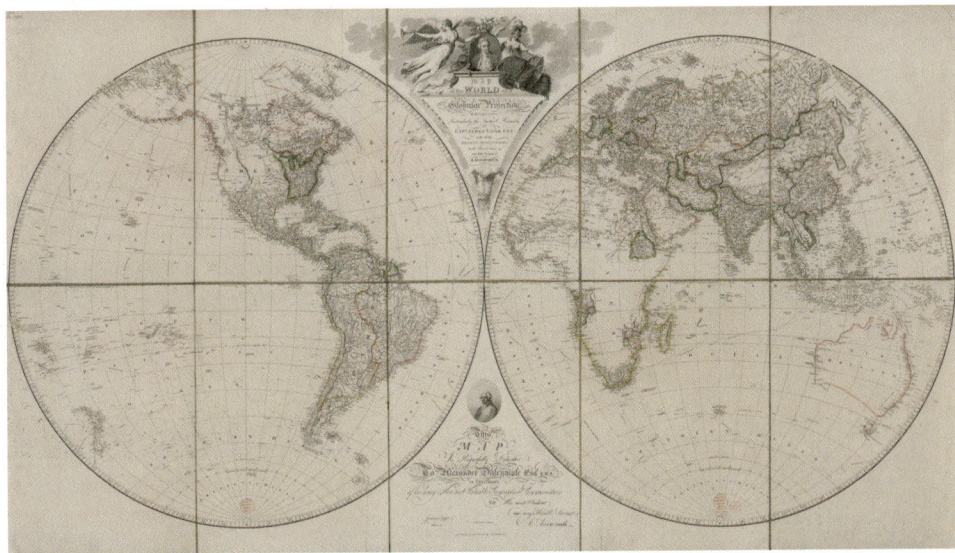

图五　标记着库克船长海洋探索航行的球形投影世界地图（伦敦，1794年~1799年，10页，裱在画布上，艾伦·阿罗史密斯，普鲁士文化遗产基金会－柏林国家图书馆藏）

微镜现被德累斯顿国家艺术收藏馆数学物理沙龙厅收藏。还有老约翰·雅各布·多纳尔的《万象箱》，作品绘于1771年，慕尼黑巴伐利亚国家绘画收藏馆老绘画陈列馆收藏（图七）。除了启蒙世纪中诸如"爱与情感""回归自然""自我解放与公共领域"这些显而易见的要求，展览还呈现了新思想在欧洲各个宫廷——尤其以柏林、德累斯顿和慕尼黑三家皇室为例——并非同时发生作用。

在知识的多重全新视野和知识的系统化之外，也有一些艺术的阴暗面、人类心灵的深渊和人类理性的可怖之处等一同出现。作为理论学科的美学，不仅探究感性经验的各种作用方式，也从认识论和教育媒介的角度向艺术家们提出了一个重大而苛刻的任务：人的教养。展览的最后一章虽然短促，但试图囊括启蒙的这个遗产对后世的深远影响。

我们是否看到了启蒙之后的艺术？我想借鉴康德在他著名的《什么是启蒙？》一文中的话来回答，他这样答复他自己提出的问题"我们目前是否生活在一个启蒙后的时代"："并不然，但确实是在一个启蒙中的时代。"这句话指的是，启蒙是一个动态过程，它提出了对18世纪的要求和憧憬，但并没有限定以一个世纪为时限。18世纪的欧洲艺术也没有遵循固定的美学规范，而时常是开风气之先的，富于启发的；不仅如此，启蒙的艺术还标志了一个开放的过程，它要求重新描述艺术、艺术家与观众——亦即公众之间的关系。

在"新思想"作用于整个社会的进程中，参与其中的艺术所具有的使命、可能与扩展都远远

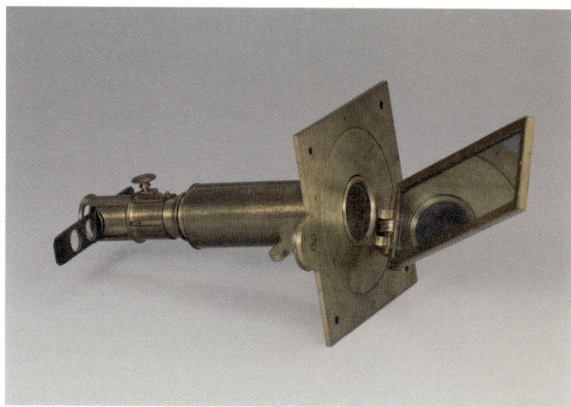

图六　太阳显微镜（约1780年，黄铜、玻璃、木，克里斯蒂安·弗里德里希·恩斯特·莱因塔勒，德累斯顿国家艺术收藏馆数学物理沙龙厅藏）

图七　万象箱（1771年，板面油画，老约翰·雅各布·多纳尔，慕尼黑巴伐利亚国家绘画收藏馆老绘画陈列馆藏）

超越了启蒙的时代。莫里茨·乌伦在"启蒙的艺术"展览图录中提到"艺术革命"的概念，一方面赋予了艺术及艺术家以开路先锋来变革世界的使命，也同时暗含了这一普遍要求之下存在招摇过市和鱼目混杂的危险。在此恐怕只能浮光掠影一笔带过，若是以批评的方式，哪怕仅尝试性地探究这一维度，都一定会超出本文的范围。我只想尝试通过一个历史小速写的寥寥数笔，勾勒出那个不断自我扩展的视野，也由此表明在连贯性与断裂之间恰当描述启蒙艺术的难度。

在展览中我们可以看到玛丽-加布里埃尔·卡佩创作于1808年的《画室一幕》（图八），这件作品现收藏于慕尼黑巴伐利亚国家绘画收藏馆新绘画陈列馆。作品篇幅不大，画中众多人聚集在一间没有任何装饰的房间里，全神贯注地观看画架旁的女画家阿德莱德·拉比勒-古依阿，她正在为擅长历史题材的著名画家约瑟夫-马利·维恩画肖像。拉比勒-古依阿身后弯下身、用手指指向画面某处的人，是弗朗索瓦-安德烈·文森特，女画家的丈夫和老师，同时也是维恩的弟子。除了女肖像画家之外，卡佩自己也端坐画中，为被她尊为师长的女画家手持调色板，她是画中唯一将目光投向画外的人。

图八　画室一幕（1808年，布面油画，玛丽-加布里埃尔·卡佩，慕尼黑巴伐利亚国家绘画收藏馆新绘画陈列馆藏）

这幅画交代了四代人之多的艺术家谱系，这个谱系展示了，穿着老范儿帝国样式服饰的女性乃是解放了的艺术主角，她们登上了艺术舞台。与她们对照的，是画古典历史题材的男性画家。他头戴扑过粉的假发，身着华美的宫廷长袍，好像一下子显得落伍了。这幅画所描述的是长江后浪推前浪的过渡状况，同时也把与传统绘画代表人物的交往规范，跟与艺术新女性主角的交往，不容分说地对比起来。尽管如此，这张非正式的虚构的群像（拉比勒-古依阿已于八年前去世）展现了一群志同道合者，他们通过无拘无束的讨论，创造全新的艺术。

我们还能想到另一组志同道合者的群像：亨利·方丹-拉图尔1870年所绘的题为《巴迪侬画室》的作品（图九），这幅画目前陈列于巴黎的奥赛博物馆。画中伟大的法国画家马奈正在给坐在对面的模特阿斯特鲁画肖像。我们对比前面卡佩的画，他的画小巧得多，背景中在场的，还有马奈友人圈中的画家和作家，如雷诺阿、莫奈和左拉。

图九　巴迪侬画室（1870年，布面油画，亨利·方丹-拉图尔，巴黎奥赛博物馆藏）

与卡佩的画作一样，这幅醒目的大作遵循画室作品的传统画法画就，尽管如此，方丹-拉图尔的主题表达，明显大于前者私密的友人群像，更像是宣言。《巴迪侬画室》毋庸置疑是专为1870年巴黎沙龙所画的作品，作品以第1000号参加了当年的沙龙展，其目的显然是想使关于艺术和艺术家的讨论，尽可能获得最大的公众关注。

媒体持续报道的是诸如艺术家之间隐秘关系的消息，人们同样讨论的还有荟萃于巴黎的新艺术及其代表人物。那些对画中人物马奈不感兴趣的人，完全忽略了方丹-拉图尔的主题，仅就绘画的构图和画法表达意见。相反，对于另外一些人，画中人极其重要。当时有一个记者叫作菲利普·伯蒂，是一个由有头脑的青年组成的团体中的一员，他得出了这样的结论："这是地地道道的时代群像，他们过着最为自我的生活，同时也过着他们的时代中最具普遍性的生活。"

伯蒂清楚地看到，这幅画描绘了艺术家们通过评审的合理机制，能够一再或长期得到每年一度参加沙龙展的殊荣。他同时也强调，画室在更大程度上代表了当时的时代，我们要相信，远胜过沙龙的官方艺术政策所能呈现的某种对艺术家"自我生活"的回忆，这组群像引发了一个并不在场的"反公共领域"或者是"灰色的公共空间"。

建立反公共领域的想法并不新鲜，它与严格意义上画室题材的大幅作品是联系在一起的。1855年居斯塔夫·库尔贝借巴黎世博会的契机，建立了自己的名为"现实主义亭"的展亭，并在里面展出了包括遭到沙龙展官方拒绝的《奥南的葬礼》和《画家工作室》。

图十　画家工作室（1855年，布面油画，居斯塔夫·库尔贝，巴黎卢浮宫藏）

正如大家看到的，《画家工作室》这幅画违反规矩，大胆，同时具有宏大的视野（图十）。它的画幅达3米×6米，具备历史题材画的画幅要求。然而，这幅画却没有涉及任何具有民族意义的历史瞬间，也没有法国先贤的英雄伟绩，而是将在画面中心的艺术家设定为主角。

除了违背学院派常规，这幅作品的构图也相当大胆。这种构图在过去的若干世纪都只为宗教绘画所专有。作品清晰地由左、中、右三部分组成，右侧是画家的友人和艺术的爱好者，左侧却是另一个世界：日常生活、民众、苦难、财富、贫穷、剥削者与被剥削者等。艺术界人士中有像波德莱尔这样的文人，他们对面的人物，除了有拿破仑三世这样的政治家，还有看上去像加里波第或巴枯宁的革命者。位于中间位置的是作为拯救者和预言者的艺术家，他在艺术之中，并借助艺术，使各个对立的领域得以和解。

我们这里能看到，画架上的画展示了一派田园风光，这个轮廓更加清晰，甚至比周边室内的轮廓还要清晰得多——艺术家创造了一个视野，它是对全新现实的一个要求，而且在这个意义上，库尔贝是继承启蒙遗产的典范。启蒙的遗产将与艺术家的立场联系在一起：艺术家的立场包括违背常规，甚至打破禁忌，创作的独立性，批判与愿景，简言之：艺术和艺术家的自由。

我的报告就到这里。非常感谢大家。

陈履生：

　　谢谢卡克博士的精彩演讲！下面我们有请中国中央美术学院院长潘公凯先生演讲，他演讲的题目是"启蒙思想与20世纪中国美术发展的策略选择"。

潘公凯：

　　尊敬的大使先生和各位德国来的朋友，尊敬的女士们、先生们：大家好！

　　大家都知道中国在很长的历史当中，一直是一个跟西方没有很多交往的封闭的国家，这种情况的打破或者说中国近代史的开始，要从1840年的鸦片战争说起。从1840年以后，中国经历了一系列被侵略的战争，而且中国在一系列战争当中一直打败仗，签订了很多不平等条约。从第一次鸦片战争签订的《南京条约》，第二次鸦片战争签订的《北京条约》，以及中日战争、八国联军侵华等，一系列条约使中国沦为一个半殖民地

潘公凯

半封建的社会，在这样一种状态当中，中国的民众陷入了亡国灭种的巨大的危机感中。这样一种危机感使中国从19世纪以后酝酿着一个巨大的变动。面对这样一种变局，中国的知识精英开始放眼看世界，试图了解西方。如林则徐主撰了《四洲志》《华事夷言》，魏源编写了《海国图志》，介绍西方世界。其中影响最大的，是严复翻译的、英国哲学家赫胥黎的《天演论》，介绍了达尔文的进化论思想。这个《天演论》影响了几代知识分子与革命者，开始了启蒙思想在中国的传播。

　　所以在19世纪后面的六十年中，中国主要发生了两方面的大事。一方面是中国被欧洲和日本等列强所侵略，接连战败，丧权辱国。另一方面是启蒙思想由知识精英传入，引起了中国的资产阶级改良和革命。当时无论是革命派，还是改良派，讲民权、讲自由，都是为了救亡，也就是说是为了反侵略战争，一切主张都是为了争取独立而提出的一种手段和方案。反帝救国成为中国整个近代思想压倒一切的首要主题，美术在这个当中也不例外。

　　中国在美术方面向西方学习是从图学开始的，也就是标本绘制和机械制图，

当时引进图学的目的也是为了救国和强国。到了清末民国初，中国的知识青年开始赴欧洲和日本学习西画，也就是我们说的纯艺术，在这个当中康有为是主要的倡导人，主张以西画的技法来改造中国画。这个主张后面的基本观念是科学，这是启蒙思潮中非常重要的组成部分。

与向西方学习的潮流相对应的，是国粹主义的兴起。我们可以看到1905年邓实和黄宾虹成为当时美术界国粹主义的代表——大家都知道黄宾虹是中国20世纪特别重要的山水画家，西画和国粹成为两大对立的思潮。国粹主义其实跟日本有关，是日本传过来的名词，国粹主义思潮出现于明治的中期，它是对欧化主义的反拨和平衡。1888年三宅雪岭等人成立了政教社，倡言国粹保存。甲午战争以后，由于中国的战败，许多青年人到日本去留学。梁启超于1901年首次在报刊上使用"国粹"一词。所以中国和日本很相似，都是西化思潮在先，国粹思潮稍后。但是这两个相反的、对立的思潮，是同一语境下的不同的策略思想。

在这个当中特别值得注意的是，如果我们浅层地看，西画思潮是在传播启蒙思想，是一种主张全面向西方学习的观点，而国粹思潮是在抵制启蒙思想，是不主张全面向西方学习的。但是如果我们深层地看，国粹思潮虽然表面上看起来是反对全盘西化的，但是实际上它是由西化思潮引起的，而且它跟西化思潮一样，它们的理论源头都是启蒙思想。"国粹"一词来自于德国民主精神的观念，尤其是来自于赫尔德的思想体系，认为民族应该存在于文化、道德伦理和语言的统一性中，这是区别不同民族的唯一标准。黑格尔也认为，民族精神是世界精神的一种表达。

来自于西方的民族主义思潮影响到近代的亚洲国家，就是民族之间的文化比较，它成为现代亚洲，尤其是现代中国思想的基本处境，也成为中国现代性问题的一个起点。在美术界，国粹主义的主要主张是捍卫传统学术的精髓。1905年邓实和黄宾虹等人在上海成立国学保存会，刊行《国粹学报》。这样一种思潮与西化思潮是对应的，也是并行的，贯穿了整个20世纪的中国，我将这一思潮称为美术界的传统主义。跟这个传统主义相对应的，就是美术界的西化思潮，以30年代的决澜社和80年代的美术新潮为代表，它的主要观点是主张美术上的全盘西化，我把这种观点称为西方主义。

除了传统主义和西方主义之外，在20世纪的中国美术界，还有两股思潮是并行的。一个是主张用中西融合的方法来改造和发展中国的美术，我将它称为融合主义。持这个观点的人数量最多，比如我所在的中央美术学院最早的院长徐悲鸿先生，就是主张中西融合的一个代表；杭州原来的国立艺专最初的校长林风眠先生也持同样的观点。这种中西融合的主张，在整个20世纪是主流。在这个之外，还有一种主张，是用宣传大众、动员大众、服务大众的方法来达到救国图强和社会改造的目的，我把它称为大众主义。大众主义从30年代的主张艺术家走向十字街头开始，到鲁迅的新兴木刻，以及解放区的毛主席所提出的、《延安文艺座谈会上的讲话》当中所说的"为人民服务"这样的口号，一直到五六十年代新中国的文艺政策，都是以宣传大众、动员大众、服务大众为宗旨，用另外一个说法就是"为工农兵服务"。这样一条线几乎贯穿了整个20世纪，这个观点影响面非常大，而且成为新中国美术的一种主导策略，这样一条线我把它称为大众主义。

也就是说，在20世纪中国整个美术界有四条基本的思路，这四条基本的思路就是传统主义、西方主义、融合主义和大众主义，我把这四条线称为"四大主义"。这四种不同的策略选择都是知识精英自觉的选择，这四种不同的路径，它们的主张各不相同甚至对立，但是其中有一个共同的特性，就是现代性的自觉。也就是说，这四种主张的提出都是在中国落后挨打的背景下，吸收了西方的启蒙思想以后，中国的知识精英根据自己的条件和认识，自由、自愿选择的救国强国之路。

综上所述，西方的启蒙思想传入中国，在中国近代以来救亡图存的大背景、大目标之下，分解为不同的策略思想。启蒙思想它不是一个单一的整体，它是有不同的组成部分的，这些不同的组成部分传入中国以后，被不同的知识分子根据自己的理解所采用。那么这些策略思想——我把它称为"四大主义"，它们的面貌是极为不同的。在中国的20世纪美术史上可以看得很清楚，它们的代表人物不一样，画面效果也不一样，在整个美术教育和美术创作的主题和目标上都不一样，甚至是互相对立的。比如说传统主义即国粹主义，和西方主义就是互相对立的。但是有趣的是，这些面貌极为不同的策略主张的理论来源都跟启蒙思想有关，都是启蒙思想的传播和变异。其中不免有很多误读，但是很重要的是都被救国强国的基本语境和大目标所决定。

在启蒙思想从西方到东方的传递过程中，后发达国家知识精英的现代性的自觉，并且在这种自觉基础上的选择，是一个最关键的环节。这种自觉的思考与选择，正是后发达国家现代性的一种标志。西方的源发现代性在传递到中国以后产生的策略性变异，正是后发达国家现代形态的一种典型案例。我们研究传播当中所发生的变异、所发生的特别复杂的情况，是我们今后在现代性研究和启蒙思想传播史的研究当中，应该特别关注和值得深入思考的一个问题。

我就讲到这里。谢谢。

米歇尔·康-阿克曼：

通过前面两个比较简短的演讲，我们可以听出来不同文化之间的理解。整个讲述当中，潘教授讲得非常清晰，由此我们知道，对启蒙的接受过程中，整个中国关心的是救国救亡。而且我们也知道了，中国美术界的各种思潮与启蒙文化的渊源，像进化论等，18世纪所产生的不同美术流派与启蒙思潮无不息息相关。中国的知识分子在清末的时候，集中对启蒙思想进行反馈，当然他们满怀希望，希望能够从当时的窘境中摆脱出来。我们这里并不想做欧洲内部的某种有关于启蒙艺术的探讨，我们希望真的来追问，双方之间——中国和西方的启蒙之间，到底有哪些互动和交流。我想请朱先生来说一下。你的观点是什么呢？比如说启蒙和启蒙的艺术，就你的视角来讲一下，你对这个话题的主要立场是什么呢？

朱青生

朱青生：

听了刚才两个报告，首先我对这个展览的价值有了更深的理解。这个展览叫"启蒙的艺术"，到中国来，如果一个中国的观众不了解这个展览的话，他首先会想到这个是法国人办的展览，不会想到这个展览会由德国人来办。这个问题本身就很有意味，值得探究：是不是当时在启蒙运动中，德国在世界上所处的地位，或者在欧洲所处的地位，就有一点相当于到了不得不改革开放的时候。也就是说，他们已经意识到自己的国家需要开放、发展，但是主导开放、发展的思想却来自于国家之外，同时他们又不愿意以外来的思想来代替自己本国的思想和精神。这样的一种既要开放，又要坚持的心态，是不是建造了一种特殊的启蒙。而这种特殊的启蒙，一定会在艺术上有所反映，也许我们会在这个展览中有所觉察。

在这个展览中，我们看到了很多细节。我仔细看了这个展览，但是像我这样一个在德国长期学习的人，我都觉得有很多问题非常的细致和艰难，也就是说这个展览很大程度上是一个德国人看起来更好的展览，对于中国观众来说，有一些问题比较遥远。我想墨卡托基金会所做的这样一个论坛、讨论，以及今后的教育性的工作，会弥补这样一个由文化差异带来的问题。

我想提出来的最重要的问题，是刚才阿克曼教授跟我指出的，就是我们看到"启蒙的艺术"的时候，我们就要问"什么是艺术"这样一个问题。在这个展览中所说的艺术，是一个西方传统的艺术，如果这样的艺术发生在照相机出现之后，发生在有了电视之后，有了电影之后，那这种艺术还成立吗？当然这是一个脱离了历史背景的问题，这种假设是不成立的，因为当时艺术所起的作用确实就相当于后来的公共媒体和照相，当然还有其他种种思想表达与传播的手段。

这个展览有一个非常精彩的结尾，就是20世纪的艺术。20世纪的艺术它不仅不能够直接反映一个时代出现的现象，而且它对用艺术来反映现象这件事情给予批判、给予反对。这里面就透出了艺术可能发生了重大的变化，艺术并不只是在这个展览上所说的启蒙时期的哪一种。

由这个问题引发出一个更为重要的问题，在中国，刚才潘公凯教授说，我们是在鸦片战争之后开始接受西方的艺术，特别是1900年以后，多次失败的中国开始用西方的艺术来救亡图存。但是之前呢，之前的两千年、三千年中国的艺术是什么？这个问题就成为今天的问题。在一百年前，也许我们没有机会谈这个问题，因为中国处在亡国灭种、救亡图存的危急时刻，但是今天中国是一个发展非常快的国家，也是一个启蒙非常迅速的国家，是把科学作为最基础原则的国家。在这个时候我们反过来看中国曾经有过的艺术是什么，这个问题就成为我们今天讨论文化的重大问题。如果我们能够看到，其实在西方的艺术传统之外还存在另外一个艺术的传统，或者是另外几个艺术的传统，这个本身就使得我们对于文化，包括对于启蒙本身，有了更为丰富的认识。

世界艺术史大会明年在纽伦堡召开，讨论的是对象或者物质；再下一次将会在北京召开，讨论的就是这个问题：艺术是什么？不同的艺术是否会对文化产生不同的影响，从而造就了文化的不同类型。也许这是我希望，在我们两位主讲嘉宾发言后，诉诸讨论的题目。

谢谢！

陈履生：

朱青生教授的陈述，实际上又引出了我们另外一番思考。在座的很多年轻人应该都读过朱教授的著作，他对艺术的理解，尤其对艺术定义的持之以恒的探究，今天我们在讨论启蒙和艺术这两个概念的时候，一定会重新记起他一贯坚持的一些原则。当然朱青生教授刚才的发言，更多地针对我们这个展览，他认为这个展览可能更适合德国的观众，而中国的观众可能不大容易理解展览。由此我就想到，我们的策展人卡克博士引用了哲学家门德尔松的言论，在1784年的时候，普通的公众对启蒙的概念并不了解，而且停留在书面上。今天我们中国公众面对启蒙的时候，能不能像潘公凯教授那样有着脉络非常清楚的四大主义的分析，这是另外一个问题。朱青生教授最核心的问题，是提出来艺术与文化类型的关系的问题，这也是值得去探究的。

下面我们有请李卡利施博士作讨论之前的简短的陈述。

李卡利施

李卡利施：

首先我要衷心地感谢，感谢我受到的非常周到的接待。

我认为这个题目——关于"启蒙的艺术"，是非常大胆的，因为这是非常新鲜的题目，它能够让我反思。我不禁要问，我自己是不是开化的？启蒙到底意味着什么？难道我有资格来谈论吗？在柏林的时候，我们曾经讨论过启蒙的艺术，我们在讨论的时候就试图说明：启蒙是不是欧洲特有的现象。今天的对话是为了弄明白：在中国的艺术当中，是否能够找到类似的东西。当然这是非常大胆的想法，因为这个难度是非常大的，这个非常美妙，同时也是非常具有难度的概念，我甚至觉得翻译成中文都非常有难度。

我们试图了解当时欧洲到底发生了什么。从卡克博士和潘教授的报告中，如果我们整理出来的话，就会发现启蒙非常重要的观点是对个体的感知。从这个角度——即个体和自然之间的和谐关系的角度，应该说中国早就是开明的社会了。唐代诗人王维，他的许多诗作的主题讲的就是自然。中国有很悠久的历史，在重视人与自然和谐相处这个问题上，中国当然是开明的。中国文化有很多要素，它本身尊重挣脱束缚，崇尚个性的行为，比如陶渊明说，不，我不要去服务于权贵，我要"采菊东篱下，悠然见南山"。我们还可以找到很多典范，比如说苏东坡和白居易等。还有石涛、八大山人的绘画等，那种极写意的自然。所有这些艺术家，他们都具有多重的身份，我们在中国历史当中看到扬州八怪，他们既是画家，又往往被人描述为文人或者是学者，他们都在高度开化的大都会的气氛中，交流着自己的思想。

卡克先生也提到了公共领域的问题。潘先生说中国在19世纪末20世纪初，通过在杭州和北京建立艺术学院，通过博物馆的建立，大家可以进入皇家博物馆——故宫看展览，由此产生了公共的讨论。如果从欧洲启蒙时期现实主义绘画的风格是什么、有哪些要素这个角度去考量，中国早就有了启蒙。过分强化欧洲启蒙特质的话，可能会使今天的对话天生带有缺陷。

另外一方面，我们进行这个讨论，似乎又存在一个公共空间不够充足的问题。我们是不是自认为是开化开明的、启蒙之后的人，在这里大放厥词？从这个意义上来讲，德国的媒体对于此次展览的批评，可能是对某些东西的不理解。在这里我们是不是要传达一个信息：我认为这不是一个政治意义的展览，就像中国可以到德国去做一个佛教展览，但决无意通过这个展览将德国人变成佛教徒，这是没有意义的。我想展览的作用在于，能够通过这个让中国的公众来更好地理解欧洲是什么，它的文化如何衍生。你只有理解了启蒙时代的欧洲，你才能理解现在的欧洲。我想这才是策展人的初衷，不是强加，而是理解交流，这才是启蒙展览的要旨。

米歇尔·康-阿克曼：

谢谢李卡利施女士。刚才你谈到了很多问题，我们今天也要探讨这样一些问题，因为今天我们来到这里就是要展开讨论的。刚才讲到了认知的问题和感知的问题，我想大家也明白了你们的立场和意见。李卡利施女士的观点，中国的历史一直秉承了尊重人、尊重自然的传统，欧洲启蒙时期倡导的观念，中国早就已经具备了，或者说中国的启蒙，远在欧洲启蒙前，早已完成了。这可能是一个论点。我想问潘先生几个问题，你是否也认为从中国的精神史和文化史看，中国很早之前就已经完成了启蒙？你同意这样的观点吗？朱教授的立场走得更远一点。如果我没有理解错的话，中国有着完全不同的艺术传统和范式，可以与欧洲和西方的启蒙相对应。对这一点让我非常好奇，你们能不能给我说一下，中国是不是早就完成了启蒙？

潘公凯：

恐怕不能这么简单地去看这个问题。中国在历史上因为没有强大的宗教压力，所以人的个性的发挥在历史上一直受到很大的尊重。但是中国历史上对于人的个性的尊重，跟启蒙思想在19世纪以后对中国的影响，我觉得不是一回事。从语言表达上，从内在的精神上，有相同之处，但是并不是说中国已经完成了启蒙。我觉得中国的启蒙确实是受到西方影响的结果，甚至西方的影响不是中国人自己想去要，而是中国人被打蒙了，在这种情况下中国人的眼睛不得不看西方，不得不研究西方为什么发达，为什么强大，中国为什么衰落。中国对于西方启蒙思想的寻求，它是由中国人落后挨打的处境所决定的，是这个处境迫使中国的知识分子去寻找救国强国的办法。中国的知识分子在19世纪以后，是把启蒙思想作为一个救国强国的手段来运用的。当然在做这个事情的时候，也有一些学者把启蒙思想当中的因素，比如说对个人的尊重、对自由的尊重这些想法，跟中国文化传统中的一些因素联系起来。但是我觉得这个不太重要，启蒙思想在19世纪末20世纪初，尤其是"五四"运动期间，对整个中国知识分子的觉醒，起了非常大的引导作用，我觉得这个作用是怎么估计都不会过分的。

朱青生：

我继续回答阿克曼先生刚才的问题。我认为艺术有不同的传统，西方早期的传统艺术，它的主要作用是认识世界，是人和世界之间的关系；而中国的传统艺术，是脱离世界、超越世界的，是建造个人的自由。这两样东西它的结果是不一样的。在西方艺术中，人们会更仔细地观察世界，去看待生活、看待现实；而中国以书法为代表的艺术，它是要想办法让人在现实生活中肩负社会的责任，成为一个很好的社会精英，但是在高度的社会责任的压力之下，它要找到一个自由的方式，这个自由的方式就是艺术。所以这个艺术和西方的那个艺术，实际上指的是两个不同的东西，也起着不同的文化作用。这个问题跟第二个问题相关联，我同意刚才潘公凯教授的观点，启蒙这个事情，在中国古代并不具备它天然的源头，它确实是现代化的结果。实际上在"五四"运动前后，也就是在中国接受启蒙的前后，中国分不清楚哪些是西方的传统，哪些是西方反对自己的传统而进行的启蒙造成的现代化的后果。我们经常把这两个东西混起来，把现代化了的启蒙看成是西方的学问或者是西方的特权。我想这个问题已经在展览中得到了澄清，只是还不够清晰。如果我们把现代化看成是人类共同的方向，而只不过是在西方先行发展，启蒙对我们所有人来说，都是人走向文明的一个方向。

陈履生：

朱青生教授从两个文化体系的不同出发，厘清了过去对启蒙的概念的认识误区。我也很认同潘公凯教授所说的，中国近代的启蒙与西方文化的传入有着很深的渊源。这就和李卡利施博士刚才的观点略有出入。李卡利施博士更多地是从中国文化传统已有的因素中，找到了与西方启蒙运动相同的东西。她认为西方在启蒙运动影响下，突破了宗教的束缚，表现自然，这些在中国文化传统中早已有之。我想请问李卡利施博士，你同意不同意朱、潘两位教授的看法呢？

李卡利施：

我在五六分钟的时间中迅速思考了一下，可不可以这样看这个问题：艺术的启蒙有很多分支，或者说你不能用一个概念来说，这就是艺术的启蒙，它有很多的层面，它是一个活化或者是充满活力的过程。从这样一个角度，中国的启蒙，或者是德国的启蒙，和英国、法国、意大利的都不同。我想在中国古老的传统当中，你不可能说启蒙能够达到所有的层次。但是我想人类对于自然的认知，可能有的国家开始得更早一些，或多或少的程度也不一样。中国跟欧洲一样，我们都是处于不断活化和发展的过程当中，从长期的角度来看，十年以后这样一种启蒙有什么样的意义，更值得思考。潘教授刚才也说了，帝国主义的侵略，很大程度上影响了中国的沉浮。中国政治上发生剧变，有识之士在努力地推动国家的现代化。在这样一个非常关键的时期中，中国的艺术家做了很多试验。因此有很多交错复杂的链条，它们共生或者说是共同存在着，它们告诉我们中国有什么样的可能性。因此可以说启蒙艺术只是启蒙的一个部分，而且启蒙这个过程到现在还没有完，它是一个活化的过程。

米歇尔·康–阿克曼：

卡克先生，正如您听到的，对启蒙的接受，对启蒙的若干种结果和后果，不同的人有不同的认识。我们很期待，想听听您这个策展人的看法。启蒙到底该以一种什么样的方式呈现？如何来进行一种对话？如何来理解对启蒙的不同接受方式，以及引出的不同结果？它在启蒙艺术展当中是如何呈现出来的？

约阿希姆·卡克：

为了能够回应你这个问题，我先谈谈我们策划这个展览的初衷。我们的初衷不是要统一大家对启蒙的认识，我们相信启蒙在欧洲，在不同的国家中是有着不同的接受方式的。当然中国对启蒙也有不同的理解，其中比较突出的特征就是强调理性。我想前面的讨论，求同这一方面似乎被过分地强调了，而我们想强调的恰恰是差异性，我们希望通过这个展览让大家知道启蒙是充满差异性的。当我们去考虑，比如说在展览当中，我们希望能够表现清楚，启蒙如今在公共空间中得到讨论，大家对启蒙和启蒙展的反馈是什么。其实我并没有某种固定标准，然后拿这个标尺来衡量所谓正确的启蒙理解。不是这个意思。我们希望的是通过对话的方式相互理解，所以"启蒙之对话"才如此重要。当然对话的开展是借助这样一种合作的方式——共同策展，这或许是我们的成绩所在，它是共同策划、共同合作的结果。为此我也特别感谢潘教授和朱先生的介绍，这些介绍帮助我了解了中国的、与德国相比有差异的对启蒙的接受和思考。

陈履生

陈履生：

我也想向卡克博士提个问题，这个问题刚才朱青生教授发言时也有谈到。作为策展人，您有没有考虑到启蒙的概念，"启蒙的艺术"这个展览与中国公众的关系问题，以及中国公众的接受问题。

约阿希姆·卡克：

我们首先考虑的是欧洲的启蒙。必须要说的是，我们知道德国的启蒙和法国的启蒙是不同的，甚至当我们谈到德国启蒙时，要在不同的小邦之间作出进一步的区分。我们首先考虑的是介绍启蒙在欧洲的呈现，最重要的还是要介绍欧洲。在这个范围内，我们希望能够很精确地来呈现这个图景，这是我们策划的初衷。

陈履生：

卡克先生谈到启蒙的差异性，朱青生教授谈到中国观众对"启蒙的艺术"这个展览的认同问题。我非常赞同卡克博士所谈的，就"启蒙的艺术"这个展览，他是考虑在欧洲的语境和特殊的文化中来呈现启蒙的艺术。当然，我是从博物馆学的角度来说，如果能把潘公凯教授所论及的近代以来中国启蒙的四大主义，有一个展览把它呈现出来，和这个"启蒙的艺术"对应起来，共同来理解启蒙在不同文化范围内的影响力，以及它和艺术的关系，这样可能更为完满一点。

米歇尔·康－阿克曼：

我们都知道，陈先生也是策展人。刚才陈先生受各位发言的激发而提议的展览，如果能够得以实现的话，我们会把这个展览带到柏林去。朱先生你想做什么？你认为"启蒙的艺术"应该是一个什么样的展览呢？

朱青生：

我首先申明一下，我自己很喜欢这个展览。其实我花了很大的工夫看这个展览，我觉得如果我办这个展览，我一定会首先关注这样一个问题：为什么在启蒙运动的初期，欧洲对中国抱有很大的期待，是赞扬的；但是在启蒙运动的晚期，以赫尔德为代表，对于中国已经极其批评和贬低，认为中国和埃及一样是凝固了的像木乃伊一样的文化。这是一个变化的过程。特别是赫尔德对黑格尔和马克思都有影响，他的这种观念，反过来又影响到中国。这样一个复杂的、文化交错变化的现象，其实对中国不仅有启发、有警告，而且也有产生辩驳和对抗的可能。只有当一个问题引起了讨论和辩驳，它才会成为一个文化事件，它就不会仅是大家来欣赏和休闲的场所。如果我来办，我就会把问题优先，特别是和当地的关系问题，而启蒙运动和中国的关系问题显然是一个巨大的问题。

米歇尔·康－阿克曼：

潘教授，这个展览的一个核心主题，正像卡克先生在他的报告当中陈述的那样，那就是艺术家在社会当中的作用，所承担的使命。在启蒙的过程中，艺术家的作用经历了一些改变，比如他提到库尔贝的《画家工作室》，在库尔贝的作品中，艺术家被放置于中心的位置。美术教育是一个非常重要的概念，潘先生怎么来看待艺术家在当下的处境？就启蒙这个概念来说，它对中国有什么意义？尤其它还与中国传统文化的延续这个问题交织在一起，对艺术家来说，现在的使命是什么呢？

潘公凯：

刚才几位其实都谈到了启蒙这个事件在欧洲发生的状况，和这个思想传到中国以后，在中国所引起的状况。这两个地域之间的启蒙其实存在着很大的差异，这个差异是自然的，是可以理解的，而且我想也是不可避免的。在这种差异中，中国的艺术家自觉地选取了启蒙中自己认为更紧要的某一点，中国艺术家的选择是各不相同的。比如说我刚才讲到了西化的思潮，向西方学习的思潮，它选择的启蒙思想当中的基本点，是科学理性，就是要用西方的科学的透视和解剖、阴暗、素描，来改变中国原来画人都画不像的状态，他们就是我称之为西方主义的代表，他们学习的是科学这个点。跟它对应的是国粹主义和传统主义，这些画家所接受的是德国的民族主义。德国的民族主义跟19世纪以后的民主国家的概念有关，跟民主自强的概念有关，所以他选择的是另外一个点。大众主义选择的是天赋人权，每个人都是平等的，每个人都是独立自主的，每个人都应该在民主的氛围中生活，这种观念支持了大众主义的思想。还有就是融合主义。他们选取的点都是不一样的。

中国的艺术家，在中国20世纪整个历史中所扮演的角色，跟刚才卡克先生所讲的库尔贝的角色不太一样。库尔贝那张作品强调了艺术家那种独立自主的、对文化发展的作用，而在中国特定的背景之下——我刚才强调了这个背景，这个背景就是亡国灭种的危机——在这种危机之下艺术家感觉到个人是渺小的，而人民群众的力量是强大的。所以在20世纪的中国，大众主义会成为最大的潮流。艺术家觉得我个人救不了国家，我要把整个民众发动起来才能救这个国家。所以在这个里面，艺术家的地位、艺术家的自主性、艺术家的自由、艺术家的个性发挥，就变成第二位的事情，比较次要的事情。最重要的事情是艺术家要救国，艺术家要为总体的目标而奋斗。所以有相当一部分艺术家，不仅艺术观念是这样的，他甚至不画画了，他去参加革命，去打仗，他把国家利益、把国家的独立和强大，看得远远比艺术家个人的自我实现更加重要。这要在中国非常特殊的语境当中，才能理解。

在20世纪中国的情景当中，从外界来看，一般容易把艺术家理解成一直受到政治的压抑，其实这只是看到了一面，艺术家不是完全被动地受政治的压抑，而是艺术家感觉到我们国家快要完了，我必须救这个国家。这是一种主动的要求。所以在这里面，中国特殊的政治背景，或者说是中国和西方列强之间的被侵略的关系，是19世纪到20世纪中国社会和中国文化的最大主题，这一点是理解所有中国问题最基本的一个点。所以我觉得我们在理解中国艺术家的独立性，理解中国艺术家的个人自由这个问题上，我们必须把它放到大背景上去，才能够辩证地来把握艺术家的自由和社会责任之间的关联，我想是这样的。

米歇尔·康-阿克曼：

您刚才所说救亡的问题，那么21世纪还依旧是这样吗？

潘公凯：

可以说改革开放以后中国发生了很大的变化，这是非常重要的转折，这个转折使得中国的艺术家和中国的知识分子，从亡国灭种和落后挨打的巨大的危机感中摆脱出来，这是改革开放非常重要的功绩。改革开放以后中国的知识精英已经没有19世纪和20世纪那样一种巨大的危机感和压迫感，这个时候真正有一种解放的感觉。这个解放的感觉是整个心理上和心态上的解放，这个解放带来了中国人对自己的自信，中国人感觉到我们有可能做得更好，我们有可能把国家建得更加富强。正是这样一种自信，使得中国有可能以一个更平等的姿态去理解西方的启蒙思想。中国人理解西方的启蒙思想要有一个心态，改革开放以后中国人就有这样一个更加健康的心态。救亡图强的基本目标，我个人觉得到20世纪已经结束了，这个基本目标已经实现了。所以改革开放以后的新世纪，就是21世纪，我们的艺术家选择和吸收欧洲启蒙思想资源的时候，我们的着眼点会跟19世纪和20世纪不一样，我们更能看到世界走向一体化这个巨大进程将会给人类带来的巨大好处，更能看到在走向全球一体化过程中每个个人所承担的世界性的责任，而不仅仅是对于中国的责任。中国人的整个心态已经转变，而这个心态的转变是改革开放三十年带来的巨大变化。也就是中国的基本语境开始发生变化了，这个跟19世纪和20世纪完全不一样了。

朱青生：

我平时的工作是做中国当代艺术的档案，所以我想就这个问题也说一两句。21世纪以后，中国现在的艺术、正在发生的艺术，其实它的任务可能是针对艺术本身，针对人类共同的问题本身来做艺术。比如说他会追问像约瑟夫·鲍依斯（Joseph Beuys，1921年～1986年）这样的艺术家是不是足够。鲍依斯的问题在哪里？他说每个人都是艺术家。那么每个人选择艺术和不选择艺术的自由何在？

我举这个例子就是为了说明，今天中国的艺术所指向的方向，已经是人类共同的问题，甚至包含启蒙带来的问题。

米歇尔·康–阿克曼：

李卡利施女士，您作为韩裔的德国教授，生活在两种文化之间，对于文化的多样性，比如对同一事物持不同意见、艺术的多样化的方式等，您同意不同意朱先生和潘先生刚才的描述？您有没有其他的见解？

李卡利施：

首先我认同朱先生的观点，当然我也有我个人的阐释。

为了能够理解中国21世纪的艺术，我们必须要理解整个传统。我认为如果没有改革开放，没有21世纪整个艺术的发展，没有共和国，没有对毛的崇拜，没有"文革"，也就不会有先锋艺术；没有这些先锋艺术，也就不会有中国的当代艺术。也就是说中国艺术可以从两种视角来考察。第一种艺术是西方承认和认可的中国艺术，比如说参加双年展等，他们到国外去，他们具有西方的审美视角和趣味，他们被看作是符合他们艺术标准的艺术，他们能够在西方的艺术中有一席之地，在博物馆当中也是这样的。但它却不是在中国国内真正得到充分承认的艺术，中国还有自己独特的审美视角，二者并不是完全彼此认同的——尽管我们在谈论所谓的全球化，艺术依然有着自己某种的独立性，并不是能在西方大行其道的中国的东西，就一定是中国最本质的东西。比如说艾未未和其他的现代艺术家等。在中国古代的艺术中，也有这种观念创新的艺术，在山水画中恣意地挥洒，这都是有的。我非常期待未来中国的艺术能够在全球化中，捍卫自己的美学趣味，能够继续发展。

陈履生：

我们论坛的第二个环节——研讨的环节，已经纵深到21世纪。21世纪的问题就更多了，但我们今天是无法面对这样一个更为复杂的话题了，现在我们没有时间了，所以研讨环节只能到此告一个段落。现在我们进入第三个环节，我们把下面的时间留给听众：你们对演讲嘉宾以及研讨嘉宾所谈的问题，有什么需要我们上面的嘉宾进一步解答的，大家可以举手示意。

提问：

我是台湾师范大学美术系艺术史的教授，我想对卡克博士提一个问题。

卡克博士您是"启蒙的艺术"的策展人，今天论坛的主题就是"启蒙与艺术"。我们都知道现代性有三点，一个是理性，一个是先锋，还有就是争议。我们可以看到，启蒙在德国的传播，在这个展览中，从专业的层面上得到了呈现，您刚才的报告对此也作了介绍。当然启蒙对人类是一个非常大的解放，在18世纪到19世纪的时候，一直到现在，都是非常大的解放。您能不能再深入地给我们阐述一下艺术和启蒙之间，包括艺术家和艺术史家他们之间的关系？而这种关系，从18世纪到19世纪，一直到目前为止，是不是又发生了相应的转变呢？

约阿希姆·卡克：

用两三分钟把几百年的事情解释清楚，这个我肯定做不到。但您刚才提的问题非常重要，是我们的专业问题，而且特别关键。

我们研究历史的时候，比如讲美术史，它是对现象进行解释和分类，它不仅是描述性的，还有把现象划分归档的性质。如果你看一下从那个时候到现在的情况，从艺术史或者是美术史的角度来讲，我们作为一个史学家，我们当然应该保留传统。另外艺术要发展，就要对当下的艺术有批判性的见解。但即使我们要作为一个批判家或者是批评者的话，也要首先对艺术史进行描述，然后才对作品进行论述。我们应该非常开放地对待对于展览的批评，比如有人说你不能说某些画家他是印象派或者是表现主义。我们作为史学家或者是艺术史学家，我们要非常认真地对待这个问题，而不仅仅是从专业上去解释。

提问：

我是北京大学的学生。我觉得刚才的对谈里面，李卡利施教授讲到一个观点我很感兴趣，她讲到欧洲的传统跟中国的传统比较，她认为——我不知道我理解的对不对——中国的文化传统中包含着许多的启蒙因素。我想问一下朱青生老师，我知道老师是研究中国汉代美术的，就这个观点来看，我们中国的传统——后来由于历史的原因，包括启蒙时期中国的知识分子对欧洲文化的误读，造成了一些混乱，这个传统可能被打断了——您觉得它跟欧洲的启蒙观点，比如说自然观和个性诉求这些东西，有可比性吗？它们的共同点在哪里？

朱青生：

　　好，谢谢你的问题。首先我想说明中国所说的自然，和启蒙运动艺术家所追求的自然，不是同样的东西。中国人所说的自然更多的是人格自在的状态，这个观念跟欧洲的概念"自由"是比较接近的。而启蒙运动中所追求的自然，是作为一个客观的自然，作为一个科学对象的自然，所以我觉得这中间其实没有太多易混淆之处，只不过是艺术在发展过程中，或者它会注重外在的对象，或者更注重内在的自由。这个在古代是由不同的文化、采用不同的传统发展的，而现代，它是人类共有的财富，每一个艺术家，无论在德国还是在中国，都可以采取他自己选择的方法来做他的艺术。这是第一点。

　　第二点，我刚才想说明，虽然在西方，在德国，对于中国有一个期望，希望中国保持自己的传统，不要向西方期待的那样去做双年展之类的作品，但是我们中国近十年艺术的发展，一个重要的方向就是反对后殖民。所谓后殖民就是说被别人指认你是中国的艺术，你必须按照中国的做法去做艺术。今天中国21世纪的艺术家，特别是在座很多年轻人，他首先是世界公民，也许这就是启蒙运动给我们最大的启示。

提问：

　　我是德国大学的学生，我有一个问题，其实是对所有的艺术家提出来的。我跟卡克先生已经聊过了，在玛丽-加布里埃尔·卡佩的《画室一幕》这个作品中，这位艺术家是唯一向画面之外望的人。她把接力棒往下传了，你把这个问题给我，我也不是艺术家，我只是一个观察家，所以我想把这个问题提给所有在场的艺术家，我作为一个观众看到这么一幅画，就是女画家从画面里向外望，这幅画对我来说意味着什么呢？

约阿希姆·卡克：

　　我再强调一下，它是一种传递，是我要跟观众有一种联系，这是最重要的。如此，现在我们讲她有一种目光，投向了画作之外，这是一种折射和反思。什么叫作主角和女英雄？这幅画是画家作为画作的主角，把目光投向了观众。

李卡利施：

　　我想画中人和画外人进行对话，在中国的绘画中也是存在的，他邀请画外人能够步入画中，等于他把人物的视线带来了，好像看画人和画中人之间存在着某种沟通。我想它又是整个场景中的组成部分。

提问：

我是柏林自由大学驻京办事处的吴静，我的问题是提给潘公凯教授的。在您的报告里面提到，中国近代以来艺术界在特定的历史和社会环境下，对欧洲的艺术不管是接受或者是抗拒，它出现了四种不同的形式，其中有一种是融合主义。刚才朱教授的发言也提到了，如果我们谈到启蒙的话，启蒙首先来源于法国，德国对启蒙的接受或者是自己进一步的发展肯定有它自己的形式。我的问题是，您所说的融合主义，它有没有一个思想在里面？或者它的表现方式是什么？如果可以的话，可以简单地给我们讲一下吗？

潘公凯：

如果是学美术的同学大家都会知道，比如说我举的例子，就像徐悲鸿先生，他原来在中国的时候是学毛笔的中国画，他在很年轻的时候，二十多岁到法国去学习素描和法国古典主义的表现方法，他在回到中国以后，把素描、透视、解剖、色彩这些西化的方法跟中国的水墨画相结合，跟毛笔和宣纸的画法相结合，所以他产生了一种既能够把对象画像——因为中国画的传统技法要把一个人画得很像不太可能，不具备这种方法——徐悲鸿把这种西方的方法学过来以后，跟中国的水墨画的技巧相结合，就形成了一种能够反映现实的，这样一种中国现实主义的流派和这样一个表达方式。这样一种作品，我把它称为融合主义，因为它把西方科学绘画的知识和传统的中国画的语言结合在一起，融合在一起，产生了比较新的绘画语言。这种绘画语言，用于中国20世纪特定的生活环境，它能够反映生活，能够反映中国的劳苦大众，反映中国知识分子的理想。如果你去看一看20世纪中国美术史，或者去看看画册，就应该很清楚。

提问：

刚才我们中央美院院长先生在提到中国启蒙的时候，一直在强调所谓的救亡图存，所谓的爱国主义。我个人对于您的这种表述有一点小小的失望，不好意思，我谈一下我个人的观点。我们中国的知识分子或者是艺术家，往往被这样一种意识形态化的表述所束缚着，那种爱国主义，那种救亡图存，我们没有反思这个东西本身跟艺术之间的悖论：道德、政治是理性的、逻辑的、意识形态化的，而艺术是感性的、是情感的、是对生命本能的一种超越。这两个是逆反的，但是往往被体制所利用。我不知道我这样一种观点是不是偏激。我想说的是，在欧洲的启蒙主义，是对自身文化的反思和批判，我们知道一个非常杰出的批判者尼采，他说了振聋发聩的一句话：上帝已死。他对自身的文化，对自身的历史、社会有一种彻底的自觉和反思。我们中国的知识分子恰恰没有这一点。请各位专家对我的观点提出批评。

潘公凯：

我可以说一下。这位同学最大的问题是年纪太轻了，你没有生活在那个时代，你如果生活在那个时代，你就可以非常直接地和非常感性地理解救亡图存是什么。它不是意识形态强加给知识分子的，是知识分子发自内心的觉得国家要亡了，人活不下去了，人都快死了。这个时候他首先要想的是我怎么活下去，我这个国家怎么存在下去，我会不会变成亡国奴。最早从19世纪后半叶，中国的知识分子都在惊呼，现在面临着三千年未有之巨变，或者是五千年未有之巨变，大家都因为这个巨变而感到惊恐，当时整个中国陷入一种巨大的危机感之中。因为中国人以前都很自大，觉得中国是世界的中心，中国不知道中国以外发生了什么。忽然中国一直打败仗，它一次一次地打败仗，尤其是到了中日甲午战争的时候，给中国的知识分子造成了极大的刺激。本来日本很小，是学中国的，怎么中国这么大一个中心国家被日本打败了！这样一种情况对中国知识分子的刺激是极大的，这完全是感性的。这种刺激使得中国知识分子哪儿有时间考虑个人的风花雪月，或者哪儿有时间考虑我要完善自己。国家都没有了，你连一张课桌都摆不下去了，你连读书的时间都没有了，兄弟姐妹都在死。你能把这个东西看成是外来的吗？所以救亡图存，这是每一个有良心的知识分子都会投入进去的。这是一个情境问题，这个情境，最重要的一个基础点，如果我们生活在那个年代就非常明白。我们隔了很多年，甚至隔了大半个世纪以后，确实存在着理解上的困惑，所以要看电影和小说，我们才能够想象那个情境。

提问：

我有一个问题是提给卡克先生的。我认为展览的题目是非常有象征性的，尤其是场所的选定，在中国国家博物馆办这个展览，这是非常具有象征性的行为。

然而卡克先生却说启蒙展览这仅仅是欧洲启蒙思想的描述，这个疑惑促使我想提这样一个问题：您是怎么样来考虑的？如果做两个启蒙展览的话，分别在中国和德国，在德国国家博物馆，在德累斯顿或者是慕尼黑，或者是在柏林的话，那么德国的公民会如何来接受或者是如何来看这样的展览呢？

约阿希姆·卡克：

我想每一个策展人在策划展览的时候都会这样想，也都会提这样的问题，就是说观众是不是能够接受我们的展览，他们如何看待我们的展览。当然我们都有某种基调，如果可能的话，我们愿意在德国做同样的展览。但是在德国可能很难有这样一个国家博物馆，能够有一年的时间提供空间让我们展览这样的内容。我想反应是一方面，然而我们能够提供什么，我们能够提供什么样新的视角，这不仅是做艺术史和做当代艺术的视角，因为有一些艺术展是门可罗雀的，观众不是太多的，但是后续的影响力却很大。我们当然也期望，我们的展览对于中国是重要的，有的展览是在回溯时才能意识到它的重要性的，当然我们之后也会回顾这个启蒙展对中国到底意味着什么。

提问：

我问三个问题。第一个问题问德国的策展人。这个展览不仅仅是艺术的展览，它的主线是思想史的主线。我们现在已经处在后现代甚至后后现代的话语环境里面，您把启蒙运动用一个思想史的主线，以艺术的表达形式做了一个展览，但是对后面现今的话语环境，只是用了一个小的展厅，用现代艺术或者后现代艺术，作了一个简单的艺术上的交代，而没有作思想史的交代，今天一些对话上面的争论焦点，可能就是由此引起的。我觉得展览的结尾有一点点含糊，您是怎么想的？

第二个问题是问潘公凯先生的。您的父亲我是非常崇拜的，在我看来，他绝对是有独立思想的艺术家，他绝对是完成启蒙的人。潘公凯先生一直坚持对艺术的认识，有不少人可能会认为您很传统。您今天引发的争议比较大，原因我想是两点：第一点是您没有像李卡利施女士和朱先生一样，把这个问题放在中国的古代和现在的环境；第二点是您为了对话的可行性，用西化的话语体系来解释中国20世纪的问题，这个问题是解释不清楚的。

第三个问题是问朱先生的。您今天的观点我是最认同的，我觉得对话不仅是针对对话的内容，而更重要的是对话的方式和两个不同文化系统里面的话语体系。今天我们为了对话，可能会用西方的话语体系来解释我们共同面临的问题，但是比如说中国的画家，在自己的绘画体系里面，也会对自己的前一代，比如说"四王"，比如为什么会出现扬州八怪，他们对传统也是有认识和反动的。对这些问题的认识，放在自己的话语体系里面会说得更清楚。所以我希望对话首先解决的是双方话语体系的对接问题，而不是用一种话语来解释另外一种文化的问题。我希望这个问题可以先在细节上实现。如果您是策展人，怎么在细节上实现这个问题呢？

约阿希姆·卡克：

我试图回应第一个问题。展览的最后一章是"艺术革命"，我们很难再把它细化，主要有两个原因。我们当然希望能够把与启蒙相关的、目前依然重要的活跃的主题呈现出来，我们希望它能够以图像的方式来说明启蒙是尚未完结的过程，这让我们充满希望。我们特意用艺术家的自画像来结束展览，它连接的一幅画就是卡佩的自画像，这是展览最后一个章节的另外一个自画像。我们再回到刚才卡佩的画，女画家手拿着调色板把目光投向画外，她投向的就是最后一个章节，如何通过探讨的空间把启蒙的想法传递给后世，传递到当代的艺术家当中，这个公共空间是非常重要的。

潘公凯：

你讲的第二个问题我听得不是太清楚，好像是指两种艺术之间语言上的借用和阐述方面所产生的一些问题。中西方文化之间的关系问题，交融和碰撞是20世纪最大的文化主题，我们在20世纪谈论整个中国文化发展的时候，不得不借用大量的西方语言，这也是启蒙的影响。如果中国没有西方现代的这些语言，中国就不能在世界性的知识平台上讨论中国的问题。中国在20世纪，我刚才说到"四大主义"、四种不同的策略选择，看起来它们的面貌非常不同，甚至对立，但是它们都跟整个启蒙思潮有关。我刚才讲到了黄宾虹。黄宾虹在20世纪的画家当中看起来是最传统的画家，但是他所提倡的"国粹"这个词就是从日本来的，而日本提倡国粹主义就是跟德国的民族主义有关系，也就是说黄宾虹这样一个表面上看起来跟西方绘画完全没有关系的中国艺术家，他在选择国粹主义，或者我后来称之为传统主义的这样一种道路的时候，其实他是有世界眼光的，也就是他把自己的这种选择放在了启蒙这样一个基础性的知识平台上。这一点是研究中国20世纪美术史非常重要的一个基本点，也是非常值得关注的一个方面。就像您刚才提到我的父亲潘天寿，他完全是传统派的画家，他画的完全是中国传统的风格，但是他是师范学校毕业的，他在读书的时候学过康德和黑格尔，他学过数学，学过西方的现代文学，那么他是在这样的知识基础上，然后再选择了走传统主义这条道路。所以我觉得这些选择是中国知识精英的自觉选择，我认为这种自觉恰恰是中国现代性最重要的标志。中国的知识分子思想的现代性，不是看他的口号是不是跟文艺复兴，或者整个欧洲的启蒙，或者是整个欧洲的现代画的口号是否一致，而是看他的思想来源，看他是不是有一种自觉的选择。所以我把自觉的选择看得非常重要，看成是后发达国家现代性的一种标尺。

朱青生：

我来回答最后一个问题。我认为现在没有任何一个国家可以用自己的语言来研究它自己的问题了，因为这个世界必须用通用的语言和其他人交流。但是这并不排斥我们要对自己的国家、自己的传统有一个责任，要对它进行梳理、保存、保护和发展。我们今后也许应该有这样一个可能性，我们跟谁说话的时候用他的语言，爱人所爱，好人所好，近人所近。我们如果有一天——这一天也不远了，2016年北京将会召开世界艺术史大会，到时候将会有四千位艺术史家来到北京跟我们讨论中国的问题和世界的问题，我希望您刚才提的问题，将会在五年以后获得更为深入的试验。谢谢您的问题。

陈履生：

谢谢刚才各位听众的提问，也谢谢各位嘉宾的回答。向台下的各位听众表示歉意，第三个提问环节我们到此告一段落。下面请阿克曼先生就今天的会议，作一个简短的回顾和总结。

米歇尔·康-阿克曼：

总结不敢当。我认为今天的讨论有一个非常清楚的要点，也就是启蒙发生两百年之后，中国与启蒙之间进行了一次交流和对话，就在今天，就在这样一个地点。这是一次真正的交流，而且它必须要以对话的方式呈现。有一些德国媒体说"启蒙的艺术"这个展似乎应该有某种意图或者是某种特定的信息，是德国要传达给中国的。我认为我们所要传达的信息，就是要给对话创造可能性，让德国文化在中国有更大的可能去获得更多的理解，这些只有通过对话，以对话的形式来完成，而在此之前没有任何预定和事先商定的信息。这是我的主要想法，非常感谢。

"启蒙之对话"论坛第二场"启蒙的艺术"现场

陈履生：

尊敬的各位嘉宾、各位听众，"启蒙之对话"第二讲在大家三个多月的期待中，今天圆满举行。我们还需要再等两个月，"启蒙之对话"第三讲，还会在同一地点举行，欢迎大家到时候继续来参加我们的对话。

"启蒙之对话"第二讲到此结束。谢谢大家！

（摄影：董清、马腾飞）

启蒙与其在中国的历史
——"启蒙之对话"系列论坛第三场

时　　间：2011年9月9日上午
地　　点：中国国家博物馆剧院
主持人：中国国家博物馆副馆长　陈履生
　　　　歌德学院（中国）前总院长　米歇尔·康–阿克曼

陈履生：

各位来宾、各位听众，"启蒙之对话"第三讲"启蒙与其在中国的历史"现在开始！首先我介绍一下出席今天论坛的来宾，他们是中国国家博物馆馆长吕章申先生，中华人民共和国文化部对外联络局副局长项晓炜先生，中国国家博物馆副馆长董琦先生，中华人民共和国文化部对外联络局西欧处处长陈平先生，德国驻华大使馆公使李德仁博士，德国墨卡托基金会监理人施密特先生，德国墨卡托基金会国际事务中心主任米夏艾勒·施瓦茨先生，柏林国家博物馆总馆长米歇尔·艾森豪威尔先生，德累斯顿国家艺术收藏馆代理总馆长迪尔克·苏恩拉姆先生。出席今天论坛的还有中德双方的其他来宾，时间关系，恕不一一介绍了。

下面请中国国家博物馆馆长吕章申先生致辞！

吕章申：

尊敬的德国驻华公使李德仁先生，尊敬的墨卡托基金会监理人施密特先生及夫人，尊敬的柏林国家博物馆总馆长米歇尔·艾森豪威尔先生，尊敬的德累斯顿国家艺术收藏馆代理总馆长迪尔克·苏恩拉姆先生，尊敬的中德各位博物馆同仁、各位专家、各位学者、各位来宾、各位听众：大家上午好！

我于昨天刚刚结束在俄罗斯考察冬宫等博物馆的访问活动回到北京，就是为了赶来参加"启蒙之对话"的第三讲。我和在场许多听众一样，对这次"启蒙之对话"第三讲充满期待。由中国国家博物馆和德国三大国家博物馆合作主办的"启蒙的艺术"大型展览自2011年4月1日开幕以来，受到了国内外的广泛关注。与之相配套举办的中德系列论坛，到今天也已经进行到第三讲。值得欣慰的是，参与这个讲坛的听众一次比一次多，今天座无虚席，这不仅可以说明这个论坛的内容为观众所喜好，而且也可以说明我们的努力得到了公众的认可。

为了扩大论坛的社会影响，让更多的公众能够参与到论坛中来，享受学术的成果，享受中国国家博物馆为观众所提供的更为全面的服务，从本次论坛开始，我们特地用先进的技术手段在场外的两个区域直播论坛的实况。

本次论坛以"启蒙与其在中国的历史"为题，邀请北京大学哲学系汤一介教授、德国海德堡大学汉学系瓦格纳教授作为主讲人，并邀请北京清华大学国学研究院院长陈来教授，德国希尔德斯海姆大学哲学研究所的雅戈教授，共同探讨启蒙在中国的发展历程，及其对中国近现代历史的影响。相信他们的演讲以及围绕主题的探讨，一定能够深化本次论坛的主题，成为"启蒙之对话"系列论坛的重要成果之一。

最后要特别感谢远道而来的德国博物馆和大学方面的同仁以及墨卡托基金会为本次论坛作出的贡献，也感谢中方各位专家。祝"启蒙之对话"第三讲取得圆满成功！谢谢大家！

陈履生：

下面有请墨卡托基金会国际事务中心主任米夏艾勒·施瓦茨先生致辞！

米夏艾勒·施瓦茨：

尊敬的各位嘉宾，女士们、先生们：早上好！欢迎各位参加"启蒙之对话"第三讲——我们同中国国家博物馆一道举办这一系列论坛，作为"启蒙的艺术"展览的一个很重要的配套活动。借此机会特别感谢中国国家博物馆——特别是吕馆长、各位策展人，以及三个德国博物馆作出的杰出贡献。感谢李德仁公使，感谢各位嘉宾参加今天的对话，让我们更深入地了解启蒙在中国的历史背景，我们真是喜出望外。最后非常感谢陈履生副馆长和阿克曼先生。

墨卡托基金会是德国民办基金会中规模最大的一个，我们的活动主要集中于文化教育、气候变化和社会融合等方面，我们相信在全球化的世界里，我们需要超过德国国家范围去行动，我们需要用国际眼光去开展我们的行动，因此我们在中国开展文化间沟通的各种活动，包括高中生的交流项目和文化管理人员的交流项目。我们现在更上一层楼，举办了"启蒙之对话"系列活动，搭建了一个新的对话平台，在形式方面有所创新。

墨卡托基金会为什么要举办这样一个活动？因为我们相信对话是有巨大力量的。我们别无选择，必须深化中国和欧洲之间的了解，我们相信那句著名的话：敢于了解。我们认为它是一种普世价值。

我们今天的主题是中国思想和中国政治对欧洲的启蒙产生了什么样的影响，也谈欧洲的启蒙对中国产生了什么样的影响，我们希望各位嘉宾畅所欲言。现场的听众听完了嘉宾的介绍，也会有一个提问的机会，还可以凭借论坛的入场券参观"启蒙的艺术"展览。希望今天的交流丰富而深入。谢谢各位！

陈履生：

谢谢施瓦茨先生。"启蒙之对话"第三讲现在开始。本次论坛由我和阿克曼教授共同主持，现在有请阿克曼教授向大家介绍中方的演讲嘉宾！

米歇尔·康-阿克曼：

大家早上好！

非常荣幸和陈馆长一起主持这个论坛。我们有个分工，由我介绍今天参加论坛的两位中国学者。对于他们，中国的听众应该都很熟悉了，所以我准备用英文给我们的德国和外国朋友介绍。然后陈馆长来介绍德方的两位学者。

今天非常荣幸能够介绍中国人文学界最杰出、最资深的两位教授。汤一介教授，他在中国是家喻户晓的人物，在座每一位都知道他的身份了，他是影响力最大的，也是学术贡献最多的一位中国哲学和历史的学者。汤一介教授1951年毕业于北京大学，随后他的整个学术生涯都在北京大学度过，现任北京大学哲学系教授，中国哲学与文化研究所所长。他是在美国哈佛大学等外国大学做过访问学者，是世界众多大学的客座教授。总而言之，他是中国，特别是北京大学，最具代表性的学术精英。

汤一介教授在20世纪90年代率领中国的学术界重新评估、重新诠释了中国的哲学，用现代的眼光去看中国悠久的传统文化，看历史和哲学的各种遗产。今天我们谈论儒家的时候的新颖方式，离不开汤一介教授的杰出贡献。

接下来是陈来教授。陈教授也是毕业于北京大学，在哈佛大学做过两年教授，在其他外国大学也做过客座教授，也是最资深的一位儒家思想的专家。和汤一介教授一样，他对儒家思想——在中国影响最为深远的一股力量——的看法，不完全是传统的那种诠释，更多的是重新评估。如今他是清华大学国学研究院的院长。感谢两位教授今天参加我们的论坛，谢谢！

陈履生：

下面我向大家介绍台上就座的两位来自德国的专家。

瓦格纳教授。瓦格纳教授给我的第一印象不仅是汉语非常流利，而且非常幽默，我们第一次见面，说的第一句话差不多就是在谈禅，他要跟我探讨佛学问题。瓦格纳教授有着丰富的学习中文的背景，曾经先后在波恩大学、海德堡大学、巴黎大学和慕尼黑大学学习中文、日文以及政治学，在慕尼黑大学取得了博士学位。他相继在很多重要的学术机构担任研究工作，在汉学研究方面，尤其在推动汉学在德国、欧洲的传播方面作出了杰出的贡献。从2007年起，瓦格纳教授成为海德堡大学的教授，并担任海德堡大学"全球背景下的亚洲与欧洲"卓越研究群的主任。这个职务非常特别，也体现了瓦格纳教授在这一领域中的学术地位。他的研究兴趣包括中世纪早期的中国哲学、中国注释传统、晚清宗教、新闻学等，最近他正着力于佛教文化和佛教艺术的研究。

"启蒙之对话"第三场主持人及演讲嘉宾，从左至右依次为：阿克曼、雅戈、陈来、瓦格纳、汤一介、陈履生

另一位德国嘉宾是雅戈博士。雅戈博士显然不像瓦格纳博士那样幽默善谈，我们从他的表情中就已经看到他具有德国人的严谨。他在德国图宾根大学、慕尼

黑–路德维希–马克西米利安大学进修神学及汉学，对日本学也有所涉猎。他现在做关于四书的翻译工作，这是他目前在德国希尔德斯海姆大学哲学研究所的一个重要课题。我想他今天也会带来与其学术背景相关的学说，供大家探讨。

今天对四位嘉宾的介绍就到这里，下面首先有请汤一介教授给我们做主讲！

汤一介：

大家好！我讲的题目是"启蒙在中国的艰难历程"，分四个小的问题讲。

第一个问题，18世纪欧洲启蒙运动和16世纪明末中国的启蒙思潮。

康德提出"要勇于运用你自己的理性"，作为启蒙运动的口号，因此，我们可以说"理性"开启了欧洲的启蒙运动，他们的思想家用"理性"扫除了对天主教的迷信和世俗的愚昧，在欧洲引发了一场资产阶级的思想革命运动。这场运动不仅使西方的自然科学有了突破性的发展，而且为西方的社会科学，包括政治学、经济学、社会学等，奠定了基础。他们的哲学、政治学、经济学、法学、社会学的理论，促使了1789年在法国发生的资产阶级革命，推翻了封建专制，并于1793年发表了《人权与公民权利宣言》，并颁布了宪法。

中国学术界，虽然常常把16世纪末发生的反对封建专制"存天理、灭人欲"的礼教、抨击禁欲主义、高扬个性、"独抒性灵，不拘一格"的"唯情主义"，看作是新的价值观和人文主义精神的体现，并往往用启蒙思潮、启蒙思想、启蒙文化、启蒙性质等来说明这次运动的性质，如有的学者把明末反封建传统称为"启蒙思想"或"启蒙主义"。这就容易使人们错误地认为16世纪明末的反封建礼教、主张个性解放的运动，与发生在欧洲18世纪的启蒙运动是相似的。我想这是个误解。

我认为，上述两种运动不仅在表现形式上不同——18世纪欧洲的启蒙运动是以唤起理性为特征，而16世纪明末的反封建礼教的运动是以唤起人们的情感释放为特征；结果也大相径庭。前者的结果是自然科学的重大突破，社会科学基础的建立，资本主义民主制度国家的建立；后者的结果是虽有少数思想家仍然坚持反对封建专制礼教，但在清军入关后，因为封建专制礼教的强化和对批判礼教的文人学士的无情镇压，反对封建专制礼教的浪潮被打断了。

第二个问题，19世纪中叶后，中国社会在西方启蒙运动冲击下艰难地行进。

1840年，鸦片战争中国惨败之后，中国的有识之士，先是认识到西方国家的强大是靠他们先进的科学技术和他们的理论思想，于是提出了"学夷之长技以制夷"的主张，开展了一场制造枪炮的洋务运动。但是所谓的洋务运动并未摆脱"中体西用"的束缚，故未能动摇清朝的封建专制制度的根基。在有更多的开明知识分子和政府官员进一步了解西方启蒙运动的思想和政治制度的条件下，提出中国要富强必须改变现存的政治体制，用改良的办法推行君主立宪，并于1898年筹划了戊戌变法。而这种走改良主义路线的变法是软弱无力的，在清政府的重重高压之下以失败而告终。在这种情况下，以孙中山先生为首的仁人志士不得不采取革命的路线，来推翻清王朝的统治。1912年，孙中山先生领导的辛亥革命取得了胜利，废除了封建专制的君主制度，建立了中华民国。孙中山领导的革命虽然取得了暂时的胜利，但中国社会的根本问题并未解决，中国的民主共和国国体的体系实际上一直未曾真正地建立起来。中国何去何从，仍然是留给中国人民需要不断解决的重大问题。

第三个问题，被称为中国的启蒙运动的"五四"运动，它所提倡的科学与民主是否已经实现。

对"五四"运动，中国学术界有着种种不同的看法，我不能一一介绍，但我认为不能把"五四"运动和此前的新文化运动看作是没有内在联系的、两种性质不同的运动。因为最近有一篇文章专门讨论这个问题。我们也许可以说，前者是一场反传统的思想文化启蒙运动，后者是一场救亡的爱国运动。正是因为有新文化运动，才使中国人能用新的眼光和新的价值观看中国落后的现实，这无疑包含着希望中国富强的愿望；正是有了"五四"的爱国情怀，才使中国人认识到，必须使政治民主、思想自由的启蒙落实到社会生活之中。因此，在中国的新文化运动和"五四"运动，是一前后连续的过程。启蒙唤起了救亡，救亡深化了启蒙，这两者是不应该分开的。

现在我们应该讨论的是：包括新文化运动和"五四"运动所争取的具有普世价值意义的民主、自由、人权等启蒙思想是否在中国的现代社会中已经实现？这个问题比较大，而且比较敏感，很难给出一个明确的回答。下面我想举两个例子来说明，怎么样使这些具有普世价值的思想得到落实。

20世纪80年代，在邓小平同志提出改革开放的大环境下，上海的王元化先生联合一批党内外人士办了《新启蒙》杂志，其目的是唤起人们对"五四"运动以来争取民主、自由、人权的记忆，为推动我国体制的改革和思想的自由出把力。在该刊的创刊号中发表了八位同志的笔谈。夏衍同志提出：《新启蒙》要重提科学与民主，迎接新时代的挑战，不能错过了这个千载难逢的时机。但不幸的是，

《新启蒙》只出了四期便没有再出下去。在事隔二十三年后，李锐先生在《王元化与新启蒙》中再次提到中国的"启蒙"问题。他认为应该再继续提倡"五四"的科学与民主的口号。可见中国的启蒙运动确实是一个十分艰难的历程。

1985年，我在深圳举办了一次文化问题协调会议，那次会议有北京、上海、武汉、西安和深圳二十余位学者参加，王元化先生也出席了会议。在会上，我们取得了某种共识：我们非常拥护邓小平先生提出的以经济建设为中心，奋力实现"四个现代化"。但是现代化的问题是否仅仅是工业、农业、科技、国防的问题？对此，我们颇有一些怀疑。因为我们认为没有政治制度的现代化、没有思想观念的现代化，现代化将会落空。这说明，我们考虑的问题是："四个现代化"必须有政治民主，必须使民主、自由、人权等美好的思想在日常生活中成为现实，这都涉及到我们仍然要继续启蒙的问题。换句话说，我们的社会要全面地走出前现代，而进入全面的现代社会，实现完整意义上的现代化，那么我们必须把启蒙继续进行下去。

第四个问题，中国社会的启蒙将如何进行下去。

中国接受西方的"启蒙"思潮已有一百六十余年的历史，但中国并没有全面地完成现代化。因而在20世纪90年代，在中国出现了两股反"一元化"的思潮。一股是来自西方消解现代性的后现代主义思潮；另一股是追求复兴中国传统文化的"国学热"思潮。

西方的现代化在发展了两个多世纪后，已经出现了许多弊病。有一个非常显著的情况，就是由于认为科学是万能的，而引发了"工具理性"的泛滥——因为理性，不仅仅是工具理性——使自然界惨遭破坏；自由经济不受约束的发展，造成人与人、国家与国家、民族与民族之间的尖锐矛盾和相互敌视，唤起了人们对金钱和权力的无止境的贪欲，致使人类社会道德沦丧。为了挽救人类社会，消除现代性带来的负面影响，因而在20世纪60年代有以消解现代性的后现代主义出现。初期的后现代主义是以"解构性后现代主义"为代表的，它的目的在于解构现代性，反对一元化，主张多元化，企图粉碎一切权威。这无疑对人类社会是有益的。但是解构性的后现代主义并没有提出新的建设性主张。因而从20世纪末到21世纪初，以过程哲学为基础的建构性的后现代主义提出将"第一次启蒙"（即17、18世纪以来的启蒙运动思潮）的成果与后现代主义整合起来，召唤"第二次启蒙"。那么"第二次启蒙"的口号应是"关心他者""尊重差别"。这与他们主张多元化是有一定关系的。这是说的西方出现了后现代的主张。

在中国出现了"国学热"，它是由中华民族要复兴这个问题引起的，而民族的复兴必须由民族文化的复兴来支撑，因此在对过去的盲目反传统的反思中，考虑到如何传承有五千年文明的中华文化，并使之在新时代得到更新。有见于当前对自然界的无序破坏，一批中国学者提出，儒学中的"天人合一"学说可以为人与自然的和谐提供有意义的思想资源。孔子主张既要"知天"，又要"畏天"。"知天"就是要合理地利用自然界，"畏天"就是对自然界要尊重，人有保护自然界的责任。中国儒家"天人合一"的学说和建构性的后现代主义提出的人和自然是一生命共同体的理论很相近。有见于孔子和孔子的思想在一百多年来受到的歪曲和诋毁，有见识的中国学者认为，要复兴中国传统文化就必须恢复孔子和孔子的思想在中国历史上的地位，人为地割断自身民族文化的传承，我们这个民族是难以生存和发展的。我们都知道孔子学说的核心是他的"仁学"。樊迟问仁，孔子说："爱人。"但孔子认为，仁爱的精神不能只停留在爱自己的亲人上，必须"推己及人"，要由"亲亲"扩大到"仁民"。所以孟子有一句话，说得更为有意义："亲亲而仁民，仁民而爱物。"不仅你爱你自己的亲人，而且爱老百姓；由爱老百姓而推广到爱其他的事物。儒家的仁学精神不正与建构性的后现代主义提倡"第二次启蒙"的"关心他者"有异曲同工之妙吗？这很可以说明一个问题：在前现代的思想宝库中确实包含着若干具有人类社会普世价值意义的思想资源，并对克服现代性可能产生的弊病，起消解作用。

在中国已经产生广泛影响的"国学热"和建构性的后现代主义这两股思潮，如果能在中国生根，并得到发展，也许中国可以比较顺利地完成"第一次启蒙"，实现现代化，而且会较快地进入以"第二次启蒙"为标志的后现代社会。这就是说，如果真能如此，中国的启蒙所得到的成果，在人类社会发展史上将是最为丰厚的。

谢谢大家。

米歇尔·康-阿克曼：

非常感谢汤一介教授的精彩演讲，我觉得他的演讲为我们后面的研讨的进行，打下了非常好的基础。现在请瓦格纳教授主讲。有请！

瓦格纳：

女士们、先生们，非常感谢中国国家博物馆举办这次论坛，非常感谢。

我认为中国既是启蒙的来源，也是启蒙的对象。下面我谈九个方面的问题。

1. 社会的空想和政治上的现实要求

我觉得应该把中国的政体放在两个叙述的框架中进行讨论。第一，我把它叫作"社会的空想"，就是广为流传的对中国这个国家和社会应该是什么样的一个设想。这设想的基础是史前时期的三代、圣王的统治方式，以及他们给后人留下的遗产——儒家经典。它们被人们编辑，最后经孔子——这位不是"王"却标志着一个时代变迁的"圣人"之手，最终定形成现在的版本。这种"社会的空想"即使是在巨大的社会变革中，也仅仅是随着时间的推移发生缓慢而有限的改变，它来自于历史深处，孔子这个独一无二且无可比拟的"圣人"，赋予了它权威性。第二，我把它叫作"现实"，关于中国的统治在某一特定的地点和时期的实践。这些实践的合法性取决于制度上管理者的身份，它的权威性取决于它的有效性，其中包括百姓对其的接受程度。

17世纪的欧洲对中国政体的认识多基于第一个框架——"社会的空想"的文本，而非中国的政治现实。它传入欧洲的主要渠道是耶稣会。孟德斯鸠说耶稣会士所描述的理想化的中国，同他们自己对专制制度的接受相吻合，他们自己所在的秩序、教会及传教会策略都是专注于最高领导者，并且相信他们的皈依会引起整个国家自上而下的皈依。具有讽刺意味的是，耶稣会士所描述的内容，在三十年血腥的宗教战争之后汇入了欧洲的探索，这三十年的宗教战争是为了追求一个遵循着自身逻辑并且严格和宗教事务区分开的政体，现在看来就是政教分离。为了保证政治脱离宗教的独立性，统治者们主张在国家层面绝对的权力，并且要求官僚制度的合理性，而行政准则不应是来自官员的宗教狂热。因此出现了政治家从自身的需要出发而希望去维护一个理想化的中国形象的动机，中国政体现实的框架被有意无意地忽视了。

这个现实的框架开始于18世纪下半叶杜赫德编纂的著作之后。威斯特伐利亚政治秩序在欧洲稳定下来之后，专制要求绝对的权力；而公众和一些如共济会这样的秘密组织却倡导一种新兴的基于理性的价值体系，这两者之间的紧张态势恶化了。追求理性统治的最高的代表便是美国，美国宪法最先把这个新的价值体系转化成制度上的体制，来为国家和社会之间的互动提供结构上的条件。在这些条件下，把中国理想化的这个动机就极大地削弱了，了解真正的中国的欲望愈加强烈了。

2. "社会的空想"和"现实的政治"之间的矛盾

"社会的空想"和现实的统治执行，这两种框架之间存在一种不可避免的矛盾。在欧洲，这种矛盾是通过争论——围绕对中国的评价所进行的争论——表达出来的，争论的核心目的是想寻求一个新的方式，让中国的实际的统治和欧洲的社会的空想之间更切合。在中国，这个矛盾伴随着整个政治过程，一些违背"空想"的做法甚至被视为极为重要的常规，被制度化了。这从帝国权力的真正拥有者——皇帝和古代的"圣王"之间传位的强烈差异可见一斑。举个例子来讲，圣王尧拒绝把王位传给他的儿子，他寻找最优秀的人——舜，长时间地考验他，最终把王位传给了他。而在帝国时代的中国，皇位是传给皇室成员的。尽管人们很努力地去显示人意与天意来支持一个新的统治者或者一个新的朝代，尽管许多官员情愿对统治者阿谀逢迎，但是即使是最强大的、最有能力的中国帝国的统治者，也没能获得"圣人"这个敬称。

3. 两个不同的管理者——统治者及官员

统治者是实际权力的拥有者。没有哪个统治者能够达到古代圣王的标准，他们是站在"现实的统治"这一边的，站在另一边的则是官员。在施政过程中，两者共同认知的政治理想是古代圣王的政治，和把这种政治理想应用到当时的政策中的能力。2世纪到9世纪，即使是位于社会上层的贵族，也是倾向于获取这种能力的。

这种现实和理想的矛盾以多种不同形式表现出来。统治者倾向于要求官员接受现实，要对专制者无条件地忠诚，以此来保证有效的统治；官员则倾向于要求统治者遵循他们声称从儒家经典中萃取的规矩和道德标准，以获得大众的接受。统治者倾向于建立与官僚机构平行的另一个权力机构，此机构由宦官与皇亲组成，其成员无其他政治资本，只能靠统治者对他们的恩赐来增加他们的回旋余地，因而完全在皇帝的控制下，并无条件地忠诚于他。以此皇帝可以使其统治手段、策略更有余地，并削弱官员们的总体力量。官员自认为有权力（与义务）以儒家经典的原则来教育统治者的继承人，说服及劝诫统治者。下面这个例子可以充分说明情况。1573年，内阁首辅张居正为九岁就登基的万历皇帝编纂了《帝鉴图说》。书中包含了一百二十个历史实例，谈及统治者可被接受以及不可被接受的行为；八十个有关圣人行为的历史实例，告诉统治者很渴望寻找那些直言不讳的官员，他们敢于倾听老百姓挝登闻鼓诉诸廷前的苦衷。

4. 人民的角色

无论是在"社会的空想"还是"现实的政治"的观点中，"民"都不是政治过程中积极的一部分，而只是统治的对象。人民既没有皇帝的权力，也没有那些官员所受过的儒家经典的教育，所以缺少足够的资本参与到政治过程中。然而，"民"在中国早期"社会的空想"的政治中却是一个重要因素，为人民所接受是合法统治的至关重要的条件。然而这种接受不是通过启蒙式的咖啡馆中的讨论，或者是报纸上发表声明来表达的，它是通过"民"无声地、心满意足地进行劳作与生活来体现的，反过来这也被视为该统治者被"天意"接受的暗示。"民"的不接受则表现为不断发生的低层次的、局域性的反抗，突然会扩大范围并且获得广泛的支持。古代中国认为，人民的动乱以及上苍不悦的信号，都直接来源于统治者的错误。

18世纪相对的繁荣和社会稳定，似乎证明了比较理想的政府形式就是一个接受上苍多方面监督的专制的政府，它的官员和人民都在平和地追求一种勤奋的生活。

在当时的欧洲，关于"社会的空想"和"现实的统治"的描述没有明显的区别。两者都是用相同的"现实主义者"辞藻。然而不同逐渐地显现出来，作家们对中国的政治开始由理想化的描述，转变成具有强烈论辩色彩的实际状态的描述。然而，这次辩论之后的欧洲启蒙思想家的观点仍不相同。在1783年康德写的一篇文章《什么是启蒙？》中，他称颂了自己的普鲁士专制者弗利得利克能够结合两则格言，一是"尽你所想地去自由争论"(这里不是指"大众"，而是指受过教育的人)，另一个是"服从"，这是指公务员在他们的公务职能上遵守辖区秩序的必要性。在法国，自1748年开始孟德斯鸠就坚持自由和人民的权力，他坚持认为中国是通过"畏"来维持"专制"统治的。英国18世纪60年代的启蒙作家如奥立弗·高尔斯密也追随孟德斯鸠的想法。可以想象，后面两者的认识都来自中国的"现实"的政治状态，而不是"社会的空想"中的规范的理想主义。

5. 改变中的对中国启蒙的评价

最终，对中国政体的否定评价在欧洲占了主位。新教传教士受到19世纪"第二次大觉醒"的鼓舞，他们的虔信派教徒强调的"心的宗教"，以及他们对18世纪唯理论者理论的批判性立场，他们强调道德而非信仰，这一切逐渐削弱了对中国政体当中理性、道德和能人统治风尚的积极评价。

耶稣会士把中国的祭祀祖先定义为非偶像崇拜，和合法地崇拜天主教圣人属同一性质。19世纪，新教传教士却否定了这一解释，认为中国的祭祀祖先属于偶像崇拜，完全不符合基督教信仰。与此同时，新教传教士却继承了耶稣会的另一个看法：在秦帝国以前，中国也曾相信一个上帝，但是早已把这种一神论的过去深埋在了佛教所鼓励的偶像崇拜上。这种崇拜阻挡了中国迈向现代化的脚步和中国文化的现代化文明因素。

这种解释为理解中国当今的滞后，保留了一扇上溯到中国先秦时期的门，它过去的辉煌成了当今鉴别真理和获得思想灵感的源泉。反过来这也提供了一个可能的平台，使传教士和中国的学者型官员进行富有成果的互动，这些官员会把他们对现实的批判建立在来自先秦时期的"社会的空想"上。两者都会认同回归到"社会的空想"这个已经被人忘却的历史遗产上，不失为进入开明未来的途径。这二者之间爆发性的融合发生在太平天国起义时期。与此同时，英国及其他国家对中国的军事冲击，进一步巩固了这一评价：中国现在是一个停滞不前的政体，一个被"外来的""鞑靼帝国者"控制的政体，和土耳其帝国控制希腊有类似之处。希腊为反对土耳其所做的解放斗争在欧洲十分有名。

6. 上下之通

"社会的空想"和统治实现的需要之间的矛盾是中国政体一个长期的特征。当批判不局限于特定的、个别的统治措施，而是宽泛的，甚至是提出了一个根本上的政治改革措施时，这种矛盾显露得最为强烈。举例来说，王莽改制、北周、唐武则天、宋王安石以及太平天国，都宣称要回归周礼，这只是其中一个部分。顾炎武批判晚清政体，说其有悖于中国古代圣人所留下的遗产。曾国藩所代表的北京正统的统治者，以及反对满清王朝的太平军，都认同顾炎武的观点。这样一个中国内部对现实统治的批判传统，其合法性与立足点就是"社会的空想"，这在19世纪下半叶变得非常重要。

19世纪下半叶时中国社会对当下政体的核心批判，是其缺乏上下之间的自由的"通"。据说，古代圣王就保证了这种上下之通，他们治理下的国家和平安定，正因为所有的方面都为了共同的事业而竭尽全力。

将自由的上下之通理想化，开始于唐代。它的兴起明显具有启蒙的特征。它总是被看成是急需的，却又是严重缺失的。1873年的晚清报纸《申报》——这是设于上海的第一家大型的中文报纸——发表了一篇有关"上下相通"的历史文章。文章说自从唐代设立了翰林书院，要求学者严守国家机密，接下来的各个朝代均扩大了需要保密的事情的范围，朝廷和社会之间的那堵墙越筑越高。在清代，密折制度达到了顶峰，许多汉族官员都无法获得朝廷的核心计划。这样，社会完全不了解朝廷的计划，朝廷对社会的情形也完全无知。那篇社论就把这样一种情形和尧舜时期的"社会的空想"作了鲜明的对比。

7. 报纸作为启蒙工具

《申报》的成立提供了渠道，它会刊登整版的"京报"，向社会传达朝廷的信息，也有版面刊登新闻和来自社会的观点。这样，它就成为了朝廷和社会可以交流信息的一个平台，且不必偏袒维护任何一方。这份报刊出现在上海的租界，编辑是一个接触不到朝廷官员的老外。这份报纸同时也被认为是商业产品，在清朝的土地上销售。《申报》的始创人安纳斯脱·美查是一个企业家，他办的报纸不是一个由宗教或者政府机构提供赞助、专为其服务的宣传平台。《申报》报纸的形式曾为当时在香港办报的王韬、竞争者新教传教士的《万国公报》和欲与之抗衡的上海道台办的《汇报》所效仿。

这份报纸在事业上的成功不是因为英国领馆对美查的支持，而是因为中国的读者愿意购买、阅读这份报纸——这一新鲜的媒体。使报纸长久不败的决定性因素是读者的主动性，是他们希望把外国的媒介和舆论方法变为己有。

8. 中国，启蒙的对象

从19世纪30年代开始，年轻一代汉族官员如曾国藩，开始注意到中国危机的信号。信号之一就是这些官员都失去了"谏"的能力和意愿。西方那时并不是大问题。先进技术，特别是军事设备和技术的获取从明代就已经开始了，这应足以对付来自西方的威胁。对西方的新气象，以及其产生的能量，将需几代人的时间才能意识到——正是这些新兴之力，带给世界上一些小而遥远的岛国将影响投射到中国这半球的力量，这些新兴之力同时也允许这些岛国曾经的殖民地独立并且繁荣。

徐继畬阅读了布里奇曼和郭实腊撰写的《乔治·华盛顿传》，看到了1849年广州版本中的华盛顿画像，描绘了其真诚的脸庞和简单朴素的衣服。徐对华盛顿作出了独特与正面的评价，像尧一样，华盛顿甚至没有企图让他的儿子继承他的职位，当人们把皇冠献给他的时候，他拒绝了这个建议，并告诫人们要避免独裁专政。这里，我们看到了一位典型启蒙政治家代表人物因其观点和中国古代理想一致而获得了一位中国学者高度的赞扬。但是曾国藩批评徐对一个外国人的评价过高，在曾的干预之下，徐遭到了免职。在19世纪60年代，冯桂芬比徐继畬更进了一步，他认为西方许多政治和教育机构的理念都和古代圣贤所留下来的原则一致，特别是《周礼》。他的改革建议与顾炎武所提出的新西方启蒙纲领，这一按照新的西方路线来发展中国的一系列建议，有契合之处。中国的政体，一度成为欧洲启蒙思想的源泉，现在却逐渐被中国的改革者视为启蒙的对象。

19世纪90年代之前，犹如潮水般的改革文章的共同题目是关于中国的"危"，以及从西方模式中寻找出路——如何使中国重建辉煌和达到帝国时期的文明水平。用英文写作的香港作家何启，以及西方后裔但是用中文写作的作者如李提摩太和傅兰雅，开始提议为"沉睡"的中国实施彻底的新政。其他的还有康有为和梁启超，也投身于学习并且认同西方制度。他们将其阅读收获撰写成百科式的文章，其后又被收录出版，使他们早在1902年就被称为"中国的百科全书派"。百科全书派是狄德罗和达朗贝尔的美称，他们的传记当时也刚被介绍到中国。

9. 察觉及应对不均衡性

在中西的对话中，权力关系的不均衡此时已经很明晰了，克服它的办法就是让中国变得富强。中国只有从西方，包括政治机构和社会实践当中，不断地吸取有用的经验，才能实现这一目标。在仅仅一百年的历史中，文化互动，固有文化发生迅速转变形成的不均衡性释放出巨大的能量，来帮助中国应对和克服它所面临的困难。

有一些人，如张之洞，声称所有的西方的知识归其根源来自于中国，西学东源；另一些人则认为中西圣贤有共同的通往真理之路，中西会通，西方政体基于圣贤的体制，因此原则上与中国的圣贤的学说一致。启蒙思想传到中国后，这两种认识事实上均开通了中国的精英们从西方成熟的体制当中汲取经验的渠道。在清朝末年，鲁迅、陈独秀等作家否认中国和世界的圣贤有共同点，宣称中国通往文明和现代化之路只能通过和过去的彻底决裂才能实现。

谢谢大家！

陈履生：

谢谢瓦格纳教授。瓦格纳教授一共讲了九个问题，他从17世纪中叶一直讲到20世纪初期。如果我们串联起来看这九个问题，会发现瓦格纳教授较为清晰地分析了中国如何从启蒙的来源，变为了启蒙的对象。当然就他所谈的许多问题，我想我们在座的还有两位嘉宾，会作出更为精到的评论。下面有请陈来教授就本次论坛的主题，发表他的意见！有请陈来教授。

陈来：

主持人、各位朋友，我今天发言的题目是"追寻启蒙与启蒙反思的平衡"。

20世纪中国的政治革命、思想革命、文化革命，这些运动都与启蒙结下了不解之缘，而近三十年来的中国改革，则以告别革命斗争为基调，致力于经济发展，重建社会和谐。因此，今天的中国不仅要重新思考什么是启蒙，也需要对启蒙进行反思，以建立起继续启蒙和反思启蒙的平衡。

特别值得指出的是，德国启蒙运动的发起，针对的是宗教压制自由思想和自由批判。德国的门德尔松和康德都回答了这个问题，都是针对着宗教和检查制度，强调理性的公共使用应该不受宗教限制，力求把思想从神学和教会的监察下解放出来，要求的是思想上的自由。而20世纪的中国的文化启蒙运动——"五四"运动，以针对儒家传统为特色，在反对君主制之外，强烈批判中国儒家的道德传统，突出的是道德上的自由。中国启蒙运动对道德权威的破坏，使得人们不再珍惜传统，忽视了社会道德风俗和社会凝聚力对共同体的正面作用。这使得在欧洲启蒙运动中被推崇为以自然理性为基础的儒家道德体系，在中国近代启蒙中被视为封建礼教受到批判。于是儒学由欧洲启蒙的助缘，变为中国启蒙的对象。

今天要重建中国社会的伦理和道德，重新认识儒学和道德传统，需要对那种一元化的反传统的启蒙思维作出检讨。启蒙反思首要的就是对于启蒙运动的全盘反传统的观念加以反思，这一点应该是确定无疑的。另一方面百年来的中国传统中的启蒙价值有很多并没有实现，就价值本身来讲，启蒙价值中还有我们今天应该承认的普世价值，在这个意义上启蒙反思并不意味着对启蒙价值的全面否定。合理的看法应当是，启蒙价值只代表了整个人类历史发展的一个方面，而它缺失了重要的另一方面，所以启蒙反思就是要把另一面彰显出来，挺立起来，与启蒙价值进行合理的良性互动。

具体来讲，启蒙主义突出理性、人权、自由、民主、个人主义等，这些都是重要价值。但是讲个人也要讲群体，讲权利也要讲责任，讲理性也要讲人情，讲自由也要讲社会约束，讲民主也要讲集中决策，这两个系列的价值不是一个取代另一个，而是应当寻求两个系列的平衡。中国近代社会文化没有这种平衡，压倒的都是启蒙性的价值，而今天我们要合理地安排这两个方面的关系，来适应中国社会发展的现实需要。用中国人的话来说就是一阴一阳之谓道。

最后我想指出，今年国家博物馆北门的孔子塑像，在矗立百日后被撤离，这典型地体现出启蒙价值的偏差所带来的反传统心态的影响，这种影响是结合了老的"文革"思维和新的"愤青"心态，认为现代的中国革命价值仍然是第一位的，可以完全抛弃传统价值，全然不顾当代中国重建社会道德价值的需要，把传统和现代完全对立起来。这明白地显示出，启蒙反思在一个革命斗争传统流行而现在正在转向和谐社会建设的现代国家的重要性。

谢谢！

米歇尔·康-阿克曼：

下面我们请雅戈教授谈谈儒家在欧洲对启蒙的影响。希望你的发言能引发更多的思考，扩大我们讨论的范围。

雅戈：

首先我要感谢墨卡托基金会以及中国国家博物馆组织这样的活动，让我来讲讲欧洲启蒙运动的来源，这是我研究的一个课题。我发言的题目是"儒学的接受，欧洲启蒙的新起点？——兼论克里斯蒂安·沃尔夫及其对四书的研究"。

克里斯蒂安·沃尔夫在18世纪初开始研究四书。1712年，耶稣会士卫济方的翻译著作第一次把四书介绍给欧洲读者。沃尔夫研究四书长达四十年，研究了孔子和孟子，可以说他是那时候德国最著名的启蒙思想学家。欧洲的启蒙运动很大程度上来自中国的思想、技术，和伊斯兰革命的成果。在这个过程中，对经典著作的翻译起到了作用，比如把《圣经》翻译成拉丁文和希腊文，把佛教的经典翻译成拉丁文，包括把四书翻译成拉丁文。这些都是中西方文化交流中重要的事件。对不同民族传统经典的翻译，为另外一种语言和文化打开了新的思路。

受四书的启发，沃尔夫于1721年发表了一篇著名的演讲"中国的实践哲学"。在这篇演讲中，沃尔夫赞扬儒家哲学和中国历史是历经三千多年的实践伦理学的实践室，中国文化基于纯粹理性，合法地独立于宗教之外。这篇演讲在欧洲产生了巨大影响。它一方面说明，一种文化对另一种文化的理解往往是充满矛盾、误解和理想化的；另一方面，异质文化可以帮助人们在新的文化视野中看自己的传统，同时也给大家带来了一种新的思想的空间，从自己传统的束缚中解放出来。我想这对欧洲和中国都是如此。

讲到克里斯蒂安·沃尔夫的四书，对他来说，儒教的经典不是研究的目的，而是他自己哲学作品的一个来源和重要的参考。所以在1712年的时候，我们注意到，在他开始研究四书那一年，他的哲学思想也开始发展。欧洲和中国文化之间的大碰撞，不只是发生在哲学这个领域，可以说在任何的技术、社会、经济、生活范围之内，从思想到行为，都能看到来自中国的深入影响。

最后我想说的是，我们通常认为，在经济领域的很多成果都是欧洲的发明，很多人都没有意识到欧洲的很大一部分技术成果来源于中国。这是我们今天要做的一项工作，也要充分理解这个莱布尼茨已经在三百年前讲到的问题，更加了解中国在欧洲启蒙当中发挥的作用。

陈履生：

感谢雅戈教授。

上面两位主讲人和两位评论人就本次论坛的主题都做了各自的演讲，下面进入讨论阶段。

我首先想和汤一介教授探讨一个问题。汤教授谈到，我们现在已经进入到以第二次启蒙为标志的后现代社会，陈来教授也谈到在我们进入了后现代社会后，启蒙也进入了一个新的时代，面对现存的很多社会矛盾，启蒙中的一些基本的价值观，也应该发生改变。这是否可以理解为，两位认为我们今天在继续启蒙的路上还存在着一些障碍？

汤一介：

我在我的报告里已经讲到了，第一次启蒙提出来了许多非常有价值的观念，但是经过了两百多年的实践，它并没有——就像瓦格纳教授所讲的——这些理想的观念并没有全面地落实到现实中。比如说理性的问题，它本来是包含工具理性和价值理性，但是工具理性得到了特别的发展，而具有人文精神的价值理性被边缘化了，这样就引起了这个社会的很多问题。启蒙提倡张扬个性当然是很重要的，但是对个性的张扬如果不限制的话会侵犯到别人，甚至于对民族和国家来讲会侵犯到别的民族、别的国家去。所以启蒙的好的理想在现实中可能并没有完全落实，甚至于现实会把启蒙运动中间一些理想可能带来的问题扩大化了，使现实的结果背离了启蒙运动的初衷，很可能有这样的问题。

瓦格纳：

我想提一个问题。我觉得汤教授讲得非常好，你看到了启蒙并不完全排斥传统的道德标准，它甚至允许在文化因素中保持比较高的宗教水平。比如日本在1893年进行的改革，依然认定儒教是所有教义中最核心的内容，这是他们对启蒙的理解，虽然他们进行了快速的现代化，但是也需要道德的标准和基础。所以我可不可以这样理解，在中国，不仅是在过去三十年，在过去六十年、七十年，社会变化的速度非常快，大家容易抛弃传统的道德方面的标准，现在你们在寻找一种坚强的道德的基础来重建价值体系。现在有一种国学热，提倡孔教、儒教的思想，都是这样的一种努力，就是在快速的现代化过程中恢复这样一种道德的利器。我的理解对吗？

汤一介：

可以这样讲。因为中国正处在走向民族复兴的过程之中，任何一个民族的复兴就必须有它的民族文化的复兴来支撑。第二次世界大战以后在许多地区已经看到这样的问题了，因为这些地区摆脱了原来的殖民统治，它要独立，独立中就有一个问题，什么东西可以支持它的独立呢？它的传统、它的文化可以是支持它独立的一个非常重要的方面，如果它不回到自己的传统，独立性就无法建立。所以中国也是这样，我们必须找寻我们文化的根基来继续前进才可以。雅斯贝尔斯的《历史的起源与目标》也讲到了这个问题，他说每一次文化的复兴都要回到它自己的源头。我也觉得是这样的，我们的文化复兴、我们的民族复兴要回到我们的源头，找出力量来触发，我想就是这样一个道理。

米歇尔·康-阿克曼：

我想问一下陈来教授。四个演讲中，我觉得大家就跟学术研究一样，讲到了中国传统儒教对社会发展的复杂影响和意义，讲到圣贤的作用，刚才讲到儒教对于欧洲的启蒙运动发挥的作用比我们想象的大得多，中国的儒教可以说是欧洲启蒙运动的一个基础。另外一个方面，"五四"运动的批评者认为儒教和封建礼教是社会发展的一个障碍。您刚才讲到，一方面我们要确保在中国继续进行启蒙，但是我们要对启蒙进行反思，而且我们需要第二次启蒙。这种第二次启蒙一方面要吸纳西方民主、个人权利等理念，同时要和儒教结合，跟强调人与人、人与自然之间的和谐的儒教结合，在这个基础上进行第二次启蒙。

为什么您认为我们必须回到儒教，或者把儒教和启蒙思想进行结合？为什么有这样的必要？

陈来：

雅戈教授的论文，我是很赞同的，在儒家思想里其实是有一些启蒙运动所要求的真正的东西的，所以他举了沃尔夫的例子。沃尔夫确实是通过研究四书提出了一些思想，这些思想也影响到康德，所以沃尔夫的思想就构成了启蒙的起点。这说明了儒家思想里、四书里确实有启蒙运动所需要的东西。因此我觉得儒家的东西不是说都是空想的，是假的，只是一些传教士或者当时的一些欧洲人编出来引导西方人启蒙的，而是思想里就有这样一些东西。针对刚才瓦格纳教授的论文，我想补充一点，儒家政治其实不完全是空想，比如关于儒家提出的一种以自然理性为基础的思想，这个真实地体现在现实政治中，所以中国这个国家不是靠宗教来领导的，而是靠以自然理性为基础的道德系统来领导的，实实在在的在儒家思想里。这个不是神话，不是空想。另外，这

演讲嘉宾深入互动热烈交谈

个国家有一个合理的官僚制度，这个也不是编出来的故事和空想，都是儒家社会和儒家文化自有的。儒家思想中有一些启蒙思想本来就要的东西，所以它才会成为启蒙的起点，才会成为启蒙的来源。当然欧洲的启蒙运动后来自主发展，它有两个方向，早期特别是它对宗教的信仰、神学和教会的反抗，我觉得儒家确确实实有真实的一面，能够补充启蒙思想；另外就是对专制政体的一种批判，发展现代公民社会，这些方面儒家提供了一些官僚制度方面的资源，但是不够，儒家本身设计的政治制度就是一个专制政体。综上所述，儒家里确实有一些启蒙所要求的东西，是真的，不是假的，但是不够，所以后来的中国社会要继续启蒙。我觉得我的想法是这样的。

瓦格纳：

我解释一下"空想"的说法。

每个社会都有一种关于怎么样行政的共识，这是一种共同的价值取向，变化也比较慢。在社会演进的时候，如从中世纪走向现代化，这种共识就会受到质疑。18世纪的欧洲除了沃尔夫和其他的批评人士以外，大部分人还是维持基督教的制度的，而现在，大部分自认为是现代人物的人，绝对会主张政教分开。

我们现在的社会出现许多问题，比如说各阶层的收入差距，美国、中国、德国、法国，不管是哪里，贫富差距很严重，特别是这三十年来越拉越大。1980年的管理人士的工资只是基层工人的20～30倍，现在是400～500倍，但是这是社会接受的一个事实，没有一种社会运动反对它，因为没有共识告诉我们用什么样的一种共同的道德准则来批判它。

因此，我认为拿基督教或者是儒家思维作为一种价值取向的基础，顶多是一种奢望，并不是特别现实的一个做法。

汤一介：

我有两个问题。瓦格纳教授用的"空想"这个名词是否合适我们不管它，但是他认为理想的情况和现实的情况是有距离的，而且有非常大的距离，这个我是同意的。我想不仅仅是中国，西方也应该是一样的，这个可能是共同的，并不是中国单独有的。

瓦格纳教授的论文里有一个地方提到了，比如有一些当时的启蒙思想家对中国非常肯定，认为中国的儒家思想非常不错，但是也有启蒙思想家认为它是不怎么样的，比如孟德斯鸠，你在那个文章里提到了他的"畏"的思想，是一种专制的思想。为什么都是启蒙思想家，对中国的认识差别那么大呢？这也牵扯到陈来教授提到的问题。我们说儒家，特别是大儒，都是真诚的，是这么写的，而且也想这么做，中国是提倡知行合一的。可是中国的朝廷、中国的官吏是不是真诚的？恐怕就有很多是不真诚的。是不是这种情况，这个也是给陈来教授提的问题。

陈来：

我同意汤先生的观点。瓦格纳教授用了"空想"，可是汤先生一开始一直就用"理想"，所以我也请瓦格纳教授考虑考虑，也许可以把那个词改成"理想"。价值理想和空想是不一样的，价值理想成为传统，会成为一种实实在在的力量，而如果仅是你讲的"空想"的话，它不会成为一种在几千年的民族发展中累积为传统的一种现实的力量。当一个传统成为一种现实的力量，不仅对于了解这个国家的文化很重要，而且对了解它的政治文化的目标，也是很重要的。所以我觉得，也许那个词可以改成"理想"，这样比较好一点。

雅戈：

我说一下社会空想。我觉得可以换一个词，叫"社会的共同想象"。我对哲学的理解，我认为哲学没有想象力就不是哲学了，我们必须有梦想，必须有创新的思维，探索一些新的生活方式，对未来进行各种探索，这就是《圣经》、孔子、沃尔夫做的，他们都做到了。沃尔夫的启蒙哲学是基于对四书的理解的哲学，同时各位说得很对，现实是有一定差距的，但是这个问题是很普遍的一个问题，每个时代的哲学家都要面对这种理想和现实间差距巨大的一个问题。

谢谢！

瓦格纳：

我还是不想改变"空想"这两个字，我知道这个词可能有些难听，不是很理想的一个选择，但是我还想接着用。从各位的发言中可以看出，他们谈的不是什么是真实和什么不是真实的，他们谈的是怎么样去建构一种对过去的理解，并且用这个对过去的理解，作为构建现代化的一个基础。比如晚清的人就试图通过对《周礼》进行全新的诠释，作为他们进行现代化的基础和理由，你可以拿这些新的诠释说，这一切全都是《周礼》中早已有的。但是《周礼》没有谈太多的政治原则，谈的最多的是政治机构的组织，是你现在用一些新的概念、新的词汇来诠释它。所以我认为这是一种想象、一种空想的过程。

我本人是很敬佩儒家思想的，刚才汤先生和陈先生所说的，应该是对儒家思想进一步的现代化诠释，要把它作为一种比较稳定的道德基础，巩固中国的现代化过程。但是，我要指出的是，你们诠释的儒家思想其实是对历史的重建，语言学家并不会认为孔子就是这样说那样说的，比如刚才提到的"自然"，孔子那个时代没有一个说法可以用来表示现代意义上的"自然"。实际上孔子、孟子用的具体词汇，并没有"自然"这个概念，人和自然之间的和谐都是我们后来的一种理解，这可以视为一种把儒家思想进行"理想化"。这种理想化，我认为就是一种空想，所以我还是坚持我原来的说法不变。

汤一介：

还有一个问题瓦格纳教授没有回答我，为什么孟德斯鸠和伏尔泰有那么大的差别呢？

瓦格纳：

我觉得这是很重要的一个问题，两个人对儒家思想的评价有着很大不同，另一方面，政治的现实和政治的各种理想或者空想之间差距很大。

对于源于欧洲的模式也是一样。法国革命拿来为己所用的很多价值来自于古罗马，包括他们学习古罗马的穿着，古罗马的共和国时期是他们理想的源头。所以孟德斯鸠不是回到基督教的最初的时代，而是回到古罗马时代。华盛顿也是如此，同样他拿的不是基督教的原则，更没有拿一些什么新的因果思维的原则来指导他的思想，他也是拿古罗马的行为模式来指导他的思想。结果相对罗马的共和制，他们就说中国是特别集权的制度，政治严格由君主来控制；从马克思主义的角度，还可以批判中国社会是很不公平、很不平衡的社会。另一些人，比如您，却会说，我们应该从儒家出发来理解中国现代社会。

就像中国有各种学派，当时欧洲各种学派也比较多，内部矛盾也不少。

陈来：

从中国历史学家的角度，对瓦格纳先生所说的"空想"，可能有点不同的认识。比如说尧的故事。尧的故事，不是一个对政体的想象，不是对于政体的一种幻想或者是假想、设想，可能是历史上本来就存在过的。我们一般叫作中国历史的传说时代，就是在原始公社时期，尧的这种传位的办法——他把王位传给一个有能力的人而不是传给他的儿子，在国家产生之前的那个阶段，就是原始公社的阶段，就是有这样的事实，不仅仅是一个想象。而这样一个传说时代的历史，为什么要在《尚书》和其他中国历史古籍上记载它？我想记载本身包含了一定的价值观念，这个价值观念就是近代所讲的"天下为公"。所以说这样的一个记载，它本身体现了一种政治价值、政治理想，这个理想本身也可以转化为对专制的一种批判，很容易与启蒙结合。

陈履生：

时间关系，四位嘉宾关于这一主题的讨论就到此为止。

显然"启蒙与其在中国的历史"是一个非常复杂的学术问题，各位嘉宾的发言，给了我很多方面的启发。关于空想、理想和社会想象，相信我们对这样一个问题的研究会在一个多方位、多角度的层面上展开。

下面进入观众提问环节，在这个环节中各位听众可以就四位嘉宾今天所谈所论，提出你们的问题，由我们的嘉宾来回答。

提问：

我叫马宁，来自中国人民大学清史研究所。

十分感谢几位教授为我们真实地还原了一次历史上的启蒙运动，那就是知识精英们在台上讨论，普罗大众在下面听，部分政客在下面不知道有没有听进去，讨论者永远没有女性。

我的第一个问题是提给陈来教授的，您刚刚在讲话的时候提到了那次孔子像搬迁的事件，那个事件我有在网上关注。但是我感觉并不是像您说的，是一种革命话语的较量，很多人是拿着启蒙的价值观来说事，在微博、天涯和其他很多门户网站发言，表示把一个孔子像放在那儿，完全没有考虑到公民自由和个人自由，完全是少数人一厢情愿的行为，就把孔子像放在那里了。所以很多人是站在"不民主"的立场上反对放孔子像的。可见现代社会对于西方启蒙的本质的了解其实并不是那么普及，很多人只是用一些似是而非的概念诠释自己的观点。您觉得对于这些人要怎么开始第二次的启蒙？

第二个问题想问一下汤先生。您刚刚在说现代"第二次启蒙"的时候，引用了别人的话说"每一次文化的复兴都要追寻自己的源头"。现在我们中国的文化复兴要追寻到哪个源头？西方人追寻源头的时候走的是希腊和罗马的传统，没有走自己的哥特的传统、日耳曼的传统、汪达尔的传统、高卢的传统，中国人往前回溯的时候回到哪个源头？是理学的、心学的，还是朴学的，或更早的周公时代的？

陈来：

关于孔子像被撤离的原因，我提的关于"文革"的遗风、"文革"的思维，坚持革命斗争的传统，这是实实在在有的，只不过可能没有体现在年轻的网民的言论中，而体现在内部会议的老人的抗议中。这个跟你讲的网上的言论是不冲突的，而我讲的那种原因，在促成最后的结果时可能起了更重要的作用。有一些人受"文革"遗风、"文革"思维影响，坚持天安门只能是革命的象征，不允许孔子进入天安门广场，这样的一个思维最后占了上风，导致了最后的结果。可能媒体在这里造势也是很重要的，这个孔子像根本没有在天安门广场范围中。我上次在人民大会堂开会，在东门的高台阶上都看不到孔子像。

你提的那个网民反对的角度，我想是对启蒙的理解有问题，或者是启蒙本身带来的一种误导，或者我们对启蒙的错误的认识，要求每一个决策都必须通过我的同意，这是一个泛民主的错误，你也可以说是启蒙的结果的一种极端。事实上没有任何一个国家、任何层级的决策是获取每一个公民的同意的，这是不可能的。所以这种要求是个人主义的和泛民主的，是不合理的。当然这个不合理中，它需要的不仅仅是要你去批评它，也包括我们要有一个合理的政治改革，因为你在一个比较合理的政治制度里，代议制，选出来的代表，代表你在各个不同的地方说话，行使你的权利，并不是每件事情都交给你，交给每一个大众。但是有没有一个合理的渠道，使我们的民意得到正确的表达，这是属于民主制度建设的问题，是个值得重视的问题。

谢谢！

汤一介：

刚才那位听众提的问题，跟雅斯贝尔斯提的新周期时代有关系，他所谓回到源头，从西方讲就是回到古希腊，从中国讲就是回到孔子和老子，从印度讲就是回到释迦牟尼，从犹太教讲就是回到犹太教的古圣贤。

瓦格纳：

我也想讲一句。基督会士描述的中国没有讲到中国的道教和佛教——可能有竞争的关系，所以它根本没有讲；我们的辩论中没有包括佛教和道教。19世纪以后有一个佛教振兴的运动，后来现代中国再没有出现过宗教复兴的迹象。所以我的意思就是说，我们回到什么样的传统，这是一个问题。要选择回到什么样的传统，因为我们的传统范围非常广，我们选择那些特别适合当代的一些元素，那么也应该包括道教和佛教这样的内容。

米歇尔·康-阿克曼：

我觉着汤教授应该会同意这个观点，他自己的研究范围就不仅仅是儒家，也包括佛教、道教。

汤一介：

刚才我讲的是转述雅斯贝尔斯的观点，回到原点。他讲了两个人，老子和孔子，并不仅仅是讲孔子一个人，那个时候佛教还没进入中国。他讲印度的时候是专门讲了佛教，讲了释迦牟尼，我想这是对的。

提问：

我是来自中国人民大学公共管理学院的研究生。

我的一个问题，今天的汤一介教授和陈来教授都分别提到，汤教授提到"第一次启蒙"和"第二次启蒙"的核心概念，陈来教授提到继续启蒙和反思启蒙的平衡。"第一次启蒙"和"第二次启蒙"的关系、继续启蒙和反思启蒙的平衡怎么样才能实现？

汤一介：

我讲的"第一次启蒙"和"第二次启蒙"，是从西方的角度来说的，因为现在西方有一个后现代主义，后现代主义是为消解现代性中的一些问题而提出来的。后现代主义的发展有两个阶段：一个阶段是解构性的后现代主义，是为消解现代性中间的问题提出来的；第二个阶段他们提出一个新的方向来，也就是建构性的后现代主义。建构性的后现代主义可以说是一个非常新、很小的思想潮流，但是它提到，我们应该继续"第一次启蒙"积极的成果，来进行"第二次启蒙"。为什么？"第一次启蒙"是张扬个人，可是"第二次启蒙"不仅仅应该张扬个人，而且应该关心他者和尊重差异。我想这个是非常重要的，特别是在多元化的世界中，你不可能仅仅是单一化的，一定要尊重差异，尊重中国、尊重西方，尊重各种思想，不可能仅仅是张扬个人，一定要考虑到周围的人。现在不仅仅是建构性的后启蒙时代的思想家这样讲，其他很多了解世界形势的，特别是了解中国的，都是这样讲。有人指出孔子是从社会来定义人，不是从抽象的个人来定义人，我觉得这是很有道理的，和中国思想是完全结合的，因为人一生下来就是在社会关系中的，你就有关心他者的问题。

所以我想陈来讲的跟我应该没有太多的矛盾，但是我们是从两个角度来讲这个问题的。

陈来：

怎么来达到继续启蒙和反思启蒙的平衡，我想主要是通过文化和思想的努力，这个不是别的方式能实现的，就是要深刻认识这两方面：

一方面要认识到有些启蒙的普世价值对我们今天还有意义，所以启蒙还要继续。比如说社会民主的建设，这还是个大问题；政治文明的发展，这个都是在民主的价值下面我们今天的社会主义社会里寻求的一个目标。这个就说明启蒙还要继续，不是说启蒙完全不要了。

另一方面，也要进一步了解启蒙的限制。如汤先生讲的人和自然的问题，这一类的问题有很多，只是今天我不是专门就那个问题来讲的，所以我是从国学的角度，特别强调关于道德文明传统方面的问题。所以要看到启蒙的价值只是一方面，人权、自由、民主、个人主义只是一方面，但是一个现实的社会不是仅仅有这几个价值就能支持，一个完整的社会需要这个社会整合很多价值，所以我想这是启蒙时代所忽视的，或者说启蒙的那个运动所忽视的。当然它有它的理由，最重要的，除了我们刚才讲的，就是启蒙运动有一种对宗教的敌视。其实虽然启蒙对宗教的反抗在让欧洲从中世纪走出来的过程中是必要的，但是就整个人类文明的发展来看，宗教不是一个你把它简单抹掉就可以抹掉的，今天来看宗教还是具有强大、深厚生命力的文明现象，是不能忽视的。启蒙运动那种对宗教采取简单态度的办法，今天显然也是不适合的。

所以有很多方面，我们不能把自己局限在启蒙的价值、启蒙的立场，还要对启蒙的限制做反思，这些都要通过知识分子的文化思考和论辩这些活动来实现，除此我想可能没有别的方式能够实现。

提问：

各位学者，非常荣幸能在这里做思想交流。我来自新华社。

我提的问题，在座的各位都可以回答，因为它是一个有关跨文化的问题，这个问题可能跟我们的现实生活更贴近一点，既然在这里做一个比较高端的学术讲座，最好能把这个学术讲座的成果跟现实联系起来。

我的问题是，无论是在欧洲还是在中国，启蒙思想从最初的提出者——精英，向大众传播，和最终生效的过程中，中西方的传递过程有没有差异？另外这种传递，从精英阶层向大众的传播以至于这种思想生根开花，其中有没有一个最重要的环节？这个最重要的环节是什么？在这个最重要的环节中，每个人或者各方面的人士应该做些什么，来使启蒙中有益的东西能够更有效地在公众中实现？

雅戈：

一百年以前，克里斯蒂安·沃尔夫开始解读四书的时候，他成为第一个用德语写作的哲学家，以前的哲学著作是用法文或者拉丁文写的。他为大众写，用德文写，他希望教给大众什么是好的生活。所以他研究了三十年，这是德国哲学家第一次用德文来写作。

在这个环节之后，儒教提倡的是，每个人只有通过学习才能更好地了解我们自己，更好地了解我们的状况，才能用创新来应对未来的问题。

18世纪是这样的，我觉得当今世界，这种贫富悬殊的问题、环境的问题，依然是非常严峻的，我们还是需要获得更多的知识。我完全同意汤教授所说的，我们必须有这样的一种道德体系和价值观来克服当今世界所面临的问题。

听众：

教育是比较重要的手段，我们在这个过程中，比如从西方能学到一些好的思想，或者我们自身有一些比较好的东西可以推广。

汤一介：

我只想举一个例子来说明这个问题。比如于丹你应该知道，她就在精英向大众传达中起了很好的中介作用。在于丹讲《论语》之前，有多少中国公民知道有一部《论语》？很少的。但是她这么一讲，大家就知道了中国有一个孔子，还有一部《论语》，这个就是从精英往大众转化的一个环节。

我是中华孔子学会的会长，在杭州做演讲的时候，一个记者问我：你对于丹怎么看？我说，我支持她，尽管她不是每一句话都对，不是学者式的，但是我支持她。他就在报纸上用了这样的标题《中华孔子学会会长力挺于丹》，这就是精英向大众转化的过程。

陈来：

汤先生回答得很好，我稍微扩大一点。您引用了精英和大众，我想就观念的启蒙来讲，"先觉觉后觉"的责任，我想对知识分子来讲，对知识精英来讲，是不能推辞的。"启蒙"这个词本身就预设了某种精英主义的立场，但是这只是从观念启蒙来讲。就启蒙价值的实现和实践来讲，这不完全是精英的特权。我们也知道比如科学与民主，我们怎么样去追求它、实践它，这是大家一起做的事情，不仅仅是精英的责任。在某些方面，可能大众的要求和推动，会有更重要的作用。

特别是在今天，我们的大众大部分都不是目不识丁的大众，大部分都是具有高中以上文化程度的大众，所以老的那种精英和大众的区别也不一定适合。比如说现在网络也好，微博也好，对于舆论监督和民主的推动，我觉得也是对启蒙价值实践的一种推动，这个主导力量不是一两个大学教授或者知识精英，而是广大的大众，而且那个大众不是没有知识的大众，是有知识的大众。所以我觉得新的社会、新的文化现象，不能完全都是用精英和大众来分析。

瓦格纳：

我不是很赞同这位提问观众的观点。你的意思，好像是理性的评估，希望找到一种方式，把这个思想传播给大众。18世纪提这种问题可能是合理的，但是现在问就不合适了。因为现在媒体蓬勃发展，媒体的使用在传播各种信息方面的作用非常大。从一战以后，每一个国家、每一个民族都在宣传方面做了很多的工作，用以传播他们的观点，国家在教育标准的制定方面、在批准不批准一些教科书方面发挥重大作用，而且把教科书作为一个民族主义的工具。

现在的社会，大家更多地愿意相信大众合理的判断力。现在出现一个公众事件，我们也不知道公众有什么样的反应，结果我们很难预测。陈教授讲得很好，互联网的发展非常普及，虽然网上有很多无聊的东西、胡说八道的东西，还有一些年轻人的大胆言论。但是我觉得现在确实进入了这样一个时代，这个时代精英已经无法主导话语权了。所以我想可以这样来提问：我们应标举什么样的价值观念，用什么样的方式给大家树立榜样，传播这样的思想？我们在这里夸夸其谈是不够的。

提问：

我叫余君山，我想跟瓦格纳教授做一个交流。

首先我比较支持瓦格纳教授的两个观点，第一个就是中国在启蒙运动中角色的转变——从启蒙的来源到启蒙的对象，我认为我们现在可能还处在第一次启蒙还没有完成的阶段。第二个观点我支持瓦格纳教授用"空想"来定义儒家经典中的中国政治模式，因为"空想"这个概念从哲学上来源于假设，可能更加准确。

但是我同时也反对他的两个观点：

1. 瓦格纳教授认为依赖基督教或儒家思维重建社会道德是一种奢望，我认为可能是有待商榷。我认为加上大乘佛法，依赖基督教、儒教思维和大乘佛法，这是未来社会道德重建的一个很重要的方向。

"启蒙之对话"论坛第三场"启蒙与其在中国的历史"现场

2. 瓦格纳教授提出佛教鼓吹偶像崇拜，我也是不认同的。我认为佛法是因缘法，也是因果法，是缘起法，真正鼓吹偶像崇拜的恰恰是儒家的礼教。这两个观点希望瓦格纳教授能够回应。

瓦格纳：

非常感谢您刚才的提问。首先说一下佛法。启蒙初期，19世纪后半叶，中国的佛法的思想基本上已经没有什么影响了，但是后来清晚期佛法一度又成为潮流，出现了很多人去南京，康有为、梁启超都去南京刻经。有一种关于佛法的新的思潮，强调一种自我牺牲的理想，菩萨是做自我牺牲以救世。梁启超对孔子、康有为对孔子的描述，用的很多词汇都是来自于佛法的，说孔子是世俗层面的一种菩萨，牺牲自己、改进社会的一种角色。

除此以外，我认为我们对启蒙这个概念的理解太过于单一。欧洲很多对启蒙持批判态度的人认为启蒙只是死路一条，最后会通往破坏自己的现代化，甚至于会通往纳粹德国的集中营。人们对启蒙的看法褒贬不一很正常，就像一边倒地强调扩大生产、扩大工业可能会造成各种各样的后果，思想界也一样。所以马克思主义的看法也罢，传统的启蒙思想也罢，它们都有很多缺陷。我们现在坐在这个地方，面对新的世界，快速全球化的世界，需要新的思想来应对它。因为我们坐在这儿做的每一件事情，都会影响其他地区，美国人做的每件事情，都会在欧洲产生影响。我们需要进入一种新的合作的模式，共同寻找办法，我们现在还是任重道远，还没有做到这一点。

谢谢！

提问：

我叫艾伦·大卫·史密斯，我从2000年到现在一直在中国。据一些媒体报道，中国正在研究能否参照新教的发展，进一步改善中国的社会。我想问各位嘉宾怎么看待这个现象？

瓦格纳：

您说的是不是马克斯·韦伯著名的书《新教伦理与资本主义精神》对中国的影响？马克斯·韦伯认为资本主义的精神主要来自于基督教的新教，为此他研究了新教对资本主义发展的影响。把韦伯的理论运用于中国，需要把他对资本主义精神的分析再进一步转化为能发挥实际作用的规范，我们需要按照什么样的标准去教育人民，让他原来在欧洲说的资本主义的精神在中国也付诸实施。

提问：

非常感谢各位很精彩的发言！我是一个德国国际交流项目的学者，我在北外学中文。

各位觉得中国会不会有一个国家启动的启蒙过程发生，它的启动不来自社会基层，中国共产党要维持它的政权，它会不会促成一轮中国的新的启蒙？

汤一介：

我仅仅是一个学者、一个教授，国家的大事，我能说的很少。但是我想说一个情况，我们国家的领导人肯定是在思考这个问题的。我参加过一个会议，有一位学者讲了一个问题，他讲中国的盛世都是注重文化的，比如说秦朝灭亡以后的汉武帝当政五十多年，就"罢黜百家，独尊儒术"，很重视文化的工作。唐朝在开元盛世也很注重文化，清朝到康熙时期也很注重文化。当时在座的一个领导很敏锐地反应出一个问题，他说实际在中国，不仅仅是在盛世文化得到发展，常常是在乱世中的文化发展得更好，春秋战国就是一个很好的例子。春秋战国是我们文化发展最重要的一个阶段，是百家争鸣的阶段。另外就是魏晋时期，佛教进入中国，中国文化就更加丰富了，再加上玄学的出现，把汉朝的"独尊儒术"的单一状况改变了，文化更加丰富了。

所以可见我们的领导在考虑这些问题，当然我希望他们更多地考虑这些问题，也许对中国发展的前途会更好，我们更能强盛和富裕。

谢谢！

陈来：

这是没有疑问的，中国政府当然是推动启蒙的，其实中国政府的意识形态是马克思主义，马克思主义本身就是启蒙运动的一个结果，马克思主义的实践本身就包含了对启蒙价值的追求。

近三十年以来，中国的改革开放所追求的目标，我觉得大部分应该也是受到西方影响的那个现代化追求的目标，那个现代化追求主要也来自启蒙的价值。所以我想从中国政府的角度来讲，推动启蒙是没有问题的，关键是在哪一个阶段、哪一个步骤上推动哪一种启蒙价值，或者发展哪一种启蒙价值，这个可能要由历史实践来决定，不是由哪个领导人主观意志来决定的。

陈履生：

各位来宾、各位听众，时间关系，今天的论坛只能到此为止，非常感谢台上的四位嘉宾，感谢我的搭档阿克曼先生！

"启蒙之对话"第四讲将在2011年11月17日举行，请大家继续关注我们这个论坛，继续关注中国国家博物馆。

谢谢大家！

（摄影：马腾飞）

启蒙与近现代

——"启蒙之对话"系列论坛第四场

时　　间：2011年11月17日上午
地　　点：中国国家博物馆剧院
主持人：中国国家博物馆副馆长　陈履生
　　　　歌德学院（中国）前总院长　米歇尔·康－阿克曼

陈履生：

　　各位来宾、各位听众，"启蒙之对话"第四讲"启蒙与近现代"现在开始。

　　首先我介绍一下出席今天论坛的来宾：中国国家博物馆馆长吕章申先生，德国驻华大使施明贤先生，德国驻华公使李德仁先生，德国柏林国家博物馆总馆长艾森豪威尔先生，德国墨卡托基金会国际事务中心主任米夏艾勒·施瓦茨先生，中华人民共和国文化部外联局新闻处处长陈平先生。

　　下面有请中国国家博物馆馆长吕章申先生致辞！

吕章申：

　　尊敬的德国驻华大使施明贤先生，尊敬的柏林国家博物馆总馆长艾森豪威尔先生，尊敬的墨卡托基金会国际事务中心主任米夏艾勒·施瓦茨先生，尊敬的中德各位专家、各位来宾、各位朋友：大家上午好！

　　由中国国家博物馆和德国三大国家博物馆合作主办的"启蒙的艺术"大型展览展出已近八个月，在中国和世界范围内都产生了非常好的反响。展览通过一系列艺术作品和部分科技成果，将广义的启蒙时期的德国社会状况及其发展直观地展现在观众面前，特别是与之同步进行的中德专家学者系列论坛及对话，反响更加热烈。至今"启蒙之对话"论坛已经进行到了第四讲，中国和欧洲学者再次会聚在中国国家博物馆，讨论中西方思想如何相互影响，诠释启蒙的方方面面，我认为这具有重要的意义。

　　本次论坛以"启蒙与近现代"为主题，邀请中山大学人文高等研究院院长甘阳教授、德国柏林自由大学社会学沃尔夫·勒佩尼斯教授作为主讲人，并邀请中国社会科学院美国研究所所长黄平研究员、军事研究所赵汀阳研究员，德国萨尔布吕肯大学吕泽布林克教授，以及柏林自由大学的汉斯·费格教授，共同探讨启蒙运动对近现代社会的影响，以及启蒙的利弊、启蒙的现实与未来，我相信他们的演讲和对话一定能够深化本次论坛的主题，成为"启蒙之对话"这一论坛的重要成果。

最后，我要特别感谢远道而来的德国博物馆和大学方面的同仁，以及墨卡托基金会为本次论坛所作出的贡献。我也要感谢中方各位专家。祝"启蒙之对话"第四讲取得圆满成功。

谢谢大家！

陈履生：

谢谢吕馆长。下面有请墨卡托基金会代表米夏艾勒·施瓦茨先生致辞！

施瓦茨：

尊敬的吕章申馆长，尊敬的艾森豪威尔先生，尊敬的各位来宾、各位演讲人，女士们、先生们，我非常高兴代表墨卡托基金会欢迎大家参加"启蒙之对话"第四讲。我们对话的活动是由中国国家博物馆和墨卡托基金会共同主办的，也是作为"启蒙之艺术"展览的一个平行项目向中国的各位推出的一项活动，所以我想借此机会感谢中国国家博物馆给我们的大力支持，特别是感谢吕章申馆长对我们的支持。

最近基金会在柏林召开了一次圆桌论坛，来自中国、美国、欧洲各国的学者共同讨论了文化外交的作用。在圆桌论坛中我们也讨论了软实力应该发挥什么样的影响，以及我们通过思想的交流来构建起各种文化之间的桥梁的必要性。我们需要在不同国家的政体、意识形态和认知等方面，用我们构建的桥梁来弥合之间的分歧，这也是我们今天要讨论的话题之一。

在我们今天讨论的话题当中，将集中讨论启蒙对于中国和欧洲近现代起到了什么样的作用，我们会讨论启蒙的阴暗面、积极的影响和负面的影响。现代社会当中，我们也看到了很多问题，比如我们需要讨论公众理性这样一个概念以及公众理性是否是一个普世、有效的概念。

今天，我们非常荣幸地请到了演讲嘉宾，来自中山大学人文高等研究院的院长甘阳教授，另外我也要感谢中国国家博物馆副馆长陈履生先生和歌德学院的阿克曼先生共同主持今天的论坛。我也要非常遗憾地告诉大家，今天另外一位演讲嘉宾沃尔夫·勒佩尼斯教授因病临时不能参加今天的论坛，他是这次中德启蒙活动学术委员会成员，也是瑞典皇家科学院和美国艺术和科学学院的院士，柏林自由大学的荣誉教授，因为健康原因，不能长途飞行，所以他不能来参加今天的这次会议，他特别要我转达对大家的问候和歉意，也专门录制了演讲的视频。

非常高兴有这么多年轻一代参加我们的活动，共同参与我们对于"启蒙和近现代"的讨论，感谢大家的支持和参与！

陈履生：

谢谢施瓦茨先生。正如施瓦茨先生所讲，我们有一位重要嘉宾因为身体原因不能前来，但是他在德国为这次演讲录了一个视频。

下面首先有请本次论坛的主讲嘉宾甘阳教授做主题发言！甘阳教授1952年生于沈阳，1982年毕业于黑龙江大学。他的履历非常丰富，目前担任着许多职任，是中山大学人文高等研究院院长兼博雅学院院长、通识教育总监，中国文化论坛的理事，复旦大学鲁迅文化研究中心学术委员，香港中文大学通识教育研究中心名誉研究员。下面我们以热烈的掌声欢迎甘阳教授！

甘阳：

我演讲的题目是"启蒙与理性——'反启蒙'在中国的缺席"，我主要讲一下启蒙与理性的关系，也就是启蒙在破除迷信的同时，也造成了新的迷信。

首先我要讲，中国、德国"启蒙之对话"这样一个方式、这样一个活动，通常会有一个尴尬，这个尴尬就是被邀请参加对话的人，尤其是主讲人，很容易被看成是不仅代表他个人，而且好像多多少少代表他来自的国家——中国或者德国的某种观点或主流观点。这样一来，每个个人的发言也就成了某种中国的或者德国的观点。所以我想特别强调，我个人的看法在中国社会不具有代表性，我的发言仅仅代表个人看法，不能代表绝大多数中国人的看

甘阳

法，更加不能代表中国的看法。

直率地说，我个人对"启蒙之对话"这个题目并没有特别大的热情，这个题目会让我想起鲁迅的话：老调子又唱起来了。我非常怀疑陈词滥调以外，关于启蒙还能谈出什么新的观点。比如这些年无论在西方还是在中国，一谈到启蒙这个题目，好像每个人首先都要谈到康德的文章——《什么是启蒙？》，每个人都谈，所以就比较厌倦。不过为了表示对康德的尊重，我今天也从康德开始，让我引用康德一个不同的文本，我引用康德《判断力批判》第四十节里的一句话："从迷信中解放出来是为启蒙。"从这个意义上讲，我认为启蒙并不是西方现代的产物，也并不是一定要与西方现代性相关，相反，启蒙就是从任何根深蒂固的迷信中解放出来。所以如果要谈启蒙，第一个问题是要问，某一个时代、某一个地方最大的迷信是什么。如果不谈迷信，谈启蒙没有意义。

我现在先从西方的例子讲起。首先引用德国思想家伽达默尔的论述，他认为启蒙在西方并不是从现代才开始，西方至少发生过三次大的启蒙。

第一次启蒙是在古希腊，当初最大的迷信是神话，启蒙表现为古希腊哲学以理性取代神话。

第二次启蒙是人们所熟悉的、也是我们通常所谈的西方现代的启蒙，当时的西方和欧洲的最大迷信是什么？——启蒙总是针对迷信的——当时西方最大的迷信就是启示宗教与基督教圣经，所以启蒙表现为，在英文里非常常用的词叫作"不需要帮助的理性"，当然是不需要宗教、圣经的帮助，不需要上帝的帮助，所以我翻译成"不需要上帝启示帮助的理性"。康德的文章《什么是启蒙？》只有在这个意义上才能理解。《什么是启蒙？》开头讲的很有名的话，"要勇于使用你自己的理智"，这句话只有在批判启示宗教与基督教圣经这种当时最大的迷信时才能理解。你自己的理智就是不需要上帝启示帮助的理智，否则这句话"你自己的理智"就根本没有意义。康德的意思无非是说欧洲人长期不敢使用自己的理智，是因为上帝的启示和基督教圣经凌驾于自己的理智之上。同样，康德这篇文章里有句很重要的话，所谓你自己的理智，"不需要别人的指引"，归根到底就是指不需要基督教圣经权威的指引。如果离开了这个背景，康德这句话是荒谬的。如果笼统地说不需要"指引"，会导致对教育的抵制。离开了从启示宗教和基督教圣经的解放，西方的第二次启蒙根本无从谈起，没有启示宗教和基督教圣经这种迷信，西方的第二次启蒙就不会发生。所以我下面会讲到，中国因为没有启示宗教，所以那样的启蒙没有发生，也没有必要发生。

伽达默尔所说的西方的第三次启蒙，发生在20世纪，特别是在第二次世界大战，经过奥斯威辛集中营、经过大屠杀之后，世人反省到启蒙两百年以后怎么会出现如此野蛮的状况，这导致对启蒙本身的反省。这次启蒙的表现形式我觉得可以称之为"反启蒙"，因为要破除的最大迷信可以说就是对启蒙本身的迷信，也就是在西方第二次启蒙所导致的种种现代迷信，特别是表现为对技术的迷信，对理性本身特别是工具理性的迷信，对人掠夺自然、奴役自然权力的迷信，对宏大话语和普遍主义的迷信，当然还有对西方中心论本身的迷信等。特别是从20世纪60年代到80年代，西方包括英国、美国、德国、法国很多思想家都对所谓现代性和启蒙规划作了非常多的深刻批判，都写了西方第二次启蒙的黑暗面，把人从启蒙的迷信中释放出来。

我历述西方启蒙的历程是想说明，启蒙的辩证法或者启蒙的悖论就在于：启蒙在破除迷信的同时往往也在创造自己新的迷信。正是因为这样，我认为反启蒙必须被看作启蒙本身不可或缺的重要部分，没有反启蒙，启蒙就无法克服自己造成的新的迷信，因为反启蒙有助于启蒙的健康发展，没有反启蒙制约的启蒙必然会走火入魔。

下面我从启蒙辩证法的角度简单谈一下我对中国启蒙的看法，但是要讨论中国的启蒙同样必须问，中国不同时代最大的迷信是什么。我一再想强调的是没有迷信就没有启蒙，谈启蒙必须问什么是迷信，那个时代、这个时代的迷信是什么。只有先搞清楚什么是有待解放的最大迷信，才有可能讨论启蒙有多大意义。

这里不可能详细讨论中国文明本身的启蒙传统，但是可以确定，中国的第一次大启蒙是由孔子的儒家确定的。孔子和孟子时代的最大迷信，是对武力和霸权的迷信，而儒家用以人为核心的道德理性和道德实践来取代对武力和霸权的迷信，奠定了中国的启蒙传统。儒家的道德理性并不追求形而上的绝对真理，而强调个体修养的日常道德实践，因此儒家没有启示宗教那样的绝对教义，也没有基督教圣经那样的绝对神圣文本。儒家的所有经典都是人间的，都是可以用自己的理智把握的。正因为没有启示宗教的迷信，也没有类似基督教圣经那样的神圣迷信，所以类似西方那样的第二次启蒙运动不会在中国发生，也不需要发生。

中国现代的启蒙，我们都知道不是在中国传统思想内部发生的，而是外来的，是在中国文明全盘瓦解以后学习西方，特别是西方第二次启蒙的结果。中国现代启蒙的过程充满了启蒙的辩证法或者启蒙的悖论，它在破除迷信的同时也在不断创造新的迷信，这种迷信就是从而转向向西方学习，特别是学习西方第二次启蒙成果。中国现代启蒙破除了从前中国人最大的迷信，就是认为中国文明是最高、最完美的文明这种迷信，但中国现代启蒙同时创造了自己新的迷信，就是认为西方文明是最高的文明，甚至西方的月亮都比中国的圆，因此中国的文明传统必须全盘彻底否定。在整个20世纪，很少有任何一个文明、任何一个国家，如此全盘性否定自己的传统，只有中国。

特别值得注意的是，中国现代启蒙的过程，基本缺乏"反启蒙"的制约和平衡，虽然大概在20世纪20年代前后，由梁启超、梁漱溟等人提出对西方第二次启蒙的批判，发生过"科玄论战"这样的启蒙辩论，但这些人物和思想很快就被边缘化，毫无影响。20世纪中国思想的主流始终是不断强化对西方第二次启蒙的全面认同，因此20世纪以来几乎每过十五到二十年左右就有人出来主张"新启蒙"。比如通常我们会说《新青年》和"五四"运动是中国的现代启蒙，但是一般人往往忘掉了30年代左右，共产党人艾思奇、陈伯达、张申府等人写了一大批文章提倡新启蒙，就是说"五四"的启蒙远远不够，需要新的启蒙。80年代又有人要做新启蒙，90年代又要新启蒙，现在还有人说要新启蒙。基本上每过二十年左右，就有人要提新启蒙，也就是认为中国走向西方的第二次启蒙还不够彻底，需要更加接近的启蒙。

更加有意思的是，尽管20世纪以来中国发生的一切都是接受西方第二次启蒙的结果，但几乎从来没有人认为20世纪中国发生的任何错误与接受西方第二次启蒙有关，总认为是启蒙不够彻底所导致的，这是中国和西方一个非常大的不同。我们知道西方在17、18世纪以后，基本也都处在西方第二次启蒙的过程之中，发生的一切都是启蒙的结果。但是在西方，检讨以往包括两次世界大战、纳粹等问题，首先会检讨是启蒙的原因，或者启蒙的缺点、过失等，但是中国很少有这种情况。比如改革开放以来，几乎所有人都在批判毛泽东，但是从来没有人认为毛泽东的错误与中国全面接受西方启蒙有任何关系。

还有一个特点，中国一位思想家李泽厚很勇敢地批判中国的革命。但是在西方如果检讨现代革命肯定会检讨启蒙运动，比如批判法国大革命一定会追究到启蒙的问题，但是李泽厚一方面批判革命，另一方面从不检讨启蒙，恰恰相反，他认为中国的全部问题都是救亡压倒了启蒙，仍然是启蒙不够彻底。

所以我想比较一下，中国和西方现代的一个差别在于，在20世纪60年代到80年代西方的第三次启蒙讨论以后，启蒙在西方本身的神圣光环已经失去，所以可以比较清楚地看待启蒙的各方面问题，但是在中国启蒙仍然具有非常大的神圣性，因为中国的官方意识形态——马克思主义本身就是西方启蒙运动的最嫡系的子孙，所以启蒙运动在中国具有政治的正当性。同时，中国所有的知识分子，无一例外，都自认为是启蒙的信徒。90年代以后，中国知识分子有很多的辩论，有分野，有新左派、有自由派，没有一方认为自己是反启蒙的，每个人都认为自己是启蒙的子孙。我觉得这恰恰是现在最大的问题。如果问中国现在需要什么样的启蒙，我们仍然问中国现在最大的迷信是什么？我想答案非常清楚，我认为中国现在最大的迷信，就是对西方的迷信，特别是对西方第二次启蒙的迷信。正是这种现代中国的迷信，实际使现代的中国人几乎不可能用自己的理智去思考。我们刚才讲康德说启蒙是要"用你自己的理智去思考"，但是启蒙在一个非西方国家，往往意味着你不可能用自己的理智思考，要用西方的理智思考，用西方人的理智思考。同样，中国思想界或者主流思想界和舆论界，至少目前做不到康德所说的"不需要别人的指引"，每个人都看得到，实际上中国的思想界和舆论界认为，中国人需要西方人的指引，我相信这就是启蒙与迷信的辩证法在现代中国的表现，也是中国现代启蒙的最大悖论。

所以我的结论是，现代中国人如果要用自己的理智而不需要别人的指引，就必须从对西方的迷信，特别是西方第二次启蒙的迷信中解放出来。在这个迷信解放过程中，我们有很多资源可以使用，包括中国自身的启蒙传统，以及西方的第一次启蒙——古希腊，和西方的第三次启蒙——也就是20世纪60年代到80年代对启蒙的批判，都可以成为我们的资源。而我想最近几年来中国的学者，特别是年轻一辈已经开始比较多地注意到古希腊的启蒙，和60年代以后的第三次启蒙，或者我所称为的"反启蒙"。所以我期待我们能够逐渐用自己的理智，而不需要别人的指引。

谢谢大家！

陈履生：

谢谢甘阳教授。下面是沃尔夫·勒佩尼斯教授一段演讲的视频，刚才已经说了，因为健康原因，他不能到现场来。沃尔夫·勒佩尼斯教授现年七十岁，1967年获得博士学位，1971年后在柏林自由大学任教，1986年至2001年任柏林高级研究院院长，之后成为终身研究员。1991年至1992年任法兰西学院欧洲主席，2006年成为柏林自由大学名誉教授。沃尔夫·勒佩尼斯教授还是瑞典皇家科学院及美国艺术和科学院院士，出版了大量的人文、社会、科学领域的著作。下面请工作人员播放视频。

勒佩尼斯：

女士们、先生们，非常高兴来到这里。很遗憾我不能在北京和你们一起探讨这些问题，我的身体不允许我在这个时候进行长途旅行，所以我只能在柏林给你们发表讲话。"启蒙的艺术"正在中国国家博物馆展出，我认为这是一个发表这个讲话的很好的机会，我现在开始我的讲话，它的题目是"启蒙——批判与激情"。

在中国的观众面前谈启蒙运动，对一个西方的客人来说是一个很大的挑战。我已经来过中国数次，在中国也结交了不少朋友，我所在的柏林高等研究院也邀请过很多中国一流的学者和研究员。在中国，无论是在什么地方，每次与中国同仁交谈，各种滋味就会涌上我的心头。一方面我们同属一个世界，有着很多相似性，感到同处一个时代的惬意；而另一方面，我感到我们之间的差异性，视角上迥然不同，文化上的预设和偏好看似难以弥合。显然，在与其他国家和文化接触时，也存在这些混杂的感受，但是对于一个西方的来客，可能没有哪个国家比当代中国更让人难以捉摸。过去几十年的发展能够解释这一点。中国以现代史上前所未闻的速度跨入了现代性，我们每天都变得更为接近——与同样的问题作斗争，对未来怀揣同样的希望——这一现象营造了一种貌似亲近的感觉，但最终事实证实，这种亲近只是幻觉。对于我们西方人而言，中国是个令人惊喜连连的国家，中国从不乏味。

谈论启蒙，甚至让所有的事情更加复杂。启蒙塑造了西方现代性的道德世界，那么什么在塑造着走在现代之路上的中国的道德世界？它会和西方的道德世界一样，或者最终与之趋同吗？它应该和西方一样吗？在西方，在欧美，我们习惯于相信，我们的价值体系不受地域的特殊性限制，而是放诸四海皆准：西方道德世界的特点是志在全球。尽管志在全球，谈论启蒙，运用复数比单数更为恰当。我们不应当笼统地说启蒙，而是说诸多不同的启蒙。当我这样做的时候，我也仅仅在谈论西方文化——我的研究范围没有覆盖全球，没有问是否在全球存在着多种启蒙，抑或多重现代性。

美国历史学家格特鲁德·希梅尔法布（Gertrude Himmelfarb）在她的《现代性之路》一书中区分了西方不同类型的启蒙，其精细程度可能无人能及。依照她的观点，启蒙运动被法国人劫持了。自从法国革命之后，我们对启蒙思想的见解就被狭窄地拘囿于法国的好恶与偏见。这种狭隘性很危险。真正的启蒙，无论在过去还是现在，都还发生在别处：在英国、在苏格兰，尤其是在美国。对于一个德国人而言，盎格鲁－萨克森的启蒙和法国启蒙的分歧很烦人。在它们的分歧中，德国启蒙消失了。作为一名德国学者，我不可能在谈论启蒙的时候不谈到康德和他写于1784年的著名的文章《什么是启蒙？》。康德认为，所有形式的家长制，不论国家、教会，抑或我们可以加上的党派，都应当被消灭，以便每个人能被给予运用自己理智的自由。这就是启蒙的规划。康德认为，启蒙就是"走出自己加诸于自身的蒙昧状态"。然而大多数人都欠缺运用自己的理性和理智的勇气，习惯于去依赖另一个人的权威或者某个现存机构的权威。Sapere aude!康德的回答是：鼓起勇气，去认知！这就是启蒙的格言。康德的启蒙理念绝不简单，也并不天真。他不断告诫读者不要草率地下任何简单的结论。解释康德思想的复杂性，有个最好的例子，这个例子对中国观众或许格外有益，即理性的私下运用和公开运用。这个区分多少有些令人吃惊。康德反对私人在执行公务时自由运用自己的理性，他要求战士、职员遵守上级下达的指令，只有这样才能确保社会的正常运作。但是同时，康德却赞成个人可以针对整个社会事务公开地发表见解以及自由批判，而且被鼓励要这样做。康德在1784年写道，他对美国革命极为赞赏，但他不是一个浪漫的革命者。革命是否能对民众的思想持续发生作用，他表示怀疑，相反，他相信的是公共话语的力量。康德多少有点顽皮地为"理性专制主义"进谏：容许公开批判，容许理性的公开运用，服从会随之而来，而不是反过来的路径。中国人对理性的公开运用和私下运用的区分如何反应？对此我饶有兴味。

康德是个具有怀疑精神的人，他并没有任何生活在启蒙时代的幻觉，他只是希望人类能够朝向这个目标逐步进步。康德撰写此文两百年后，法国哲学家福柯写了一篇文章，题目和康德的一模一样：《什么是启蒙？》。福柯认为康德没有把启蒙看作是一个明确的历史时期，而是看成一种特殊的态度，不囿于一个时代或某个特殊文化。我觉得这个阐释很有说服力，我在这里使用启蒙概念时采用的就是他的阐释。启蒙后的态度体现在理性不受阻碍的公开运用，它的目的始终在于批判和纠正事态，自我批评和自我改进的尝试是这种态度的必然要素。福柯称这种态度是现代性的态度，它包含以下内容：对任何确立的权威保持有怀疑主义态度；相信公共理性和公共批判的必要性。他洞悉到自我批判和自我改进的意愿应当是这种态度的核心成分。

　　我要论证的是，以上被描述为现代性态度的启蒙是一种普遍现象，尽管从另一方面看，不同区域的启蒙显然存在过——在某种程度上依然存在着——不同的纲领和规划，它们明显受制于各自的文化传统，并只能要求有限的共通性。我还没有谈论所谓西方价值和亚洲价值的差异，我只谈论西方内部的差异。

　　我们可以区分三种不同的启蒙：法式依赖理性；英式依赖社会德性；美式依赖政治自由。

　　法国革命终结于恐怖主义，将其归因于人类学的算计失策的，不仅是英美的作者，法国革命者相信人是理性的动物，却终结于血淋淋的非理性。这是一种辩证运动，阿多诺和霍克海默在著名的《启蒙辩证法》中重提并系统阐发了这种运动，作者目睹了二战后期的大屠杀，可以说该书的出版，正是源于对大屠杀的反思。

　　如前所述，英国启蒙和美国启蒙也各有依赖，但在要求上要适度得多，因而对现代社会的发展具有深邃并持久得多的影响。它们推进公民社会的理念，在公民社会中，追求个人利益和承担公共义务相互平衡。个体自由和社会责任并非截然分立，而是互为前提。这与康德有关理性的公开运用和私下运用的观点有相通之处。从这个观点来看，英国——至少苏格兰——和美国启蒙并没有独创现代性，但说它孕育了一种"常识"起主要角色的现代性观点，我想这一表述应该是恰当的。

　　如果我们不将启蒙看作是一种态度，而是作为一种在欧美以相当明确的形式发展起来的社会规划和智性规划，同时又要求它具有普遍价值或在广大的范围内通用，这就会使事情变得困难起来。一位欧洲人试图说服非洲或亚洲公民接受启蒙的普遍价值，后者很容易这样反诘：您指的是哪个启蒙？苏格兰的，美国的，法国的，还是德国的？您想到的是康德，狄德罗，托马斯·潘恩，还是亚当·斯密？任何意识形态都是独一无二的，需要有多元导向且要求适度。我们必须谦逊适度，因为我们必须谈论多种启蒙，而非唯一的启蒙。多元导向且要求适度，多元会因为这样一种事实得到加强，即启蒙——为了表述简洁我现在把不同的西方启蒙汇集起来，使用单数——从一开始就伴随着为人熟知的"反启蒙"运动。欧洲启蒙不必一定等着欧洲之外的批判者去反对它的普遍要求，它在欧洲老家早就有最犀利的论敌。甚至在宣扬"亚洲价值"最力的新加坡，人们如今都无法找到比欧洲反启蒙运动更为尖锐的对欧洲启蒙的批判。这些批判是西方之所以变得适度的认识论上的原因。

此外还有道德上的原因。欧洲的各种启蒙没能阻止欧洲人、还有美国人去干坏事：殖民海外，压制女性和国内少数群体，阶级斗争，两次世界大战以及大屠杀。这些或许都并非理性过度的结果，但理性没能阻止这些事情发生。西方的适度有其认识论的和道德上的理由。

在我的发言的最后我要强调，这种适度并没有导致廉价的文化多元主义或道德相对论，后者标榜的口号是"什么都行"。启蒙的态度，即现代性的态度，要求普遍有效性。我在发言的开头已经简单勾勒了这种态度的特点。

如果强调这种态度的政治内容，我们还应当谈到民主的态度。近来有关民主的普遍价值的最有力的论证不是西方给出的，而是来自印度经济学家和诺贝尔奖得主阿玛蒂亚·森（Amartya Sen）。森提到，经过长期发展，我们可以最终在全球范围内承认民主是"普遍关切的制度"。民主制度要求很高，它要求"保护各种积极自由（liberties）和消极自由（freedoms），尊重合法授权，为自由讨论、新闻以及正当评论不受审查的传播提供保障"。森的论点核心在于，他主张"普遍共识并不要求有什么东西一定具有普遍价值，普遍价值的要求反而在于，人们不论身在何处，都有理由认为它是有价值的"。民主意味着保障公开讨论、争鸣、批评和表达不同意见。这与启蒙态度的关系显而易见："民主实践在西方已经胜出，主要是启蒙和工业革命以来出现的共识的结果。"森激烈反对那种吃饱饭以后再要民主的说法："在经济上有迫切需求的人们，也同样需要政治上的声音，民主并非是要等到实现普遍富裕后才能有的奢侈品。"对民主的要求是普世的，不是区域偶发的。这一要求当用激情表达出来。

很长时间以来，西方曾试图将自己的价值强加给其他文化，西方不可能继续这样做了。更重要的是，它必须停止这样做。今天，西方价值是现代社会普遍接受的道德肌理的一部分，今后以文化特殊性和道德相对主义之名，拒绝这种道德肌理、民主态度，会变得越来越难。

最后祝这次论坛圆满成功。

谢谢大家！

陈履生：

非常感谢勒佩尼斯教授在非常遥远的地方给我们做的这个视频演讲，我们也遥祝他早日康复。下面进入到讨论环节，仍然是我和阿克曼先生共同主持。

现在请阿克曼先生介绍一下参加讨论的嘉宾。

米歇尔·康–阿克曼：

女士们、先生们：早上好。我非常荣幸能够介绍两位非常著名的中国学者。我事先想对两位教授表示抱歉，我在准备论坛的时候发现，现在中国学者的地位和过去大不相同。过去很简单，×××是清华大学的教授，或者社科院的研究员。但现在我们的学者有无数的头衔，所以请原谅，我就不把两位所有的身份一一罗列了。赵教授和黄教授在中国非常有名。黄平教授是在海外学习的中国学者，1991年获得伦敦经济政治学院社会学博士学位，黄平教授回到中国，在中国社会科学院社会学所担任副所长，这是在1998年～2003年期间。现在黄教授是中国社会科学院研究员，同时也是中国社会科学院美国所的所长。在他的学术生涯中做了大量的研究工作，同时也有大量的学术著作和论文发表，在农村发展以及其他一系列中国重大课题方面发表多篇论文。

赵汀阳教授毕业于中国人民大学，现在他担任中国社会科学院哲学研究所研究员。早期主要进行元哲学的思考，后转向研究政治理论，提出天下体系的概念。赵汀阳教授也有许多的著作。

下面请陈履生副馆长来介绍德国的嘉宾。

陈履生：

下面我介绍一下台上的两位德国教授。来自德国萨尔布吕肯大学的吕泽布林克教授。吕泽布林克教授自2011年起担任拥有七千名会员的18世纪研究国际协会的第一副主席，任期到2014年。吕泽布林克教授曾经在德国和法国学习和研究罗马历史，1981年在德国巴伐利亚拜罗伊特大学获得博士学位，之后在法国获得语言博士学位，1987年在拜罗伊特大学获得博士后的资格。1988年至1993年，吕泽布林克教授跟巴伐利亚帕骚大学也有合作研究项目。他的研究领域比较宽，在许多国家做过访问教授，在跨文化与文化多样化研究方面用力尤深。跨文化研究也是我们本次论坛所请的几位嘉宾的重要的学术特点。

坐在中间的汉斯·费格教授曾经在柏林学习哲学和历史，通过国家考试之后，任柏林自由大学的讲师，之后在德国自由大学哲学研究所及德语和荷兰语语言文学学院任研究员，也在美国康星大学德国语言文学系做过客座讲师，2011年任奥地利维也纳大学哲学研究所的客座教授。他的经历也是非常之丰富，主要研究领域是德国的古典唯心主义道德哲学和美学、德国语境中的文学理论与美学、古典现代派文学等。

　　我们以热烈的掌声欢迎台上的五位嘉宾参与我们的论坛！

米歇尔·康-阿克曼：

　　我们现在开始平行讨论。各位嘉宾有不同的背景，所谈内容各异，但是也有很多共同点，就是他们都谈到了启蒙的类型。我们不能泛泛地谈启蒙，从历史上看有一些不同类型的启蒙。他们也都谈到了康德。在下面的讨论当中，我们肯定也会发现更多的共同的地方和不同的地方，不同的看法——大家对启蒙的不同的观点。

　　我认为两个主题发言是非常有启发性的，我认为可以激发一个热烈的讨论，我们有很多的话题可以谈，虽然时间很短。甘阳教授以及勒佩尼斯教授都强调了在启蒙当中有不同的形式、不同的观点，我们都认为18世纪的启蒙对于建设一个现代社会有巨大的影响，但是它的方式很不同。你们都谈到了反启蒙的作用，我们以后肯定也会谈到这个问题。

　　所以第一个问题我想提给黄平教授，甘阳教授在刚才的发言中已经大概回答了这个问题，我还想作进一步的了解：有没有一个特殊的中国的启蒙塑造了中国现代的社会，就像英国、德国的启蒙塑造了他们的社会？如果有的话，它是怎么形成的？又是怎么塑造中国现代的社会的？

黄平：

　　如果说有没有一个"中国的启蒙"，近代以来，也就是"五四"运动了，对形成今天的中国，以及还在发展中的中国，"五四"运动应该是有点类似18世纪欧洲的启蒙，我们自己用的词叫作"五四"运动。

　　"五四"以来，或者说晚清以后，我觉得我们面临一种自相矛盾的或者说新的困境，要考虑怎么走出来：中国从晚清以来、"五四"运动以来、引进西学以来、奔向现代化以来，语言用词，而且不只是在学术和专业方面，包括在日常生活里，大量的词汇都是翻译、借用西方的第二次启蒙，或者说18世纪以来启蒙的词汇，其中有些当然是法国的，有些是英国的，有些是德国的，但是以西欧的为主，这样一个被启蒙

黄平

的过程应该说一直都还在建构之中；另外一个方面，这样一个被启蒙的过程，似乎并没有被18世纪的西欧启蒙的发源地充分意识到、认识到和欣赏到，因此中西对话直到今天还如此不平衡或者说不对等。我觉得这是一个很大的问题，要走出来，才好有下一步的跨文化的对话、启蒙的对话。

第二个问题，我觉得更大的问题，回到刚才两位主讲人讲的，怎么样反思启蒙本身带给我们的问题，如何用启蒙的精神来看待中国启蒙以来或者"五四"运动以来的变化。中国的知识也是各种各样的，作为在中国文化背景下成长起来的知识分子，我自己感觉我们有一个更大的困境：当我们去阅读西方的启蒙文本、文献和经典的时候，我们其实很大程度上把它非历史化、非情境化，把它抽离出当时西方本身的社会、文化、历史、经济、政治的背景，把他们的一些概念、命题，在另一种意义上神圣化、迷信化、公式化、圣经化了。这也难免，因为我们没有经历欧洲启蒙的过程，只是事后读文本。但是我们读中国自己的经典和文本的时候，除了极少数人，我觉得多数人是反过来用，没有善待我们自己经典里的启蒙——如果说中国也有更早的启蒙，也一直经历过多次的思想解放，自从春秋战国以来乃至于孔子以来，甚至更早。我们读我们自己的经典文本的时候，恰好习惯从另一种意义上去自我否定或者拒绝。这种拒绝的逻辑，和刚才的逻辑是相反的，这个拒绝是找到生活中一些个案、案例、事实和现象，来说明本土的经典文本中的整个叙述的正当性是没有的，比如说它是虚伪的，或者说是怎样怎样的，这两个逻辑正好是反着的。当我们阅读西方的启蒙著作把它经典化的时候，没有把它还原到那个历史情境；反过来面对我们自己的文化资源的时候，又是用个别去拒绝一个理论体系的完整性和正当性。

刚才的问题是中国有没有一个启蒙，我觉得简单来说是有，但是真正要展开，发现这里的问题还很多。

米歇尔·康-阿克曼：

我想请教一下汉斯·费格教授，您认为启蒙有不同种类吗？启蒙对于现代社会有什么样的影响呢？

汉斯·费格：

我认为人类有一个共同的特征：理性。刚开始启蒙对大家来说不是一个最大的问题，启蒙本身是一个发现真理的过程，之前理性是秘密的，后来它被发现，让公众去评价这些发现。中文里的启蒙，也是这个含义。

自我超越也是人的一种本性，当我们意识到我们不可能想要与启蒙相反的东西的时候，这一点就可以得到证明。其他人的启蒙和自己的启蒙是在任何时候、任何地方都在发生的，每一个人都需要启蒙，但是同时他也有权得到启蒙，也有能力得到启蒙，他也有能力去让自己启蒙和让别人去启蒙他。这个很明显，所以我认为不用讨论。

启蒙对于现代社会的影响，这个问题，我和甘阳教授有些不同的意见。我认为启蒙不仅是迷信的解放，有没有启蒙权、启蒙的权利如何行使和对启蒙的要求有密切关系。启蒙是破坏性的，它会破坏一些错误的观点，会破坏无知，会把我们从政府的权威和宗教的权威中解放出来，所以启蒙会遇到一些来自外部和内部的抗拒，但是大家都认为启蒙对

汉斯·费格

社会是有好处的。如果我们想要解决启蒙和不愿意被启蒙之间的矛盾，我认为我们要批判启蒙。比如说虽然有启蒙，但对于宗教和一些传统——你认为我们应该放弃这些，但是我认为我们不一定要放弃，在这个斗争当中，比较关键的就是无知和幻觉总是会出现，所以没有一个启蒙是一劳永逸的，启蒙都不能完全，因此它必须不断重新开始。启蒙总是必要的，所以启蒙是一个永久性的问题。德国著名教授勒佩尼斯认为，启蒙需要强调让人们去批判启蒙，它应该表现出作为一种实践的理性，最高的启蒙就是一种实际的运动。

所以在有关启蒙的讨论刚发生时，它就带有一种批判性，这个批判性会约束启蒙的不良的一面，并从单纯强调理性中解放出来。我们需要一个更积极的对启蒙的看法，这就是康德的任务，他把自我批评作为革命的核心部分，这是一个可以抗拒内部的敌人的武器，让人们解放出来。

还有公众对启蒙的看法也是一个问题，但是我们可以以后再谈这个问题。我认为启蒙是必须被批评的，康德也是这个观点，这也是走向启蒙的一种步骤，我们也需要谈到它的普世价值。

米歇尔·康-阿克曼：

这个介绍当中我们看到了一些共同的地方和不同的地方，可以进一步讨论。下面请问赵汀阳教授，您对中国的启蒙有什么样的看法？它仅是从迷信中解放出来吗？

赵汀阳

赵汀阳：

我同意勒佩尼斯教授、甘阳教授和汉斯·费格教授关于启蒙的看法，我同意他们大部分的观点，我有一个小的补充。关于理性，其实理性的能力本身是一回事，相当于康德说的reason，但是还有一个理性的表现的方式，一般称之为rationality，这两个东西是不太一样的，我注意在理性本身（reason）和理性的表达方式（rationality）之间，有可能会出现一些矛盾，或者说是不能够非常好的吻合，这个可能会导致一些问题。所以选择理性的表现方式的时候，有不同种类的理性，我们要选择一个什么样的理性的概念，我觉得这是需要考虑的，不能笼统地说我们需要理性本身。

我注意有一个可能会导致困难的东西，就是所谓现代启蒙——也就是甘阳教授说的西方的二次启蒙——以来建立起来的一种理性叫作个人理性。我们对个人理性的一般约定是：第一，我们每个人都会追求自己利益的最大化；第二，个人总是能够对这些可能的选择有一个清楚的排序；第三，这种排序一般是逻辑协调的，也就是说不会出现循环。满足这个标准就叫个人理性。按说拥有个人理性就能够非常有效率、非常成功地做各种事情，但是我们观察到的事实不是这样的，一个最大的困难就是我们都知道个人理性推不出集体的理性，它不可能保证能够产生集体的理性，而缺乏集体理性会造成各种各样的社会困难，今天世界上的各种冲突，基本上都跟这个有关。比如说欧洲现在正在发生的欧债危机，就集中表现了个人理性与集体理性的背离，典型的表现是我们熟知的各种典型的困境和悖论，比如说囚徒困境（prisoner's dilemma）、搭便车（free-rider, Olson）、公地悲剧（tragedy of the commons, Hardin）和反公地悲剧（anti-commons, Heller）等，全部都能表现在现在正在发生的欧洲危机上。所以在这个意义上，我们就要考虑一个问题：我们是不是有更好的一种理性的概念来代替个人理性，或者至少是去平衡这种个人理性？我推荐的方案就是我们应该建立关系理性。

这种关系理性的思考方式和个人理性有一个顺序上的颠倒，个人理性追求的是优先追求自己利益的最大化，关系理性要求的是首先、优先要追求互相伤害的最小化，然后再去追求利益。这样的话，我觉得应该能够部分地克服个人理性带来的困难。

米歇尔·康–阿克曼：

赵教授为我们后面的讨论提供了一个话题。下面再请吕泽布林克教授来对甘阳教授和勒佩尼斯教授的演讲作一个评论。

吕泽布林克：

前面甘阳教授和勒佩尼斯教授在演讲当中提出了三个要点，互相之间是相辅相成的。勒佩尼斯教授非常正确地指出，一方面启蒙运动是一个全面化的运动，在不同的时期、不同的社会、不同的角落都有启蒙运动的出现；但是另一方面启蒙运动也特指在欧洲启动的或者非欧洲其他地区开始于18世纪的一个特指的启蒙运动。在巴黎的国家博物馆也有一个展出，涉及的一些启蒙运动其实是涉及到世界上各个地区不同历史阶段的各种各样的启蒙，所以我也部分同意甘阳教授提出的定义。从广义的角度来讲，我们整个社会的现代化过程、整个知识的发展过程，还有我们对于不同的宗教的宽容，这个也是启蒙运动的一个部分，这些都是启蒙广义的定义当中可以包含进去的。我们可以作一个广义的定

吕泽布林克

义，比如说我们在不同的历史时期，都可以找到启蒙运动，比如在东方伊斯兰教的崛起，还有在伊朗18世纪20年代、在马里13世纪文化的崛起，在现代非洲的崛起。在中国的历史当中，不同的阶段、不同的历史时期都可以把它定义为启蒙的时期。比如说新的儒家运动和元代14、15世纪的历史阶段，也可以称之为中国的

启蒙运动。在巴黎国家博物馆的展出当中，其实也展现了中国不同历史时期的文化运动、思想运动，广义来讲这些也可以作为启蒙运动，特别是中国的"五四"运动，也可以定义为一种启蒙运动。如果广义定义启蒙的话，所有这些都是启蒙运动的一部分。

第二，从特指的角度来讲，西方的启蒙运动特指18世纪的第二次启蒙运动，也就是甘阳教授演讲当中提出的第二次启蒙运动当中的一些理念和学说，这也是西方世界对现代社会形成造成重大影响的一次运动，特别是在法国、北美、德国、加勒比海和拉丁美洲的这些国家和地区。在沃尔夫·勒佩尼斯教授的演讲当中也提到了，这些基本的概念，或者说18世纪的西方启蒙运动当中提出的基本理念，贯穿了刚才我提到的这些国家和地区的近现代的变化和社会转型。换句话说，我们是依赖启蒙运动来摆脱蒙昧的一种状态。这里有一种比喻，人们把它表述为对于黑暗的启蒙，把人们从原来的黑暗的状态当中解放出来，把过去的蒙昧的状态打破，把过去黑暗的状态结束。启蒙是两个阶段的切断点，原来是黑暗的时期，通过这样一个启蒙运动，通过一个革命性的切割，走向光明。它是由很多思想家共同推动的，比如卢梭、狄德罗，比如德国的哥特弗里德、俄罗斯的一些思想家等。

在这个过程当中，我们定义了西方概念当中的很多现代社会的基本理念，包括打破迷信的概念。所以我们看到了这样一个长期的革命，也是一个非常激进的变革。从经济结构角度来讲，重新架构了公众领域的经济结构；同时也对宗教产生了重大影响；在18世纪以来，也引入了政府的民主改革，同时也对每一个个人的自由作了一个重新的定义，比如定义社会当中每一个成员与生俱来是平等的；也打破了原来的一些格局，由某一个集团或者某一个利益团体控制经济的情况也被部分打破，以此来推动物品、服务的自由流通等；同时也把原来的知识由很小一部分的特权群体掌握的局面打破了，把知识推向了所有的民众，使他们都有能力进入获取知识的渠道，接受初级和中等、高等教育来传播知识；同时我们也对宗教进行了改革，不管是犹太教、伊斯兰教还是基督教，在启蒙运动的过程当中，宗教也进行了一个很重大的变革；另外在艺术等方面也发生了很大的变化，全部的公众可以进入文化的殿堂，比如可以进入博物馆等，这和教育一样，把原来少数的、非常特殊的一个群体垄断艺术的局面打破了。

如果我们讲狭义的西方18世纪的启蒙运动的话，它对欧洲现代社会的成形起了决定性作用，同时也对北美现代社会和欧洲如俄罗斯这样的国家和拉丁美洲国家现代社会的成形起了决定性的作用，当然也对部分亚洲国家产生了很重要的影响，如越南、印度，而且对中国19世纪90年代之后的社会也产生了很大影响。

陈履生：

刚才四位嘉宾都回应了阿克曼先生提出的问题，各自表述了自己对于启蒙的基本看法，可能有一些回答并没有完全展开。汉斯·费格教授提到关于普世价值的问题，启蒙运动的价值观，到底是普世的还是非普世的，也是有不同的理解。刚才汉斯·费格教授言犹未尽，接下来我想请他就这个问题更深入地谈一谈。

汉斯·费格：

很感谢您的问题。刚才提到对康德来说，启蒙不仅是从迷信解放出来或者是从权威解放出来，康德的核心价值是区分理智的公共运用和私下运用。理智的运用可以是负面的，也可以是正面的，他强调要通过自由去运用理智，从这个角度，从自治的观点来讲，作为一个理性的动物，这种行动可以说是普世的。

在哲学历史当中有一些不同的概念，但是我认为很清楚的一点，是对于康德想法的普世价值的认识。他在两百年前讨论到自由的言论，作为他1784年在这方面的一个观点，而这个自由的言论应该是具有普世价值的。

我刚才已经解释了康德提供了一种全球的立法的过程，包括道德、政治、宪法，也会把自由从个人转向到政府以及公共的场所，当时也谈到了国家联盟，所以他会认为国家主权会慢慢地瓦解，我们会有必要有一个国际的类似国家联盟这样的一个机构，而公共的全球性的安全只有通过多边的立法机构才能得到保障。联合国已经意识到了康德的观点，所以这种实践的运用、实际的理论基础是康德当时提出的一个非常现代的想法。

当然也有对启蒙的批判，如左派、保守党的批判。但是启蒙的特性就是要批判，启蒙的这一特性也是放之四海而皆准的，这也是我们需要谈到的一个问题，尤其是在谈到德国和中国的特殊的启蒙的时候。

米歇尔·康-阿克曼：

我想问甘阳教授，刚才有两位教授质疑了您对启蒙的概念，我们谈的是18世纪的启蒙，我们都同意启蒙有不同历史时期，有不同种类的启蒙，但是我们现在着重谈的是欧洲18世纪的启蒙。您对康德的"自由地运用理智"的看法有什么观点？您认为启蒙是普世的吗？

甘阳：

我先回应前面费格教授的问题。启蒙并不仅仅是一个迷信的解放，我觉得刚才勒佩尼斯教授的论文很有意思，他区分了两个理性，他引用福柯，也强调了在西方，如果我们是在社会、经济、政治层面谈启蒙的话，差异会非常大。在这一点上，我想阿克曼先生说得对，我和勒佩尼斯教授是有差异的。如果我谈的是对启蒙的解放，和他所引用的福柯的观点，启蒙是一个主观的态度，是一个现代性的态度，这时我们的观点其实是相同的。我们可以看到福柯本身在这里有很大的矛盾，因为他批评康德说，认为康德所说的启蒙不应该限于某一个特定的时代，并不是17世纪的欧洲也不是18世纪的欧洲，而是一个态度。如果可以超越时代，从西方来说这样一个态度当然从苏格拉底就有。我今天强调的是不应该再把所有问题仍然盯死在17、18世纪，所有谈论的东西我们都早已知道，比如启蒙运动与电灯，你可以说没有启蒙运动就没有电灯，也可以说没有电灯怎么会有今天这么大的hall，但是这么谈有意义吗？没有意义。虽然这是我们每天都在谈的问题，但我想问：到底为什么要谈这个问题？到底要谈什么？for what？

我和福柯的差别，这个差别也不是在于时代的差别，而是少数人和多数人的差别。某个时代，比如可能会有苏格拉底这样的人，但不可能社会上的每个人都像苏格拉底和福柯这样批判社会，否则这个社会是无法存在下去的，这是一个广义的问题，是一个少数和多数的差别。如果只是重复说启蒙还有多少正面的价值，这个没有很大的意义。你说什么是好的什么是不好的？这个没有多大意义，因为你不可能只要好的不要不好的。所以我们还是应该把主要精力放在讨论"为什么"。

黄平：

我想说一下我的看法。关于启蒙话语，我认为西方的启蒙话语，尤其18世纪以来，包含道理也好，原理也好，主张也好，以及现在欧洲内部包含的多样性，以及从欧洲又推延到别的地方，两百多年来，不能简单地抽出一个词、一个命题说这个究竟是好的还是不好的，是普世的还是不具有普世价值的。而是应该把它放回到那个历史语境中，为什么当时这些东西是一个问题，把当时的经济、文化、历史、政治、社会、宗教考虑进去。欧洲当时最重要的是从宗教的桎梏下解放出来，这样才能理解这个命题的意义。反过来也一样，中国几千年来有很丰富的文化，也不能抽象到另一个逻辑，找到一个案例说不是这样的，于是就说你的仁义礼智信是假的，或者找到一些特例，完全只从经验层面，由此否定一些命题具有的普遍性。

德国的哲学，康德也好，康德以后也好，其实这个问题处理得是比较好的，所以甘阳讲的我是同意的，不用再不断重复一些常识。德国哲学是比较早的，当然古希腊也在处理，所谓共性、普遍性的东西存在于个性和案例里，所以最重要的问题不在于说这个是共同的那个是个别的，而是它们之间究竟是怎么发生关联的，哪些个案里、什么意义上包含一些普遍性，这是我要讲的第一点。

第二点，从社会支持论的角度来说，一种特殊的主张或者一种在特殊语境下产生出来的思想，当你想把它普遍化的时候，往往会出现这样的倾向：强者往往强调普遍性，弱者总是强调特殊和例外。这样一种关系，在联合国框架里就能看出来。一方面是战争带来这么大的灾难，于是我们要找出一个模式，来保证和平，就有了联合国；另一方面，从这几十年不同的国家在联合国里面的利益诉求、地位作用可以看得很清楚，严格来说，联合国直到现在也没有走出以国家为单位来处理问题的模式，各个国家的代表跑到那儿去共同讨论、共同开会，但是并没有解决赵汀阳教授提到的以个人为单位或者以小群体为单位来申辩你的所谓利益最大化。联合国的框架还没有达到康德所讲的世界和平的水平，所以有人想绕开联合国，比如最强的美国，总想绕开联合国。当然美国和欧洲在处理国际事务时也是各有特色，不一定是体制或者文化的元素，也有政治特殊时期、特殊利益的原因，有时候也会把自己非常独特的利益强加给世界人，宣布那是普世的。

吕泽布林克：

我想补充两点。

对于我来说，强调普世的启蒙或者广义的启蒙相对于具体的18世纪西方的启蒙之间的关系是非常重要的。刚才提到了福柯，勒佩尼斯教授也提到了普世的启蒙可以在不同的时期找到，比如撒哈拉以南的非洲地区。其实从欧洲启蒙的角度，当时非洲历史上出现的这些思想，我们不能称之为启蒙运动，但是从其实质来讲，他们是为了捍卫当地人民的一些基本的权利，这是完全理性的。欧洲式的西方的启蒙运动，它自己给自己起了一个名字叫作启蒙运动，比如汤姆斯贝、北美的、德国的，他们称自己为启蒙运动或者启蒙的哲学，这个名字是他们自己起的。从这个角度来讲，这是自我命名的一种启蒙，这是第一点。

第二，讲到西方启蒙的影响，在欧洲以外比如在中国、北非、南部非洲、北美、拉丁美洲——18、19世纪拉丁美洲的独立运动，所有这些都是涉及到跨文化的阐释和跨文化的转移，自由的概念、人权的概念、公共领域的概念这些都是需要翻译的，语言上需要一个转变，概念上也需要一个阐释，让西方的这些理念转变为当地人能够理解的概念，然后在他们的工作生活中产生影响。特别是刚才黄平教授提到的例子特别好，比如联合国，英语是共同的语言，但是英文里的自由，在各国代表的眼中，理解是不一样的。所以我们应该能够看到、也应该尊重这样一种差异，这个过程中涉及到翻译的问题、阐释的问题、概念转移的问题，所以这是非常重要的，是值得我们去讨论的。

但是我们有没有一些共同的语言，比如人权是不是一个共同的语言，或者人权这个概念背后是否有不同理解。西方的启蒙，或者西方狭义的18、19世纪的启蒙推动了一些跨文化的词汇的翻译、词汇的转移和词汇的阐释，越南共产党领导人胡志明20世纪20年代的时候在法国念书，在巴黎也读过很多卢梭的著作，他从法国的导师那里学到这些之后，用自己的概念解释了像卢梭这样的法国启蒙思想家的思想，然后带回到越南，用他自己的理解，推动了越南的革命。

赵汀阳：

我非常尊敬勒佩尼斯先生，同意他的大部分观点，但是有一个疑问。很遗憾，他没有在场，其实我是非常希望向他请教的。他前面讲到启蒙，说我们是要听从理性，而不是要听从各种偏见和非理性的东西。可是我注意到他的讲演最后谈到民主，我觉得中间是有一点矛盾的，因为我们知道听从民主是不能够保证听从理性的。民主是什么呢？民主是一些个人的偏好、个人的欲望、个人的主观意见的加总，它不是一个理性的选择，这样的加总的结果，往往是一个非理性的结果。当他说我们要听从民主，他又把民主当成是启蒙的一个部分，我觉得好像有点自相矛盾。听从民主是不听从理性的，民主是不理性的。

汉斯·费格：

我想讨论一下这个问题，个人理性和集体理性的问题，我想作一个回应。这是一个大家都面临的问题，它可以大致表述为：我们为自己的利益考虑，可能会影响到公众的利益。个人的理性需要经过公众的辩论或者需要考虑公众的利益，需要公众的启蒙或者公共的理性。这是18世纪启蒙运动当中也讨论过的问题。我们需要在公众领域进行辩论，至少公众领域是启蒙的一个前提，没有公众领域或者不以公众理性为前提，是谈不到任何的启蒙运动的。所以谈普世的启蒙，离不开公众领域的讨论和辩论，判断某一行为是否理性，取决于在公众领域辩论的结果。

对某一个人或某一部分公众的要求是否应该得到满足，从公众领域这个角度来讲，需要由社会来达成一个共识。但是前提是在公众的场合，大家可以把自己的想法和意见表达出来，民主是保障这样一种公开表达自己思想的权利的基本前提。不管你是在联合国还是在一个小团体当中，启蒙要求，你必须要保障一个个人能够把自己的思想自由地表达出来，把自己的想法和别人进行交流，这是基本的前提。

甘阳：

我刚才回忆了一下，刚才阿克曼院长、费格教授都向我提出一个问题，欧洲启蒙，或者我说的第二次启蒙的价值是不是普遍的。首先我说这个题目就不成立，因为中国没有反启蒙，对大多数中国人来说，我觉得这个问题没有必要讨论下去。我觉得很有意思的是，很多人，德国人也好，西方人也好，都在不断地问一个简单的问题：你们相不相信我们欧洲的价值观是普遍的？中国人每天都在说yes，西方人好像不大相信，不停地在问"really？"，所以这个问题就不断地讨论下去。中国的问题恰恰是能不能找到一个两个不同意这种观点的人呢？据我所知只有一个人，就是我。当然我不同意不重要，比如说我认为，中国、西方全部算上，人类有史以来最高的文明形态是中国的宋代，我非常希望出生在宋代，作为一个宋代人我会非常幸福。没有电灯又怎么样，宋代中国的版图是最小的，但是文化是最高的，而且宋代虽然是君主制，整个宋代从来没有杀过一个士大夫，而且宋代已经废除了欧洲那时候仍然有的体罚。所有的一切，都是非常重要的。但是中国人自己并不欣赏。宋代只有一个缺点就是太弱，所以不可能存在，马上被灭掉了。

"普遍"是一个非常有意思的字，要普遍到什么程度？是要到每一个人吗？这恰恰是普遍最大的问题。除非你能够说这个东西是自然存在的，那有一个普遍不普遍的区别。价值观本来是一个主观的东西，你一再地问到底有多普遍，这就陷入了一个讨论的怪圈。大家不要问那么简单的问题。所有的价值观的普遍不可能是绝对的，如果大家问中国人是不是认为民主、人权、自由是普遍认可的，中国人都说是，中国政府也在说，中国媒体、中国老百姓也在说，但是西方的政客、媒体、学者变成同样一个水平，问的是同样一个问题，不断地说：真的吗？真的吗？这个问题讨论下去我觉得是没有意义的，没有必要浪费我这样的人的时间，到这里讨论这个问题。

黄平：

勒佩尼斯教授在演讲中引用了阿玛蒂亚·森的观点，阿玛蒂亚·森说过一个更有意味的事，甘地被问到：How do you think about this?他的回答是：Could not be do。什么东西都是一样的，不能只是抽象地讲一个原则是好还是坏，要回到一个情境中，包括民主这样一种制度设计也好，实践也好。勒佩尼斯最后一段讲得非常好，他说："很长时间以来，西方曾试图将自己的价值强加给其他文化，西方不可能继续这样做了。更重要的是，它必须停止这样做。"互相理解、互相翻译，中国的现代语言，包括日常生活语言，很大程度上都是被启蒙，或者被西化了，或者被自由、民主、人权整个包装在我们的日常生活里了，离开这个好像都无法说话了。反过来说地位的不对称，就出现了甘阳说的情况，变成了我们的"跪着求饶"，经常出现一些常识性的讨论。我觉得常识性的讨论确实用不着，而且要找到真正的问题、挑战和矛盾，以及如果不是这样，为什么不是这样。

由此我就想到了法国启蒙。刚才勒佩尼斯教授说得很好，启蒙有法国式的、德国式的、苏格兰式的、美国式的，法国启蒙也好，狄德罗也好，卢梭也好，他们的文本和启蒙当中的训练，是经过这么一种过程的。当基辛格问到周恩来怎么看待法国革命的时候，他说革命还不到两百年，评价还为时太早。所以从人类发展的进程看，我觉得现在中国的发展，刚才勒佩尼斯讲了中国目前的发展是近代历史上没有过的，这么大的规模和这么深刻的全方位的变化，包括它的变化涉及到这么多人，岂止是近代历史上没有过，我觉得是整个人类历史上都没有过。所以这个变化，总会遇到新的挑战、问题，哪些问题是我们要制约的，我觉得中西之间的interculture dialogue、Chinese culture、any culture，怎么跳出中西，古今，正确、错误、黑暗、光明这种二元对立。这是一个负面东西，至少被解读的过程当中产生了这么个负面的东西。我们学习18世纪的启蒙，经常把二元对立简单黑白两分，形成了非此即彼，这是目前思想界也好，对话也好，包括甘阳教授提到的我们遇到大量的西方媒体、商界、政界乃至于学界，好像就始终掉在中西对立、文明落后、启蒙野蛮的陷阱中，这样是走不出来的。

米歇尔·康–阿克曼：

费格教授接受西方人在不断问中国人是否接受启蒙这种说法吗？你会感到厌倦吗？

汉斯·费格：

我并不是中国历史专家，但是我听到大部分的"五四"运动的中国思想家，把重建中国社会当成他们自己的任务的时候，我认为这是一种可敬的思想。他们也很认真地执行了他们的任务，而且以启蒙的方式进行这个活动。但是他们也许对那些新的西方思想的哲学方面的解释不是特别赞同，他们在运用这些思维方式和想法时有些盲目，没有考虑这些西方的概念产生的背景。当他们把启蒙的思想作为一种解决严重问题的方式时，这种与中国传统文化有对立、有矛盾的看法在中国引起争议，但是这个并不是一种反对启蒙的看法。这是一个历史事实，一切都是可以纠正的。

陈履生：

我有一个问题想问赵汀阳教授。甘阳教授提到了反启蒙在中国的缺失问题，他在演讲中说到中国现代启蒙过程中基本缺乏反启蒙的平衡。我想问赵汀阳教授，您怎么认识？为什么中国缺少反启蒙？

赵汀阳：

我的回答应该和甘阳基本一样，我觉得他已经说得非常清楚。中国在一百年前由于特殊的背景，所以非常希望能够发展成西方那样，所以无条件地接受了第二启蒙以来的这些观念，所以不会去想到要反启蒙。

陈履生：

我们试想一下，如果自20世纪初期以来，"五四"运动以来，如果我们有了这样一个制衡的力量，有反启蒙的力量，可能会是一种什么情况？

赵汀阳：

不会怎样，因为赞同启蒙的势力非常大，会压倒一切。事实上也不能说得这么绝对，说完全没有人反对，甘阳就是一个，我也是部分反对的。刚才大家谈到的普世价值，包括勒佩尼斯先生最后也讲到这个问题，并且他把民主当成一个普世价值，我觉得这一点是特别意味深长的。什么是普世价值？在我看来标准还是有的，甘阳教授有点怀疑，我认为是有的。按照一般的社会学或者经济学的观点——这一点黄平可以补充一下，他是社会学家——有两个标准：一个就是全体同意，每一个人都同意某种东西；另外一个就是全体受益，所有人都能得到好处。如果满足这两个标准之中的一个，我们都可以承认它是普世价值。按照这个标准，我们就能看出来民主显然不是，民主既不是全体同意，也不是让所有人受益，民主就是一部分人同意，而剥夺另外一部分人的好处，所以民主是典型的反对普遍价值的，民主的特点就是反对普遍价值的。刚才勒佩尼斯教授把民主归入普世价值，我是不太理解的，尤其是阿玛蒂亚·森关于民主的论证，我认为是混乱的，他说民主是为了保护积极方面的自由，限制消极方面的自由。我们会想到以赛亚·柏林关于积极自由的批评，积极自由就是用来破坏消极自由的，消极自由就是我们所珍爱的个人自由。所以积极自由就是专门用来迫害个人自由的，这两个东西怎么能够说到一块去？所以我也是不同意阿玛蒂亚·森的看法的。

"启蒙之对话"第四场"启蒙与近现代"现场

甘阳：

我认为中国现代的启蒙对中国而言是一个外在的问题，根本不是一个思想问题，它不是在中国传统思想内部发生的。中国接受西方的启蒙也不是首先作为一个思想问题来接受的，就是因为八国联军打进来，中国一看不行了，原来认为中国文明最高明，突然发现打不过人家。所以中国人也不关心西方启蒙内部比较深刻的问题，那不是他们关心所在。所以启蒙到今天为止，我为什么不愿意参加这样的谈论，我觉得一直是在谈论外在问题，内在比较深的探讨是不可能被谈起的。我们现在每天还都在谈外在的概念，回答一个非常简单的问题：你相信不相信民主？yes。你相信不相信人权？yes。至于人权怎么回事，我们无法深入讨论。

我也给德国同行提两个问题。我认为启蒙之所以必要，是因为有非常大的迷信——也就是非常深刻相信的东西，需要被破除，比如20世纪60年代到80年代，西方很多思想家，包括福柯，包括很多美国人，包括保守主义很多代表，都对西方的、我称之为第二次启蒙的思想提出了非常深刻的质疑，这是非常富有成果的。这就是把原来的启蒙当成了一个迷信在质疑。

我现在给德国同行提的问题是，到今天21世纪，你们认为对你们德国人、欧洲人或者西方人，21世纪最大的迷信是什么？如果欧洲人、西方人没有迷信，那不需要启蒙，也没有必要再讨论启蒙，为什么还要再讨论启蒙？你们觉得你们自己最大的迷信是什么？

我认为中国人现在最大的迷信就是对西方的迷信，特别是对西方某一个阶段，就是第二次启蒙运动的迷信。如果这个迷信不解除，根本没有必要谈启蒙。继续谈也很简单，比如我不喜欢工业化，我认为农业文明比工业文明高——当然我这是非常个别的看法，不重要。中心的问题是再继续谈这个问题没有意义，我认为中国人对西方的迷信是中国现在最大的启蒙问题，真正的启蒙就是要破除迷信。你们认为你们需要破除的最大迷信是什么？大家必须谈你最深刻关心的是什么，如果没有迷信了，就没有意义了，就没有必要谈启蒙了。

第二个问题，如果对西方来说，你们并不关心启蒙所面临的问题，你为什么要特别和中国人谈启蒙？那这其中隐含的意义就是你仍然是教育者，你认为中国人仍有待启蒙。我要说这是完全错误的，中国人已经启蒙得太多了，而不是启蒙得太少了。

吕泽布林克：

首先我想说，关于迷信的问题——这里边有个翻译的问题，我不是特别明白你们对于"迷信"的概念是什么。因为在欧洲，迷信与魔术、与异教、与宗教的一些活动有关系，而跟你刚才说的"迷信"似乎不太一样。我的理解是你认为迷信是神话，比如说现代的神话。欧洲现在也有一些相信神话的，也是由媒体传达的，这就是欧洲人的迷信。比如说好莱坞的一些故事，这也可以说是现代欧洲人有的一些迷信。但是我认为我们不应该把启蒙狭隘地理解成是从迷信中解放出来。甘阳教授对迷信应该有非常具体的看法，我想了解您的"迷信"具体是什么样的概念。

第二个问题，甘阳教授问的是，什么是普世价值。我认为勒佩尼斯教授也谈到了这个问题。在18世纪的时候，比如说人权宣言，这些都是普世价值，这是在当时西方的社会背景下启蒙思潮提出来的。我们可以说有一些价值是由联合国制定的，还有一些普世的概念，比如自由、民主、人权，这些都是普世的。但是根据我的了解，在东方和西方有些不同的见解，这些概念来自于西方，在联合国以及在这个讨论当中，对于这些概念有很多不同的看法。如果我们想更具体地定义它的含义的话，我们必须谈到一些具体的情况，比如说言论自由、民主，在欧洲也有对于这些概念的不同的看法。我们有共同的概念，但是我们对这些概念有不同的理解。我同意您的观点：文化对话是很重要的，这样我们就可以更好地了解不同的人民对这些概念有什么样的了解。

说东方盲目地相信西方是一种迷信，我不是特别理解这个观点，因为这种情景的社会背景早已不存在了。如果说中国在这么大程度上被西方影响了，我们也有受其他的文化非常大的影响的时候，我们不能说这是一种迷信。我们只能说来自于其他文化的价值和概念是可以讨论的，但是我们没必要具体讨论这个问题，因为我认为这个问题的社会背景已经消失了，至少从15世纪以来是这样的。

汉斯·费格：

我同意吕泽布林克的观点。我们提到启蒙，经常把人们的理性扩大了，把目标缩小了。如果我们把西方和中国进行比较的话，我们会发现中国经常只是把启蒙作为一个工具，没有像西方一样把它作为一个价值本身。中国和西方对启蒙认识的不同，我认为是缺乏对自主权利的认识，自主权利是启蒙运动的一个开启，是跟自我有关系的，是一种以自我启蒙为中心的一个思想。我赞同你的西方也有迷信的看法，但是从我的观点来看，我认为这种对科学、理智的迷信，或者说理智工具化，不是我们所需要讨论的启蒙运动的部分，这是负面的一部分，是技术转让的结果，但不是启蒙的问题。

陈履生：

刚才汉斯·费格教授并没有回答甘阳教授所提的问题，在今天的德国、今天的欧洲、今天的西方存在不存在理性的迷信的问题。吕泽布林克教授则反过来向甘阳教授提问，他不理解甘阳教授所言"迷信"的内涵。但这个问题我们可能难以再继续下去了，因为时间已经不允许我们再继续讨论下去了。现在我们需要把时间交给听众朋友们，下面请听众提问。

提问：

我非常无知地提出两个质疑。第一是我个人觉得刚才提到的反启蒙这样一个概念是伪命题，因为启蒙对于人类的文化、人类的历史来说是一个永恒性的命题，只要人类作为一个物种不灭亡的话，启蒙就始终存在，对于启蒙的反思与自觉也同样始终存在。启蒙过程中必然会伴随着各种各样难以预测的问题，在今天中国这样一种语境下提出反启蒙我觉得是非常危险的一个事情——这当然是我个人的一个观点——因为对于今天的中国来说，我认为还是启蒙不彻底的问题，谈"反启蒙"是非常可怕的事情。极权主义的可怕并不在于它剥夺了你的政治权利和经济权利，而是胁迫你把自己的个人信仰和理想屈从于它的价值取向。

第二个问题是刚才黄教授提到的"五四"运动是中国近代史的一次思想启蒙，我不这样认为。"五四"运动所提倡的民主和科学的精神对于当时的中国民众的影响，对于他们的启蒙和觉醒意义究竟有多大？大家都看过鲁迅的《阿Q正传》，阿Q的革命、阿Q的理想和阿Q所认为的启蒙，不过是从奴才身份变成一个主子身份，变成一个新主子去压迫、奴役其他人。这样一种启蒙运动是不是今天我们要去反思的？仅仅是那些少数精英所认为的启蒙是真的启蒙吗？

谢谢！

甘阳：

这位同学问得很好。我想再次让我们的西方同行放心，启蒙是非常神圣的，反启蒙是不可提的，非常危险的，启蒙在中国绝对是神圣的。我想这位同学已经从某种程度上证明了我的观点，我的西方同行尽可放心，启蒙在中国神圣不可动摇。

黄平：

我的回答也差不多。如果连"五四"运动都算不上类似于18世纪欧洲的启蒙的话，不但中国没有启蒙，欧洲也没有启蒙。

提问：

我是北京大学国际关系学院的学生。甘阳老师您不是一个人在战斗，我也比较同意您的观点。按照您的逻辑，如果中国最大的迷信是对于西方的迷信的话，同样存在的一个迷信是中国对于自己不自信的一种迷信。中国在当今的这样一种剧烈的变化中，以及这种思想的极度多元化中，您认为如何把从孔子到现在的中国传统的启蒙再继续进行下去？

甘阳：

我想首先要避免一个误解，我在发言最后特别重复不仅仅是德国的启蒙，我特别提到古希腊传统，特别提到了20世纪60年代到80年代的西方。西方不是一个统一的西方，西方有不同的思想，我们就是谈到18世纪启蒙也有不同的分歧，勒佩尼斯也已经讲到了。我顺便讲一下我现在最大的工作是办一个博雅学院，博雅学院的中国学生同时学习古希腊语、拉丁语、古汉语，所以我们并不是单纯只讲中国的自孔子以来的传统，我们同时看西方，特别是古希腊的文化传统，这些都和我说的西方第二次启蒙有非常大的不同，它们都可能成为批评、制约西方第二次启蒙的一些资源。

我觉得有一些问题，如果勒佩尼斯来的话，我会比较愿意跟他讨论一下问题——我本来不希望我们讨论一些很简单的问题，什么人权、民主、自由，这些问题很没有意思，大家都已经接受了，还讨论什么呢？——就是在20世纪70年代到80年代，这么多的西方思想家在批评第二次启蒙，应该怎么评价广泛的、可以称之为反启蒙的批判，包括不同的流派，比如勒佩尼斯教授一共引用了两个人，其中一个是法国的福柯，还有一个美国的历史学家克里斯托。我对克里斯托非常熟悉，他的一家都是美国保守主义大本营，他的儿子就是现在《新共和》最主要的主编。那么，激进派的福柯和保守派的克里斯托家族，是福柯对于启蒙的批判更有价值，还是西方的保守主义比如我提到的伽达默尔，还有一些美国的思想家的批判更有意义。我个人认为西方的第三次启蒙，虽然最有影响、最主流的是福柯这些人，但是我认为真正深刻的思想并不是福柯他们的，而是伽达默尔、克里斯托家族，他们这些人对于西方的启蒙社会以后面临的深刻的道德危机有更深的认识。福柯把一些都归咎于"批判有它的价值"，但是福柯没能克服第二次启蒙最致命的问题，就是理性的自负和知识分子的狂妄自大——凭什么你的批判是对的？我觉得整个保守主义，比方说伽达默尔都认为问题要复杂得多。伽达默尔批评康德"完全混淆了权威到底是什么"，康德把整个启蒙变成了认可权威，认可权威就等于非理性盲从。伽达默尔认为形成权威的根本原因并不是因为一个人对另一个人的奴役，权威和知识有关。他认为一个人之所以认为别人有权威，可能是他认为自己的知识是不足的，另外一个人的知识可能比我更好，所以他是权威的。传统也是如此。启蒙运动一个最大的问题，似乎人类生活可以从任何一点开始，历史、传统都是不重要的。对这些问题，伽达默尔都有非常深刻的批评。还有勒佩尼斯质疑启蒙运动以来道德世界还有没有可能。启蒙运动是一个道德规划，勒佩尼斯通过深刻分析认为启蒙运动导致整个道德规划是失败的，是不可逆的。勒佩尼斯引用希梅尔法布2008年出版的书《现代性之路》，希梅尔法布在早几年的一本书中认为，整个西方的现代性导致的是去道德化的社会。我们比较感兴趣的是这样一些东西，而不是简单的你接受不接受启蒙和人权。

所以回答这位同学的问题，我认为的是摆脱对西方的迷信，摆脱对西方第二次启蒙的迷信，并不是一个简单回到单纯的中国的孔子，而是看到更大的，包括西方本身都有对于西方第二次启蒙更大的批评，所以资源非常广大，并不是回到一个非常狭隘的——只是孔子，我还没有谈道家，我可能更支持道家并不是儒家，提儒家只是为了谈问题时比较方便。所以我觉得要去看一个更大的世界，所以我不太喜欢现在仍然集中在一个非常简单的18世纪的启蒙如何，那个应该到专业会议上讨论。这个是我回答这位同学的问题。

你问我认为应该以怎样的方式，来继续中国的启蒙传统。我希望德国和我们配合，德国是不是找一些留学生，你也学希腊文、拉丁文，同时学中国的古汉语，既然是多元社会，首先要学语言。现在有一个非常不对称、非常奇怪的问题，西方谈多元文明最多，但是很少有人学语言，至少在人数比例上。中国大多数人都会两种语言了，所以语言也是一个问题。

所以说下面的工作很多，中国现在很奇怪，现在希腊文、拉丁文在中国大学里非常热，北京大学、人民大学、中山大学都在开这样的课，这和启蒙有没有关系？你认为这个事情和启蒙没有关系，我认为这和下一步的启蒙非常有关系。他看到西方更宽广的文化传统，而不是非常窄的，就是一个枪炮呀、重工业呀、市场呀。我觉着这些问题，可能我们会谈得更有趣一些。

提问：

我是去年毕业于重庆西南大学哲学系宗教学专业的研究生。

我的问题分为两个部分，一部分提给德国的两位教授，一部分提给在座的三位中国教授。

中国有句古话叫作"不破不立"，如果想破掉什么或者改变什么东西，一定要有一个想法或者一个理念来支撑着你。这种思路就回到了甘阳教授所说的思路上，新的东西立起来之后马上又有可能成为一种新的迷信，或者新的支撑着你的理念。我问中方教授的问题是，就中国现状而言我们该立的是什么？我们立的东西会不会成为代替对西方的迷信的一个新的迷信呢？

我问德国两位教授的问题是，启蒙运动在欧洲或者说在欧美国家已经基本上取得了一定的成果，或者说现在欧美国家所有的科技方面的进步都是启蒙运动的成果，那么欧美国家学者有没有反思，启蒙运动和之前的状态相比，有没有退步，或者说有没有停滞的地方呢？

黄平：

"不破不立"是毛泽东讲的，他还有一句话叫"中国应该对于人类有较大的贡献"。要说中国立什么，启蒙也好，西方的影响也好，以西方为师，包括把西方迷信化、教条化，现在一方面中国正在经历着这么大的社会变革，包括文化层面和思想层面，包括即将在思想和文化层面展开的，而且这个变迁远远没有结束，刚刚开始，你生活在这个时代，你能经历这个时代本身是一个幸运；但是另一方面，如果这么大的变化，中国提不出自己的东西，只是重复、照抄，甚至是鹦鹉学舌、照猫画虎一样地只是把曾经有过的概念——不管它叫不叫普世，拿到我们这儿来实践一番，就有愧于我们的民族文化和当今的社会的变迁。

所以通过自己与外面的社会，欧美社会以及其他的周边的社会沟通交流，包括刚才讲的跨文化碰撞、对话和争论，最后能碰出什么，我想一定不是简单地重复18世纪第二次启蒙。何况刚才甘阳教授和勒佩尼斯教授也讲了，对18世纪第二次启蒙，欧洲人已经有过无数的反思、批判和反省，它本身也带来很多问题。今天中国要提出什么？我觉得文化自觉还是非常重要的，要在这个层面上，不只是经济意义上的发展，才可能提出点什么。

第三个问题是给我们的警醒，并不意味着你发展得好就一定在思想文化上提出什么来，也许这儿本身变化发展很剧烈，但是能够对它进行概括、提炼和提出东西的也许是很边缘、很不为人所知的地方和人物。

吕泽布林克：

我想简单讲讲在欧洲、在西方国家，我们是推动进步、民主、平等的，这是启蒙运动的基本价值，比如可以在公众领域自由发表言论，这也是当时启蒙运动的内容。这个过程当中有很多的障碍，阻碍欧洲社会的进步。刚才这个学生问到进步和退步的问题。从18世纪到19世纪，有很多人在捍卫这样的价值，社会、个人或者党派也有人反对这些价值，比如说消除特权这样的价值就有不同的意见，每个人的平等的自由权利，比如男女平等的权利、公开自由、言论自由等等，这些都有反对意见，都有阻力，在东欧和西方社会中都有阻力，都有斗争，都有进步和退步之间的抗争。所以启蒙的价值和想法在欧盟成立之后二三十年来——二三十年前其实也是有很多的争论，欧盟现在是非常希望能够推动这些价值的进一步深入实施。所有的比如奥斯威辛集中营的大屠杀、希特勒的纳粹主义等，恰恰是反对启蒙的一些基本的价值观念所产生的恶劣结果。有人甚至说法西斯主义受到了启蒙运动的影响，我觉得这种观点是非常荒谬的。

汉斯·费格：

我也同意刚才吕泽布林克的观点。今天在欧洲、在西方有很多对启蒙思想的批判，当然也有很多对于启蒙的辩护，因为有批评才会有辩护，所以我们对于这些启蒙的思想，比如说我们看到一些生态组织——比如绿色和平组织，和很多的非政府组织，发出了很多声音，还有一些左派的观点，他们也对启蒙运动或者说启蒙运动前的某一些社会结构有一些讨论。虽然大家有这些辩论和讨论，他们都同意一个观点，就是启蒙带来的还是进步，启蒙运动之后，对社会还是起到了正面推动的作用，还是正面的力量，比如消除迷信，对人类平等的弘扬，以及容忍、宽容等等这些基本的价值观念，还是在启蒙运动开始之后，对人类的生活起到了推动的作用，是一个进步，使人更加有尊严。这是主流的观点，一个基本的共识。启蒙运动，不管我们讨论它的阴暗面也好，退步也好，总体上来讲我们必须承认，启蒙运动对于整个人类社会是一个进步的力量，主要的价值观念是大家都普遍接受的。

阿克曼：

我想让赵汀阳教授也简单地回答一下这个问题，谈谈对我们今天讨论当中的各种观点的看法。

赵汀阳：

我觉得很好，尤其要感谢甘阳先生，他带来了非常与众不同的观点。

甘阳：

我觉得大家能够交流是比较好的，我比较期望以后能够不是停留在一些概念上，而是进入一些问题深入地讨论，比如，我比较想了解某一个不管是德国还是法国的教授，如果我不了解的话，我会希望知道比如他在美国的自由派和保守派的争论当中是站在哪一边的，我比较希望西方学者能够坚持，比如你在美国是道德保守派，到中国也应该是一个道德保守派，不应该到了中国就变成了道德激进派，这些都是非常不可理解的。我觉得我们需要了解，中国现在对西方非常了解，不需要再谈这样一些简单的东西。

阿克曼：

我不想总结，但是我认为甘阳教授刚才谈到的也是很重要的，因为我们必须了解这种对话，不仅是必要的，同时我们想听到一些在西方不是特别容易听到的声音。这也是翻译的问题，您的书还没有翻译成英文和德文，您的作品也没有被翻译成其他语言，但是你们基本上可以听到所有的在西方的这些方面的观点。所以我认为这是一个机会来提醒我们，我们的对话其实刚刚开始，我们需要继续努力，为一个具体的对话奠定基础。

陈履生：

各位来宾、各位听众，我们的"启蒙之对话"第四讲就暂时告一段落。正如甘阳教授反复谈的一个问题，今天我们谈启蒙，应考虑启蒙有什么新的内容，

　　我想这是我们需要去思考的。所以我们的论坛也就要经过一个冬季的蛰伏期，要休息一段时间，好好思考一下我们还能谈什么新的内容。所以第五讲的时间定在2012年的春天，3月25日，还是同一个地点，论坛的题目是"启蒙与知识文化"。我相信通过这么长的时间，我们去思考，会有一些新的想法。

　　感谢大家！

（摄影：马腾飞）

启蒙与知识文化
——"启蒙之对话"系列论坛第五场

时　间：2012年3月25日下午
地　点：中国国家博物馆剧院
主持人：中国国家博物馆副馆长　陈履生
　　　　歌德学院（中国）前总院长　米歇尔·康–阿克曼

陈履生：

　　各位来宾，"启蒙之对话"中德系列论坛第五讲"启蒙与知识文化"现在开始！首先我介绍一下出席今天论坛的德方来宾：德国外交部国务部长科尔内利娅·皮珀女士，德国驻华大使施明贤博士，柏林国家博物馆总馆长米歇尔·艾森豪威尔先生，德累斯顿国家艺术收藏馆前任总馆长马丁·罗特先生，德累斯顿国家艺术收藏馆代理总馆长迪尔克·苏恩拉姆先生，墨卡托基金会主席伯恩哈德·洛伦茨博士。出席今天论坛的中方嘉宾有：文化部外联局副局长项晓炜先生，中国对外文化交流协会副会长兼秘书长董俊新先生，文化部外联局西欧处处长陈平先生。在主席台上就座的嘉宾我们一会儿再介绍。

　　首先有请中国国家博物馆馆长吕章申先生致辞！

吕章申：

　　尊敬的皮珀国务部长，尊敬的施明贤大使，亲爱的各位总馆长，各位主讲人，女士们、先生们：大家下午好！

　　2011年4月2日，作为与"启蒙的艺术"大型展览相关的"启蒙之对话"中德系列论坛第一讲曾在这里举行，今天同样在这里，举行的是第五讲，将为历时一年的学术论坛画上句号，而展览也将于2012年3月30日圆满闭幕。

　　回首以往，这次论坛和展览可以说是中外文化交流史上的一大盛事。"启蒙之对话"中德系列论坛由中国国家博物馆与德国墨卡托基金会共同举办，在长达一年的时间里，论坛邀请中德知名专家、学者、艺术家等围绕五个主题开展对话和研讨，从政治、经济、社会、艺术等不同角度，回顾启蒙运动的历史渊源、发展历程和社会影响，探讨启蒙运动与今天的关系，通过对话和交流促进了认知，加深了理解，也建立起了国际间广泛的学术关系。

在这里，我想简要地回顾一下论坛的历程。在第一讲"启蒙的艺术——展览的历史"中，中华人民共和国文化部部长蔡武先生、德国副总理兼外长韦斯特维勒先生分别发表主题演讲。第二讲以"启蒙与艺术"为主题，中央美术学院院长潘公凯教授和"启蒙的艺术"展览策展人、德国慕尼黑现代艺术馆策展人卡克博士主讲有关艺术的问题。第三讲"启蒙与其在中国的历史"由北京大学哲学系汤一介教授和德国海德堡大学汉学系瓦格纳教授作为主讲嘉宾，探讨了启蒙与其在中国的历史。第四讲"启蒙与近现代"邀请了中山大学人文高等研究院院长甘阳教授和德国柏林自由大学沃尔夫·勒佩尼斯教授阐述了启蒙与近现代的关系。

今天，第五讲以"启蒙与知识文化"为主题，我们邀请了清华大学高等研究中心名誉主任杨振宁先生、柏林查理特大学医学院中国生命科学理论历史及伦理研究所所长文树德教授作为主讲人，并邀请北京大学中国语言文学系李零教授、北京科技大学冶金与材料史研究所所长梅建军教授、苏黎世大学民族学博物馆馆长傅玛瑞教授，共同探讨启蒙运动与知识文化。对他们能够参与本次论坛，我代表中国国家博物馆表示由衷的感谢，并感谢一年来为五次论坛在策划、组织等方面付出辛劳的各方面人士。在这里我诚挚地希望学界和社会各方面继续关注中国国家博物馆的学术建设，用我们共同的学术资源，更好地为公众服务、为文化发展服务，同时我也衷心感谢持续关注我们这一论坛的听众，希望你们继续参与我们的各项活动，以丰富知识、提升素养，为建设我们的文化强国而奋斗。

谢谢大家！

陈履生：

谢谢吕章申馆长。下面有请墨卡托基金会主席伯恩哈德·洛伦茨博士致辞！

伯恩哈德·洛伦茨：

"启蒙的艺术"这个项目是很艰难的，从墨卡托基金会这一方面，我们从合作伙伴身上学到了很多东西，我们不断地寻找新的道路，而且我们带着开放的精神共同把这个项目做成一个非常成功的项目。对此我要表达我的感谢，感谢中国国家博物馆对整个项目的支持，感谢各位的信任，感谢吕馆长、马丁·罗特馆长、施明贤大使，感谢中国和德国学术委员会，感谢学术委员会成员潘公凯教授、黄平教授等付出的辛勤劳动。我们有非常好的来自德方和中方的工作人员，有非常出色的管理团队。

先生们、女士们，从哈贝马斯的沟通行为理论的角度，可以把整个启蒙现代性看成一个沟通的过程，这也是整个现代性所要面临的问题，这也是墨卡托基金会所面临的挑战。我们没有退缩，而是积极地与各合作方建立起好的关系，同时建立起信任，不断加强我们之间的联系与合作。我们对未来充满期望，我们深信建立一个有良好教育的公共性社会是21世纪非常重要的环节。中国和德国以及整个欧洲，都希望并且会共同营造21世纪，合作将带来一个更加有持续性、更加注重生态的经济发展，带来更加有建构意义的文化繁荣，这些都是我们要共同应对的国际挑战。

女士们、先生们，正是出于这样的考虑我们才来到这里，也正是由于这样的梦想我们希望能够把"启蒙之对话"继续下去，我们要致力于整个中国文化的探讨和对话，我们继续讨论、继续争论、继续互相学习。

非常感谢大家！

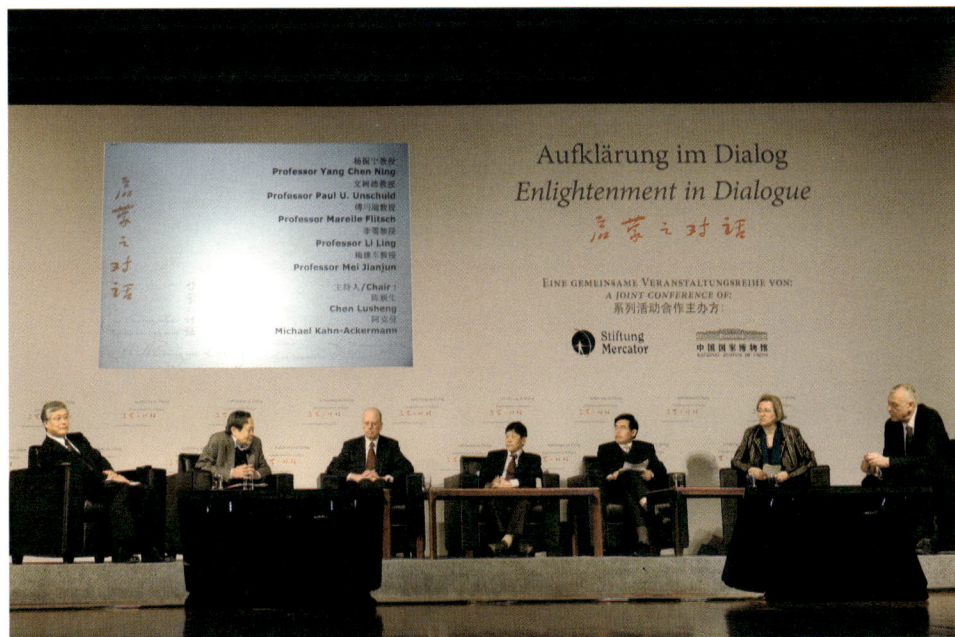

"启蒙之对话"系列论坛第五场"启蒙与知识文化"演讲嘉宾及主持人，从左至右依次为：陈履生、杨振宁、文树德、李零、梅建军、傅玛瑞、阿克曼

陈履生：

"启蒙之对话"中德系列论坛第五讲仍然由我和歌德学院（中国）前总院长阿克曼先生共同主持。按照惯例，我们先介绍一下在主席台上就座的嘉宾。

米歇尔·康-阿克曼：

今天的论坛和前几次论坛稍微有些不一样，因为台上所有的学者都会说中文，我们完全可以就用中文来讨论，可是我们还是决定坚持原来的规则，所以我就用英文来主持，陈馆长用中文来主持。

我非常荣幸地介绍中方的嘉宾。

首先是大家都非常熟悉的杨振宁教授。杨教授是在安徽出生的，抗日战争期间在重庆西南大学读书，后来到美国继续研究学习，最后成为世界影响力最大的物理学家之一，1957年获诺贝尔物理学奖，他卓越的研究引起物理学界的瞩目。如果我介绍您研究的课题，我自己尚需要Enlightenment ——您研究的题目我完全不知该如何解释。总之，特别荣幸能介绍杨振宁教授，欢迎杨振宁教授的光临！

第二位是李零教授，来自北京大学。他不算是一个考古学家，某种意义上是做考古学研究的，他研究的是先秦的文学和文字，他也算这个领域最有名的学者之一。我也很高兴能够邀请到李零教授，因为李零教授对中国历史的了解超过欧洲启蒙时代任何的教会会士，了解很多更早以前的东西，所以您最有资格向我们解释启蒙对整个中国科学发展过程有什么样的影响。李教授现任北京大学中国语言文学系教授。

第三位是北京科技大学冶金与材料史研究所所长梅建军教授。梅教授目前任职于北京科技大学，同时做过剑桥的麦克唐纳考古研究所的客座教授，在这一领域里也算是最有名的中国学者之一。梅教授现在在做一个很有意思的课题，也是比较新的学术领域，他比较早地发现科学的很多突破其实就发生在中国，中国为全球科学发展作出的贡献远远超过西方的想象。

陈履生：

下面我介绍我们请到的德方主讲嘉宾文树德教授。文树德教授的学问非常渊博，涉猎的领域非常广泛，在制药科学、公共卫生领域都获得过高级学位，又有对思想史的研究，在医学史研究方面也着力很深，在汉学和其他领域也都有很深的造诣。他曾经在慕尼黑、柏林担任过很多教职，2006年移居柏林前还曾担任过德国慕尼黑大学医学史研究所所长。文树德教授现在是柏林查理特大学医学院中国生命科学理论历史及伦理研究所的所长。

下面介绍的是研讨嘉宾傅玛瑞教授。傅玛瑞教授曾经有在辽宁读书的经历，但她满口的中国话里，我们听不出有辽宁的口音。傅玛瑞教授在苏黎世民族大学博物馆担任馆长，研究的领域基本关系到民族学很多方面。1990年至1994年间，她开展了对中国东北民族文化的专题研究，2001年获得了柏林自由大学民族学以及汉学任职资格，2005年完成了中国日常技术之历史和民族学研究。她的课题和民族学、和中国都有很多关联。

正如阿克曼先生所说，我们两位外籍嘉宾都会说流利的中文，考虑到表达的专业领域的特殊性，他们今天的演讲仍然使用英文。

下面首先有请今天的主讲嘉宾杨振宁先生发表他的主题演讲"启蒙与科学"。

杨振宁

杨振宁：

我很高兴今天参加这个由德国墨卡托基金会和中国国家博物馆合办的"启蒙之对话"。我自己的工作领域是量子力学，量子力学是20世纪初在德国、丹麦、瑞士、英国发展出来的一个重要的科学的一支，我曾经说，量子力学是人类的文化历史上最重要的几个革命之一。我在念研究生的时候所要看的杂志、专科期刊上的文章和书籍80%都是德文的，后来我到过德国很多次，在汉堡有一个大的实验室，叫作DESY，是欧洲第二大的、很多国家合办的一个高能物理实验室，我去过那边很多次。我尤其跟Max Planck Institute for Physics有很密切的关系，那边有很多我的朋友，我去访问过很多次。十年以前，在哈森伯格诞生一百周年的时候，有一个非常大的庆祝他一百岁生日的庆典，我还参加了，发表过演讲。我刚才看文树德先生演讲的稿子，他特别要讲的一点就是说18世纪在欧洲的启蒙，他认为其实跟生物科学的发展并没有太大的关系，我想就这点讲一下自己的感想。

　　大家一般认为启蒙开始于牛顿（Newton，1642年～1727年）、斯宾诺莎（Spinoza，1632年～1677年）、洛克（loeke，1632年～1704年）、伏尔泰(Voltaire，1694年～1778年)以及康德(Kant，1724年～1804年)的工作，这些工作对于18世纪的欧洲宗教、哲学、政治、科学、文学、艺术都引进了新的理念，引进来了新的思维方法，影响是巨大的。比如说法国大革命、美国的独立运动都曾经受到启蒙的影响。一般讨论启蒙的时候，通常注意启蒙对于哲学和宗教思想的改变，其实，启蒙也影响了科学。牛顿于1787年发表了《数学原理》，使得人类第一次定量地了解太阳系的结构，人类从而知道宇宙有准确的规律，可以用数学公式描述。这个重要的工作可以说催生了近代科学。可是如果研究一下就会发现，牛顿一生中，这项伟大的工作只是其中很小的一部分，他多半的时间是在研究神学和炼金术。20世纪30年代，英国的大经济学家凯恩斯（Keynes，1883年～1946年）到拍卖市场上去买了一些当时被拍卖的牛顿的手稿，我不太清楚是什么缘故那时候有人要拍卖这些手稿，不过凯恩斯就出了很多钱把大量的手稿买来，我的印象今天对于牛顿的了解，很多就是因为凯恩斯收购了这许多手稿。凯恩斯把这些手稿研究以后，他写了一篇很有意思的文章，他说"牛顿其实最主要的应该被我们认为是最后一位魔术师，是最后的一位巴比伦人和苏美尔人……牛顿是他们之中最后的一位伟人"。我没有带来凯恩斯的英文原著，从他的著作上大家可以看到。凯恩斯为什么这样讲呢？因为他研究了牛顿的手稿，发现牛顿对于天体结构的工作只是他一生工作里的极小的一部分，换句话说牛顿的总体思维方法还没有理性化。

　　从这一点我就想到，我刚才看见文树德博士的发言提要，他的观点中很重要的一点，他认为18世纪欧洲的启蒙对于生物科学的进展，其实没有很大的影响。他这个话对于物理科学是不是也同样是对的呢？要想了解这个的话，我们必须要研究像是拉普拉斯（Laplace，1749年～1827年）、拉格朗日（Lagrange，1736年～1813年）、高斯(Gauss，1777年～1855年)，不只是他们的科学工作，他们的日常生活、他们的发言，尤其是他们的信件、他们的手稿，也要像凯恩斯一样研究这些手稿，才能了解到对于这些大的物理学家、数学家，他们的思维是不是也受到了启蒙的影响。我想这是个非常重要的题目，我想也许在座的年轻人可以向这方面做一些发展。

　　另外据我所看的文树德博士发言的简报，他上面提的另外一点是关于18世纪启蒙是不是对于20世纪中国的思潮有影响。这一点我和文树德博士有同感，事实上如果你要问启蒙最主要的是什么精神，我想有两点：第一点我不知道应该用什么名词，我想也许应该叫作"去宗教化"；启蒙的第二个重要的点是理性化，是思想的理性化。这两点没有问题，在欧洲，在18世纪以及以后产生了巨大的影响，当然，也对后来所有的科学、政治、哲学思想有重大的影响。可是18世纪的中国跟18世纪的欧洲思想上是完全不一样的，文化传统是完全不一样的，而且19世纪仍然是完全不同。不错，在20世纪初年中国引进了一些西方的新思潮，可是因为中国的文化传统跟西方的文化传统、西方的语言，一切的一切都完全不一样，所以我想有人说，像"五四"运动等于给中国引进了启蒙，我自己觉得这个讲法是不太恰当的。没有问题，20世纪初年开始，尤其是"五四"运动、新文化运动，对于中国的20世纪以及今天有巨大的影响，可是这个影响我觉得用"启蒙"这两个字来描述，是不大恰当的。

　　大家知道，一位哲学家李泽厚也曾经讨论了这个问题，他认为20世纪的头一些年，中国的思想界主要的不是启蒙，而是救亡，用他的话说就是"救亡压倒了启蒙"，我觉得这句话，他的意思我同意，换句话说，用"启蒙"来描述20世纪头四五十年中国思想的转变，是不大恰当的。我自己是出生在1922年，所以我对于我父亲那一辈，跟我自己这一辈，以及我的孩子们这一辈的学者——我在西南联大的时候听过冯友兰先生的课，听过贺林先生的课，我认识很多政治经济学的教授，启蒙对于中国思想界的影响，我觉得李泽厚所讲的"救亡是那个时候文化人的中心思想"是比较正确的，不宜于把欧洲的名词"启蒙"搬到中国当时的情境里。

　　谢谢！

陈履生：

　　谢谢杨振宁教授。杨先生有一个观点："科学的极致是哲学，哲学的极致是宗教。"今天杨教授在发言的最后，论及启蒙在20世纪初期与中国的关系问题时，他从他20世纪20年代出生的人这样一个特殊的经历出发，赞同了李泽厚教授"救亡压倒了启蒙"的意见，对这样一个学术命题给予了感性的回应。

　　下面有请文树德教授，他演讲的题目是"启蒙与知识文化"。

文树德：

　　尊敬的吕馆长，尊敬的墨卡托基金会洛伦茨主席，各位女士们、先生们：下午好！

　　非常高兴在今天下午有机会跟大家交流。我看参加今天这个活动者的听众多半数是大学的学生，这个让我特别高兴，谢谢你们！

　　我非常高兴听到杨振宁教授刚才给我们做的演讲，我几乎忘掉了自己准备好的演讲稿，已经开始要准备和大家面对面对话了。

　　这次论坛是我们整个系列活动的最后一次，而我们所讨论的问题也是最为重要的一个问题，就是启蒙和知识的关系问题。

　　时至今日启蒙仍然是一个非常重要的话题。社会生活在发生变化，我们看所有的展览当中这些非常好的绘画，我们的通讯，我们生活当中的各种技术，电信业的发展，在当今这样一个现代科技无处不在的

文树德

时候，我们为什么还要讨论18世纪的启蒙呢？特别是二战之后，德国人在二战中犯下了如此大的罪行，追问悲剧发生的原因在当时已经成为一个政治话题，寻求在当时情境下团结大家的一种价值观，比如人权、民主等等，这些都是非常大的一些话题；还包括世俗科学，也是非常大的话题和概念；而启蒙也是其中一个话题。洛伦茨博士刚才指出，启蒙是现代化历程当中一个尚未完成的使命。如果把启蒙比作一个工程项目的话，很多文化、很多艺术，不管是多大的工程，总有完工的一天，但是启蒙是一项永远不会完成的工程，是一幅永远不会完成的画作。因为启蒙背后所包含的精神，也就是18世纪欧洲启蒙运动背后所体现的主题和精神，是一个永远不会终结的话题。这种精神就是人类对自治、自主的不断追求。从古希腊以来，从人类有知识、有知识分子以来，人类希望能够自己主宰自己的命运，我们自己来不断地提高自己对于世俗科学的认识和理解，这是个长期的过程，是一项永远不会完成的工作。

　　在人类不断寻求人类自主、自立的过程当中，每次有新的技术出现的时候，我们都会受到来自各种方面的压力和阻力，也就是说人类在试图不断地解放自己的时候，我们总会感受到不同的压力，比如来自神学的压力，来自宗教的压力。对抗压力，寻求人类的自主，启蒙体现的恰恰是这样一种精神。

　　我们看到世界上很多地方，在西方社会还有其他的地方，这种启蒙的理想在

很多情况下都会受到各种各样的阻碍。英文词汇里的启蒙是一个比喻，启蒙是把火炬点亮，把一个暗的地方照亮，把黑暗的力量赶走。刚才杨教授也指出了，不断地改善我们的知识，不断用理性去扩大人类所掌握的知识，驱赶黑暗的力量，这是启蒙的本意。所以我们希望能够在这个过程当中牢记启蒙的本义。

今天我给大家讲的题目，也是我们这次会议的主题——启蒙与文化知识。这个不是从18世纪开始的，启蒙和知识文化的关系从古希腊的时候就已经开始了。古希腊的时候就有很多科学家充分认识到了自然是有规律的。人类自己能够决定自己的命运，我们自己来决定我们自己可以活多长时间，不需要向上帝祈祷长寿，我们要用自己的力量决定我们的身体健康和寿命。如果我们生病了，要利用自己的力量战胜它；或者有什么样的自然灾害，我们要靠自己的力量来自救。一旦我们真正能够掌握自然的规律的话，就可以实现我们的目标。所以这是一个非常重要的主题。从古希腊的时候开始，我们就有这样的一种对生命科学的理解。在启蒙运动当中，我们也感受到了这样的一种精神。

我们看到在启蒙运动当中有很多关于人权、民主、世俗科学的讨论，14、15世纪，哲学家、科学家们也不断地发出自己的声音，提出各种各样的问题，怎么样改善生命质量，怎么样改善技术，然后他们越来越意识到不仅仅是神学、不仅仅是宗教能够帮助我们，或者换个角度说，能够帮助我们的恰恰不是宗教和神学，能够让我们真正解除病痛、帮助我们获得健康的是科学的知识。这些人在文艺复兴过程当中不断地提出疑问、提出质疑，他们说我们必须要问我们自己，我们必须在整个世界当中跨越国界来寻求知识，改善我们的生活。所以从这个角度来讲，文艺复兴时期很多科学家就发现，要想获得这样的一种独立、自主的人类发展的地位，会遇到很多的阻力，因为当时有各种各样的来自神学的压力和宗教的压力，人类在神学面前，就像苏格拉底两千年前讲的："我只知道我一无所知。"——其实他知道的已经很多了。在15世纪～17世纪，自文艺复兴以来，出现了大量新的知识，但是每次出现新的知识的时候，都有阻力，都有各种各样反对的力量。而在很多哲学家和科学家的倡导下，在15、16世纪，启蒙运动当时为我们创造出了一个自由的空间，让人类能够有这样一种能力，或者有这样一种勇气，来质疑当时的神权，质疑当时宗教的枷锁。所以在17、18世纪出现的启蒙运动，对整个欧洲的文化和知识发展起到了非常重要的作用，在很大程度上破除了原先神学、宗教对科学发展所形成的阻力。科技的发展是整个启蒙运动的副产品，虽然它不是启蒙运动的主流，但是一个很重要的副产品，有了启蒙运动，我们有了一个进行科学研究的自由空间。

　　那些不断寻求人类生存自主权的力量，开始有了自己的生存空间，有了更大的自由空间来不断地推进、追求世俗科学，来为人类获得生存的自主权。我们以前坚定地相信有一个上帝，他决定我们的命运，决定我们的健康，决定我们的生老病死，这样的话，很多科学家就会放弃自己的科学研究。但欧洲也有一小部分受过教育的人，坚持追求以世俗科学作为人类生存自主权之必要基础的道路，这小部分人不时地把重大突破高兴地呈现给大家，例如文艺复兴时期的手术和解剖学的发展、天花疫苗的开发、无痛分娩和产科的进步。还有近年来的例子，比如干细胞研究、克隆以及胚胎植入前诊断测试的可能性。从很大程度上来讲，这也得益于启蒙运动所倡导的那种精神创造的一种大环境。我们在媒体上看到很多干细胞的研究、PID（胚胎植入前诊断测试），也看到关于克隆的一些讨论和辩论——从科学角度来讲，它也是一种寻求人类能够获得更加好的健康、检出疾病、长寿的途径。但是凡是这样的一些能够防止、治愈疾病，缓解人类痛苦的新机会出现的时候，总会遭遇到非常强烈的反对。这些反对的力量，从一开始的动机上就是想让大众相信，人类的生存不是被自己所掌握的，而是被一个无法逃避的神秘的规律所掌握的，这种力量现在仍然存在。

　　我们来看一下中国。杨教授已经指出了，在我的讲稿中我提出了一个问题：中国是否需要欧洲的启蒙运动？特别是是否需要欧洲18世纪的启蒙运动来推动中国技术的革新和进步？或者具体来讲，是否需要欧洲18世纪的启蒙运动来刺激中国现代医学的发展？我的答案是否定的，不需要。我说的是不需要，而不是没有。

　　对中国来说，我认为它有数千年的启蒙历史。如果用"启蒙"最原始的本义，就是点亮火把、照亮一个黑暗的地方、驱散黑暗的力量来说，中国很早以前就有启蒙的运动。我花了二十多年的时间，和我的合作伙伴郑金生教授翻译了《黄帝内经素问》。我们可以把《黄帝内经素问》看作中国早期启蒙的一个文件，《黄帝内经》本身就是中国的一个启蒙运动。《黄帝内经素问》不断发出疑问，不断让人自己能够获得自己的自主权。《黄帝内经素问》提出了"上下通法"，一遍一遍地指出，自然界有它的法则，如果人类追随此法则，他们将掌握自己的命运。这就是"上下通法"的内涵。当时的《黄帝内经素问》始终强调人类按照亲缘法则生存，就可以让我们能够决定人的寿命的长短。东晋时期的葛洪（283年～343年）在著作中提出"我命在我，不在天"，再晚一点的陶弘景

（456年～536年）也提到了这一点。当时是两种势力的对立，去一下西安城隍庙可以看到"人算不如天算"。同样的对立在当时欧洲也可以看到，有一部分人说"我命在我不在天"，其他人说"不不不，人算不如天算"，在中国同样有这两种势力的对立，非常有意思。

14、15世纪的欧洲开始了一场文艺复兴，同时中国发生了一场文艺复兴，中国又开始意识到质疑，特别是对古文经典的质疑，可以带来价值，推进科学的发展。陈宪章当时就说"学贵知疑。小疑则小进，大疑则大进"。我们怎么可能再要求一个更科学的、更运用理智的、更赋有启蒙意味的告诫？——这个声音体现出，相较于欧洲启蒙前甚或18世纪启蒙运动之格言，中国两千年来的文化早已包含了一些不相上下的元素。

15世纪的中国远远超过欧洲的科学发展水平，尽管如此，中国没有竞争对手，周围没有别的强国。乾隆皇帝拒绝了英国国王乔治三世的要求，拒绝开放国境，拒绝允许他在北京设立大使馆，这意味着中国衰落的开始。桌子上的菜太过丰盛，没有再往下发展；郑和出海几次就带来了最发达的造船术，以后就禁止他出发了。从17、18世纪开始，欧洲各民族、国家之间展开了一场竞争，经济、军事、技术的竞争，发展好才可以超过你的邻国，于是，欧洲科学发展取得大突破。中国如果没有在16世纪太过自满的话，这些大突破可能更早在中国发生，而不是在后来的欧洲。

最后我想提到一个灾难。19世纪后期、20世纪初，欧洲帝国主义势力进入了中国，1915年日本提出了二十一个不平等的要求，羞辱了中国。中国的反应是什么？中国发生了一场启蒙运动，用理性的思维来应对，毫无顾忌地进行了自我反省。它还有别的选择，可以用仇恨来回应，但是最后决定用理性来回应，因为它有两千年的启蒙文化、理性文化，因此今天我们才有机会济济一堂参加本次对话。我们到底是作为历史学家还是作为支持者来看启蒙？我本人支持启蒙，但我同时认为中国是欧洲以外，可以在自己传统文化资源的基础上也会按照科学、民主来进一步发展的国家。

米歇尔·康-阿克曼：

我认为我们已经展开了一场很有趣的辩论，刚才这两位的主题演讲都涉及了在欧洲、在中国的两个基本的常识，这两个基本常识就是：其一，很多人认为现代的科学就是17、18世纪的启蒙产物；第二个普遍的观点是，中国20世纪的发展得益于启蒙。对这两个基本常识，两位提出了质疑。杨教授说现代物理学不一定是启蒙的产物，我们应该更多地去研究历史文献，看最初提出现代物理学的人，他们的科学思维方法是从哪儿来的，是他们原创的还是来自于改造。刚才两位也都同意，中国不一定从18世纪的欧洲启蒙受到那么大的影响。

我首先代表自己提一个问题，问在座的三位科学家。我想这么分析一下，能不能倒过来说：启蒙更多的是一种现代科学的产物，而不是相反？在你们所在的科学领域是不是也这样？我想先请梅建军教授回答，因为您本人的学术领域是非常具有理性色彩的。

梅建军：

谢谢。我感觉今天的报告变得非常有意思，上来杨振宁教授就提出了这样一个问题，就是科学和启蒙运动的关系。文树德教授提出了一个不同的看法，认为科学探索从古希腊时期就已经存在了，而且最重要的是从文艺复兴时期这样的科学探索一直都有，所以说启蒙运动对科学，至少从生命科学来看，没有一个很明确的关联。

这恐怕关系到大家理解的启蒙运动究竟是什么意义的运动。杨振宁教授在报告里讲到了启蒙运动的两个重要特点，一个他认为是去宗教化，还有一个是理性化，提倡理性。所以去宗教化看上去更多的是一个思想文化的启蒙过程，而理性化强调的是科学思维、科学方法的出现。所以我个人觉得这是一个很有意思的问题，杨振宁教授刚才很谦虚地讲，他说我们如果真正搞清楚启蒙运动和科学的关系，我们要看看当年

梅建军

的科学家，研究他的日常生活和手稿，里面这些人有多大的程度上受到了启蒙运动的思想家的影响，我们才能够真正搞清楚科学和启蒙运动的关联。我很赞成他的想法，而且从直观的角度来看，我觉得这两个是分不大清楚的。如果把科学完全摘开，说它的发展跟启蒙运动是各自独立的过程，我觉得这是不对的。在18世纪，至少旁观者来看，这两者是密切联系在一块的，当年的人、当年这些能够从事科学——比如杨振宁教授举到牛顿，是一个典型的例子，他不仅做科学研究，

后半生里大部分精力用来做神学研究，所以这些人的思想都是关联在一起的。所以我觉得恐怕不能把这两个完全分开。这是我的看法。

米歇尔·康-阿克曼：

我想问一下傅玛瑞教授，您是民族学方面的学者，这个科学领域本来就是启蒙运动的一个产物，是吗？

傅玛瑞

傅玛瑞：

当然。一直以来人们对各种民族和文化感兴趣，所以发展出了人类学，用人类学的方法去看世界。作为一门科学，人类学就是启蒙的一个产物，在启蒙后才变成所谓的一门科学，也算是西方看待其他国家新的视角。比如从那时候起，欧洲开始对中国感兴趣，开始关注中国，办了很多图书馆，我们现在还可以去研究。杨教授说我们应该整合资源，进行研究，最起码在人类学这个学术领域，我们不能说启蒙的整个来龙去脉都已经彻底研究好了，没有多少人研究过人类学和启蒙的关系。在中国是怎么样的呢？在中国人类学同样是启蒙的一种产物，蔡元培等人在"五四"期间引进了一些西方的科学文献，开始在中国做人类学研究，中国的人类学是从那时候开始的，只有百年的历史。在今天这个立场上我们可以整合各种研究资源，更好地研究启蒙后来的影响。所以我们应该结合我们的资源包括文献，包括楼上的这个展览，我们可以看到比如航海家从远处带回来的各种物品，后来就藏在当时的博物馆，这些就是当时知识的一些突破。我们应该共同关注这些信息，来书写人类学与启蒙的关系史。

米歇尔·康-阿克曼：

李零教授，您在今天会议之前发表了两个很有意思的文章，跟杨振宁教授和文树德教授一样提出了质疑，您说18世纪的启蒙不一定直接影响了中国20世纪的思想发展。同时您也不大赞成李泽厚先生的意见。您本人对于古代中国的文化和科学很有研究，是否可以接受文树德教授的看法：中国的医学和其他科学都是单独发展，并没有受18世纪启蒙那么大的影响？

李零：

这个论坛和展览是配合在一起的，来到这个讨论会之前，我主要只是看了那个展览，当时我看展览的主要感想，也可以说是两点，其实今天我们的讨论都触及到了，一个就是在展览里提到启蒙是一个投射光明的运动，但是这个投射光明的运动是有它的阴暗面的。光明和黑暗总是在一起的，这是引起我思考的一个问题。启蒙运动的阴暗面的东西是什么，是个值得大家讨论的问题。另外一个问题就是刚才杨振宁教授提到，李泽厚教授以及在美国的舒衡哲（Vera Schwarcz）教授，都提出"五四"运动以来"救亡压倒了启蒙"，这个提法是不是对，我觉得也是我思考的一个问题。但是今天来，我们主要是围绕着关于科学和启蒙运动的关系来讨论这个问题，我不能离题万里谈得太远，还是就杨教授和文树德教授的发言提一点问题和感想。

李零

文树德教授说启蒙运动其实对于欧洲科学的大突破好像没有什么太大的影响，反而还不如文艺复兴运动可能对科学的影响更大，因为在文艺复兴运动的时候实际已经有很多重要的科学著作。而且他把启蒙的概念也变得比较大。一般认为，比如"启蒙与艺术"这个展览，主题是非常明确的，就是18世纪的启蒙运动，而不是其他。但是今天我们把启蒙概念变得非常大，这倒也是很有意思的一个问题。其实在中国的古典里面，"启蒙"这个词就是在《易经》里的卦，就是说人糊涂，要启发他，使他变得聪明起来。在欧洲还有一个意思，就是要把黑暗的东西变得光明。就这种比较宽泛的意义来理解，有一点我很赞同文树德教授的看法，科学不是从石头缝里蹦出来的，不是在17或者18世纪的某一刹那才蹦出来了，无论是欧洲科学还是中国的科学，都有一个漫长的发展过程，这一点我完全同意文树德教授的意见。但是我还是觉得启蒙运动最主要的，无论是在中国还是在欧洲，都是一个思想解放的运动。科学和这样的思想解放的运动有没有关系？

我觉得还是有的，而且不只是对科学，还有对于艺术和很多东西都有巨大的作用。所以我们要问，启蒙启蒙，如果没有蒙，您还启什么蒙呢？如果没有黑暗，还要点什么灯呢？根本不需要点灯。当然了，我想文树德教授是想强调科学是科学家们自己做出来的一件事情，另外一个方面就是科学的应用跟政府的提倡有很密切的关系。这点我想今天在座的两位发言人他们最熟悉的领域，一个原子弹，还有一个是生命医学，生产一种使士兵不睡觉也不疲劳的那种药，都是科学家发明出来的，而且被政府加以利用，用之于战争，这是没有问题的。

要说科学和启蒙没有关系，这个问题就比较大了，我们的展览里的第二部分"科学的发展"这部分可能就要取消掉。启蒙是投射光明的一个运动，文树德教授说它是一个幽灵，好像是比较黑暗的东西，这个也涉及到我们这个展览到底是要告诉我们什么，究竟这个启蒙是一个幽灵呢，还是给我们投射光明的使者。我知道他是用了一个比喻，这个比喻是跟马克思有关系的，一个幽灵在我们这个会堂的上空游荡。我觉得我们今天讨论得比较好，主要是提出问题。

关于启蒙运动，我的基本看法是，它给人带来了光明，但是也有黑暗，我们没有手术室里的无影灯，太阳是最亮的，但是照到任何一个地方都有它的阴暗面。所以我特别喜欢展览图录《启蒙的艺术》里一位德国人写的文章《光亮与阴影：论艺术中启蒙的辩证》，非常好，就讲了光和影的变化，这也是中国古代文学里经常讨论的，像李白的"花间一壶酒"就是讨论光和影的关系。

讲到中国的启蒙运动，当然在中国也是有很多争论的，有人认为"五四"运动负面的意义很大，但是我不这样认为。我觉得"五四"运动尽管也会有阴暗面，但是我觉得"五四"运动还是光芒万丈，在中国有非常伟大的作用。问题是我们要讲中国的启蒙运动应该考虑到中国自己的文化接受背景，就像欧洲启蒙运动它的"蒙"是什么，在中国什么是中国的"蒙"，这也是值得讨论的一个问题。我觉得中国的文化背景，一个根本的东西，就是中国有很悠久的人文主义传统，有很深厚的人文主义传统。"五四"运动是一个思想解放的运动，而且它的一些领军人物基本都是人文学者，并不是科学家，关于科学和玄学的争论反而是在20年代，要滞后一些。这个讨论直到今天也还在进行，所以我觉得启蒙也不是一个石头缝里蹦出来的，也是需要反反复复进行的一个过程。考虑到中国的文化背景，我觉得中国一个最突出的地方就是我们看到的科学与玄学的争论，背后其实并不仅仅是科学和迷信之争，而是道器和体用之争。中国的皇帝不是叫"皇"，中国的文人士大夫也不是史学家，中国的人文主义传统是中国接受启蒙和科学的背景。固然科学好像是一个普世性的东西，但是接受者怎么去接受它，还是存在各种争论的问题，正是因为有这样的一种接受上的矛盾，或者拒斥它或者欢迎它，都是源于我们自己的文化背景，今天的讨论就是两者之间的一个对话。

这就是我的一点感想。谢谢大家。

陈履生：

听了李教授的这段发言，文树德教授有没有什么想回应的？

文树德：

在我的演讲当中，我主要的观点是18世纪的启蒙运动是一个很广泛的运动——这一点我们是非常有共识的——涉及面是非常广泛的。最基本的一个问题是，今天讨论的启蒙运动对我们的生活有什么样的影响，对我们的未来有什么样的影响，或者对我们的未来会产生什么样的一些指导作用。当我们和中国同事讨论这个问题的时候，我们都知道中国文化是不一样的，欧洲有基督教的基础，会有一些对于启蒙思想当中的反对的力量或者阻力，在科学或者说生命科学不断进步的过程当中，我们会看到这些反对的力量：说这个不能做了，科学研究已经超越了我们的底线了。我们经常会听到反对的声音。几分钟之前我刚讲过，启蒙就是解放的一种运动。在18世纪的时候当时欧洲的启蒙运动是反对、是解放，是从哪里解放出来呢？是从那些不同意人类自己独立、自己掌握自己命运的反对力量当中解放出来，我们的中世纪文化中有很多对人的禁锢。而两千年之前，中国就有一些这样类似欧洲启蒙时期提出的思想来引导中国。清朝的政府是外来文化建立的政府，但是中国的文化是能够把外来的这些统治者同化，像康熙、雍正、乾隆是非常好的统治者，不仅没有摧毁中华的文明，而且还发扬了中华的文明，所以我们看到其实它是被同化了。

18、19世纪的时候，我们看到了欧洲的科学和欧洲的技术，充分显示了西方的科学和技术的优越性，英国、法国、西班牙、葡萄牙、荷兰、俄罗斯、美国、德国，最后日本，这样一个小岛，也开始了西方化，比中国提早五十年西化，后来给中国造成了很大的麻烦，侵略了中国。后来到辛亥革命、"五四"运动。"五四"运动这是一个非常独特的运动，也是令人震惊的。如果我们看陈独秀，看梁启超，看鲁迅，你可能不会同意他们当时对中国传统的文化的严厉批评，但是这些人有非常清楚的思想，他们的行为只能说他们表现出了一定程度的绝望，这也是当时所有的革命者或者改良者的一种基本的反应，因为这样的一种惨败、这样的一种被外来民族侮辱的感觉是非常强烈的。但是即使在这样一种情绪下，有没有中国的恐怖分子说去炸毁日本的什么东西？我们没有看到。所以中华民族的传统、集体的反应就是集体在思考你们哪里比我们好，你们为什么能让我们惨败，这是过去一百年中国最根本的一种文化的思考。而这样的一种最根本的文化革命，使得我们能够今天坐在这样一个非常宏伟的博物馆当中来讨论这个问题。如果当时中国是用一种仇恨的情绪来报复的话，今天是不会坐在这样一个环境里的。今天我们坐在这里，我们大家都以一种同行的身份、朋友的身份讨论这样一个问题，是因为中国文化促使人从根本上思考问题，而对于中华民族所面临的这样一种危机，中国以一种非常理性的精神，也是启蒙运动的一种精神，来思考问题的答案，这也是我们18世纪的启蒙所要倡导的一种精神。我想这也是中国整个20世纪的主旋律。

杨振宁：

我的听力有些问题，刚才几位嘉宾讲的，我不能全部都听到。我想就中国的科学在20世纪的发展，讲讲我个人的观点。1898年北京大学的前身——京师大学堂成立，当时没有中国人能够教真正意义上的现代科学，中国后来开始派很多年轻人、高中生到美国去学习，清华大学当时还不是一个大学，当时只是为留学美国的留学生做一个预科的学院。1925年之后，在当时清华大学、北京大学回来了一大批留学美国的教授，我30年代上学的时候都是这些人做我们的老师，他们相对来说是非常成功的。我在昆明西南联大的时候，我有这样一个机会去接触物理学的最新发展，而当时西南联大的水平是世界水平。短短四十年，中国建立起了一个相对来说比较现代化的大学系统，能够把我这样的人培养出来，达到世界级水平，这是40年代时候的事情。所以我1946年在芝加哥大学，当时芝加哥大学的课还没有西南联大的课那么先进。如果回顾这段历史的话，可以看到中国20世纪初对于现代科学引入的速度是非常快的，这是一个令人非常震惊的进步。这样一个进步，甚至是超过了1868年日本明治维新时期引入西方现代科学的速度，40年代的速度快于明治维新西化的速度。中国文化的传统传承有序，自身变化很缓慢，但整个制度是非常灵活的，很快就能够适应外部环境的变化。

现在我仍然还是相信，从一百年往回看的话，如果我们还是讨论这样一个问题，对于人类来说，20世纪最重大的事件是什么？我说有两个。20世纪发生很多事情，但是对人类产生影响的最重要的事情：第一是科学和技术的快速发展，极大改善了生产力；第二，中国的崛起，中国成为世界当中一个重要的力量。这两个事情是20世纪最大的两件事情，会对未来的历史产生非常重要的影响。可以说是20世纪的两大主题，对我来说这两个是非常重要的。

米歇尔·康-阿克曼：

我基本同意杨教授的观点，但我还想提一个问题。刚才文树德教授的观点，18世纪的启蒙，其实是人类为了进步而进行的一场战役，是黑暗和光明之间的战争。我们作为启蒙者，需要去打击，或者与所有限制我们自由的这些力量去斗争。大家今天有一些批评，在中国、在西方都是一样，这些批评者提出一个疑问：科学是否真的能够解决人类所有的问题？我想问一下杨振宁教授，作为一个非常著名的科学家，您认为科学是不是解决所有问题的途径？

杨振宁：

我刚才讲过，20世纪最重要的两件事情，第一是科学技术的发展，它极大地提高了人类的生产效率。但是作为发展的一个结果，大家都知道科技的发展也带来了巨大的问题，为人类的未来埋下了很大的隐患。世界上大部分国家的领导人都已经认识到了这一点，能源问题、环境问题，这些问题都变成了世界上很多大国领袖最慎重考虑的一个问题。所以我们的发展模式，或者说20世纪科技发展的模式是必须要改变的，人类必须要团结在一起，共同思考怎么样解决这些问题：在生产力不断提高的同时，如何尽可能地降低科学技术给我们带来的一些负面影响。

科学技术是否能够解决现在所面临的问题呢？我没有答案。我有一些担心，不是担心科学本身，而是担心政治智慧，世界各国的领袖人的政治智慧是否能够应对我们面临的危机。

梅建军：

这个问题很有意思，想用一句话简单地回答它不太可能。现在有一个词叫作科学主义，认为科学可以解决一切问题。杨教授非常谦虚，问他科学是否能够解决一切问题，他说"我不知道"。我认为恐怕不能简单地讲启蒙运动给人的感觉就是科学能够解决一切问题，我觉得启蒙运动给我们最大的启示，最根本的，就像李零教授刚才讲的，它是人类的思想解放运动，就是要打破一切的束缚，能够对科学、对自然、对所有的一切，都能进行自由的探索，我觉得这个是最根本的，杨教授则把它概括为"理性"。这句话换一个角度可以转化成这个问题：理性是不是人类发展的唯一的通道？现在我们也知道有所谓的非理性，还有后现代，还有反理性等等一些现象出现，我想恐怕这些都是值得进一步探索的问题。

刚才阿克曼教授还提到了李零教授问到的一个问题，中国20世纪初的"五四"运动，包括这一阶段的救亡和启蒙的关系，是不是因为救亡压倒了启蒙，所以启蒙运动在中国压根儿就没有完全展开。李零教授对这个观点是持一种否定的态度，认为不能简单地作这样一个结论。他还讲到了一个很重要的现象，我稍微发挥一下。李零提到中国接受西方这些影响的时候，实际上一直存在一个中国本土的传统文化和西方文化融合的问题，这个从清末时期受到西方列强的侵略以后出现的洋务运动、百日维新，这些都反映出来了，所以才出现了西学中源、中体西用等等这样一些思潮。所以我想总体来讲，今天坐在这里谈启蒙有非常重大的意义，这样一个向西方学习的过程——即使到了今天我们有互联网，很方便地接近西方的知识——还没有完成，我们的年轻一代还应该走出去，还应该睁眼看世界。这是我的一个想法。

陈履生：

谢谢上述五位嘉宾的发言，尤其是杨振宁教授。杨教授虽然没有明确回答科学是否是解决人类所有问题的一个途径，但是他明确告诉大家科技给我们带来了很多隐患，他对这个隐患发出的警示，正是今天我们所要正视的问题。

时间关系，嘉宾的讨论告一段落，下一段时间请听众提问！

提问：

刚才文树德教授讲到科学进步对于整个生命的意义，我想到一个问题：当每个人都追求不朽，让生命无限延长时，我们是否想到求永生的欲望其实是一种贪婪？还能否想到应该把自己占有的资源去分享给更多的人，去造福子孙后代？我们是不是应该从这样的角度反思科学技术进步对我们造成的一种异化？

第二个问题想问杨振宁教授，您作为20世纪20年代出生的科学家，几乎经历了整个20世纪，中国的启蒙和中国的现代化是被迫的，是被强行拉入的。中国如果按着原有的轨道正常地运转的话，会是怎样的一种发展路径？

杨振宁：

对不起，我的听力有问题。你的问题是不是中国近代科学是从西方引进来的？当然是。在20世纪初的时候，中国没有任何近代科学。虽然像文树德教授指出来的，中国古代有很多技术上的发展，可是技术上的发展跟近代的科学有很大的分别，近代的科学在中国始终没有萌芽，这是一个很重要的问题。为什么中国有一个古老的文化，可是没有从中国的土地上自己产生出来近代科学，这是一个非常重要、非常复杂的题目，有很多的讨论。我想很清楚的就是，在20世纪初，中国完全没有近代科学，既没有近代科学的知识，也没有近代科学的精神。

提问：

我有两个问题。第一个问题想请教杨振宁教授，您刚才讲到近代科学的问题，假使没有西方科学的引进，中国这样一个文化机制里能不能自己通过慢慢的演化产生近代科学？

第二个问题是想请教一下文树德教授，《什么是医学——东西方治疗法》这本书有中文版面世吗？

文树德：

您提到的那本书，我的中国的同行们正在翻译中，今年晚些时候，安徽科技大学出版社将会出版，目前已经出了一个韩语版本。谢谢。

杨振宁：

这种假设的问题很难回答。我想是大家公认的，在20世纪初年，西方近代科学已经同步发展的时候，中国近代科学的知识和思维方法是零。也正因为这种情况，中国能够在一百一十年之间，有这样对近代科学知识的引进和成就，是非常惊人的事情。

提问：

我来自山东，是中学物理教师，经常给我的学生介绍杨教授的成长道路。杨教授，您对物理学未来的走向怎么看？这是第一个问题。

第二个问题我想问文教授：启蒙受到的阻力是来自于文化上的，还是来自于意识形态上的？

杨振宁：

说到我个人对物理学未来发展的看法，物理学在20世纪的发展是惊人得快，而且影响也是非常非常巨大的，大家的手提电话，它的来源与量子力学产生出来的半导体研究有密切关系，没有量子力学就没有半导体，没有半导体就没有现在的计算机，没有现在的手提电话。这只是20世纪物理学的实用影响的一端。

可是20世纪物理学发展的总趋势，我认为现在在改变，改变的原因有内在的有外在的。内在的问题就是本来发展得非常快的物理学，现在产生了内在的一些问题，是非常复杂的数学问题，我觉得一时不容易解决。外在的问题，就是基础物理学的研究要用大的加速器，加速器越做越大，刚才我提到的在汉堡有一个大的实验室，叫作DESY，欧洲最大的实验室叫作CERN，在日内瓦。大家也许知道，日内瓦现在有一个大的加速器叫作LHC，已经运转了差不多将近两年，这个机器花的钱差不多一百亿美金。现在在CERN有三千个物理学家在里面做研究，

随着"启蒙之对话"系列论坛的影响的扩大，自第三讲起，在国博剧院爆满的情况下，国家博物馆特在国博剧院外设立同步转播分会场，满足进不了剧院的听众的需求

一个实验室要变得这么大，花这么多的钱，前途的困难很多，很难想象以今天世界经济发展的情景还会支持更大的一千亿的加速器，我想这是不可能的事情。因为这样，所以物理学基本的发展有了一些困难。

这是不是就代表着物理学就完了呢？完全不是。因为物理学除了这个最基础的方向还有很多演变出来的方向，这些方向里有能够研究的东西，能够有成果的东西，能够对于前途、人类的生活有巨大影响的这些方向，多得不得了。举个例子，大家都知道有nanomaterials，非常小的物质，这种非常小的物质、非常小的材料，对于人类的前途有非常大的影响，这类的研究现在正蓬勃地展开。

如果说物理学是不是有些改变了，是有，可是整个物理学对于年轻人讲是非常值得走进去的领域，因为里面方向改了，可是里面重要的问题，有重大影响的问题，有重大的国际影响而又是有很大实用价值的方向，多得不得了。

提问：

刚才从主讲嘉宾的介绍中看到杨振宁教授和梅建军教授都有哲学博士的学位，哲学和启蒙话题也有很大的关系。李零教授对于中国古典文化深有研究，尤其您的《丧家狗》，对儒家有自己的解析。我想请教的，您认为儒家文化在当下的中国会有怎样的发展？当下的中国或者未来，有没有可能发展出西方意义上的哲学，或者说有没有可能产生中国本土化层面的哲学？

李零：

我没有在哲学系工作，对于哲学在中国将来的发展没有什么发言权，我只是对中国古代思想有兴趣，可是确实没有发言权，我恐怕不知道将来会怎么发展。我知道高校里的哲学系现在有很多人，都是热衷儒家文化，这是没错的，但是将来是不是像有人说的要在中国立一个中国的宗教，我不知道这个前途会怎么样。

梅建军：

我主要回答刚才那个同学的问题，他讲阻碍中国科学发展的原因是文化还是意识形态，这就看您怎么定义文化和意识形态。刚才这位同学讲了如果没有西方科学的引入，中国科学是不是能够自动地发展成为近代或者现代的科学，这都是有关联的。我觉得李零教授刚才提到了中国有一个人文传统的问题，我就讲一个例子，我觉得在清末中国发生的一个最大变革，就是废除了科举制度。为什么这个重要？大家仔细想想，因为科举是支撑中国人文传统很重要的一个体制性的内容。18世纪上半叶，启蒙运动初期，欧洲学者对中国的文官制度和科举制度佩服得不得了，可是到了18世纪后半叶，整个评价就完全变了，认为中国是一个封闭的、落后的、没有任何创新的国家。这种评价的变化其实就是反映了一个此起彼伏的过程，因为欧洲的科学在18世纪就发展起来了，到了18世纪后半叶把中国远远地甩在了后面。所以我不觉得在中国这样一个传统的文化体系下面能够发展出近代科学、现代科学，我觉得这个不太可能。

张之洞做洋务运动想兴办学校，办新式学校办不起来，就是因为有科举制度，所以清政府做出一个重大举措，就是废除科举制度，然后大家才把心思放在新式的学堂。教育是一切的根本，从这个意义上来讲，可以说是意识形态，也可以说是文化制度、政治体制，这是束缚了当时中国的知识分子，或者"士"这个阶层，所以中国的近代和引入西方的整个过程都是从办最初步的小学校、中学校和杨振宁教授提到的1898年办京师大学堂，从这个过程开始向西方学习的。我觉得这样一个过程到今天还没有结束，这样一个"启蒙的艺术"的展览就是我们继续向西方学习、认识西方的过程。

陈履生：

由于时间关系，我们提问的环节只能到此结束！

"启蒙之对话"中德系列论坛历经一年时间，五场，我们邀请了十位主讲嘉宾以及其他的讨论嘉宾共同来探讨了与启蒙相关的话题，今天到这里正式结束了。

再次感谢参与今天讨论的各位嘉宾！谢谢听众的光临！

（摄影：董清）

钟涵、侯一民、全山石、詹建俊
谈革命历史题材美术创作

时　间：2011年6月21日
地　点：中国国家博物馆学术报告厅
主讲人：钟涵、侯一民、全山石、詹建俊
主持人：中国国家博物馆副馆长　董琦

董琦：

尊敬的各位嘉宾：为纪念中国共产党建党九十周年，国博讲堂今天举办专题讲座，邀请了著名油画家钟涵先生、侯一民先生、全山石先生、詹建俊先生四位先生，做有关革命历史题材的艺术创作讲演。现在让我们以热烈的掌声，感谢四位先生光临国博讲堂。

下面让我们以热烈的掌声请中国国家博物馆馆长吕章申先生致辞！

吕章申：

尊敬的钟涵先生、侯一民先生、全山石先生、詹建俊先生，尊敬的各位听众：下午好！

欢迎大家来到国博讲堂！中国国家博物馆的办馆方针是人才立馆、藏品立馆、学术立馆、服务立馆。"国博讲堂"是中国国家博物馆举办的面向社会公众的学术平台，是落实学术立馆方针的重要举措之一。定期举办的"国博讲堂"，以历史与艺术并重为宗旨，分为历史、艺术、文物考古及文保科技三大系列，将邀请不同学科的专家学者发表高见。

值此中国共产党建党九十周年来临之际，我馆特别邀请了为我馆创作过革命历史题材美术作品的著名油画家钟涵、侯一民、全山石、詹建俊四位老先生作为主讲人，他们曾用画笔再现了中国人民在中国共产党领导下所走过的辉煌历史，展示了中国革命建设与改革开放所取得的伟大成就，创作了一大批在新中国美术史上具有重要地位的美术作品，在新中国美术史上书写了重要篇章。

请这四位年逾八旬、德高望重的著名艺术家和公众见面，讲述当年创作的故事，以及对历史画创作的见解，是我们的精心安排，也是我们向建党九十周年奉献的特别礼物。

在此，我们也深切缅怀为我馆的美术创作作出贡献的董希文、罗工柳、王式廓、艾中信、胡一川、黎冰鸿、叶浅予、石鲁等著名艺术家。

今天的国博讲堂是国博学术研究新的起点，我们将努力提高国博的学术水平，打造国博学术国内领先、国际一流的品牌。真诚希望大家继续关心、继续支持这项工作，为我国文化大发展、大繁荣贡献力量。

谢谢大家！

董琦：

感谢章申馆长情深意长的致辞。下面请中国国家博物馆陈履生副馆长主持四位先生的演讲！

陈履生：

在开讲之前，我先讲一下我们在座的四位艺术家的共同的特点。为什么我们请这四位艺术家同时来到国博讲堂？这也是国博讲堂第一次由四位主讲人一起讲。首先四位专家年龄相近，只差三岁，最年长的是钟涵先生，出生于1929年，最年轻的是詹建俊先生，出生于1931年。第二，他们都是新中国培养的第一代油画家。第三，他们四位一生都是在美术教育岗位上工作，桃李满天下。第四，他们都在革命历史题材美术创作方面有着重要的代表作品。正因为这四个特点，我们今天请他们一起来谈当年为国博创作的一些情况。

昨天晚上我在《中国文化报》看到侯一民先生的文章，他的标题令我非常感动，因为"我一生信奉'艺术为人民服务'"。确实他一生都在为人民创作，作为1948年入党的中国共产党党员，他在地下工作中为我党和平解放北平、为国立艺专以徐悲鸿为首的一批艺术家留在大陆，作出了重要贡献。当然作为当年的革命者、地下工作者，他首先用他的画笔表现当年怎么印制传单的革命经历。所以他开启了早期革命历史题材创作的先河。现在首先有请侯一民先生谈他为国家博物馆创作的《刘少奇和安源矿工》和《毛泽东和安源矿工》这两幅作品。这两幅作品反映了新中国美术史上的一段艰辛，同时也是他在这个时期最杰出的代表作品。

侯一民：

前两天陈馆长给我打电话，说国博正举办革命历史题材绘画陈列，《血肉长城》雕塑重新安装也落成了，同时举办一个讲座。我准备不足，讲不好请原谅。我们与革命历史博物馆的关系一直密不可分，在这里帮助博物馆创作了一些革命历史题材画，如《毛主席和安源矿工》，到"文革"后期地震的时候，还跟博物馆的人一起创作，"文化大革命"的时候我也曾在这里挨斗。现在是建党九十周年纪念，回顾历史很有必要。

我这一生画了很多画，而且革命历史题材的也画了几张，包括给革命博物馆画的。主要的如《青年地下工作者》《跨过鸭绿江》。革命历史画很多是作者亲历的，是作者用生命来画的。《青年地下工作者》画中印传单的主人公就是我，是我亲身经历过的生活过程；抗美援朝的时候我在朝鲜，所以创作了《跨过鸭绿江》。胡一川画《开镣》（图一）时艺术上还不成熟，但是我至今对这张画印象很深，因为他坐了很多年的牢，有真情实感。罗工柳画延安整风，也是画自己的亲历。画家们创作革命历史题材画，基于生活的直接生动感受，与其生命的投入紧密联系。长期生活累积起不可压抑的创作冲动，到了不得不宣泄的程度，使之非画不可，并不是奉命行事。我的那两幅画就是这么产生的。

图一　开镣

　　我给革命博物馆画的两幅煤矿题材的创作，《刘少奇和安源矿工》（图二）是1959年开始画，到1961年完成的；《毛主席和安源矿工》在此后展开，但持续时间很长。在创作这两件作品之前，我对煤矿就特别喜欢，对煤矿工人的生活比较熟悉，曾经画过《工人当矿长》《幸福的一代》《新老矿工在一起》等。我多少次下煤矿，有时是我自己去，有时带着学生一起去，还曾赶上矿井起火等矿难。有一次是煤层自燃，我们往井下跑，看看能做什么。矿友把我们拉回来，说太危险了。我们就组织"快报"，我担负了给救火被熏倒的工人画像的任务。画完像，贴在"快报"上，叫作"救火英雄"。从那个时候起，我们就跟这个矿结下了很深的友情。现在看到有人把矿工画的像黑鬼一样，我接受不了。煤矿工人是很值得我们尊敬的人，他们是了不起的人，明知道井下有难，他们也去井下救矿友，用毛主席的话说，是最能战斗的阶级。

图二　刘少奇和安源矿工

　　因为我喜欢画矿工，大家都知道，所以革命博物馆有矿工的题材，自然就找到了侯一民。我接到任务自然就很高兴。我到安源去了三次，向还健在的当年参加过罢工的老工人了解这段历史。第一稿不太成功，突出了刘少奇"谈判"，是根据《刘少奇一身是胆》的文章，表现刘少奇以工人代表的身份和资方谈判。第二次去安源，又做了比较深入的采访，特别是看了很多具体史料，以矿工们不愿做奴隶、做牛马，要做人为主题。刘少奇是核心，但把艺术表现的重心放在工人阶级反抗压迫剥削上。其中有一些人物是有原型的，比如刘少奇身边的两个年轻工人，是两个烈士。还有一个人物是我创作出来的。那时候大量地使用童工，那些童工在水里爬，像水老鼠一样，而且孩子的装束就是典型的安源工人的装束。其实，我在画里面已经把一些工人美化了，当时实际情况叫"矿工头上三尺布"，下矿头上缠、上矿遮遮羞，围在腰里把生殖器遮一下。我不能把矿工们画成光屁股，但是那个孩子我就保持原样了。我对工人的爱、同情，是真诚的。我画中的工人其实就用了一个模特，那个模特是印刷工人。我把这个模特变换成老头、小孩，再置于具体时空条件下，就成功了。我还总结了很多北方煤矿、农村不少劳苦大众的印象，画进画里。

后来我继续学习历史，了解到毛泽东比刘少奇去安源还早，就准备画毛主席在安源。这不是革命博物馆交给我的任务。当时我在学校教书，隔段时间有半年创作假，就利用这半年起草《毛主席在安源》。但是当时的构图不太成功，我就去了大同煤矿，画了很多煤矿人物形象的速写，做了很多研究，但都不太成功。这是1962年的事情。

"文革"期间《刘少奇和安源矿工》成为"大黑画"，我也遭受非人折磨。"文革"结束，1976年我得到彻底平反。革命博物馆让我接着画《毛主席和安源矿工》。因而我第三次去安源，但时过境迁，历史上的安源看不到了。就又去了山西很多小煤窑。太行山有个王汉村，小煤窑完全是手工采煤。对于画中人物和生活的认识，在小煤窑里面得到了很多补充。更大的难点是毛主席怎么画。因为毛主席是党的领导人，所以1962年没有画成。后来我就抓到了一个东西：毛主席不是在教导，毛主席是在问。因为毛主席有一句话，他说："如果我们是小石头，资本家一脚就踢开了，如果我们联合起来，我们还不能成为大石头吗？"毛主席问工人们话的场景，是在点燃矿工心底最后这把火。整个画面是黑的，而在中间毛主席是亮的，就像一块大黑煤在中间点着。其实我们画写实油画，对人物塑造是很注意形式的。安源工人运动开始前，有的矿工是很疑虑的。在毛主席两边，一个是从农村来的年轻工人，还有一个是比他年纪大一点的工人，开始在他脸上出现了笑容，也出现了希望。毛主席的话唤起了工人们反抗的信心，他们要成为一个觉醒的阶级登上历史舞台，于是此后才有了安源路矿工人大罢工。

所以说历史画第一是生活，如果没有直接生活，就要想尽办法从间接生活中去补足。让自己回到那个年代，让自己真正感动，才能激发创作激情。第二，历史画不是简单的历史插图，不是简单的历史事件叙述，要表现一种时代精神，有一个明确的主题、立意，所表现的不仅仅是事件本身。比如王式廓《土改》、《血衣》（图三），表现人性，即人被压迫到极点的时候要愤怒、要抗争、要控

图三　血衣

诉，说明封建制度必须打倒。

　　我给革命博物馆画完这两张矿工题材的画之后，还做了一张《血肉长城》的壁画，这张壁画现在屹立在新馆的庭院里。很感谢当初革命博物馆把《血肉长城》当作文物保护下来，和第一面国旗等安放在一起，组成了近代史的序幕大厅。拨乱反正之后，国内一度出现一股否定革命历史题材画之风，把长城也说成是"封闭的象征"。我到巴黎研究西方艺术，在蓬皮杜文化中心看到一些现代派的作品，当时就有一种冲动，要画一张《血肉长城》。我想我们的革命先烈为民族自由解放奋斗，那么轰轰烈烈，我们的国歌号召"把我们的血肉铸成我们新的长城"，长城怎么成了"封闭的象征"？怎么可以把历史忘掉！因为这些积累太多了，回来就画了一个稿子，从受难、屠杀、觉醒、抗争、拼搏、出击到胜利，最后还有一个孩子在纪念碑前献一个花圈。后来美术组的同事说革命博物馆要重新装修进行改陈，徐彬如馆长一看我的画稿，就确定采用。这件雕塑采用最难的工艺制作，以陶瓷工艺上最难的一种红结晶为基础材料，把砖石焊在一起铸成长城，城砖上面展现中华民族从苦难到解放，革命先烈从拼搏到肉搏，英雄们一起跳崖等等悲壮画面，画面中间是受伤的战士拉着一个小孩，他就是新中国。红结晶是陶瓷烧成结晶过程中出现的细晶，温度稍微高一点，晶体就没有了；稍微低一点，就是很难看的氧化铁铁板。用传统的馒头窑烧，直接用陶泥烧，用十吨泥铺在地下，分八块做成。在做成的燕尾槽里面灌水泥，以创作雕塑造型，其特点是很难剥离。现在国博居然把壁画剥离出来，重新安装在庭院的小广场里，难度可想而知。

艺术应该为人民服务，也应该为国家服务，也应该为政治服务，我们搞革命历史题材艺术的人，做这些都是应该的，也是正常的。

陈履生：

我听了侯一民教授刚才的叙述很感动，中国有句古语——父债子还，过去革命博物馆有做得不对的地方向你道歉。从1951年起，中国革命博物馆就接受中宣部和文化部的指示开始筹备纪念建党三十周年的绘画展览，当时由蔡若鸿、江丰、王朝闻三位先生负责，组织十几位知名画家创作了近百件作品，这些作品至今还有一部分保存在我们馆中。从1951年之后，我们馆相继举办过几次大规模的创作活动，罗工柳教授就是其中一位，在座全山石教授是罗工柳教授的助手。下面我们有请全山石教授发言！

全山石：

刚才侯先生讲了一个故事，很感人。我们都是同龄人，我跟中国革命博物馆有联系的时间比较长，最早是在1959年，那个时候我还在苏联学习，回国搞毕业创作，正好赶上革博筹建新馆，就跟博物馆同事一起创作革命历史画。当时罗工柳先生负责组织革命历史画，我是他的助手。我从他那里学了很多东西。一开始我们合作画了两张画：《前赴后继》和《毛泽东在井冈山》。领导审查认为《前赴后继》太悲惨，否掉了。当时我们查了很多历史资料，"四·一二"大屠杀以后，有的整个村子几乎都被杀光了。但是正像毛主席说的，共产党人并未被吓倒和杀尽，他们从地上爬起来，掩埋好同伴的尸首，又继续战斗了。开始是根据这样的主题思想创作，但效果不够理想。1961年继续画。周扬同志说，你们把"悲惨"改成"悲壮"。一字之差就提醒了我，后来就画了另一张《英勇不屈》（图四）。"文革"期间博物馆说有领导同志有意见，希望把下面的烈士拿掉。作为一件有完整构思的作品，把下半截去掉，这张画就不成立了。我记得当时在博物馆住了很长时间，没想出一个妥善方案。后来改成掩埋好同伴的尸首，画了另外一张画，这就是第三张构图。现在感觉还是原先的构图好一些。

回顾革命历史画创作的经验教训，首先是要有明确的主题思想、创作动机和目的，以及要达到什么样的艺术效果。画革命历史画本身对我是一个很好的教育机会。我在博物馆画了很多历史画，每画一次历史画都受到一次很好的教育。

图四 英勇不屈

我们画的革命历史画，都是自己出生以前发生的事情，不管如何去体验生活，都必须在现实生活中找出当年的历史，访问亲身经历过那段历史的老前辈。我在井冈山呆了很长时间，后来画《娄山关》也在当地呆了很长时间。为等待"苍山如海，残阳如血"的景象，一直等了十八天。山上纪念馆条件很清苦，根本没有吃的，粮食是我们下山背上去的。后来天天下雨，下不了山，看到山上的老大爷吃东西，我们就跟着吃。此时已经谈不到什么卫生了，只有一个盆，猪用这个盆，我们也是用这个盆。过娄山关是长征时期，这对我们年轻人体会当时的生活是很有帮助的，画起来才得心应手。所以画画的过程也是学习的过程，同时也是一个改造自我的过程。我对革命博物馆是很有感情的，原来馆里的同志都认识，那个时候大家都很年轻，现在都退休了。感谢革命博物馆今天给我这么好的机会，让我重温历史。

陈履生：

　　谢谢全山石先生。全山石先生和罗工柳先生由《前赴后继》到《英勇不屈》，在革命历史画当中表现"悲壮"的主题上，有着很好的实践。实际上他还画了一件作品《八女投江》，很遗憾的是画完不久就赶上了"文革"。"文革"之后全先生多次用不同的方式去表达《八女投江》，这意味着他在表现悲壮主题的革命历史题材画方面的实践持续了几十年时间，这一点本身也成为我们这个时代值得进行研究的艺术现象。

　　就在全先生创作《英勇不屈》的这一年，詹建俊先生创作了他著名的代表作

《狼牙山五壮士》，同样是悲壮的题材。现在请詹建俊先生演讲！

詹建俊：

今天主要是讲《狼牙山五壮士》（图五）的创作过程。已经五十多年过去了，我们几位刚好都是同龄人，现在都是"80后"了，画都是年轻时候画的。我画《狼牙山五壮士》时是二十八岁，这时我刚刚从美院毕业一年，我们当时都是青年教师。有一天正在上课，系主任和革命博物馆的同志来了，把我叫到系办公室，拿了一本准备创作的目录，让我从中选题目。我就选择了《狼牙山五壮士》。当时是作为国家一个重要任务接受下来的。故事本身大家应该都很清楚，1941年日寇准备在晋察冀对我们的根据地进行围剿，包围了当时易县狼牙山那一带地区，我们大部队撤退，留下一个连来作掩护，其中一个班就是主要在狼牙山负责掩护。掩护部队与日军打得很惨烈，他们在那里战斗了一夜，到第二天弹尽粮绝。为了掩护大部队转移，这一个班有五位战士决定引导敌人向错误的方向来追击，他们就到了狼牙山顶峰棋盘陀，把日军引到那个地方去，战斗到弹尽粮绝的时候，在班长的带领下跳下了山崖。

图五　狼牙山五壮士

我们小时候听说过这个故事，但是拿到题材以后，又深入地去寻找各种有关资料，包括在博物馆寻找各种文字资料、图像资料，我们这一辈人没有亲身经历，要画这个作品，必须要想办法使自己尽量能够回顾到、感受到当时的实际历史状况，唯一的办法就是充分寻找反映历史的各方面资料，包括文字的、图像的，这样可以使自己能够有一个真实的感受，对历史情境才能有感觉。

在画的时候，自己当时有很多想法，但是最早落实在草图上的，就是现在陈列品的立意，就是感觉到还是要把五壮士跟狼牙山贴合在一起，虽然壮士已经跳崖了，但是他们在人民的心目中是永远不死的，始终是我们中国人民精神最好的体现。这种宁死不屈是为了抗日战争，为了人民的胜利，他们的精神像山一样地永存不朽。我看了这个题材，觉得这个是极特殊的可以用艺术表现的点。认准了这样一个想法，就开始画草图。应该说我一开始的草图跟后来的变化不大，一开始的基本想法就如此，除了细节的丰富和具体人物更加充实，基本立意是差不多的。有这样一个基本立意和基本想法，然后再进一步去充实资料。这当中刚好有两位壮士，由于当时跳崖的时候被树枝挂上了，没有牺牲，一直活到前几年，有一位后来做了一个地区的保卫部部长，故去时报纸上也登了。正赶上八一厂也在拍五壮士电影，博物馆希望我去看看，也给我开了介绍信。这个电影拍出来，要请晋察冀的总指挥杨成武审查，在军委礼堂里面放映，我去后见到在世的五壮士之一也在看电影。我把稿子给他看，听取他的意见。为尽量接近当时的实际情况，又进一步到狼牙山体验生活。那是1959年，那时候下去体验生活不像现在这么方便——现在交通非常方便，那时所有的行李、绘画的工具都得自己背着。我到狼牙山时，当地正在建五壮士纪念碑。狼牙山下面村子里，住着这个连的连长，是这个村的干部。我便访问他，也收集了一些资料。审查稿子的时候，有人觉得把五壮士画成站在那里不动，还在准备跳崖，认为是对"五壮士"精神的歪曲。当时有一种文艺思想，表现英雄人物，特别是战斗英雄，必须放在战斗当中，才能够体现他们的英雄精神。就让我重新构思，把"五壮士"班跟日军战斗的情景画出来。记得当时绞尽脑汁，画战斗场面，冲出战壕，扔手榴弹。但我始终觉得《狼牙山五壮士》的题材，战斗本身不是核心的环节，它主要目的是掩护，不是要歼敌，不能死打硬拼。最后大家觉得还不如原来那个更能体现题材的特点，而且说苏联都有类似的情况，我们为什么不可以？当时苏联是我们很重要的学习方向。于是决定还是按照原来的稿子继续进行。当时创作历史画的指导思想，是要尽量做亲身体验，以切身感受调动主观能动性，才能创造出色的艺术品。在当时的历史条件下，文艺思想跟现在是不一样的。现在文艺创作的思想和路子非常宽，观念也很多元化，更加丰富多彩。在特定历史条件下，能够创作并保留下来这些相对开放的历史画，我感觉还是很不容易的。

陈履生：

谢谢詹建俊先生！詹先生在完成《狼牙山五壮士》之后，1961年又为我馆创作了《毛泽东在农讲所》。他早年在中央美院绘画系学习时，受教于徐悲鸿、吴作人、董希文等前辈，1953年又考上彩墨系研究生，受教于蒋兆和、叶浅予等先生，至今我们还能见到他当时创作的年画作品。1955年他又考上了文化部苏联专家开的油画训练班，又画油画。我们今天研究詹建俊油画时，可以看到传统彩墨画的影响。当然这是一个非常复杂的话题，有待于我们继续进行研究。

在今天的四老中，钟涵先生年纪最长，1929年生人。钟涵先生与其他三位先生不同，因为他是绘画理论家。他并没有很多革命历史题材的创作，1963年中央美院油画系展览中，他以一幅《延河边上》（图六）一举成名，所以他年纪最长但是成名稍晚。《延河边上》出来之后，引起了美术界的轰动，因为他改变了我们表现领袖人物都是画正面的做法，他画的是背影。现在请钟涵先生谈谈他的感想。

图六　延河边上

钟涵：

非常感谢大家，还要感谢国博，国博改扩建以后"国博讲堂"甫一开讲，就把机会给了我们这几位。我们今天还有一位画家，就是侯一民先生的夫人邓澍，她跟我同年，我们都是1929年生人，等一下副馆长还要介绍。他们三位和邓澍都是我的学长，我学画晚一些，在解放前夕我们到解放区参加革命工作，很快就进城了，做了多年的青年工作之后，才重新去学习，所以他们都是我的学长。

我于20世纪50年代中期学油画，这张画是在1963年画的。我们这几个人都有幸走上艺术为人民服务的道路，不约而同地把革命历史画当作自己钟爱的艺术题材，这跟我们国家50年代的艺术状态是有关系的。简单地说，油画是外国来的，油画原来也有各种题材，最早被树立起来作为第一位的是历史画。革命历史画在各个民族、各个国家发生重大历史事件以后都有，并不是我们独创的。比如说《十月革命》。俄罗斯的、苏联的革命历史画，在我们中国的影响就很大。改革开放以后我们有机会出去看，当时我们就看到法国大革命各个阶段都有很多革命历史画，而且在1789年前后到拿破仑上台以后，再到拿破仑失败以后，再到后来1830年，再到后来的巴黎公社，都有这样的题材。我们到美国去看，美国国会山画了一圈一圈的，是哥伦布发现美洲大陆以后，他们制定宪法，他们还有肖像馆；伦敦也有肖像馆，也有他们民族的历史。荷兰在摆脱了西班牙的统治后庆祝胜利，1660年左右要修建历史事件大厅，一位有名的画家叫伦勃朗，也图写他们的历史。古罗马时期也有历史画，是反映西班牙人在森林里面密谋起义反抗罗马暴政统治的。今天来的听众估计很多都对画画有一定兴趣，对伦勃朗是很熟悉的。他一生画了很多画，其中革命历史画比较少，但这是因为，这张画画完以后被毁了，人们不承认他的画，说他的画不好。伦勃朗当时很穷，他把画裁成几块，其中主要一部分现在留下来了，在斯德哥尔摩，叫作《巴达维亚人的宣誓》。各个民族、各个国家都有自己的历史画，中国有中国的历史画，中国革命历史画在1949年就开始有了，我们参与也还是中间那一段。后来我们各种题材都画，就像刚才詹先生说的那样，但是其中都很重视革命历史画。我也是这样的，我想画革命历史画，是因为年轻的时候参加革命工作，跟这个经历有关系。到了我真正学画以后就想这么做，因为程度还不行，画得还不好。最早革命博物馆成立，我被分配和一个学生一组画国博大厅里面的壁画，这幅画后来没有画成。在这种情况下我也画了一张画，就是毛主席《沁园春·雪》，是尝试之作。刚才陈履生说我画《延河边上》一举成名，这是我三十几岁的作品，可以叫作"成名之作"，但是作为我个人来说，其实是不成熟的作品。当时有一个学生就说政治五分、业务四分，我觉得说得很好。但是后来也遇到了风波，他们三位都提到了在创作过程中的评价起伏，就像侯先生画《刘少奇和安源矿工》，受到了很大的迫害。我的画也遇到一些波折。

我没有很好的工农群众的生活经历，但是由于参加革命工作以后才学画，由此对革命生活和革命历史有发自内心的钟爱和尊敬，想画这样的题材。在50年代革命历史遗迹很多，我们去延安时是在全国解放以后，不是毛主席他们在延安那时候。我们就沿着当时革命留下来的旧址进行考察，那些旧址还仍然保留着革命时代的气氛。当时因为工作的需要，我们跟首长到普通的人民群众中，跟各个层次的革命队伍的人都有接触。这些东西加在一起，还有收集形象资料，特别是一些间接的形象资料。所以国博的图片部是我们经常翻的。在各种资料里面，我比较多地注意到了这么一个形象，比如说有一张是毛主席教一个小八路识字，还有徐特立和一些领导人谈话，日常工作、生活的照片，还有延安宝塔山下练兵，还有游泳、开运动会，再加上自己对革命圣地延安的想象。我们中央美院当时有两个班，一个班是请苏联专家马克西莫夫来办的班，有一些同志被送去留苏，邓澍同志跟全先生他们去了。后来在1959年国庆，历史博物馆和革命博物馆新馆开幕，这两个博物馆，还有军事博物馆，都需要大量的雕塑、国画、油画作品，有很多学生都参加了。组织了活动以后，周扬同志他们看到当时创作的第一批作品，包括《狼牙山五壮士》《刘少奇和安源矿工》，就认为油画很有成绩，很需要培养人才，除了现在送出去的学生，要像当年"马训班"那样，组织一批人才加以集中进修训练，于是要办第二个"油训班"。1959年的时候中苏关系还没有破裂，准备送到苏联学习，后来感到还是请专家来教比较好。正在聘专家时，1960年起中苏关系开始破裂。在这种情况下，我们的王式廓先生领衔，自己办这个班，后来他有病，革命博物馆美术创作组的罗工柳同志一身二任，同时监管油画训练班。这个班从1960年开始，罗先生在秋后接手，我们这批学员有美术学院的学生和老师，也有部队的画家，是从全军美展上看到他们的版画作品，经过调查和部里同意调来的。还有一位老同志画过毛主席在窑洞工作的作品，已经四十多岁了还到这里学习。因为没有经验，我们几个人于1963年初夏到了延安以后，一面练功，画风景、画人、画写生，一面创作。因为我还是研究生，油画不好。此时也是留苏回来的画家林岗老师带着我们几个一起去，加上西安的蔡亮夫妇，我们大家在一起练手。我跟吴永年还有自己的创作任务。

去了革命圣地延安，收集到的照片很多，有领袖人物，也有群众，包括当时已经七十多岁的老人徐特立，在延河边上散步、洗脚、跟工人谈话等。这些对我都有不小影响，我想把这种气氛、这种情景融入在一张画里面。我的构图是主席在教小八路识字。但我们所受的教育，总是想把毛主席放在总构思中心的地位。我画了一张毛主席和农民向前走去的背影，没有那么多人，就是一个背影，大家心里都没有产生抵触或者是怀疑。回来北京以后，罗先生汇总我们的作品，决定就画这个，就是你们大家说比较好的这个。

我在艺术上还是比较年轻的，远谈不上成熟，居然就这么画了。画主席没法依靠模特，只好依靠照片，在革博还真找到了毛主席的背影图片。这时有的老师说要慎重些，我也曾经反复修改过。罗先生回来一看，说你若改了就不要画这张画了。了解画的人都知道背影产生的过程，在这里对我来说很重要的原因，是有一种在我们自己队伍里面生活的品味。我总是跟在高级干部背后走，他们的家属小孩可以到处玩，但是我们工作人员总是跟在后面，我们中国人对长者总是习惯恭敬地跟在后面，我受这种教育的影响比较大，所以跟在后面这种亲切的神态比较符合这种关系。但是我经验不足，认识也不够，在这里罗先生就起了作用。

到了结业，我画的还是不怎么好，全先生来了，他在罗先生上课的时候已经带了一阵子课了。那个时候他不但是学长，已经是老师了，他也帮我改过。"文革"的时候，浙江一个红卫兵女孩子，说你交代一下全山石怎么教你的。我们的画展览的时候，是中国美术馆第一次开馆，油画训练班这批画在一楼从东到西打通，这张画摆在中间。林默涵同志陪着江青去看展览，江青对有的画表扬，对有的画批评。有一张画是部队来的，画的是抗美援朝，朝鲜妇女背弹药。她说这张画画得比较好，很有诗意。但是江青批了一张画，也是画革命历史的，是画红色娘子军的，画的是娘子军在榕树底下枕戈待旦，南方夜晚，比较冷一点的调子。江青说这是"蓝色娘子鬼"。最后看到《延河边上》，说这是画的谁呢？听说这是毛主席，她说"我看不像"。当时江青是要做"流动的哨兵"，她要准备参与"文化大革命"，煽风的时候要了解文艺。

后来这幅画在《人民日报》《光明日报》《解放军报》《中国青年报》上面登出来，真的是一举成名。当时《解放军报》有一位同志说："你写篇文章介绍这个画。我当时听说有不同意见，但是总体来说大家认为这张画比较有影响。"但"文革"期间我一直被批判，直到"文革"结束才恢复名誉。2000年迎接新世纪，1999年到2000年我又重新画了一张《延河边上》。原来那张在陈列室仓库的柜子上面找到了，现在连新带旧一起归到国博了。

著名的《毛主席去安源》是工艺美院的学生画的，"文革"中江青突然发现这么一张好画，全国上下敲锣打鼓地来迎"圣像"。毛主席说当时不是穿长袍，是穿短裤。我是安源人。安源是江西的一个县里面的镇子，但是这个地方党的领导是湖南的，后来派李立三和刘少奇去的。那张画在技巧上是拙劣的，在主观创作愿望上是积极的，但是它当时在政治斗争中起了很不光彩的作用，侯一民就因为这张画遭殃。所以革命历史画应该怎么对待，也要好好总结经验教训。

另一个教训是"左"的风气太重，不是根据革命历史发展本身，根据艺术特色和革命历史画严肃、真实的原则，实事求是地往前推进。我后来也画革命历史画，比如《东渡黄河》。这张画的问题在哪里呢？过于夸大，脱离实际，人不可能都挤在一条船上，另外不可能是几个领袖站在上面。（陈履生：这是革命的浪漫主义。）在新的时期怎么搞革命历史画，这个问题值得探讨。如果对革命历史的真实性和艺术的表现力的统一有兴趣的话，同志们可以注意一下马克思的一篇文章，大概是在巴黎公社前后，写过一篇有关革命历史画的文章。他说，在法国革命资产阶级的报刊上，要描写革命领袖人物，最好是像伦勃朗那样，生动现实地、活生生地画出来，用鲜活的颜色，生动地把他表现出来；不要像文艺复兴画家拉菲尔笔下的人物一样，头上带着光圈，脚上穿着靴子。这不是讲艺术的论文，但是在肖像画和历史画上，这篇文章很重要——还有很多其他文章——要把这篇文章作为参考。

谢谢大家！

陈履生：

谢谢钟先生。钟先生从外国讲到中国，从古代讲到当代，最后送给了我们一段马克思的论断，让我们来反思已有革命历史题材的创作。（钟涵：刚才我提到伦勃朗那张画，伦勃朗那张画为什么被扔掉了？因为他画的是草莽英雄，还有一只瞎眼。其他几张画古罗马时候统治下的巴达维亚的历史的，他的学生画的，是在月亮明亮的晚上，就像派对一样，大家吃喝得痛痛快快，主角转过头去避开那只瞎眼，有点像马克思所说的头上有光圈。我有意识地把这些问题串在一起，联系到我们的历史画，是说有思想和艺术上的很多经验教训值得研究，以推动我们在现在条件下把有优秀传统的中国现代革命历史画继续向前推进。）

钟先生这番演讲使我联想到，他确实是理论家，他为我们中国文艺理论做了很多工作，写了很多文章。

钟涵先生还把我一直想要最后抖出来的包袱提前抖了。他提前介绍了邓澍先生。邓澍先生跟钟涵先生都是1929年生人，比侯一民先生大一岁，他们是伉俪画家，也同是革命者。比侯一民大一岁的邓澍先生，比侯一民先生早两年入党，我想问一问侯一民先生：是不是邓澍先生把你引上了革命的道路？

侯一民：

没有，我都不知道她哪年入党。（陈履生：她是1946年入党的。）她们1945年就被抓到日本宪兵队灌凉水去了，她们出来之后就直奔解放区，在那里进了抗大二分校，入党。我们是1949年北平解放之后，北平艺专和华北大学三部合并时认识的。她是解放区来的，我是地下钻出来的，一说都是高阳一个县的，所以她就喜欢上我了。

说到革命历史画的创作问题，真实性很重要。革命历史画又是艺术，不光是真实的记录，还要牵扯到艺术的处理、艺术的概括、艺术的夸张、艺术的集中、艺术的表现和浪漫主义等等。所以这是一个很重要的问题，现在应该和以前的愚昧离远一点。我们到今天并没有懈怠，并没有放弃这支笔，我们要为国家的发展和党的建设尽我们一己之力。

陈履生：

我最后再补充介绍邓澍教授。她不仅年长，而且成名最早，她1951年的年画《保卫和平》，获得全国第一届年画评比一等奖，这是非常不易的。后来她又被国家选送到苏联留学，一路都是有非常好的成就的，所以我们也向邓澍先生表示敬意。

在我们今天国博讲堂即将结束的时候，我想到20世纪50年代毛泽东主席看过董希文先生创作的油画《开国大典》，曾经说过这样一句话：我们这张画拿到国际上别人是比不过我们的，因为我们有独特的民族形式。这个"民族形式"就是我们在座的五老和同辈的艺术家创作的。所以最后我们以热烈的掌声向他们表示敬意。

国博讲堂本讲到此结束。谢谢各位！

作者小传

钟涵，1929生，江西萍乡人。曾在清华大学建筑系、中央美术学院油画系学习，1963年毕业于中央美术学院油画研究班，1980年赴比利时安特卫普皇家美术学院进修，1984年在根特大学作访问学者，1993年被推选为比利时皇家科学文学艺术院院士。1963年后一直执教于中央美术学院，曾任国家教委艺术教育委员会委员、吴作人国际美术基金会副秘书长，现任全国美协油画艺术委员会副主任、中央美院学术委员会副主任、吴作人国际美术基金会艺术委员会主任。

中国油画第三代代表人物，艺术活动主要从建国以后开始，对乡土中国——中国乡土的人与河山、黄土高原与劳苦大众——的关照一直是贯穿其创作的基本素材。90年代以后，在绘画题材和方向上有新的探索。代表作品有《延河边上》《河上炊烟》《密云》《暖冬》等，出版《钟涵乡土小品油画》，论文集《廊下巡礼》《画室来鸽》等。

侯一民，1930年生，河北高阳人，蒙古族。早年从齐白石弟子陈小溪学习中国画。1946年入国立北平艺专师从徐悲鸿、吴作人、艾立信等人，改习西画。1954年～1957年在中央美术学院油画训练班学习，师从前苏联油画家马克西莫夫。1950年起任职于中

央美术学院，曾任中央美术学院第一副院长、中国壁画学会会长、中国美术家协会常务理事、全国壁画艺术委员会主任、吴作人国际美术基金会理事长等。2013年1月获第二届"中国美术奖·终身成就奖"。

擅长油画、壁画、中国画、陶艺、雕塑及考古鉴定，参与第三套、第四套人民币设计。代表作品有油画《青年地下工作者》《刘少奇与安源矿工》《毛主席与安源矿工》《跨过鸭绿江》，中国画《逐日图》《古寓言三十篇》《泰山日出》等。有多篇文字发表于各美术刊物，有《美术作品集》。

全山石，1930年生，浙江宁波人。1947年在宁波宁声广播电台担任播音员，1950年春考入杭州国立艺专 (后改为中央美术学院华东学院)，既学西洋画，也学中国画。1954年秋，去苏联列宁格勒列宾美术学院油画系学习，师从梅尔尼柯夫、阿历希尼柯夫、乌加洛夫等。1960年秋任职于浙江美术学院，主持油画系第三工作室，曾任浙江美术学院油画系主任、院教务长等。现为国家教委艺术教育委员会委员、中国美术家协会会员、中国油画学会副主席、中国美术家协会油画艺术委员会副主任、浙江美术家协会常务理事、浙江油画家协会会长、中国美术学院教授、俄罗斯列宾美术学院荣誉教授等。

主要从来历史画创作，也画了大量反映少数民族风情的作品，代表作《英勇不屈》《井冈山上》《塔吉克姑娘》《维族建设者》《老艺人》等，出版有《全山石油画选》《全山石素描选》《全山石新疆写生选》《全山石油画肖像选》等，编著有《俄罗斯画家赛洛夫和富鲁贝尔的素描》等十数部。

詹建俊，1931年生，辽宁盖县人，满族。1953年中央美术学院绘画系本科毕业，1955年中央美术学院彩墨系研究生毕业，入苏联专家马克西莫夫油画训练班学习，1957年毕业，任教于中央美术学院。曾任政协第八、第九届全国委员，中国美术家协会副主席。现为中央美术学院教授、博士生导师、学术委员会顾问，中国油画家学会主席，中国美术家协会顾问，欧洲人文艺术科学院客座院士。2013年1月获第二届"中国美术奖·终身成就奖"。

擅长人物画、风景画，代表作有《狼牙山五壮士》《高原的歌》《潮》《清风》等，出版有《詹建俊画集》。

（摄影：马腾飞）

从汉代看罗马

时　　间：2011年10月12日
地　　点：中国国家博物馆学术报告厅
主讲人：孙机

　　2009年7月30日，"秦汉—罗马文明展"在中华世纪坛世界艺术馆开幕。这次展览的规模很大，将两个古文明同时展出，在我国尚属首次。展览的"序言"中说，这叫"遥相辉映"。汉代是一个伟大的文明，罗马是一个伟大的文明，各放各的光芒，各自照亮了一大片地区。但汉文明和罗马文明又是两回事，两国在人种、语言、宗教信仰、社会制度、文化传统等方面的差异极大，是从完全不同的历史条件中诞生和发展起来的。由于两国分处欧亚，远东泰西，天各一方，所以它们的光芒就只能遥相辉映了。不过既然一同展出，就产生了一个互相比较的问题。特别是《中国文物报》在做相关报道时说，这个展览就是要对两大文明作比较。我参与了这个展览的筹备策划，其实当初我们筹展的时候，倒没敢太强调这层意思。现在双方的文物摆在一起了，比较就成为题中应有之意，避也避不开了。

　　然而，汉和罗马这两大古文明很难作比较。首先不好比较的是社会制度。罗马从事生产劳动的主要是奴隶，罗马是奴隶占有制国家，后期的罗马公民基本上不参加劳动。汉代的情况不一样。关于中国古代社会分期，史学界讨论了很多年，最后大多数学者都认为，汉代不是奴隶社会。制度决定社会的根本性质，渗透到社会机体的方方面面。讲细了，太繁琐；讲粗略了，又太抽象。所以在一次讲座里很难把由它引出的形形色色的表现都说清楚，只能让它作为一个大背景高悬在双方的天幕上。再如宗教信仰，也是不好比较的。在这个国家里是大神，到那个国家人家不认你了。大家知道，宗教信仰难以用科学方法证明。在这个问题上找不到评定的标准和衡量的尺度，所以无从比较。再如文化上的一些特殊成就，乃是由多项内因外因提供的适宜的温床慢慢酿成的，是长时期的历史积淀。不处在这样的环境里，不容易结出这样的果实。

　　比如这次展览中陈列的罗马雕像。大家能欣赏到这些艺术珍品是很不容易的，它们在意大利也是重要文物。西方注重人体美。最早的奥林匹克运动会，有些参赛者是光着身子跑的。中国古代讲究礼制，讲究冠冕衣裳，不兴这么做。风气所及，汉代没有出现以写实手法表现人体美的雕塑家，历史上没有留下汉代雕塑家的名字；而希腊、罗马就有一大批，比方说菲迪亚斯、米隆等。汉代的一些石雕，如长安昆明池畔的牵牛、织女像，表现手法相当质拙，和罗马雕像上那些涌动着活力、仿佛具有弹性的大理石肌肉相比，实在差得远。在这方面，两国的艺术传统，完全不好比较。再如建筑，与汉代的夯土城不同，罗马是一座"大理石之城"。不仅城里的神庙、议事厅、凯旋门、大浴堂等雄伟壮观，即便是临街的二层或三层的公寓也并不逊色。至今走进罗马的建筑遗址，仍不能不为其磅礴的气势所震撼。它的背后有社会制度、地理环境、审美观念、施工技术等多重因素形成的合力的推动，和汉代的土木建筑是两个体系。罗马的大型石构建筑当时无法引入汉地，更不要说在这里推广了，所以也不好作比较。正像不好拿汉代的造纸或针灸去和罗马比较一样。

那么，哪些方面可以比较呢？我认为，生产、生活上的一些共同性较大的事物可以比。它们仿佛是在相邻的跑道上奔跑的选手，大家都得遵守物质世界的客观规律和人类良知所制定的无形而有力的游戏规则，举手投足大同小异，仅仅是速度不一样。在一起比较一下，倒可以加深对二者的认识。但在作比较之前，必须先把它们的性质理解清楚，帽子和鞋是不好比的。例如这次展览中展出了罗马的铜阀门、铅水管和汉代的六边形陶水管（图一）。《中国文物报》上有一篇介绍本次展览的文章叫《丝绸之路的两端》，文中说它们是功能相同的城市公用供水设施。此说不确。六边形陶管是下水道，排积水的；罗马那个阀门是供清水的，因为罗马讲究从山上向下引水，如同自来水一样。所以，不应把下水道和上水管上的阀门相比。而且那篇文章在比完了之后还引用观众的观感说："类似的技术为什么在我们这里出现得晚呢？"好像汉代不仅在造型艺术上，而且在生产技术上也处于弱势。当然，罗马的城市供水系统是古代世界上伟大的工程，当水道经过洼地时，还建起由几层拱券承托的巨型渡槽，其中有的存留至今，成为建筑史上的重要遗迹。他们对水的分配还有一套制度，什么样的贵族可以用多少水，等而下之的又可以用多少水，挺麻烦的。此外还有西方学者说，罗马后来之所以衰落，原因之一就是喝了这种水。由于铅管里的水铅超标，使罗马人铅中毒，智商降低了，打不过蛮族了。可也有人说，罗马早年强盛的时候喝的不也是这种水吗？！也有一定道理。然而喝铅超标的水总不是一件美事。如果前一种说法还有能够成立的理由的话，那还不如干脆喝汉代的井水呢。所以，性质不同的东西不好比，越比越乱。

1.罗马水管上的青铜阀门

2.罗马的铅水管，上面有购买者的名字

3.汉代的陶下水管道，西安阳陵遗址出土

图一　金属水管和陶下水道

　　下面试就当时双方在生产、生活之基本层面上的一些事物，作点粗浅的比较。

　　先说农业。农事的第一道工作是耕地。耕地用犁。早期的犁仅装有犁铧，只能破土开沟，不能把耕起的土垡翻转过去。而后面这一点是很重要的。因为土垡翻转以后，接触到阳光空气，生土会变成熟土。同时杂草随之埋入土中，还能起到压绿肥的效用。耕地时土垡的翻转是由犁铧和犁壁构成的连续曲面完成的，其中关键的部件是犁壁。汉代已经发明了犁壁，在陕西、山东、河南的许多地点曾经出土。且有向一侧翻土的鞍形犁壁和向两侧翻土的菱形犁壁（图二：1、2）。罗马也有铁犁铧，但没有犁壁。为了使犁起的土垡有一定程度的翻转，特于犁床底下增设一条凸起的龙骨。在耕作者的操控下，借助凸起部分的支撑，使犁体向一侧偏斜，以达到掀翻土垡的目的（图二：3）。当然，其功效比有犁壁的犁差得远。也有些罗马犁在犁铧后面安装木质的八字形板翼，它的作用一般只能将土垡推开，难以使之翻转。后来欧洲农民发明了木制的泥土翻板，却仍不如汉代的铁犁壁光滑适用；而且这是11世纪时的事，罗马人已经来不及看到了。

说了翻土，再看粮食簸糠的情况。古代罗马人是拿着装有带糠秕的粮食的篮子站到山坡上，顺着风向来回抖动，让风把糠吹出去。直到较晚的年代，欧洲农

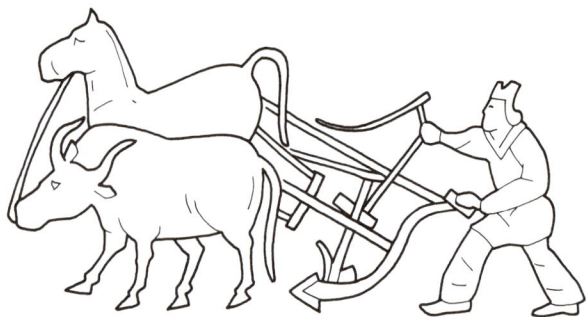

1.汉代装犁壁的犁，画像石，山东枣庄出土

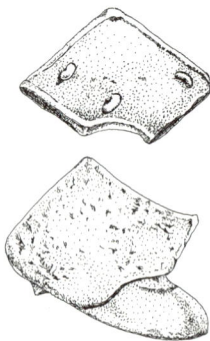

2.汉代鞍形犁壁（上），犁壁
和犁铧组装在一起（下），
陕西长安韦兆出土

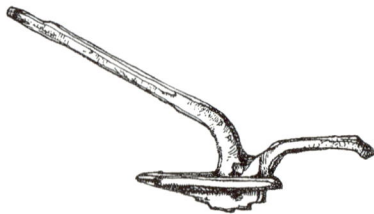

3.罗马装龙骨的犁

图二　汉代的犁和罗马的犁

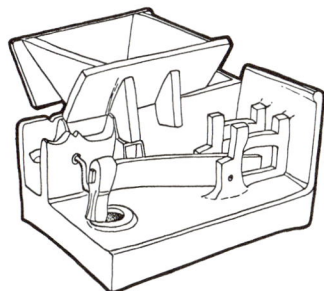

1.陶扇车与碓，河南洛阳东关出土　　　　2.陶碓房，河南济源泗涧沟出土

图三　汉代的扇车

民还这么干。而汉代却已经发明了效率很高的扇车，其明器模型多次出土。河南济源出土的陶碓和陶扇车塑造在一起，原粮经践碓脱壳后，随即可用扇车簸糠，是汉代碓房中之配套的设备（图三），与罗马的做法不可同日而语。

汉代和罗马都吃面食。汉代管面食叫饼，什么都叫饼，连煮的撕面片也叫汤饼。蒸的发面食品则叫蒸饼，后来又叫起酵饼，它是用酵母发起来的。自魏入晋的何曾，性奢豪，"蒸饼上不坼作十字不食"。他要求蒸饼上得裂开一个"十"字，看来和北京地区说的开花馒头差不多。何曾主要活动于3世纪上半叶，这时的蒸饼已如此讲究，则发酵面食在中国的出现当不晚于3世纪初叶的东汉后期。罗马人吃的面食是面包。现代的面包挺好吃，可是罗马时代的面包是不发酵的。《圣经》里经常提到不发酵的"无酵饼"。欧洲要到16世纪以后才有发面面包，但也不是用微生物发酵，而是用小苏打发泡，使面包里面产生气孔，变得松软。在这之前，欧洲一直是烤死面的面包。这种面包烤出来放几天再吃，可就考验你的牙口了。

由于古代中国人较熟练地掌握发酵工艺，所以酿酒的技术也相当先进。我们知道酿酒在世界上经历了三大阶段。最早是自然发酵的果酒。浆果中的糖分经过酵母菌的分解就能生成酒精。后来用粮食作原料，这就需要先利用酒曲的糖化作用，使粮食中的淀粉分解成简单的糖，再通过酵母作用产生酒精。第三阶段是用蒸馏的方法，将低度的酒浓缩成酒精度数高的白酒。最后这个阶段汉和罗马都没有达到。但罗马人喝的葡萄酒接近自然发酵的果酒，汉代人喝的却是对酿造技术要求更高的粮食酒。

下面说说手工工具。有些最基本的手工工具如斧头、锤子等，古代世界各地出土物的形状都差不多，说明人类有不少共同的想法。但也有些现在看起来很平常的工具汉代没有，而罗马有。比如架锯，公元前1世纪罗马就有了，汉代却不知此物。三国时，陆玑写了一部《毛诗草木鸟兽虫鱼疏》，讲《诗经》里的动植物。此书凡是提到树木的时候，老强调它的木纹直不直。因为当时中国没有架锯，开解大木时，是沿直线将楔子一个一个打进去，最后撑裂。北京丰台大葆台汉墓中有木方子垒的墙，即所谓"黄肠题凑"，那些木方子都是从大木上用这种方法开出来的。所以木材纹理的直不直与施工很有关系。在我国，架锯的图像最早见于北宋末年的《清明上河图》。图中的十字路口处有一个修车的车摊，地上放着一把架锯，这是我国图像资料中见到的最早的架锯（图四：1）。此前用的是刀锯，"秦汉—罗马文明展"中展出了安徽天长汉墓出土的工具箱里的刀锯。刀锯一般较小，锯条夹在木背当中，无法用来开解大木。这时中国也没有刨子，刨子要到元代才有，2010年于山东菏泽元代沉船中出土了一只刨子（图四：2）。而1世纪时，配套使用的架锯和刨子在罗马已经相当普遍了（图五）。虽然中国刨子和罗马刨子的式样很相近，但罗马刨子的手柄是一前一后顺装的，中国刨子的手柄则横装于两侧。中国刨子很可能是自固有的平木工具"枪锵"发展出来的，不一定是从西方引进的。在这里还应当看到：种种迹象表明，汉和罗马并不是位于一条叫作"丝绸之路"的交通线的两端。像京沪铁路，这边是北京西站，那边到上海下车，绝非如此。汉代没有开辟过"丝绸之路"。即便晚些时候，穿越欧亚大陆腹地的交通也并不很顺畅。如果当时有这样一条通道，罗马的架锯和刨子应该同时传到中国来。可是不但当时没传来，而且两种这么重要、使

1.《清明上河图》中所见架锯，12世纪前期　　2.菏泽元代沉船中出土的刨子，13世纪～14世纪

图四　中国的木工工具

1.使用架锯和刨子的工匠，玻璃上的绘画，约1世纪

2.罗马铁制刨子

图五　罗马的木工工具

用的频率这么高、木工简直不离手的工具，出现在中国的时间却前后相差了几个世纪。所以很难想象，汉和罗马之间曾发生过较紧密的交往。

下面说冶铁。现代国家要发展工业，钢铁冶炼的重要性自不待言。在古代的文明国家里，生产、生活中也离不开铁。人类冶铁都是从块炼铁开始。将铁矿石和木炭一同放进炉子里加热，可以通过化学上的还原作用生出金属铁。但铁矿石在熔化后的还原过程中，变成疏松的全是气孔的海绵状物，还原出来的小铁珠凝固并隐藏在渣块中。它叫块炼铁，也叫海绵铁，含碳量很低，相当软。之后，在反复加热锻打中挤出渣子，并由于与炭火接触渗碳增硬而成为块炼钢。我国在西周末年已经炼出了这样的铁和钢。更由于我国在商周时已用竖炉炼铜，沿袭了这一传统，到春秋早期就用竖炉炼出铸铁。山西天马—曲村遗址出土了春秋早期和中期的条状铸铁，湖南长沙窑岭出土了春秋晚期的铸铁鼎。可是罗马人一直未能走出锻打海绵铁的门槛。那里的冶铁之神的造像手里永远拿着象征锻铁的火钳和锤子。公元初年，罗马有的炼铁炉因为过热炼出了铸铁即生铁，然而由于生铁一砸就碎，不适应锻打的要求，所以都被当成废料抛弃了。而我国古代不仅炼出铸铁，还发展出一套以铸铁为基体的热处理技术。铸铁性脆，韧性比较差。可是如果将铸铁件长时间加热，使铁中的化合碳发生变化，就可以改变其性质。汉代用这种方法生产出可锻铸铁和球墨铸铁，性能已接近铸钢。汉代冶炼钢铁的技术在世界上遥遥领先。在西方，铸铁的应用要晚到14世纪，可锻铸铁要到18世纪，而现代炼球铁的技术是英国学者莫罗于二战后的1947年首先公布的。所以罗马与汉在这方面的差距太大。罗马人当时对此也有所察觉，1世纪时，罗马学者老普林尼就说："虽然铁的种类很多，但没有一种能和中国来的钢相比美。"

前些年电视上播出了一部《汉武大帝》，导演称这是新古典主义，直接取材于正史。片中汉兵和匈奴兵作战，匈奴兵用刀一挥，汉兵的刀剑都断了。没办法只好派张骞到西域找大月氏女王，说我们汉朝的刀剑根本不成。于是女王给了一点黑面面，大概代表炼钢用的添加料。可匈奴本来用的是"素弧骨镞"。汉代将领对匈奴武器的评价是"兵刃朴钝，弓弩不利"（《汉书·陈汤传》），那里的铁器基本上得自汉地，匈奴的刀剑怎能比汉军的装备更先进呢？不仅匈奴在冶铁方面无可称道，而且这时的中亚、西亚还都只能用块炼铁。《汉书·大宛传》说："自宛以西至安息国，……不知铸铁器。"可见整个西域地区的冶铁业都比汉朝落后。何况古代的钢是碳素钢，无须添加料。合金钢要到近代才出现，而且所添加的如钨、钼、钒、钛等难熔金属，古代根本不曾利用。碳素钢中除了铁元素外主要含的是碳，难道张骞不远万里跑去，就是为了要点在汉地唾手可得的木炭末吗？硬把汉代文明的优势项贬成劣势项，这样的新古典主义也胡诌得太离谱了。

"秦汉—罗马文明展"还展出了两国的钱币。罗马的金、银、铜钱都是用钢模打轧出来的，上面的人像虽然美观，但一个一个地打很费工，同时也限制了它的供应量。汉代的钱大都是用叠铸法铸出来的。据西安郭家村铸钱遗址出土物得知，采用叠铸法，一组陶范一次可铸出铜钱一百八十四枚。所以汉代的钱币供应充足，而且形制很规范。五铢钱自武帝以迄桓、灵，面径都在2.5～2.6厘米之间，四百年中铸了几亿枚，但基本一致。货币是流通手段又是价值尺度，金属钱币长期保持稳定，无疑是利国利民的好事。

下面说车。原始社会运重物时常在地上拖，进而发明了拉东西的橇。后来在橇前部加上滚动装置，经改进乃成为车。但迈出这一步并不容易。1492年哥伦布登上新大陆之前，那里一直没有车。印第安人行军的时候，辎重是由妇女背扛。旧大陆在那个历史时期中已用畜力车。衡量畜力车的性能，关键是看它的系驾法，即如何将牲口绑在车上让它拉车的方法。古代世界上不同地区曾采用不同的系驾法。古印度用牛拉车，车辕绑在牛犄角上。在古埃及、古罗马，拉车的受力点落在马脖子上。马颈部的生理构造和人类差不多，都是颈椎在后，气管、食管在前。那里的古车让马用脖子拉，因而跑得越快，马越喘不上气来。这种方法叫"颈带式系驾法"（图六：1）。而且这种系驾法在欧洲往后一直沿用到8世纪。先秦时，中国古车采用"轭靷式系驾法"，汉代改用"胸带式系驾法"。这两种方法都不勒马的气管，驾车的马可以正常呼吸。这次展出的甘肃武威所出汉代䡶车模型反映了这种系驾方法，许多汉画像砖、石也把它表现得很清楚（图六：2）。由于系驾法合理，马的力量能够充分发挥，所以中国古代的车战是在奔跑着的车与车之间进行。古代西方虽然也有战车，却不能进行车战。那里的战车一般只用于奔袭或追击，接近敌人时，武士还得跳下车来进行步战。罗马帝国晚期于438年颁布的《狄奥多西法典》中规定，最大的二轮车carrus载重一百九十八千克，只不过相当三名战士的体重。要用这样的车进行车战自然力不从心，难以胜任。古罗马屹立在凯旋门和神庙顶上的战车雕塑，艺术水平很高，却不能不说，车的性能相当落后。但是西方在造车技术上也有它的长项，西方在极古老的时代中已经发明了四轮车的前轮转向装置。它的两个前轮和两个后轮之间用转轴连接，前轮可以单独转动，带领后轮转向。中国古车上没有前轮转向装置，四轮车转弯时得绕半个大圈，在城市的路网中驾这样的车极不方便。所以在进入近代以前四轮车一直发展不起来。

再说船。大海航行靠舵手。舵控制着船的航向，自然十分重要。舵发明于中国汉代。1955年在广州东郊先烈路东汉墓中出土的陶船，有舱室三间，舵固定在艉部正中。虽然它只能沿舵杆的轴线转动，仍然残留着由梢演变过来的痕迹，但已经可以被确认为早期的舵。广东德庆汉墓出土的陶船在舵楼

1.罗马帝国时代之四轮运输马车的浮雕

2.汉代空心砖，河南禹县出土

图六　颈带式系驾法（上）与胸带式系驾法（下）

后壁开舵孔，孔的两侧有托架。虽然船上的舵和舵架上的支撑件出土时均已不存，但从结构上看，这艘船上装的很可能是垂直舵。罗马的船上没有舵，是用两支舵桨掌握方向。后来欧洲人将舵桨置于艉部右舷处。直到1200年前后，尼德兰地区的船工才开始使用艉舵。汉代发明的舵领先世界达一千多年。

下面说纺织。纺织也有不好比较的地方。比如丝，虽然它已经传到罗马，但非常贵，与黄金等价。而且还不是从中国直接输入的，中间倒过许多道手。老普林尼说，中国非常平和，非常礼貌谦虚。而且中国人只等人家来买东西，从不往外卖东西。纵然这话要打点折扣，但至少重商主义在汉代不得势。后人所说的丝路上，这时既没有汉朝政府派遣的商队，也没有民间组织的商队。

但是麻可以比较。汉代的纤维作物主要是大麻和苎麻，罗马是亚麻。直到18世纪以前，亚麻在欧洲纺织原料中的地位一直非常重要，我国则到了清代才有亚麻。这几种麻都要先沤再剥麻。麻纤维剥下后，则要捻成线。不论东方、西方，起初都是用纺锤来完成这道工序。纺锤由纺轮和捻杆构成。陶纺轮在全世界的古代遗址中都是常见之物。不过用纺锤绩麻效率很低，纱线的捻度也不够均匀。进而汉代人发明了单锭纺车。本来，丝是自然界的超长纤维，长度可达一千米，只要并丝，就成为丝线。但丝线上机织造前，须先整经络纬，络纬的用具为𥖖车。汉代人根据纺麻线的要求，对𥖖车加以改造，制成了纺车，产量和线的质量都大为提高。这次展出了甘肃武威磨嘴子东汉前期墓中出土的木纺锭，它是纺织史上一件极重要的文物（图七：1）。它的发现证明，纺车在我国的发明当不晚于西汉末。罗马没有𥖖车，更没有纺车。那里将羊毛或亚麻纤维捻线，要先在腿上搓成粗纱。为了防止将腿搓伤，制作了一种扣在腿上的、

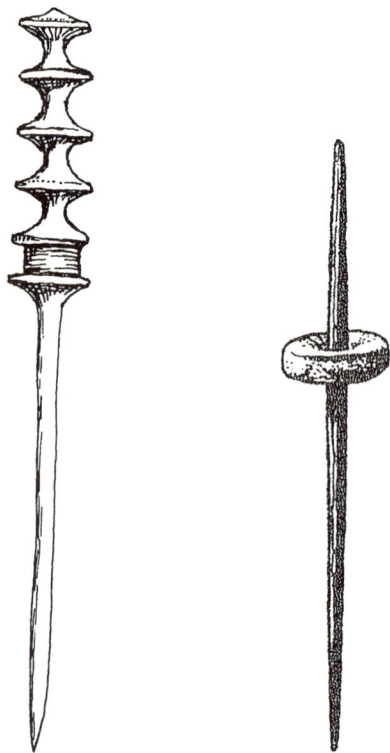

1.甘肃武威磨嘴子出土　　2.发现于伦敦

图七　汉代的纺锭（左）与罗马的纺锤（右）

有点像筒瓦那样的陶器，名纱轴。它的空腔与自大腿到膝盖处的曲线相适合，表面则有鱼鳞纹，以便搓粗纱。搓好了之后再用纺锤加捻（图七∶2），以取得更紧密的细线。罗马人所用的方法，使纺线成为很费时费力的劳动。纺车在欧洲的出现不早于13世纪。

丝也好，麻也好，纺线以后都得织成布帛。汉代通常使用的织机是斜织机，它有平置的机台和斜置的机架，二者呈50°～60°角。织工可以坐着，又可以一目了然地看到面经和底经开口后，经面的张力是否均匀，有无断头。提综的动作最初是用手提，后来发明了用脚踏蹑（即踏板），以杠杆原理带动传动件俯仰而提综。这样，可以腾出一只手来打筘，或两手轮流投梭，使速度大为提高。这是织机发展史上一个突破性的创造。欧洲到6世纪才出现这种装置，到13世纪才广泛应用。要织出带有复杂花纹的织物，汉代用的是提花机。除了用脚踏蹑控制地经外，另设一名提花工坐在花楼上，用手操纵提花综束与织工合作，共同将花纹织出来。在汉代王逸《织妇赋》中对此有很形象的描写。而罗马只有竖立的织机，和现在有些地区编地毯用的设备差不多，织工是站着操作的。在这种织机上一般只能织出平纹织物；如要加花，须另用手工编结。

汉代还有一些工艺上的长项，如制作玉器和漆器，因为罗马没有，不好比较。可是瓷器也是在汉代烧成的。本来商周时已有原始瓷器，但在胎质、烧成温度、吸水率等方面尚未达到真正的瓷器的标准。就胎质而言，关键是Al_2O_3和Fe_2O_3的含量。其中Al_2O_3及SiO_2的含量越高，则烧结温度也越高。而Fe_2O_3与碱土金属等含量偏高的胚胎，烧成温度则超不过1050℃。因为到了1100℃时，其表面就开始熔融，到了1200℃以上，就完全烧流了。真正的瓷器，其Al_2O_3的含量应在17%以上，Fe_2O_3在3%以下，再经过1200℃左右的温度焙烧，则坯体烧结，硬度增加，使器物具有不吸水性或弱吸水性。同时所敷之釉料也充分玻化，真正的瓷器就烧成了。浙江上虞小仙坛和大圆坪等地汉代窑址中出土的瓷片，已符合上述指标，已是真正的瓷器。中国匠师能将泥土烧成瓷器，当然是了不起的成就。但工艺的关键仍在于坯料的配比、窑型的选择、火候的掌握等项，说到底是一个经验积累的问题，没有多少神秘可言，然而西方却长期对此不得要领。烧陶器用陶土，烧瓷器用瓷土，欧洲地下也有的是瓷土，当时却未能利用。

罗马虽然烧不出瓷器，却能造玻璃器。虽然这项技术是从古埃及学来的，但罗马的玻璃器更加精美。洛阳东郊东汉墓曾出土一件长颈玻璃瓶，它在深褐、橘黄、绀青、暗紫之不规则的地色中缠绕乳白色线纹。又由于表面有风化层，浮

现出闪烁的金黄色光泽，斑驳陆离，非常美观
（图八）。这是一件典型的罗马搅花玻璃，吹
制成型。它在汉地出现，令人耳目一新。所以
《汉书·地理志》有汉武帝时使人入海市玻璃
的记载。不过洛阳出土的玻璃瓶，罗马人本用
于盛香水，而汉代用熏炉燃香。香水初名"蔷
薇水"，始见于五代时。则汉代人得到这种瓶
子后，或改作他用，从中也可以看出两国风习
的不同。

　　在生活上，汉代人和罗马人的差别就更大
了。走进当时的居室，罗马人用高坐具，而汉代
人于室内铺席，在席上起居。靠背椅、扶手椅、
圈椅，罗马已应有尽有，或类似古希腊那种流
丽潇洒的式样，或类似古波斯那种凝重端庄的造
型，风格不一，洋洋大观。虽然矮背椅在埃及古

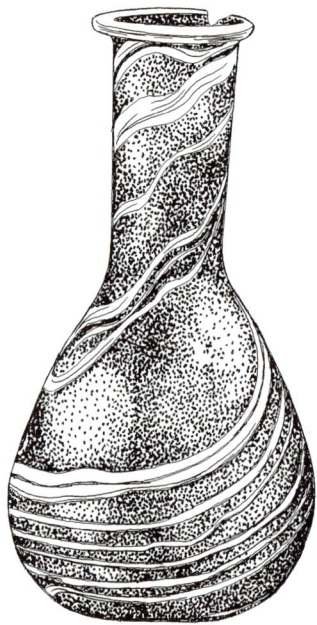

图八　罗马的搅花玻璃瓶，河南洛阳出土

王国时代已经出现，此物并不是罗马人的创造，但它在罗马得到长足发展。椅子
于东汉末已辗转传到中国新疆地区，民丰尼雅遗址曾出土雕花木椅残件。然而依
照华夏风俗，在席上应敛膝降腰而坐，示敬时则耸体长跽或俯地顿首，其他较随
便的坐姿如箕踞、垂足，皆涉"非礼"。所以椅子长期进不了玉门关。

　　罗马住宅的会客室和饭厅中还要摆设带高灯檠的落地灯。因为罗马人饮宴时
侧卧在比椅子还略高的靠榻上，光源矮了不行。汉代人饮宴时坐席或矮床，灯可
以放在地上。汉代点灯用麻油或荏（白苏子）油，罗马用橄榄油，都冒点油烟。
但汉代人发明了在灯上装导烟管的办法，将灯烟导入灯腹，部分溶入其中所贮之
水，使室内的空气较为清洁。"秦汉—罗马文明展"展出的长信宫灯和陕西神木
出土的雁鱼灯都装有导烟管，而且都把导烟管设计成整体造型的组成部分，构思
巧妙之至。罗马的室内陈设也非常讲究，而且意大利半岛生产的灯具，当时行销
地中海地区，是著名的产品，但这种有环保作用的油灯在那里未曾出现（图九）。

　　无论汉代或罗马的宴会上都佐以乐舞，汉代还有说唱，罗马则有哑剧，双方
都有的是杂技。罗马杂技声名远扬。东汉安帝永宁元年（120年）掸国献幻人，
"能变化吐火，自肢解，易牛、马头。又善跳丸，数乃至十。自言我海西人，海
西即大秦也"。跳丸即现代杂技所称抛球，须用双手同时抛接，目前世界杂技界

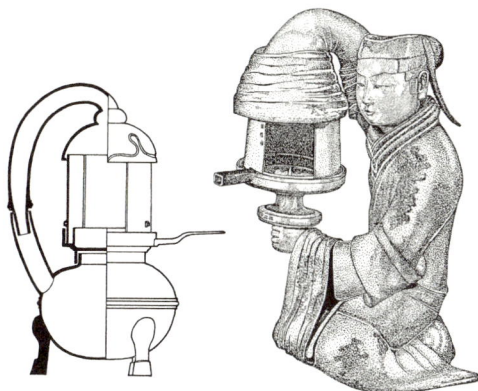

1.罗马铜灯，庞贝出土　　　2.装导烟管的汉代铜灯，河　　3.汉"长信宫"铜灯，满城出土
　　　　　　　　　　　　　北满城出土

图九　铜油灯

能抛九个球的演员也不多。在古罗马的折合双连画中见过抛七个球的演员，他不仅用双手，而且前额、足尖、小腿都参加运作。汉画像石中也有类似的表演。

"秦汉—罗马文明展"展出的四川彭州出土的汉画像砖中有抛三个球的图像，当属小规模的游艺活动，汉画像石上抛七八个球的场面不罕见。惊险的表演则有将球和短剑一同抛接的，叫"跳丸飞剑"。山东安丘出土的画像石中，有跳八丸飞三剑的，还有跳十一丸飞三剑的。表演时丸、剑起落纷繁，节奏急促，难度极大。在罗马图像中未发现同时抛接球和剑的，更不要说加起来共十四件之多了（图一〇）。就这个节目而言，汉代表演者的技巧较海西幻人似尚略胜一筹。

1.抛八个球，汉画像石，山东　　2.抛九个球，汉画像　　3.跳十一丸飞三剑，汉画　　4.抛七个球，古罗马
济宁出土　　　　　　　　　　石，山东出土　　　　像石，山东安丘出土　　　绘画

图一〇　抛球与"跳丸飞剑"

汉与罗马在文化成就上各有千秋。罗马建筑的宏大坚固、富丽堂皇，雕刻的灵动逼真、栩栩如生，器物制作的工致美观、精确严整，都达到了人类历史上的高峰。而汉代在生产和生活用品的许多领域，也走在世界前列，不仅当时领先，在以后的上百年、甚至上千年中都领先。当然，罗马也有不少领先的项目。但领先的时间越长，越表明互相不了解。如果当时真有一条称得上是东西方文化交流的大动脉的"丝绸之路"，信息何至于如此滞后，反应何至于如此迟钝。当缣帛在罗马已经并不十分罕见之时，不少人仍认为丝是树上长出来的，足证隔膜之深。传入汉地的极少量贵重商品，虽然会很抢眼，会引起兴趣；技术上如有可能，还会进行模仿。但它们都是从高枝上摘下的花朵，完全脱离了原来的植株，更不要说其生长的土壤了。这和双方通过一定的接触，彼此有了大致的理解，在此基础上进行的有选择的、取长补短的文化交流，完全不是一回事。有些关乎日常生计、拿过来就能产生立竿见影的效果的技术，无疑是双方民众所需要的，可是彼此竟全然不知。所以汉与罗马在文化方面基本上是各说各话，各自都是独立发展起来的，交流借鉴的成分很少。不过就汉代而言，是否可以这么说，这里的制作有点中吃不中看，它们往往不那么花哨，但切合实用、高效率、低成本，给老百姓带来实实在在的好处。总之，诚如意大利邦迪部长为"秦汉—罗马文明展"所作致辞中指出的："本次展览将提供给观众两大文明的直接对照。二者的相似性与不同之处为历史与艺术叙述增添了无穷的魅力与吸引力，将带来难以估量的价值。"以上所作比较正是希望找到它们的相似与不同之处。其中说得不足或不确的地方，请各位多多指正。

（编者注：本讲稿首次发表于2009年7月，系"秦汉—罗马文明展"举办的系列讲座之一的内容，原有副题：为配合"秦汉—罗马文明展"而举办的讲座上的讲稿。）

作者小传

孙机，1929年9月生于山东青岛。北京大学历史系考古专业毕业。中国国家博物馆研究馆员，中央文史研究馆馆员，国家文物鉴定委员会副主任委员，全国古籍整理出版规划领导小组成员。中国美协评出的"卓有成就的美术史论家"奖获得者。主要研究领域为中国古代物质文化史，主要著作《汉代物资文化资料图说》《中国古舆服论丛》《中国圣火——中国古文物与东西文化交流中的若干问题》《孙机谈文物》等。

（摄影：董清）

辛亥革命的再研究

时　间：2011年12月13日
地　点：中国国家博物馆学术报告厅
主讲人：中央文史研究馆　杨天石
主持人：中国国家博物馆副馆长　董琦

董琦：

　　今天，中国国家博物馆国博讲堂非常荣幸邀请到著名学者杨天石先生。杨天石先生是中央文史研究馆馆员、中国社会科学院荣誉学部委员、近代史研究所研究员，兼任清华大学教授、浙江大学客座教授。

　　杨先生主要研究领域是中国文化史、中华民国史及中国国民党史，用力即勤，收获颇丰，在学界有广泛的影响。

　　今年是辛亥革命百年，所以我们请杨先生来，给大家做讲座，题目是"辛亥革命的再研究"。现在请大家以热烈的掌声欢迎杨先生讲课！

杨天石：

　　各位女士、各位先生：早上好！

　　辛亥革命的百年纪念活动已经过去了，我没有想到今天的讲座还有这么多女士和先生们来参加，这说明大家对于历史、对于辛亥革命史还是很关心、很希望了解的。今天这个题目，我曾经在湖南的潇湘讲堂讲过三个单元，后来他们做了一个九集的文献片，今天上午我要用一个半小时到两个小时的时间，来完成我原来讲的三个单元大概七个小时的报告内容，有相当大的困难，我尽量压缩，希望能够在一个半小时，最多两个小时之内讲完。

一、中国当时为什么没有走上改良之路

　　多年来，学术界、社会各界对辛亥革命从来是持肯定态度的，认为辛亥革命有必要。但是最近若干年，学术界提出了一种新的看法，认为辛亥革命没有必要。这部分学者认为康有为、梁启超提出的改良道路非常之好，说改良没有暴

力，没有流血，对社会没有大的破坏，可以很平稳地、很和平地实现中国社会的转型；搞革命的结果打断了清朝政府改革的进程，革命的结果造成了中国军阀割据、非常混乱的局面。这部分学者把辛亥革命以后国家四分五裂的局面归咎于辛亥革命，有学者提出了一个很著名的理论叫"告别革命"；今年纪念辛亥百年，有学者就进一步提出了一个思想，叫"告别辛亥革命"。出版界出了一大批著作，出了一千四百余种关于辛亥革命的图书，其中有的书很明确地提出来清朝政府的"新政"搞得不错，"新政"的结果是社会安定、财政富裕，说搞得很好，按照这个路子往前走就可以，为什么要革命呢？

所以今天我要讲的第一个问题是，中国当时何以没有走上改良之路。

鸦片战争前夕，进步的思想家龚自珍曾经设想过两种改革道路，龚自珍讲："一祖之法无不敝，千夫之议无不靡。与其赠来者以勃改革，孰若自改革？"就是说，老祖宗所制定的规章制度、方针政策最后都要衰败，没有不衰败的。"千夫"就是很多人、众人，他们的议论、他们的思想最后也没有不衰败的；"勃改革"，是一种强力的甚至是一种暴力的改革。龚自珍说，与其给未来的人提供一个暴力改革、强力改革的机会的话，还不如自改革，由清朝统治者自己来改革。龚自珍提出的"自改革"，就是体制内的温和的自我改革。第二种改革叫"来者之勃改革"，我把它称之为体制外的强力改革。

为什么清朝末年中国没有走上这种温和的"自改革"道路呢？应该说革命党人最早设计的、最早企图走的，也是一条温和的自改革的道路。大家都知道孙中山在1894年曾经跟他的一个好朋友叫作陆皓东（1868年～1895年）到天津，向当时清朝政府的改革派的首领北洋大臣李鸿章提出过改革的建议。孙中山提出的改革建议核心，是"人能尽其材，地能尽其利，物能尽其用，货能畅其流"。这是一个温和的自我改革的主张。但是很遗憾，当时李鸿章忙于准备和日本打仗，忙于甲午战争的准备，没有能够见孙中山。孙中山在未能见到李鸿章以后，曾经到北京来做过一个考察，孙中山考察的结论是，他认为北京清政府当时的腐败情况比他在广东所见的情况更加严重。孙中山觉得中国非革命不可。到了1898年，清朝政府镇压了康有为、谭嗣同、梁启超他们领导的维新运动，体制内的改革失败了。

清朝政府是什么时候启动了自我改革的道路呢？那是1900年八国联军入侵，西太后带着光绪皇帝匆匆忙忙逃到西安，这以后西太后从西安回銮，回到北京，宣布实行新政，这个时候清朝政府的高层才决心启动自我改革的道路。

对于新政，若干年前我们的学术界基本上是否定的，认为这是清朝政府的假改革，是欺骗。这些年来学术界肯定了新政的成绩。我觉得清廷的改革是具有资本主义现代化性质的改革，有成绩，对于这个成绩，人们不应该否定。新政的改革主要是四个方面。

第一方面，是军事改革。办新军，把原来使用刀、矛、弓箭这样一些冷兵器的旧式军队，改为使用洋枪洋炮的一支新式军队。到清朝末年，全国的新式军队大概训练了二十万人，这是军事上的现代化。

第二方面，是文化改革。主要是两项内容：废科举、兴学堂，向国外派遣大量留学生。科举制度是从隋朝就开始实行的一种人才选拔制度，到了清末，把这个在中国实行了一千多年的科举制度废除了，应该说这是一个重大的改革。我们在座有很多女士，我想向女士们提一个问题：你们知道中国最早的提倡办女子学堂的是谁吗？是西太后。所以西太后在废科举、办学堂、兴办女子教育方面还是有功的。

第三方面，是经济改革。其重要的内容就是奖励老百姓投资实业，你投资五百万，除了允许你办厂、办企业之外，还要给你一个爵位，赏你一个官爵，这也是前所未有的措施，办新式企业，除了有钱可赚以外，还有官可做。

第四方面，是法制改革。满清末年，制定了大量新的法律。著名的学者李泽厚先生曾经提出来，他说"清朝末年已经形成了一整套很完备的法律系统"。确实如此，例如清朝政府甚至于连《破产法》这样的法律都制定了。

清朝政府以上四个方面的改革，应该说是具有资本主义色彩、向现代化前进的改革，不能否定它的成绩。但是，清朝政府的改革里有一条，就是缺少政体的改革，清朝政府的政体改革仅仅停留在皮毛上。1905年7月，清朝派五个大臣出洋考察，要学习西方的君主立宪那一套。第二年，五大臣出洋考察以后，清朝政府就宣布要预备立宪。什么叫作"预备立宪"？说立宪是个好东西，但是中国的条件不够，要预备。清朝政府怎么讲的呢？说搞了立宪以后，"大权统于朝廷"，但是还要"庶政公诸舆论"，就是要听老百姓意见。国家怎么治理？强调"大权统于朝廷"，其实就是不想放权。清朝政府、满洲贵族希望用立宪这个办法，来确定国家万年有道的基础。清朝政府搞立宪的本质暴露了。1908年8月，清朝政府颁布了一个"宪法大纲"，由于这个宪法大纲是西太后批准的，所以我们经常加两个字叫作《钦定宪法大纲》。《钦定宪法大纲》里的第一条："大清皇帝统治大清帝国，万世一系，永永尊戴。"这句话的意思是说，大清皇帝统治中国这块土地，那是千年万载不能改变的。什么叫作"万世一系"？皇帝是爱新觉罗家族，以后中国的皇帝永远只能是爱新觉罗家族的人来做，这个叫作"万世一系"。第二条叫作"君上神圣尊严不可侵犯"，这一条确立了皇帝的最高的神圣的地位。其他还有许多条，我下面举的是最核心的几条：一条是用人权，"操之君上"，掌握在皇帝手上。既然要立宪，当然就要有议院，但"宪法大纲"明确规定，议院不能干涉皇帝的用人权。下面一条是"一切军事，皆非议院所得干预"，就是军队的权力、军事上的权力，国会没有权力干涉。"司法之权，操诸君上"，也是掌握在皇帝手上。最后一条是紧急的时候，皇帝可以用命令来限制老百姓的自由。

所以大家看到，这个宪法大纲完全是一个巩固皇权专制的宪法。这个宪法大纲其实完完全全是从日本的宪法抄过来的，日本是天皇制，但是抄的时候，凡是日本宪法里限制天皇的那些条文一条也不要，把日本宪法里推崇天皇的东西全抄下来了。清朝政府要立宪，当然要答应老百姓有各种各样的自由。刚才我讲了李泽厚教授说清朝制定了一套完整的法律制度，不错。我们就看它的《集会结社律》，清朝政府也规定了老百姓有言论、著作、出版、集会、结社的自由，从这条来说，清朝政府的法律和西方各国的法律一样。但是《集会结社律》说："凡宗旨不正、违反规则、滋生事端、妨害风俗者，均在取缔之列。"只要结社集会游行，民政部、地方督抚、巡警道员、地方官吏，都可以用维持公安的理由下令解散。清政府也很先进，订了一个法律叫作《大清报律》，就是新闻出版法。这一点好像清朝政府比我们还先进，我们到现在还没有报律。但是清朝政府的报律是怎么规定的呢？说报纸有些是不能登的，"诋毁宫廷"，骂皇族、骂皇帝是不行的；"淆乱政体"，批评君主制度不好也不行；"扰害公安""破坏风俗"的内容，报纸是不能登的。而且所有的报纸、所有的出版物，都需要在出版发行之前一天中午，送给"该管巡警或者地方官吏"审查。如果你明天出版一本书，今天中午十二点之前要送给公安机关和地方当局去审查。所以说，清朝政府的这些法律虽然很完备，但是实际上并没有给你自由，而是给了清朝政府官吏管理你、压制你的最大的自由。

1911年，清朝政府进行政府改革，成立了一个内阁，这个内阁有十三个内阁成员，就是十三个部长，这个机构看来还是很精简的。部长是十三个，其中汉人四个，满人九个。九个满人里，皇族，就是爱新觉罗家族有七个人。由于里边的皇族太多，所以我们史学界把这个内阁叫"皇族内阁"。这个是历史的倒退。清朝初年的时候，满洲贵族从东北入关以后，曾经实行一个政策叫"均衡满汉"，就是在满族和汉族之间采取平衡的政策。例如内阁大学士规定满族、汉族各两人，协办大学士满汉各一人；六部尚书，就是六个部的部长，满汉各一人，侍郎，就是副部长，四个人，满汉各半。所以清朝初年满洲贵族入关以后还是相当重视满人和汉人之间的平等。但是到了1911年，"皇族内阁"里十三个内阁大臣，居然九人是满人，其中七人是皇族。

晚清时候，立宪运动掀起了，国内有相当一部分人要求清朝政府实行君主立宪。清朝政府说可以，但是时间是宣统五年，这个时间不能更改，想提前一年是不行的。因此，各地的老百姓、各地的官僚士绅就纷纷到北京来请愿、上书，甚至于在摄政王王府前面静坐，从白天到黑夜静坐，要求清朝政府提前召开国会。但是对于这些老百姓、这些请愿者，清政府的态度是"即日散归"，赶快回家，回本地去，而且提出来"不准再行联名要求渎奏"。当时的老百姓请愿是联名上书，清朝政府说不准你们再搞签名运动，开始还是讲"开导弹压"，后来就表示"查拿严办""随时弹压""从严惩办"，也就是说清政府对于民间掀起的这种国会请愿运动，这种和平的呼吁，是采取高压的镇压态度。北京的邻近城市天津比北京、比其他各地做得稍微激进了一点，除了搞签名、上书、到北京来请愿之外，他们往前走了一步，去游行，要求清朝政府提前召开国会。清朝政府除了镇压这些请愿的学生之外，把一个学校的校长叫温世霖（普育女子学堂创办人）送到新疆充军去了，说你校长没有把学生管住。清朝政府成立了皇族内阁，满洲贵族占了那么多的位置，老百姓当然反对。摄政王载沣就提出来，说用人权在皇帝手上，《钦定宪法大纲》里已经讲得很清楚了，这是皇帝的权力，而且已经说明了，议员不能干涉；说你们这些人一再申请、要求，你们的议论已经一天比一天嚣张了。所以就在清朝政府下令解散国会请愿团的当天晚上，各省到北京来请愿的代表们秘密商议，说对清政府的政治绝望，大家决定"密谋革命"。"革命"本来是孙中山这一派革命党人的主张，现在连这样一些搞和平请愿的立宪党人也主张要革命了，可见革命已经成了一个历史发展的趋势，成了大家共同的要求。

所以我觉得是改良还是革命，与其说决定于革命党人，不如说决定于清朝统治者。由于满洲贵族拒绝政体改革，千方百计地维护君主专制制度，维护爱新觉罗家族的核心利益，企图万世一系地当皇帝，革命就不可避免了。

中国当时为什么没有走上改良道路，是清朝政府不愿意进行政体改革，千方百计地维护君主专制制度，维护爱新觉罗家族的核心利益。

二、是谁领导了辛亥革命

这个问题好像不是一个问题，多年来我们的历史教科书都告诉人们说：辛亥革命谁领导的？资产阶级革命派。2011年年初，我在广东的翠亨村参加辛亥革命的高峰论坛，全国大概有二三十位研究辛亥革命的专家参加了，中间我碰到一个好朋友，他说最近北京的某一个机构把他从广州请到北京，交给他一个任务，写《孙中山传》，同时告诉他，你写《孙中山传》有四点不能动：第一点，辛亥革命是资产阶级革命，这个不能动。第二点，孙中山是资产阶级革命家，这个不能动。第三点，南京临时政府是资产阶级政权，不能动。第四点，南京参议院通过的《临时约法》是资产阶级的宪法，这个不能动。而且告诉他，这四点是我们三代领导人确定的，你比我们三代领导人还高明？

在这以前，武汉要兴建一个辛亥革命的纪念馆，方案是我们近代史研究所帮它设计的，设计好以后，交给近代史研究所的一些专家来审定。这个前言，大概是不到三百字，但是出现了五六个"资产阶级"，"辛亥革命是资产阶级革命"，"孙中山是资产阶级革命家"等。我当时就和辛亥革命纪念馆的筹备人员讲，我说你这个展览会是办给谁看的？是仅仅办给大陆的中国人看，还是面向海峡两岸的老百姓，面向世界华人？他说没有问题，我们当然是面向海峡两岸的中国人，面向世界华人。我就跟他提一个问题，我说请问你这二三百字的前言里出现了五六个"资产阶级"，请问你，台湾的老百姓、世界华人看了以后，他看得下去吗？后来会上另外一位学者表示这个要坚持，不能动。也就是说多年以来，我们把辛亥革命定位在资产阶级领导，这是不可动摇的。

后来，2011年10月9日，胡锦涛同志在人民大会堂作纪念辛亥革命百年的报告，那一天我正好在苏州，中午吃完饭，我第一件事情就是上网，我要看看胡锦涛同志对辛亥革命怎么评价，怎么定论。我从头到尾看了一遍，发觉锦涛同志讲话里通篇没有"资产阶级"四个字，而且在原来通常我们一定要加"资产阶级"的地方也没有这四个字，例如"1911年资产阶级革命党人发动了武昌起义"，我们以前在"革命党人"之前一定要加"资产阶级"四个字的，但是你看锦涛同志讲话，前面不加这四个字了，只说：1911年革命党人发动了武昌起义。过了几天，我参观武昌新建立的辛亥革命纪念馆，从头到尾找"资产阶级"四个字，我很奇怪，武昌新建的辛亥革命纪念馆在凡是原来讲"资产阶级革命家""资产阶级政权""资产阶级宪法"的地方，"资产阶级"都不见了。所以锦涛同志讲话的当天下午《环球时报》记者打长途电话找我，问我对锦涛同志的讲话什么态度，让我谈感想。我就告诉他，第一，我很高兴，锦涛同志的讲话在我们过去历史学界通常要加"资产阶级"的地方都没有加，我说这是以前没有的现象。

现在回到这个问题上来——谁领导了辛亥革命？辛亥革命时期，中国民族资产阶级有多少？有多大？大概是五百到一千家。这么多家的近代企业能够产生多少资产阶级呢？我想充其量不会超过一万人。辛亥革命时期的中国资产阶级，它的特点是什么？求稳、怕乱，企图在保存旧体制的基本框架下实现部分的改良，反对暴力。为什么？资本家都有工厂，有财产，有坛坛罐罐，革命起来了，他的财产、他的工厂、他家里的坛坛罐罐都保不住，所以近代中国的资产阶级反对革命，要走改良道路。他们的代言人、他们的政治代表是谁呢？就是维新派、改良派，康有为、梁启超和后来的张謇等这样一批立宪派。他们的主张是要提倡商战，就是商业上的竞争，要发展近代工商业，把"保护资本家作为第一义"，作为最重要的工作。梁启超和孙中山辩论的时候讲，中国的资本家越多越好，越大越好，中国不仅要有大资本家，而且要有托拉斯，只有中国有大资本家，大托拉斯，才有可能和外国竞争，所以梁启超就提出，我们现在最重要的工作是保护资本家，为了保护资本家，即使让劳动者的利益受点损害也没关系。所以我觉得，辛亥革命时期，中国的资产阶级有没有代表？有，它的代表应该是康有为、梁启超为首的维新派和张謇为首的立宪派。

这一点，从1909年在上海成立的预备立宪公会就可以看出来。预备立宪公会是一个以在中国实行君主立宪为目标的团体，成员是三百五十八人，其中做过知县以上官吏的人是七十七人，占21.5%，企业主、公司经理、商会总理八十四人，占23%。可见，立宪派的社会基础是资本家，还有正在向资本家转化的一部分官僚和地主，说资产阶级是辛亥革命的领导阶级，说不过去，不合情理。

辛亥革命时候中国还产生了一种新的社会力量，我称之为新型知识分子。近代中国的新型知识分子，大体上是五种类型：一是洋务知识分子，以王韬、薛福成等为代表；二是维新知识分子，以康有为、梁启超、谭嗣同为代表；三是共和知识分子，以在中国建立民主共和制度为政治理想，以孙中山、黄兴为代表；四是无政府知识分子，反对在中国成立任何政府，以刘师培、张继（后来成为国民党老党员）为代表；五是共产知识分子，以在中国建立社会主义、共产主义为目标，例如早期的陈独秀、李大钊、毛泽东。

关于这批新型知识分子，我们可以看几个数字。例如留学生，1903年是一千三百人，1904年是两千四百人，1905年为八千五百人，到了1906年发展到了一万三千人；更大的数字表现在国内学堂的学生，1907年学生是一百零一万三千人，1908年为一百二十八万四千人，到了1909年是一百六十二万六千人。这批知识分子和传统知识分子不同，我认为体现在下面几个方面。

第一，这批知识分子具有近代科学知识。从知识结构的主体看，他们不再是儒家的"子曰""诗云"那一套，而是声、光、化、电这样一些自然科学，以及达尔文、赫胥黎的进化、天演之学。

第二，他们具有近代民主主义思想，从思想的主流看，不再是"普天之下，莫非王土；率土之滨，莫非王臣"以及"臣当尽忠"的旧观念，而是以法国的启蒙思想家卢梭为代表的"主权在民"的学说。

第三，他们出卖脑力或者即将出卖脑力，以知识为谋生手段，主要服务于新兴的科学文化教育事业。他们不靠地产，也不必依靠科举，在一定程度上摆脱了对地主阶级和清廷的依附。

这样一些知识分子和西方资产阶级的知识分子比较，我觉得也不同。

第一，反满，有一个种族问题在里面。孙中山提出要"驱逐鞑虏"，光复会提出要"光复汉族，还我河山"；黄兴的华兴会，所谓"华"实际也还是汉族。

第二，推动他们投入社会政治运动的主要原因是救亡，从帝国主义的侵略下挽救祖国，振兴中华，并不是资本家阶级的经济利益。当他们离乡去国、寻求真理的时候，当他们抛妻别子、准备武装起义的时候，他们所想到的是如何让灾难深重的祖国免于被瓜分，如何使可爱的民族免于沦为马牛；至于发展资本主义，我想他们中的许多人连做梦都没有想过。更重要的是，他们不少人的思想里，还不同程度地存在着批判资本主义或者反资本主义的内容，并且表现出对社会主义的同情和向往。

我举一个年轻的革命家邹容的例子。邹容写了《革命军》，这是长期以来被认为是提出了资产阶级共和国方案的一本书。鲁迅曾经讲过，辛亥革命之前，革命党人出了很多书，散发了很多宣传品。鲁迅讲得很明确，他说那么多书、那么多宣传品，没有一本书、没有一件宣传品，像邹容的《革命军》发挥过那么大的力量。但是当邹容被清朝政府抓到监牢里，然后在上海的法庭上审判邹容的时候，法官就问邹容，你怎么写《革命军》这么一部书？这是背叛朝廷、大逆不道的。邹容回答得很有意思，说对不起，我现在对《革命军》已经没有兴趣了，我现在想写一本新的书叫《均平赋》，让天下人没有贫富之分。"赋"是中国古代一种文学题材，邹容表示，要写一本新的书，提倡平均、平等。邹容所谓的"均平"，就是社会主义思想在近代中国早期传播的时候的一个同义语。

　　再举一个例子，章太炎，鼎鼎大名的革命家。1903年以前，章太炎所向往的确实是西方资本主义，那个时候，章太炎心目中有两个偶像，一个是法国的拿破仑，一个是美国的华盛顿。那个时候还没有"偶像"这个词，也没有"粉丝"这个词，章太炎由于把拿破仑、华盛顿看成是偶像，所以创造了一个词叫"极点"，意思就是登峰造极。当年章太炎是把拿破仑、华盛顿看成高峰、偶像的。但是到了1907年，章太炎从上海的监牢里出来到了日本，一看日本的情况，说不对了，说日本社会贫富悬殊，这个先不说，只从议会选举的角度来看，也是千奇百怪，丑恶肮脏得很。于是章太炎的精神一下子崩溃了，就写了一篇文章，说他要拿着一把大铁锤，把拿破仑、华盛顿的坟墓打开，用大铁锤把拿破仑、华盛顿的脑袋砸碎。这就说明，这时候，西方资本主义、西方资产阶级的政治人物，章太炎对他们已经失望了，不再认为他们是偶像了。

　　当时像章太炎一样大骂资本主义的人大有人在。1907年东京中国革命党人里有一个社会主义讲习会，每次开会都讲中国不能走资本主义道路，当然他们所谓的社会主义其实是无政府主义。

　　再看革命党领袖孙中山的思想。1903年孙中山就表示，西方社会贫富悬殊，不是理想世界，他也像邹容一样谈均平，认为社会主义乃是一刻也不能忘记的"主义"。1905年5月，孙中山做了一件让我们今天都感到吃惊的事情。当时在比利时有一个全世界共产主义的组织叫"第二国际"，第一国际是马克思创建的，是国际无产阶级的组织；第二国际是恩格斯和伯恩斯坦创建的，当时叫社会党。孙中山到了比利时，访问第二国际的总部，提的要求就是要第二国际接受孙中山的党，而且孙中山向第二国际表示，他说"我们要防止一个阶级剥夺另一个阶级，就像所有的欧洲国家都曾发生过的那样"。孙中山保证，"中国社会主义者要采用欧洲的生产方式，但是要避免其种种弊端，中世纪的生产方式将直接过渡到社会主义的生产阶段，工人不必经受被资本家剥削的痛苦"。1905年，孙中山要求参加第二国际，这是一件很了不起的事情，是一件很值得我们重视的事情。也就在孙中山访问第二国际，要求参加第二国际以后，孙中山在东京创办的同盟会的机关刊物里讲，现在许多爱国志士都希望中国像欧美一样强大。欧美是强大，但是老百姓很穷困。所以孙中山明确表示，中国不能走欧美的老路。他说"追逐于人已然之末轨者，终无成"，就是说，我们如果简单地跟在西方世界后面走，最后是不会成功的。

　　更有意义的一件事情是1915年，中华民国已经成立后，孙中山又第二次给第二国际写信，宣称社会主义是自己"一生奋斗的唯一目标"，孙中山表示希望第二国际能够派专家来，派人到中国来，帮助中国成为世界上第一个社会主义国家。我请大家注意这封信的时间是1915年11月，俄国的十月革命发生在1917年，那是两年之后了。所以说孙中山是早在俄国人选择社会主义道路之前，就表示要让中国成为世界上第一个社会主义国家。

　　1906年，孙中山在东京发表演说，他说"文明有善果，也有恶果。我们须要取那善果"，把好的果实拿过来，"避那恶果"，不要坏的果实，"欧美各国善果被富人享尽，平民反食恶果，总由少数人把持文明幸福，故造成此不平等世界，我们这回革命，不但要做国民的国家，而且要做社会的国家，这是欧美所不能及的"。这里请注意：第一，是孙中山讲的"取那善果，避那恶果"，这说明孙中山懂辩证法，他对资本主义现代文明不是采取全盘否定的态度，不是一概表示要打倒、要推翻，而是"取那善果，避那恶果"。这是孙中山和马克思、和许多社会主义思想家不一样的地方。第二，我们可以发现，孙中山的理想还是要超越欧美，不能走西方资本主义老路，他要在中国创造一个新的世界，要创建一种新的社会类型。在《建国方略》里，孙中山还有一段话，说"吾之意见，盖欲使外国之资本主义以造成中国之社会主义，而调和此人类进化之两种经济能力，使之互相为用，以促进将来世界之文明也"。就是说，孙中山不是像我们通常所认为的要彻底地消灭资本主义，认为资本主义是万恶之源，他不这样看。孙中山认为人类社会有两种推动力量，一个是社会主义，一个是资本主义。孙中山说我的任务，是要让这社会主义和资本主义调和起来，互相为用。什么叫作"互相为用"，就是社会主义和资本主义要互相借鉴，互相参考，互相学习。

　　在政权问题上，孙中山在1912年就批判西方资本主义民主，认为那只是富人的民主；十月革命以后，孙中山由于不了解俄国的情况，所以他曾经提出要建立俄国式的最新式的共和国；后来又提出要建设一个非少数人所得而私的真正的民主国家。国家政权不是少数人所有，而应该为人民所有，孙中山还表示要当工人总统。

　　到1924年年底，孙中山甚至于在国民党的中央全会上表态，他要抛弃国民党，自己去参加共产党。这就回到我刚才讲到的2011年年初，在孙中山高峰论坛上的争论。复旦大学有一位姜义华教授在会上发言，列举了孙中山的好多社会主义思想，姜教授就提出一个问题，说我弄不明白，干什么老是把孙中山往阶级那边推，口口声声说是资产阶级革命家。另外一个教授就反驳他，说孙中山不是资产阶级革命家，难道他是无产阶级革命家？如果说孙中山是无产阶级革命家，孙中山恐怕要跳起来反对。散会以后，我就和这位学者交换意见，我说把孙中山说成是无产阶级革命家我不同意，不能那么说，但是他不是无产阶级革命家，就一定要说他是资产阶级革命家吗？我说这种非"无"即"资"的思维方式恐怕不合适。你说孙中山是无产阶级思想家，他一定跳起来反对，我说不一定；在我看来，你说孙中山是资产阶级革命家，如果说他活着，他肯定反对。为什么呢？孙中山明确讲过他要当工人总统。

1924年年末，国民党开中央委员会全会，少数国民党员提出来，说孙先生的民生主义和共产主义不是一回事，不一样。孙中山就讲，我的民生主义和共产主义是一样的，若说不同，只是方法不同。孙中山当时发了脾气，他说，你们一定要说我的民生主义和共产主义完全不一样，如果你们都是这样看法的话，那么我就抛弃国民党，自己去参加共产党。

我刚才讲这些的目的是说明，孙中山不是资产阶级革命家。世界上哪有这样的资产阶级思想家？所以我对孙中山有一个看法，他是平民知识分子革命家，或者叫共和知识分子革命家。我的这个观点在我最近出版的一本书《帝制的终结》里有比较详细的阐述。

所以我认为辛亥革命的领导力量不是资产阶级，共和知识分子是辛亥革命的领导力量，就是说是一批以追求在中国建立民主共和制度为目标的这样一些新型的知识分子，他们是辛亥革命的领导者。为什么？主要有五个方面的原因：

第一，他们是革命纲领的制订者和革命思想的孕育者、传播者；

第二，他们是各个革命团体的组织者和领导者；

第三，他们是多次反帝爱国运动的发起者；

第四，他们是历次武装起义的组织者和领导者；

第五，他们是南京临时政府的领导主体。

有人说杨先生，你说"共和知识分子"，以前没听说过，是不是你自己创造了一个词？对，我承认，"共和知识分子"这个提法是我提出的。为什么这么提？我们既然有共产知识分子，以在中国建立共产主义社会为目标，那么当然就可以有共和知识分子，以追求共和、创建民主制度为目标。这样一批知识分子，他的社会身份，他们自己没有财产，他们是学生，或者是教师、自由职业者、记者，他们把自己看成是平民，所以我觉得从社会身份来说，这批人，我们既可以称他为"共和知识分子"，也可以称他们为"平民知识分子"。"平民知识分子"这个词不是我创造的，是列宁创造的。列宁曾经讲过俄国是三代知识分子：第一代，列宁称之为贵族知识分子，代表人物是俄罗斯的伟大作家赫尔岑（1812年～1870年）；第二代，列宁称之为"平民知识分子革命家"，代表人物就是俄罗斯的伟大的文学批评家车尔尼雪夫斯基；第三代，列宁说是我们这一批信仰共产主义的知识分子。所以我认为在近代中国历史上起作用的，主要是三代知识分子：第一代是康有为、梁启超、谭嗣同，他们是以追求维新改革为目标；第二代就是以孙中山、黄兴为代表的，以在中国建立民主共和制度为追求的这一代知识分子；第三代就是早期的共产主义知识分子，陈独秀、李大钊、毛泽东。

我们可以用同盟会的情况做一个证明。同盟会留下了一个会员名册，时间是1905年至1907年，会员人数是三百七十九人。在三百七十九个会员里，留学生、学生三百五十四人，占93%；官僚、有功名的知识分子是十人，占2.6%；教师、医生八人，占2%；资本家、商人六人，占1%；贫农一人，占不到1%。同盟会是辛亥革命的领导机构，它的领导机构里，留学生、学生、教师、医生占了95%以上。能够把这批占95%以上的学生、留学生、教师、医生，说成是资产阶级吗？凭什么说他们是资产阶级？我想在座的可能有大学生，说你是资产阶级，你同意吗？

三、辛亥革命何以胜利迅速，代价很小

辛亥革命是在一个幅员广大、面积一千多万平方千米的超级大国里，结束了长达两千余年的君主专制制度，使中华大地上出现了前所未有的政党执政的巨大政治变革，这是一件十分伟大、十分了不起的事件。但是从武昌起义到南京临时政府成立、中华民国诞生，前后不过八十多天，三个月不到。如果从兴中会成立算起，也不过十七年。

当年改良派危言耸听，言中国一旦发生革命，会像法国革命一样，"动乱百年""伏尸百万"。当时在清廷内阁承宣厅办事的许宝蘅说，根据中国历代江山更迭的经验，中国的人口要死四分之二到三分之二。孙中山本人也估计，革命成功，至少三十年。但是辛亥革命的胜利出奇地迅速，而且代价很小，并没有出现大量死人、血流成河的恐怖场面。用孙中山自己的话来说，就是"太过迅速、容易，未曾见有若何牺牲及流血"。

我们看几个例子。湖南长沙：10月22日早晨8点发动，下午2点成功，一共六个小时。没有打仗，只杀死了四个人。

江西南昌：10月30日晚上发动，当晚就成功了。

山西太原：10月29日黎明发动，也就在同一天早晨，革命成功。

浙江杭州：11月4日夜半发动，次日黎明成功。

当年革命党人进攻杭州的巡抚衙门的时候，蒋介石是敢死队的队长。敢死队又叫炸弹队，每人胸前挂一枚大炸弹，去进攻巡抚衙门。到巡抚衙门被攻破，杭州全城光复，时间不满四十分钟。

所以我说，武昌起义九个省会城市是由新军起义发端的，进展顺利，没有战斗，或者没有严重的战斗，在半天、一天、至多在两天之内，甚至于在不到四十分钟之内就完成了任务，清廷的地方督抚、将军，大都处于不抵抗状态，另外有五个省会城市"和平独立"，江苏苏州、广西桂林、安徽安庆、广东广州、四川成都是和平独立，也大多过程迅速，没有破坏和流血、牺牲。今年我在苏州讲辛亥革命的时候，我说贵苏州革命太容易了，老百姓睡着觉，第二天早晨就发现满街都是白旗——白旗当时是革命党的旗帜，居民做了一个梦，睡了一觉，第二天早晨，苏州革命了，成功了。当时还没有毛泽东《湖南农民运动报告》。毛泽东在此文中说，革命是暴动，是一个阶级推翻另外一个阶级的大暴动；革命不是绣花、绘画，不能文质彬彬和温良恭俭让。那个时候革命党人不懂这个道理，革命成功以后，这些革命者也觉得奇怪，说我们苏州革命太容易了，怎么能什么破坏也没有呢？总得破坏一些东西。破坏什么呢？想了想，有人找了一个长竹竿，从巡抚衙门的大殿上一挑，挑下了两片屋瓦，掉到地上，瓦碎了，所以革命党人就说，这就是破坏了。

纵观武昌起义至南京临时政府成立的过程，除了陕西进攻满城，清兵南下，革命党人展开汉阳保卫战，以及江浙联军进攻南京，打得较为激烈之外，没有发生旷日持久、胶着难分、牺牲惨重的战斗和战役，胜利迅速，代价很小。那么何以会出现这种状况呢？

我认为其中有五大原因。

第一，清朝政府腐烂颟顸，顽固维护君主专制和爱新觉罗家族的核心利益，却为自己培养了大批掘墓人。

清朝政府、满洲贵族怎么样维护君主专制制度、维护爱新觉罗家族的核心利益？我在一开始就讲了，这些就不重复了。说为自己培养了大批掘墓人，清朝政府在搞新政的过程中培养了两支队伍。一支队伍是用洋枪洋炮武装起来的新型的军队。新军由于需要掌握现代化的武器，所以都有比较高的文化水平，容易接受革命思想。另外就是清朝政府办学堂、派留学生，培养了大量的新型知识分子。一文一武，都是清朝政府的掘墓人。

第二，革命党正确对待满人，实行了一次人道主义的文明革命。

大家都知道，满洲贵族入关的时候，对于抵抗的广大汉族人民实行残酷屠杀政策。大家都熟悉一个词，叫作"扬州十日"。清兵在攻下扬州以后，大杀了十天，据统计，杀死七十万人。日军打下南京之后，南京大屠杀，杀死三十万人。清兵打下扬州以后，屠杀的总数是七十万。所以革命党人开始革命的时候，最能够动员人的口号叫"排满"，把满洲人赶回东北去，是复仇。如果大家看邹容的《革命军》，你会发现邹容除了强调要建立共和国之外，还有一个主张就是把满族人赶出去，赶出中原，甚至于要把满洲人都杀光，把满洲的皇帝杀掉。也就是说辛亥革命开始的时候，革命党里面形成了一种浓重的复仇主义情绪。但是孙中山坚决反对，在成立同盟会的时候，有的人主张把同盟会的名称改为"对满同志会"，孙中山说"满清政府腐败，我们所以革命；如果满人同情于我，亦可许其入党"。孙中山毕竟高明，说如果满人同情革命，我们也可以接受满人参加革命党。这是何等宽广的胸怀！

后来《民报》曾经发表一篇文章，专门讲一个道理："满洲人不来阻害我们，决无寻仇之理。他们当初灭汉族的时候，攻城破了，还要大杀十天才肯封刀，这不是人类所为，我们决不如此。"

《民报》曾经发表过一篇文章《仇一姓不仇一族论》，对于革命党人的民族政策作了进一步的阐释，该文认为，汉族不共戴天的仇敌仅仅是"满族中之爱新觉罗一姓"，特别是其中的"据隆崇之地位，握高尚之特权"的"满酋"，也就是我们今天所说的"满洲贵族"；对那些没有生活来源的满族穷人，新政府成立以后，还要帮他们解决生活问题，让他们和汉族人民共同生息于共和政体之下。

到了1910年，同盟会的后期负责人曾经发表过一个见解，提倡汉、满、蒙、回、藏，组织一个新的政党，这个政党包括汉、满、蒙、回、藏五族人民，共同革命。

原来复仇主义情绪很厉害的章太炎，在辛亥革命以后特别写了一封信告诉那些在日本学习的满族留学生，说如果我们的大军北定宛平，推翻了你们的政府，你们满族也是中国人民，农商之业，你想干什么就干什么，都有选举之权，一切平等，优游共和政体之中，其乐何似!

1912年1月1日，孙中山当临时大总统的时候，宣布五族共和，把民族团结、民族和谐作为一个国策确定下来。

这里我要讲一讲法国革命。法国革命的时候，法国的国王路易十六的下场是上了断头台。俄国的十月革命，革命成功以后，沙皇全家包括仆人、狗全部被杀。中国的辛亥革命，南京临时政府通过了《优待清室条件》，根据这个《条件》，清朝皇帝在紫禁城里可以继续当皇帝，也可以自称皇帝，颐和园还可以作为皇家园林，可以到那儿休假，每年民国政府还提供几百万两白银作为生活费。所以，辛亥革命对于满洲贵族、对于满洲的皇帝采取的是优待、宽大的条件。这是第二个原因。

第三个原因，是争取列强中立，避免其直接武装干涉，减少阻力。

辛亥革命之前，改良派的梁启超等人就吓唬革命党，说不能革命，一革命，列强就会来干涉。辛亥革命的时候，有没有哪个列强出兵来帮清朝政府打革命党？太平天国的时候，有一个洋枪队站出来帮清朝政府镇压太平天国，辛亥革命的时候为什么洋人没有组织洋枪队来打孙中山呢？义和团运动的时候，义和团在北京表示要扶清灭洋，结果八个列强组织了八国联军打进来了，为什么辛亥革命的时候列强没有组织一个八国联军或者七国联军打革命党呢？道理就在于革命党人的对外政策。1897年，孙中山在伦敦和英国人合作写了一本书，就提出来要争取列强在中国革命的过程中采取善意的中立政策。革命党人成立同盟会以后，就发表了一个对外宣言，我们只看一下前面两条："所有中国前此与各国缔结之条约皆继续有效，偿款外债照旧相认，仍由各省洋关如数摊还；所有外国人之既得权利，一体保护。"看了这两条以后，大家是不是有一个想法，说这个革命党也太窝囊了，革命成功了，不平等条约还都承认？借的外债赔款都还，革命党的中国人的革命精神、中国人的骨气哪儿去了？武昌起义之后，革命党人对于教堂、教会，对外国人的商店、财产、生命采取严格的保护政策。革命党刚刚起义的时候，外国人很紧张，美国有一个舰队司令说革命党起兵以后，他肯定会收到大量的要求保护美国侨民的书信，大家都来要求他这个美国舰队司令保护他们的生命安全。但是革命党起义之后，他发现没有这个必要，侨民们没有感到他们的生命财产会发生危险。所以美国政府开了一个会，他们说，革命党和义和团不一样，我们没有出兵干涉的必要，也没有出兵干涉的借口。当时在列强里，只有一个国家想出兵，就是日本。日本是天皇制，中国革命把皇帝推翻了，日本天皇怎么办？所以日本想出兵。日本与英国有"英日同盟"，就找英国商量，说咱们一块出兵吧，英国拒绝了。日本说，你不肯出兵，咱们联合起来，向革命党提要求，说你革命了，只能实行君主立宪，不能搞民主共和。英国的首相坚决拒绝了，说我们不能干涉中国。所以由于英国既拒绝出兵，也拒绝向革命党施加压力，日本一个国家想蛮干也干不起来。

第四个原因，团结立宪派和开明官僚，结成反清统一战线，壮大革命力量。

革命党和改良派、立宪派本来是冤家对头，一个主张革命，建立民主共和，一个主张拥护皇帝，建立君主立宪，所以孙中山原来的讲法是"保皇与革命不能调和"。但是在革命过程里，特别是在辛亥革命过程里，革命党人改变了策略，主张联合立宪派共同革命。武昌起义之后，立宪派的首领汤化龙、谭延闿、汤寿潜、张謇、蒲殿俊、罗纶先后转向革命。立宪派的转变壮大了革命的声势，促成了革命政权的建立，确保了社会的稳定，所以应该肯定立宪派对于辛亥革命有贡献。但是这两年有一种说法，认为在辛亥革命里，立宪派作出了决定性的贡献，立宪派的贡献要远远大于革命党。我认为这个看法是荒唐的，不符合历史事实。立宪派原来是反对革命的，他们只是在辛亥革命、在武昌起义的前后才转变为赞成革命，所以不应该过分地夸大立宪派的作用。在联络立宪派的同时，革命党对于旧官僚、对开明官僚也采取统一战线的政策，江苏巡抚程德全带头在苏州搞和平独立，只从大堂上挑下了两片瓦。由于程德全的带头，所以就带动了广西、安徽、广东、四川等和平独立。南京临时政府吸收原来的立宪派与开明官僚成为内阁成员，九个总长里有两个立宪派张謇、汤寿潜，两个开明官僚程德全、伍廷芳。

最后一个原因，是利用袁世凯"先成圆满之段落"，避免南北相抗，长期战争。

袁世凯和清朝政府有矛盾，清朝政府害怕袁世凯的权力过大，所以载沣当了摄政王之后，就对袁世凯说，你"脚有毛病，回家休养去吧"，把袁世凯赶出了朝廷。但是武昌起义之后，清朝政府为了镇压革命党，又把袁世凯请回北京，让他当内阁总理大臣，赋予他军和政的最高权力。所以革命党就想，要利用袁世凯和清政府的矛盾，提出来，只要袁世凯反正，站到革命党这一边来，就推举袁世凯当中国将来的总统。最早提出这个主张的是黄兴，后来是宋教仁。

1911年12月21日，孙中山到达香港，当时已经担任广东都督的胡汉民带着廖仲恺等人到香港欢迎孙中山。胡汉民就劝孙中山，说袁世凯老奸巨滑，孙先生你不要再北上了，跟我回广州，咱们练兵，准备将来跟袁世凯打仗，用武力打倒袁世凯，打倒清政府。孙中山讲，上海、南京是前方，我不能不去。现在中国如果能够用和平的办法来取得革命的成功，这可以在世界上创造一个前所未有的例证。"袁世凯虽不可信，但利用他推翻清廷胜于用兵十万"，袁世凯这个人他将来可能"继满洲以为恶"，学满洲人，做坏事情，但是"其基础已远不如，覆之自易"，袁世凯将来干坏事情的时候，我再推翻他会很容易，"故今日可先成一圆满之段落"。

孙中山这段话讲得对不对？完全正确。袁世凯1912年当了临时大总统，到了1916年他当皇帝了，但是当了八十三天。蔡锷在云南起义，搞护国军，袁世凯很快就倒台了。袁世凯不仅倒台，也死了。1917年，"辫子军"大帅张勋从徐州带兵到北京来搞复辟，在紫禁城里把宣统皇帝捧出来，让他继续当皇帝，只当了十二天皇帝。这证明了孙中山讲的"纵其欲继满洲以为恶，而其基础已远不如，覆之自易"。

历史证明，孙中山当时的政策"先成一圆满之段落"，这个方针是正确的，有人再想复辟当皇帝，那时我们再起义、再革命会很容易。毛泽东很有名的一首诗，号召中国人民解放军跨过长江，进军南京，"宜将剩勇追穷寇，不可沽名学霸王"。大家可能会有一个问题，为什么孙中山在南京成立临时政府以后，他不能"宜将剩勇追穷寇"，不能继续北伐，打到北京去？我们过去的解释，是资产阶级的软弱性、妥协性和革命的不彻底性。这个解释不对。革命党人之所以没有北伐，两个原因：一个是想尽量减少战争的损失，减少生灵涂炭的痛苦；另外一个原因是革命党人没有钱。你以为北伐那么容易，说北伐就北伐了？要北伐总得几十万军队，几十万军队要开动，从南京打到北京，要有枪、有子弹、有粮饷。孙中山在美国听到武昌起义的消息以后并没有马上回国，而是到英国、到法国去了，一个任务是劝英国、法国中立，不要站在清朝政府那一边，另外就是借钱，说我们现在没有钱，你要借钱给我们。外国资本家口袋里的钱容易借到吗？人家就想，中国南北相争，将来是哪一方面打胜仗我拿不准，要是你将来失败了，我的钱等于扔到水里了。法国资本家跟孙中山讲，你要借钱，对不起，等你革命成功，等你的政府得到承认我再借给你。所以孙中山从欧洲回到上海，下了轮船，大批记者围着孙中山说，孙先生，请问你这次从国外回来带了多少钱？孙中山怎么回答呢？他说："我一个钱也没有，我带回来的是革命精神。"革命精神当然很重要，没有革命精神怎么革命？但是没有钱也是万万不行的。革命党当时有多少钱？胡汉民有一个回忆，他说革命党最穷的时候，南京政府的仓库里只有十块大洋。我想请问那些高唱要北伐、要革命到底的朋友们，十块大洋怎么北伐？

2月11日凌晨1点55分，孙中山通过一个日本人森恪（1882年～1932年），向日本方面紧急重申，"在十天之内提供一千万元借款"。孙中山认为他有了一千万，他就可以买枪，买炮，买子弹，往北京打。这个时间很准确，2月11日凌晨1点55分，孙中山向日本人提出来，说你赶快把钱借给我。日本方面拒绝。2月12日，南京政府同意南北议和，清帝退位。

当年有一个日本人在孙中山身边，他有一个回忆，说"孙先生方面，既无打倒袁世凯的武器，又没有资金，不得不含泪同意南北妥协，最终让位于袁世凯"。这才是历史的真相。

四、辛亥革命的局限何在

共和告成，完成了一个段落，孙中山自己说，"先完成一个圆满的段落"。完成一个段落，不等于写完了文章，所以我说，它还留下了许多未完成的段落。孙中山在他革命的起始阶段，曾经将中国当时的司法比喻为希腊神话里的国王奥吉亚斯的牛圈，这个牛圈养了三千头牛，三十年里从来不打扫，所以粪秽堆积如山。实际上中国的皇权专制地主小农社会也是这样的牛圈，辛亥革命胜利得快，代价小，自然难以一下子清除奥吉亚斯牛圈里的全部粪秽，中国的面貌也难以一下子焕然大变。

整个中国近代史证明，在有形的皇权专制被推翻以后，无形的没有皇帝的专制主义仍然长期是中国近代史上的一个痼疾。辛亥时候，人们做过三个梦：第一个梦叫振兴中华之梦，第二个梦叫民主共和之梦，第三个梦是民生富裕之梦。百年过了，我们检查这三个梦，到底圆了多少？我想我们只能得出一个结论：我们这三个梦并没有完全实现，我们距离这三个梦的完全实现还有一段很长、很长的路要走。回顾辛亥百年史，我们还要回到孙中山的两句话："革命尚未成功，同志仍须努力！"

由于时间关系，我的报告到此为止。

谢谢大家！

作者小传

杨天石，1936年生，江苏东台人。1960年毕业于北京大学中文系，1978年任职于中国社科院近代史研究所，为近代史研究所研究员，中国社会科学院研究生院教授、博士生导师，中国社会科学院荣誉学部委员。兼任中央文史研究

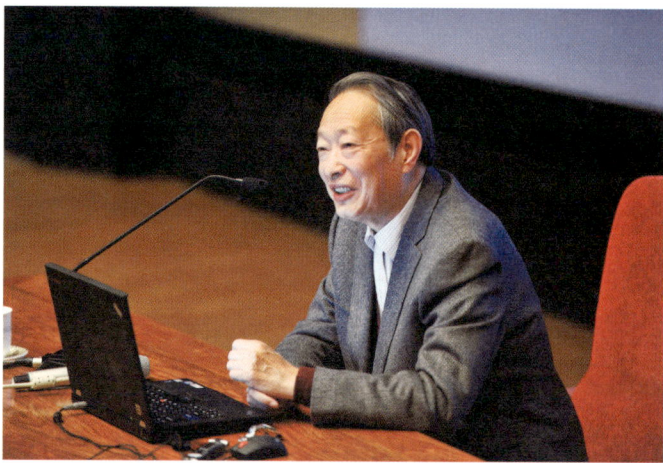

馆馆员、南京大学民国史中心客座教授、中国现代文化学常务副会长、《百年潮》杂志主编、《中国社会科学》及《中国哲学》编委。

主要研究领域是中国文化史、中华民国史及中国国民党史，主要著作有《寻找真实的蒋介石——蒋介石日记解读》《蒋氏密档与蒋介石真相》《中华民国史》《中国通史》第十二册等二十余种。

（摄影：马腾飞）

汉代画像石中所表现的汉代人的宇宙观

时　　间：2012年1月10日
地　　点：中国国家博物馆231会议室
主讲人：信立祥

　　首先，我要解释一下，这里所说的宇宙观，不是纯粹哲学意义上的宇宙观，而是指从当时社会生死观念中引申出来的、带有强烈信仰色彩的宇宙观念。这种观念，虽然在历史文献中有所体现，但在汉代画像石中表现得更为生动和形象。

　　中国古代的宇宙观念，可以简单地概括为"尊天敬祖"四个字。这里所说的"天"，是人们信仰中的人格化的上帝和诸神，即形形色色的自然神；"祖"是指死去的先祖。古代人认为，上帝与诸神、现实的人、死去的祖先的灵魂，分别住在不同的宇宙空间。上帝和诸神住在高高的天上世界，人住在世俗人间社会，死去的祖先灵魂住在地下世界。古代的人们确信，通过祭祀和祈祷等宗教仪式，人可以和上帝、诸神及死去的祖先灵魂取得沟通和联系，得到他们的保佑和庇护。因此，在先秦时期，祭祀和战争一起被看作是最重要的国家大事。作为这种"尊天敬祖"的内涵，以层状的宇宙构成观念为特征的宇宙观，是中国古代社会意识形态的最重要的内容，对中国数千年的历史产生了强烈影响。

　　需要指出的是，这种"尊天敬祖"的宇宙观念并不是一成不变地传承下来的，在中国古代至少发生过三次重大变化。

　　第一次重大变化发生在原始社会末期的四千多年前，文献中称为"绝天地通"。在此之前的原始社会，"民神杂糅"，部族成员都是巫觋，谁都可以自由地利用巫术仪式与上帝、诸神和祖先灵魂进行交流和沟通。到了原始社会末期，情况为之一变。据《国语·楚语》记载，当时的帝王（部落联盟首领）颛顼对此极为不满，命令大臣火正黎专门管"地"，即世俗社会方面的事务；命令南正重专门管"天"即祭祀方面的事务[1]。这样，世俗事务与宗教事务就被截然分开了，一般部族成员对上帝诸神的祭祀权被剥夺了，祭祀上帝诸神成了巫觋的特权。一个凌驾于普通部族成员之上的特权阶层，同时也是人类历史上第一个知识分子阶层——巫觋阶层就这样产生了。通过这次变化，在人们的信仰观念中，整个宇宙世界被划分为三个层次，即上帝诸神的天上世界、世俗人间世界和地下鬼魂世界。

第二次重大变化发生在战国时期至汉代（前5世纪～2世纪）。战国时期，随着贵族政治的解体和思想的解放，人们开始设想摆脱生死问题的困惑。哲学家庄子最先设想出有一种"入水不濡"、"御风而行"、长生不死的"神人""大人"和"真人"[2]。这种"神人""大人"和"真人"既不住在天上和人间，也不住在地下的鬼魂世界，而是住在高山和海岛之上。这是最早的仙人观念。当时，藐姑射山和蓬莱、方丈、瀛洲等海岛都是最著名的仙境。到了汉代，昆仑山成了人们最憧憬和渴慕的仙人世界。这种仙人，完全不同于鬼神和凡人，他们既有诸神的无边法力和不死的神性，也有着凡人的血肉之躯。这样，原来人们信仰观念中的宇宙的三个层次变成了四个层次，在上帝诸神的天上世界和世俗的人间世界之间，增加了一个仙人世界。

第三次大变化发生在魏晋南北朝时期，由于从印度传入的佛教的影响，佛陀所在的西方和天上世界成了人人向往的极乐世界。这次大变化虽然没有改变信仰观念中的宇宙层次，却打破了凡人不能升天的信仰观念。

作为丧葬艺术的汉代画像石，形象而生动地描绘了当时人们普遍信仰的这种宇宙观念和生死观念，即第一次、第二次大变化所形成的宇宙观念。

一、墓上祠堂画像石的画像内容及配置规律

墓上祠堂的前身是宗庙。先秦时期，没有墓祭，祭祀祖先都在建于都城之内的宗庙中进行。受汉高祖陵旁建庙的影响，到西汉景帝、武帝时期，高官显贵仿效帝陵旁建庙的做法，纷纷在墓前建立祠堂。不久，这种做法普及到社会的中下层。汉代的大型祠堂一般为复杂的土木结构建筑，石结构的祠堂均为仿房屋建筑的中小型祠堂。目前发现的石结构祠堂有四种。第一种为单间平顶小祠堂，蒋英炬先生复原的山东嘉祥宋山一号小祠堂就属于这一种[3]。祠堂宽1.87、进深0.87、通高1.61米，前部敞开，高度只有0.7米（图一）。第二种为悬山顶单间祠堂，著名的山东嘉祥武梁祠就属于这一种[4]。祠堂宽2.41、进深1.47、高2.4米左右（图二）。第三种为双开间悬山顶祠堂，著名的山东长清的孝堂山祠堂就是这种祠堂[5]。祠堂宽4.14、进深2.5、高2.64米（图三）。第四种祠堂结构与第三种祠堂大致相同，只是在后壁增加了一个向外突出的龛室，由蒋英炬和吴文祺先生所复原的武氏祠前石室就是这种祠堂（图四）[6]。值得注意的是，这四种石祠堂前部都不设门扉，入口高度很低，第一种石祠堂的入口高度仅有0.7米，较大的孝堂山石祠

堂的入口高度也只有0.86米。显然，成年人是不能自由出入这种石结构祠堂的。实际上，墓祭时祭祀者并不进到祠堂内，而是在祠堂前面的坛台上举行祭祀活动。图五是1907年日本人藏田信吉在孝堂山祠堂附近发现的一块小祠堂后壁石的

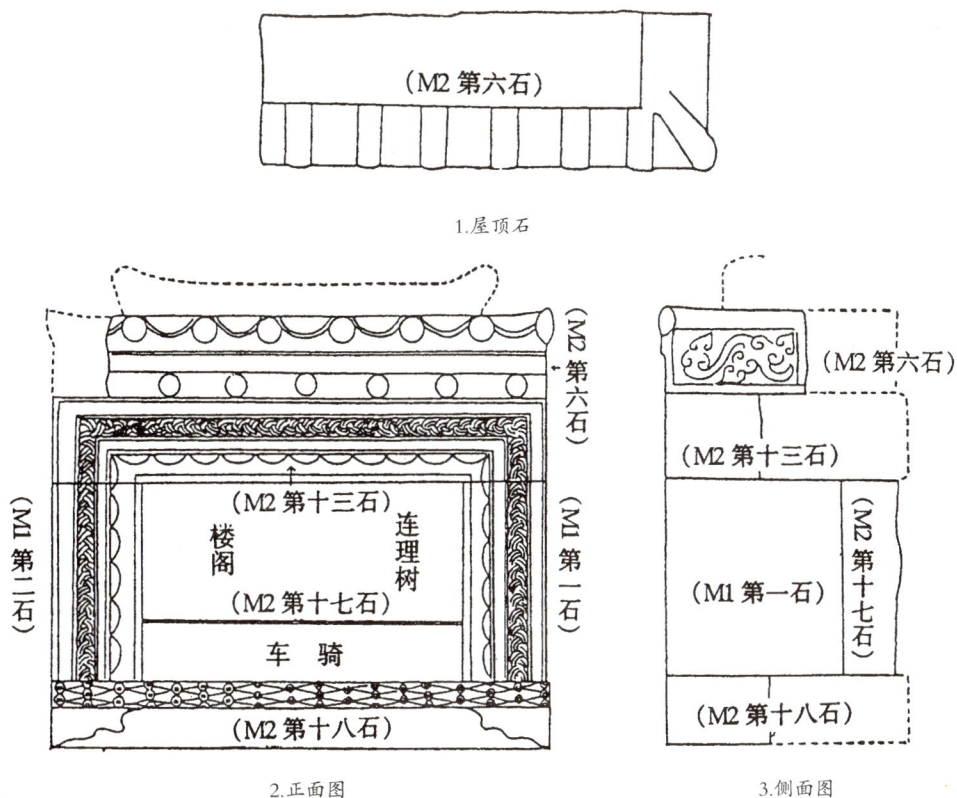

1.屋顶石

2.正面图

3.侧面图

图一　山东嘉祥宋山一号小祠堂建筑图

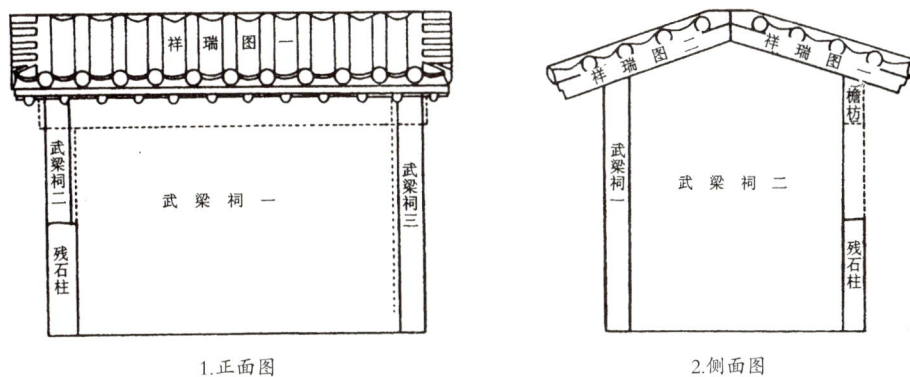

1.正面图

2.侧面图

图二　山东嘉祥武梁祠建筑图

211

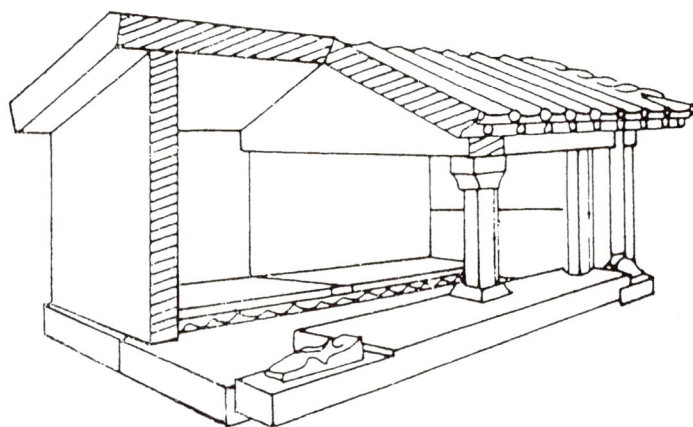

图三　孝堂山祠堂剖视图

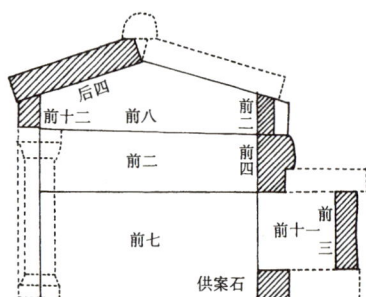

1.剖面图

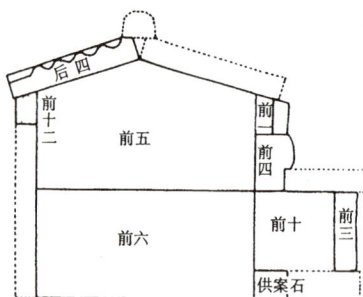

2.西侧立面图

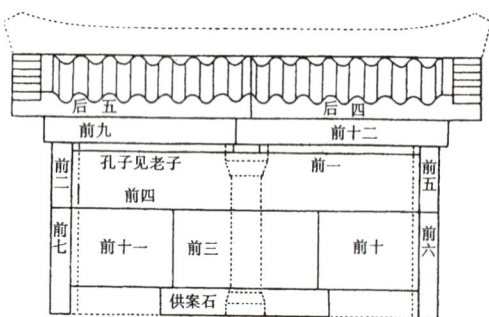

3.正面图

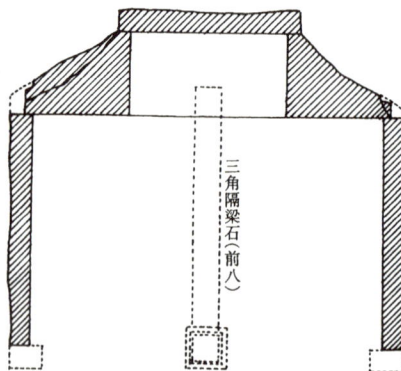

4.平面图

图四　武氏祠前石室复原图

图五　藏田信吉发现的小祠堂后壁画像

下部画像[7]。画面的左边是一座土木结构祠堂，祠堂院落的大门向右开，没有门扉，大门之前一个人跪在地上正向祠堂祭拜，面前地上摆放着供品和灯烛。其右侧是一棵枝叶繁茂的大树，一名马夫正在给拴在树干上的马喂食。很明显，这是一幅孝子墓祭图。孝子骑马来到墓地祠堂前进行祭祀，而不是到祠堂内祭祀。

　　汉代的石结构祠堂虽有多种类型，但其画像内容及其配置却大体相同。其最主要的画像，是祠堂后壁的画像。任何石结构祠堂后壁的画像，都有楼阁祭拜图和祠主车马出行图两种画像，一般是楼阁祭拜图在上，祠主车马出行图在下。

　　图六是山东嘉祥武氏祠左石室龛室后壁的画像。关于配置在上部的"楼阁祭拜图"的内容，日本学者长广敏雄认为，这是一幅"祭拜齐王图"，图中坐在楼阁中的被祭拜者是汉代的"某位齐王"，楼阁二层端坐的妇女是祠堂主人及其祖先的偶像[8]。其根据是山东嘉祥焦城村发现的一块祠堂后壁石的画像（图七）[9]。该石画面配置的也是楼阁祭拜图和车马出行图。在被祭拜者身后的楼阁柱上，刻有四个字，清代的学者将这四个字释为"此齐王也"，认为画像描绘的是有关齐王的故事。长广敏雄也沿袭了这一解释。实际上，这是因对柱上文字的误释而导致的对画像内容的错误解释。四个字中的第二、第三个字根本不是"齐王"，而是"斋主"二字，正确的释读应为"此斋主也"。汉代的祠堂又称"斋祠"，斋主即祠主，即祠堂祭祀的对象。这则题刻，有力地证明了祠堂后壁的"楼阁祭拜图"是孝子祠堂祭祖图，图中的被祭拜者就是祠主，楼阁二层的妇女就是祠主的妻妾，即孝子的女性祖先。在孝子祠堂祭祖图的下面是祠主车马出行图，按照祠堂画像的配置规律，这幅车马出行图之所以被配置在祠堂后壁的最下层，显然是为了表明祠主夫妇的车马行列是从位置较低的地下鬼魂世界赶到祠堂来的。祠堂后壁的这两幅图，共同构成了墓地祠堂的祭祖场面。这两幅图，是祠堂全部画像

图六　山东嘉祥武氏祠左石室小龛后壁画像

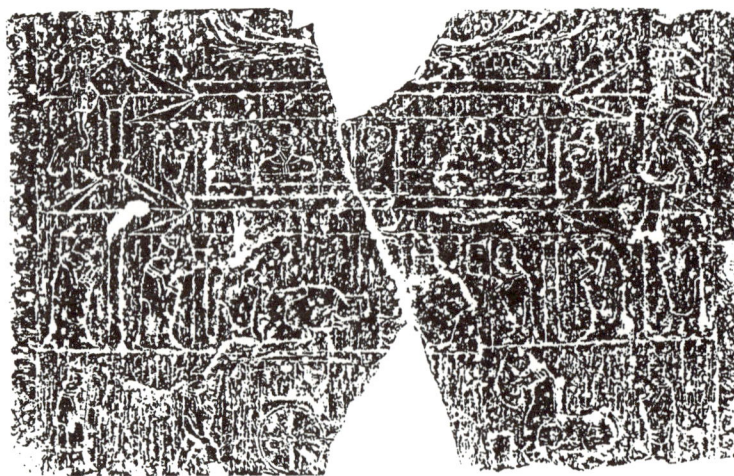

图七　山东嘉祥焦城村祠堂后壁画像

的核心，祠堂的所有其他画像，都是围绕着这一核心而展开和配置的。

祠堂左、右两侧壁的中部是配置表现世俗人间社会内容图像的地方。这类图像按其内容，可以细分为三种：第一种是历史故事画像，第二种是与古代宗庙和祠堂祭祀活动有关的画像，第三种是表现祠主生前经历的画像。

图八是山东嘉祥宋山四号小祠堂的画像[10]。这座祠堂有两幅历史故事画像，都配置在西侧壁。西侧壁画像有上下四层，两幅历史故事画像分别配置在第二层和第三层。第二层的故事内容是"季札赠剑"。据《史记·吴太伯世家》记载，季札是春秋时期吴国的王子，以贤明闻名于列国。一次，他出使他国路过徐国，在拜见徐王时，发现徐王非常渴望得到他的佩剑。季札本想解剑相赠，但想到还要佩剑出使他国，就没有马上赠剑。归国途中他再次途经徐国时，徐王已经去世，季札亲自到徐王墓前祭奠，并解剑挂在墓旁树上相赠。这幅画像，既赞扬了季札对朋友的"诚"，又宣扬了儒家的"信"。第三层画的是晏子"二桃杀三士"的故事。据《晏子春秋·谏》记载，晏子是春秋晚期齐国的贤相，极为聪明。当时齐王豢养着公孙接、田开疆和古冶子三名勇士。这三人有恃无恐，目无礼法，藐视公卿大臣，晏子决定除掉这三个人。于是，他请齐王赐给三人两个桃，让他们根据功劳的大小来分吃。其中的两个人先炫耀了一番自己的功劳，各抢了一个桃。另一个勇士没有抢到桃，感到无地自容而拔剑自杀。抢到桃的两个勇士感到对不起朋友，也相继拔剑自杀。这幅画像故事，既颂扬了晏子的"智"，又宣扬了儒家的"义"。

宋山四号小祠堂的东侧壁有三层画像，第二层画的是"庖厨图"。图上左侧有二人正在灶前炊作，右侧四个人正在宰杀犬、鸡、鸭。画面上表现的并不是家庭日常生活的庖厨场面，而是在墓地的神厨中为祭祀祖先制作祭品的场面。也就是说，这是一幅与祠堂祭祀活动有关的画像。

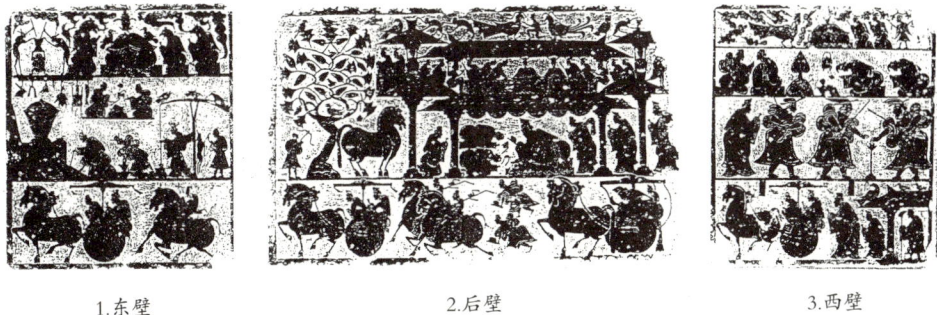

1.东壁　　　　　　2.后壁　　　　　　3.西壁

图八　山东嘉祥宋山四号小祠堂画像

图九是孝堂山祠堂后壁画像[11]。在最上层和最下层各有一幅车马出行图。最下层的祠主车马出行图的主车旁，有"二千石"刻铭，证明祠主生前是一位二千

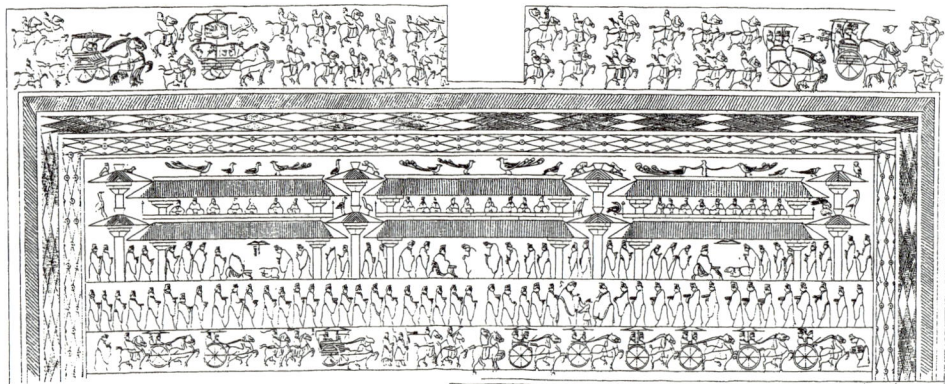

图九　孝堂山祠堂后壁画像

石的高级官吏。但最上层的车马出行图远比最下层的场面恢弘，气魄雄大。该图横贯后壁和左、右侧壁，共有人物一百一十七人，马七十四匹，各类马车八辆，骆驼和大象各一头。在出行主人公所乘的驷马安车旁，有"大王车"三字刻铭。因此，这幅图应称为"大王出行图"即"诸侯王出行图"。根据与其他祠堂相同位置同类画像的比较研究，可以确知这是表现祠主生前经历的画像。大概，祠主生前最辉煌的经历是担任过诸侯王的"相"或"傅"，经常随同诸侯王出行，所以才刻上这幅图。

表现仙人世界的画像是祠堂画像的不变内容，一般这类图像都配置在祠堂东西侧壁的最上部。一般是东侧壁配置东王公，西侧壁配置西王母。西王母在先秦信仰中本来是一位半人半兽的、可怕的刑罚之神，在西汉晚期的群众性造仙运动中才被改造成一位幸福女仙；东王公则到东汉时期才被创造出来。图一〇是著名的武梁祠东、西侧壁最上层所配置的东王公和西王母图像。这类图像，表现了当时人们强烈希望摆脱苦难的现实世界，飞升到昆仑山仙界的愿望。但更直接表现这一强烈愿望的是祠主升仙图。图一一是山东嘉祥纸坊镇敬老院发现的一座东汉早期小祠堂的西侧壁画像，画面分为上下五层，第二层就是祠主升仙图。其升仙行列在空中自左向右飞行，领头的是引导升仙的骑龙的仙人，其后的仙人乘着一辆神鸟拉着的云车，最后是由五只神鸟拉着的祠主乘坐的云车[12]。图一二是最有趣的一幅升仙图，这是武氏祠左石室的顶部画像。画像表现了东王公和西王母亲自到墓地上空接墓主

夫妇升仙的场面。画面下方的左侧，伫立着两匹没有乘者的鞍马和一辆华丽的三驾
辎车，辎车右面站立的三个人显然就是乘坐这些车马来的。三个人之中，一位头戴
通天冠的身份较高的人物无疑是辎车的乘者，另二人为头戴武冠的持戟武士，应是
刚刚下马的辎车导骑。最左边的持戟武士手指着左上方的云气举头张望，另二人也
手指左方正在议论着什么。三人的右边，地面上有三座馒头状的坟丘，坟丘右边是
墓阙，两个人正从墓阙向坟丘跑来。从一座最高大坟丘的顶部，一股浓浓的云气正
冉冉升起，盘曲成涡状向左侧空中蔓延开去，布满了整个天空。一名手持盾和剑的
有翼仙人和其他几位仙人站立在坟丘旁，似正守护着升起的云气。漫天的云气，云
头都幻化成鸟头状，众多肩生双翼的男女仙人隐现在云气中。云气上方的左边，端
坐着头戴花冠、双肩生翼的西王母，四名仙女躬身侍立在西王母两侧；云气上方的
正中央，端坐着胡须外撇、双肩生翼的东王公，两边侍立着三名男仙人。滚滚云气
中，两辆华丽的带篷马车正分头驰向东王公和西王母。驰向西王母的马车已经来到
西王母乘坐的云朵下方，御手是头戴巾帼的女仙，一名披发的有翼仙人正用双手阻
控驾车之马，表明已经到达目的地。驰向东王公的马车已来到东王公左边云头之
上，御手是一名有翼男仙人，马车之后另一名男仙人正推车前进，一名蛇尾双足的
有翼仙人飞翔在车前。在两辆马车后面的云气中，都有身着冠服、执板恭送的有翼
仙人。画面上虽然看不到祠主的形象，但由于升仙的云气都是从同一座坟丘中升起
的，说明坐在两辆马车上乘云气升仙的只能是墓主夫妇即武氏祠左石室的祠主夫
妇。值得注意的是，祠主夫妇所乘车、马上，都有飞行的翼。这就表明，祠主夫妇
所乘的车马，绝非人间的普通车马，而是由东王公、西王母派来接他们赴仙界的专
用升仙车。这幅升仙图，整个画面充满欢乐而神秘的气氛，这里没有对死亡的恐
惧，只有对未来幸福的热烈渴望。

1.东侧壁的东王公图像

2.西侧壁的西王母图像

图一〇　山东嘉祥武梁祠的东王公、西王母画像

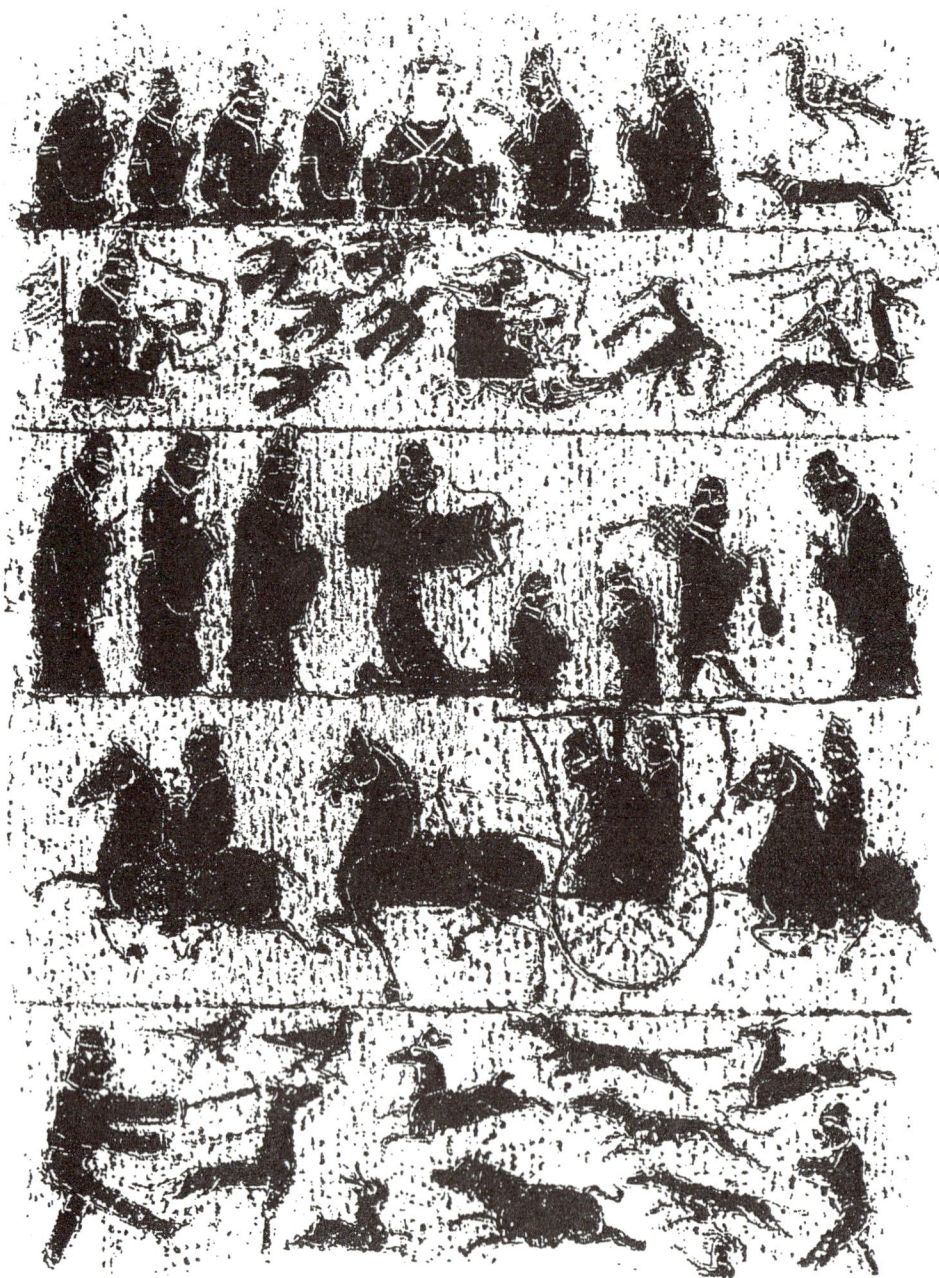

图一一　山东嘉祥纸坊镇敬老院出土小祠堂西壁画像

图一二　武氏祠左石室顶部升仙图

　　表现上帝诸神天上世界内容的图像几乎都配置在祠堂的顶部。在汉代人的观念中，上帝诸神的天上世界是个非常可怕的地方。图一三是武氏祠左石室顶部的画像，画面分为四层，描绘的都是可怕的天上世界。第四层的图像正中，一个巨人正用力拔起一棵大树，其左右是巨人与虎豹的形象。这幅图，几乎就是《楚辞·招魂》中有关天上世界的图解，描绘的是神人和虎豹守卫天门的景象。第三层描绘的也是巨神把守天门，吞食、驱逐恶鬼的景象。第二层是天罚图。画面左侧，可怕的雷公坐在一辆由六名神人牵引的云车之上，正从左向右驶来。云车之上，前后各立有一面大鼓。云车之后，风伯正从口中吹出滚滚狂风推着云车前进。画面右侧，一条双头龙将身体弯曲成拱桥状，拱形的龙体下，一名手持锤、凿的神人正击打一个跪伏在地上的披发罪人。龙身的上部，分布着手持钵、罐的雨师，手持长鞭的电母和手持锤、凿的雷神。第一层是诸神乘龙出行的场面。图一四是武氏祠前石室即武荣祠顶部的画像，画面分为四层，各层内容互相衔接，构成一组天罚图的连环画。第四层是上帝听讼图。画面的左侧，一位神情震怒的大神坐在一辆由北斗七星构成的云车上，云车后面是三名侍从小神。据《史记·天官书》中"斗为帝车"的记载，可以确知云车上震怒的大神就是主宰整个宇宙的上帝。云车之前，地上有一颗人头，四个小神或跪或躬身正向上帝禀报着什么。他们身后是一骑一车。从整个画面看，上帝正在听属下禀报人间的冤情，云车前的人头就是被冤杀者。上帝震怒的表情表明他决心为冤杀者洗雪冤情。第三层是风伯送诸神出行图。画面右侧，体魄魁梧的风伯从口中向左吹出阵阵狂风，吹送诸神去执行天罚。第二层是天罚图。画面左侧，执行天罚的主神雷公坐在一辆立有两面大鼓的云车上，云车前有六名小神牵拽，后有两名小神推助，正向右方风驰电掣般驰来。画面右侧的浓云下面，一名罪人向右跪伏在地求饶，其上的浓云上面，两名手持锤、凿的小雷神正击杀跪伏的罪人。云头上，还驰走着手持钵、鞭的雨师和电母。整个画面充满阴森恐怖的气氛。第一层是风伯鼓风吹送天罚诸神归去的场面。在汉代董仲舒的"天人感应"学说中，上天是有意志的，它像一个无情的老人一样，永远摆出一副冰冷孤傲的面孔，它从不会对人间世界明确表态，只用灾异和祥瑞表达它的不满和嘉许，当其震怒时，就会将刑罚无情地加给下民。而下民对上天，除了哀告和祈祷，只能无奈地听任其施展淫威。实际上，这种对上天的恐惧，正是人民对统治者的恐惧。画像中人格化的上帝和诸神，正是皇帝和大小统治者可怖、可憎的形象。

图一三　武氏祠左石室顶部的天上世界诸神画像

图一四　武氏祠前石室顶部的天罚图

从以上介绍的石结构祠堂的各类画像，可以清楚看出，汉代墓地祠堂画像内容的选择和配置，是严格按照当时人们信仰中的宇宙观念来进行的。在他们的观念中，墓地祠堂不仅是祭祖尽孝之处，也是完整无缺的宇宙世界。祠堂的最高处即祠堂顶部是上帝诸神的天上世界领地，左右壁的最高处是东王公与西王母的昆仑山仙界，后壁下部、上部分别是祠主从地下世界来祠堂的通路和接受子孙祭祀的地方，其他壁面才是表现世俗社会的地方。按照这一宇宙观念，各类内容的图像各自被配置在相应的位置上。住在地下世界的祖先灵魂，虽然绝对不想到阴森恐怖的天上世界去，却可以按时到祠堂接受子孙的献祭，还可以实现升仙的愿望。

二、地下墓室画像石的图像内容及配置规律

受灵魂不灭思想的影响，汉代的地下墓室是模仿人们居住的房屋而建造的。汉代的房屋分为前堂和后室（寝），汉代的多室墓也分为前后两部分。其中，墓室的后室即棺室，是墓主灵魂日常生活之处；紧靠棺室的高大中室或前室，相当于堂，是墓主灵魂处理公务和接待客人之处。这种墓室画像石的画像内容，也是严格按照墓室功能和当时人们的宇宙观来进行选择和配置的。

先让我们分析一下后室的画像。图一五是山东沂南画像石墓后室的四幅画像，刻在南北相连的两块石板的两面[13]。该墓有东、西两个后室，墓主夫妻二人各葬一室，这两块石板就是两个后室的隔墙。隔墙东侧即东后室西壁，南部的画面分上下两层：上层画有放置化妆品及衣箱的两个小桌和放置着铜镜盒的双层化妆台，化妆台下放有熏衣服用的熏笼；下层画着三名手持铜镜架、铜镜盒和浮尘的侍女，地面上有摆放着耳杯、钵的小桌，杯盘，鼎等用品，表现了女墓主正受到侍女无微不至的照顾。北部的画像，上层画着驱鬼的神怪神荼，下层画着一个厕所，一名女仆正在清扫，女仆身旁放着一个虎子（便壶），描绘的应是清晨的家庭生活景象。隔墙西侧即西后室东壁，南部上层画着三个武器架，表明是武库；下层画着两名男仆，手中分别拿着衣服、便面和衣箱，地上放着灯烛、壶、樽等，画面左侧立着一个武器架。北部的画面上层画有持斧的驱鬼神怪郁垒，下层画着一个放有两双鞋的矮桌，旁边立着衣架，表明晚上墓主夫妻正在休息。隔墙两面的画像，分别表现了男女墓主人在地下世界清晨和晚上的生活。

1.西后室东壁北段　　2.西后室东壁南段　　　　3.东后室西壁南段　　4.东后室西壁北段

图一五　山东沂南画像石墓后室画像

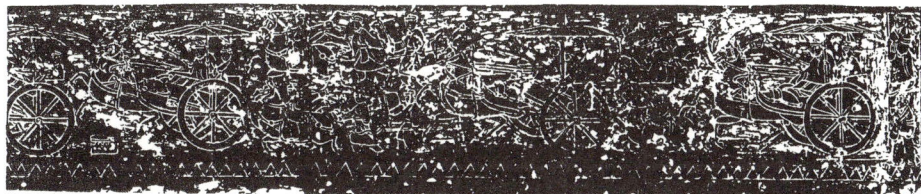

1. 北壁横梁西段画像

2. 西壁横梁画像

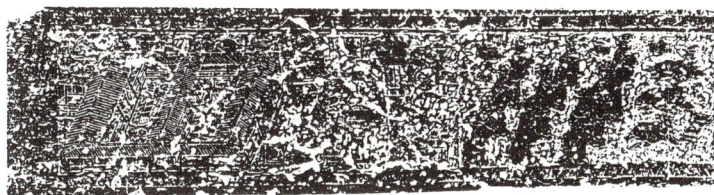

3. 南壁横梁西段画像

4. 北壁横梁东段画像

图一六　山东沂南画像石墓中室的男女墓主出行图

　　而作为"堂"的中室或前室的画像，无论题材、内容和配置，都和祠堂的画像极为相近。像祠堂画像一样，祭祀内容仍然是中室或前室中的最主要的画像内容。这种内容一般用墓主车马出行图来表现，配置在后室的门额石及其他壁面相同高度的横石上。图一六是刻在沂南画像石墓中室的男女墓主车马出行图[14]。男墓主车马出行图从中室北壁横梁的西段即男墓主棺室的门额石开始，经过西壁横梁，止于南壁横梁的西段。整个车马出行行列由八辆轺车、一辆斧车和众多的骑吏及步卒组成。男墓主乘坐的四维轺车恰好位于北壁横梁即男墓主棺室的门额上，表明车马行列是从男墓主的棺室即西后室出发的。车马出行行列的目的地，是刻在南壁横梁西段的一组有前后两排房屋和两重院落的建筑。建筑的大门向右开，正面和两侧围以回廊，前院有水井和桔槔，后排房屋的屋顶很宽，表明是这组建筑的最重要的部分。值得注意的是，后排房屋的正中央虽然设有大门，却没有门扉，只立有一根很大的门柱，这一点与前面介绍的石结构祠堂完全相同。正对后排房屋大门的后院地上，摆放着一个长方形几案，几案两侧摆放着酒尊和装有供品的碗钵等。建筑大门前有一对门阙，门阙下站着捧盾的门亭长。门阙与建筑之间是庖厨场面。门阙外，由十四个人组成的欢迎队伍正在迎接男墓主车马行列的到来。我认为，这表现的是男墓主从地下世界到祠堂接受祭祀的场面。与这幅图对应，女墓主车马出行图刻在中室北壁横梁的东段即女墓主棺室的门额上，由三辆马车、六名骑吏和两名步卒组成的出行行列的前方，是一对象征墓地祠堂建筑的门阙，表明其出行目的也是到祠堂接受子孙祭祀。这两幅车马出行图之所以刻在较高的横梁上，显然是为了表明墓主夫妇是从位置低下的地下世界到位置较高的墓地祠堂去。

表现上帝诸神天上世界的画像几乎全部配置在中室或前室的顶部。图一七是山东安丘董家庄画像石墓中室顶部的诸神出行图[15]。画面左侧，两名神人拉着雷公乘坐的雷车在缭绕的云气中飞行，周围有风伯、雨师、电母等诸多自然神。山东苍山元嘉元年（151年）画像石墓前室顶部虽然没有刻画像，但墓室铭文却表明这里原来是有画像的，其主题是雷公乘云车出行，去为世俗人间平雪

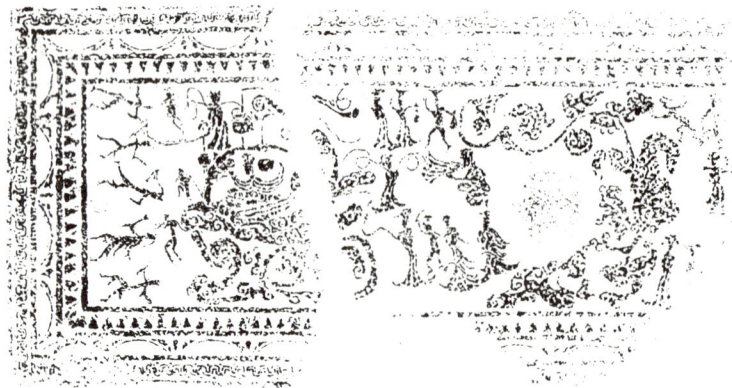

图一七　山东安丘董家庄画像石墓顶部的诸神出行图

冤狱。这种画像证明了中室或前室的顶部，是配置有关天上世界诸神内容画像的地方。

表现昆仑山仙人世界的画像，一般都配置在门柱和墓室立柱的上部。图一八是沂南画像石墓中室八角形石柱上所刻的图像[16]。在石柱东、西两面画像的最上部，是坐在昆仑山上的东王公和西王母。图一九是沂南画像石墓墓门上的画像，其门柱下部，分别刻着东王公和西王母。而在其他画像石墓的墓门上，东王公和西王母都刻在门柱的上部[17]。

1.西面   2.南面   3.东面   4.北面

图一八　山东沂南画像石墓中室八角形石柱画像

图一九　山东沂南画像石墓墓门画像

　　表现世俗人间社会内容的画像，主要内容为历史故事或墓主平生经历，一般都配置在中室或前室门额横梁以下的壁面上。例如，在沂南画像石墓的中室各壁，就配置了十八幅历史故事画像。图二〇是中室西壁所刻的两幅历史故事，上部是"荆轲刺秦王"的故事，下部是"聂政刺侠累"的故事[18]。荆轲，战国晚期著名的刺客。据《史记·刺客列传》和《燕丹子》等书记载，荆轲，卫国人，好击剑读书，在游历燕国时被燕太子丹尊为上卿。秦要灭赵，大军打到了燕国的南部边界，太子丹非常恐惧，于是请荆轲赴秦国劫杀秦王即秦始皇。荆轲带着秦国降将樊於期的首级和秦国觊觎的燕国督亢地区的地图，身怀利刃，与燕国勇士秦武阳一起，以献地为名赴秦。易水送别时，荆轲慷慨悲歌，留下了"风萧萧兮易水寒，壮士一去兮不复还"的千古绝唱。献地图时，荆轲将利刃藏在地图卷内。据载，"秦王发图，图穷而匕首见。因左手把秦王之袖，而右手持匕首揕之。未至身，秦王惊，自引而起，袖绝。拔剑，剑长，操其室。时惶急，剑坚，故不可立拔。荆轲逐秦王，秦王环柱而走。群臣皆愕，卒起不意，尽失其度。而秦法，群臣侍殿上者不得持尺寸之兵，诸郎中执兵皆陈殿下，非有诏召不得上。方急时，不及召下兵，以故荆轲乃逐秦王。而卒惶急，无以击轲，而以手共搏之。是时，侍医夏无且以其所奉药囊提荆轲也。秦王方环柱走，卒惶急，不知所为，左右乃曰：'王负剑！'负剑，遂拔以击荆轲，断其左股。荆轲废，乃引其匕首以摘秦王，不中，中铜柱。秦王复击轲，轲被八创。轲自知事不就，倚柱而笑，箕倨以骂曰：'事所以不成者，以欲生劫之，必得约契以报太子也。'于是左右既前杀轲，秦王不怡者良久。"在事件发生时，作为副使的勇士秦武阳吓得伏在地上，浑身发抖，面无人色。这幅荆轲刺秦王图像，形象地表现了这一惊心动魄的历史事件，褒扬了荆轲对太子丹的"忠""义"精神。其下的聂政刺侠累的故事

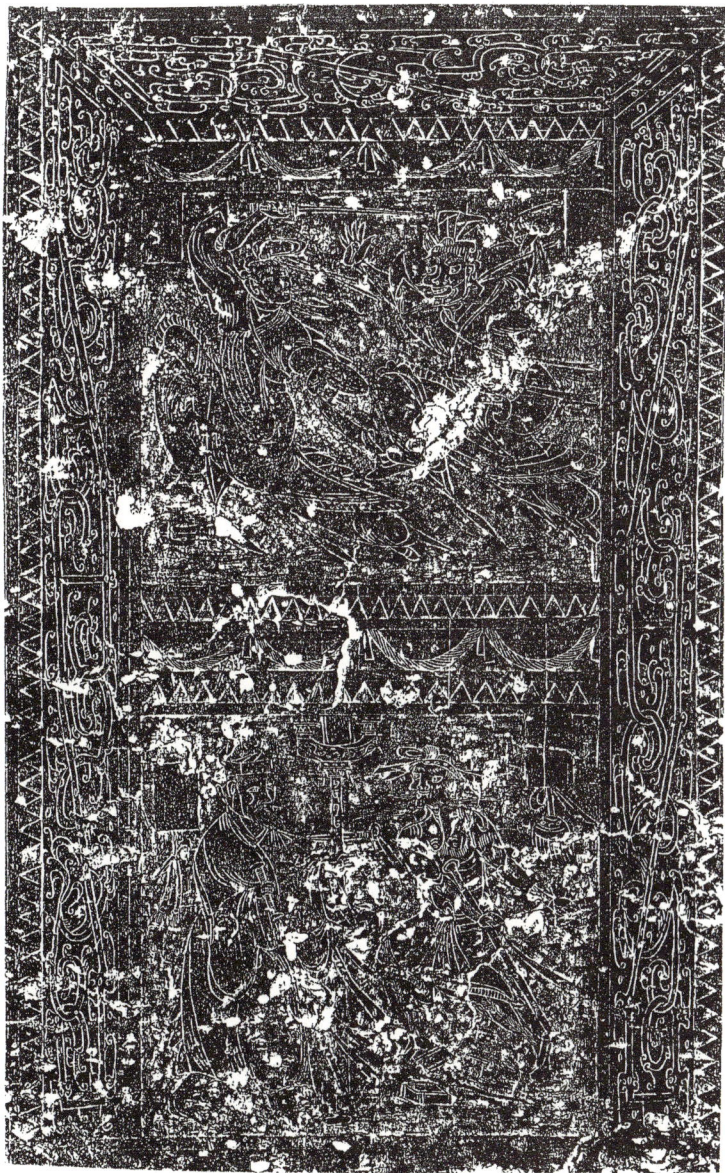

图二〇　山东沂南画像石墓中室的历史故事画像

出自《史记·刺客列传》和《战国策》。聂政为战国时期韩国人，著名勇士。韩烈侯时，为了替对他有知遇之恩的友人报仇，只身闯入相府，刺死相国侠累。为了不连累家人，从容毁容而死。在墓室中刻绘这些故事，鲜明地反映了墓主的道德价值取向。

从画像石墓的画像内容配置可以看出，其中室或前室的画像内容及其配置规律与墓地祠堂极为相近。其原因是两者的建筑功能和性质大体相同。对墓室中的棺室即后室而言，在其前面并与之相连通的中室或前室是"堂"；对地下墓室而言，墓地的祠堂也是"堂"，只不过一个在地上，一个在地下。

三、墓室、祠堂画像石的空间观念和汉代人的宇宙观

从以上介绍可以看出，汉代人在用画像装饰墓室和祠堂时，在观念中并没有按这两种建筑的性质，将其仅仅看作是祭祀祖先和埋葬祖先之处。恰恰相反，他们将墓室和祠堂想象成了一个无所不包、完整无缺的宇宙世界。而这个观念中的宇宙世界，是按高低位置层状叠压构成的。为了有序地表现各层宇宙世界，在配置画像时，建筑的高低位置的重要性远远超过了建筑的左右位置。其最高位置配置表现天上世界上帝诸神活动内容的画像，其下配置东王公、西王母仙人世界画像，再下面配置世俗世界内容的画像，最下面配置地下世界鬼魂内容的画像。但是，建筑的性质和功能在画像内容的选择和配置上仍然起着重要作用，有时甚至是决定性作用。例如，祠堂后壁主要配置子孙祭祀祠主内容的画像，墓葬后室主要配置墓主在地下世界生活场面的画像。住在地下世界的死者灵魂仍然像生前一样过着优裕的生活，他们虽然不愿登天与诸神为伍，却希望升仙重获永恒的生命，还能按时节接受子孙的祭祀。从表面看，这些画像似乎是为了表现祖先灵魂与其他宇宙世界的关系，但本质上表现的却是人与上天、仙界，特别是与地下祖先灵魂的关系。因此，表现人鬼关系的祭祀内容画像就占据了压倒一切的位置。而这一切都是为了表现人的"孝道"，因为"孝道"一旦被公认，人就可以飞黄腾达。可以毫不讳言地说，墓室和祠堂画像与其说是为了死人，倒不如说是为了活人。所以，归根结底是"尊天敬祖"传统道德伦理观念决定着汉代人的宇宙观，也决定着祠堂和墓室画像的内容和配置。

注释

[1] 见《国语·楚语》。（楚）昭王问于观射父曰："《周书》所谓'重黎实使天地不通'者，何也？若无然，民将能登天乎？"对曰："非此之谓也。古者民神不杂……及少皞（氏）之衰也，九黎（氏）乱德，民神杂糅，不可方物。……颛顼（氏）受之，乃命南正重司天以属神，命火正黎司地以属民，使复旧常，无相侵渎。是谓'绝地天通'。"

[2] 闻一多：《神仙考》，《闻一多全集》第一卷，三联书店，1982年。

[3] 蒋英炬：《汉代的小祠堂》，《考古》1983年第8期。

[4] 蒋英炬、吴文祺：《武氏祠画象石建筑配置考》，《考古学报》1981年第2期。

[5] 根据1980年笔者与蒋英炬、吴文祺等人调查孝堂山祠堂时所做记录和绘制的祠堂实测图。

[6] 同注5。

[7] 关野贞：《支那山东省に於ける汉代坟墓の表饰》图140，1916年。

[8] 长广敏雄：《武氏祠左石室第九石の画像について》，《东方学报》京都版第31册。

[9] 傅惜华：《汉代画像全集》初编图162，商务印书馆，1950年。

[10] 同注3。

[11] 同注5。

[12] 朱锡禄：《嘉祥汉画像石》图134，山东美术出版社，1992年。

[13] 曾昭燏、蒋宝庚、黎忠义：《沂南古画像石墓发掘报告》图版75～81，文化部文物管理局，1956年。

[14] 曾昭燏、蒋宝庚、黎忠义：《沂南古画像石墓发掘报告》图版49～50，拓本36、37、39，文化部文物管理局，1956年。

[15] 安丘县文化局、安丘县博物馆：《安丘董家庄汉画像石墓》，济南出版社，1992年。

[16] 曾昭燏、蒋宝庚、黎忠义：《沂南古画像石墓发掘报告》图版24～27，文化部文物管理局，1956年。

[17] 曾昭燏、蒋宝庚、黎忠义：《沂南古画像石墓发掘报告》图版65～68，文化部文物管理局，1956年。

[18] 曾昭燏、蒋宝庚、黎忠义：《沂南古画像石墓发掘报告》图版60之第49幅拓片，文化部文物管理局，1956年。

作者小传

信立祥，1947年生，北京人。1970年北京大学历史专业毕业，1982年获北京大学考古系硕士学位，1996年日本东京大学获文学博士学位，中国国家博物馆研究馆员。曾任国家博物馆田野考古部主任、文物征集鉴定委员会委员、馆刊编辑委员会委员。中国汉画学会理事，中国考古学会会员，日本博古学会终身会员，日本中国出土资料研究会会员，日本《博古研究》杂志编委。

主要研究领域为战国秦汉考古、美术考古，对汉画像石、汉画像砖、汉壁画研究尤为擅长。主要著作、论文有《中国汉代画像石の研究》《汉代画像石综合研究》等，译有《人类文明之谜》。

（摄影：李守义）

神龙出世六千年

时　间：2012年2月22日
地　点：中国国家博物馆学术报告厅
主讲人：孙机

　　中国被称作"东方巨龙"，不论居住在世界上哪个地区的中国人都被称作"龙的传人"，这是一个约定俗成、已得到广泛认同的观念，因为龙和中国人的关系实在太密切了。苏秉琦先生于《华人·中国人·龙的传人》一书中，从考古学的角度对此作了阐述。在现代中国，带"龙"字的地名，像龙门、龙口、龙岩、龙华、九龙、后龙等，粗略统计已不下五百个；如果将古今带"龙"字的人名加在一起，更是个天文数字。明末来华的传教士将"龙"译为外文时，套用了西方的Dragon一词，其实二者毫不相干，这是两种全然不同的神话和历史背景下的产物。喷火的Dragon代表邪恶，而出没于云霭间的龙代表吉祥。以Dragon充当中国的龙(Loong)，可谓牛头不对马嘴。

　　但是，什么是龙？宋人程颐在《伊川语录》中说："龙只是兽，茆山华阳洞常有之。"太轻描淡写了，不知道这位理学大师何所据而云然，因为伊川先生尊崇的先师、儒家学派的创始人孔子并不是这样讲的。《庄子·天运篇》称，孔子见老子之后，情绪不能平静，三天不开口说话。弟子问："夫子见老聃，亦将何规哉？"孔子曰："吾乃今于是乎见龙。龙，合而成体，散而成章，乘乎云气而养乎阴阳。"用以比拟老子的龙，在这里已被推上超凡脱俗、变化无常，"本合而成妙体，妙体窈冥；迹散而起文章，文章焕烂"[1]，神奇到莫测高深的地步了。这是中国古文献中对龙最早的描述，但太玄妙，难以捉摸。稍后，在《管子·水地篇》中出现了另一种说法："龙生于水，被五色而游，故神。欲小则化如蚕蠋，欲大则藏于天下，欲上则凌于云气，欲下则入于深泉。"这些话虽然也说得很神，但却引进了一些量的概念，比《庄子》中的说法稍稍具体。可是神龙原非池中物，岂能受量的束缚！于是刘向在《说苑·辨物篇》中遂先之以突破，继之以发挥："神龙能为高，能为下，能为大，能为小，能为幽，能为明，能为短，能为长。昭乎其高也，渊乎其下也，薄乎天光，高乎其著也，一有一亡，忽微哉，斐然成章。虚无则精以和，动作则灵以化。於戏，允哉！君子辟神也。"这段话后来被许慎压缩在我国第一部字典《说文解字》里，成了龙的经典性的定义。《龙部》："龙，鳞虫之长，能幽能明，能细能巨，能短能长。春分而登天，秋分而潜渊。"其实仍让读者找不到感觉，因为它只着眼于行为，忽略了形象。而历史上的龙，首先是存在于它的艺术形象之中。

后来，宋罗愿《尔雅翼》卷二八引王符曰："龙，其形有九似：头似驼，角似鹿，眼似兔，耳似牛，项似蛇，腹似蜃，鳞似鲤，爪似鹰，掌似虎是也。"此前，孔子、庄子、管子、刘向以及许慎提到龙，都是绕着弯子避开具体问题，高谈阔论，决海吞江，神乎其神，玄而又玄。王符用"九似说"把它坐实了，却又走上另一极端，这种用驼、鹿、兔、牛等动物的形象拼合成的龙，也太僵硬板滞了，简直是生凑起来的一堆积木，灵异的禀赋几乎无存。不过纵然不依从"九似说"，龙的形象也总应有所本。但其所本为何，古今各家的说法却有很大分歧。王东《中国龙的新发现》一书中列举出蟒蛇、扬子鳄、湾鳄、大蜥蜴、鱼、鲵、马、牛、猪、鹿、羊、狗、虎、鹰、恐龙、云、闪电、黄河、星象诸说[2]。此外，这本书中未提到的还有极光、龙卷风、雷声、虹、河马以及松树等[3]，可谓众说纷纭，莫衷一是。看来为解决这个问题，有必要先对原始的龙的形象加以界定，否则茫茫大千，各种动植物和无生物都被拿来与龙相比附，头绪日繁，治丝益棼，势将无法得出结论。其实，它本有现成的客观标准，最直截了当的鉴别方法就是以我国早期的象形字如甲骨文中的"龙"字（　，后下：6：14）为据。这个字的特点是前有大头，后部为几乎卷曲成环形的短躯，可以说，凡与之相同或相近的形象即龙。在甲骨文之后，"龙"固然还在不断地发展演变，但已有轨迹可寻。而在甲骨文出现之前，有些原始艺术品中的动物形象与后世之三停九似、充分夸张的龙形或有某些约略接近之处，但和上述象形的龙字差别很大，至少商代人并不承认这是龙。当时在语言中如何称呼它？是否叫作龙？如若找不到真正能站得住脚的文献支持，诚难以回答。比如内蒙古赤峰敖汉旗兴隆洼赵宝沟文化的房址中所出陶尊上的猪首蛇身形动物、河南濮阳西水坡45号仰韶大墓所出蚌砌鳄形动物、陕西宝鸡北首岭所出仰韶陶瓶上的鲵形动物与甘肃武山傅家门所出马家窑陶瓶上的六足形动物等，均属此类，它们都和甲骨文"龙"字所示之形不侔（图一）[4]。倘使不杂以后世的眼光，不出以概然的判断，要用科学方法证明它们是龙，恐怕相当困难。

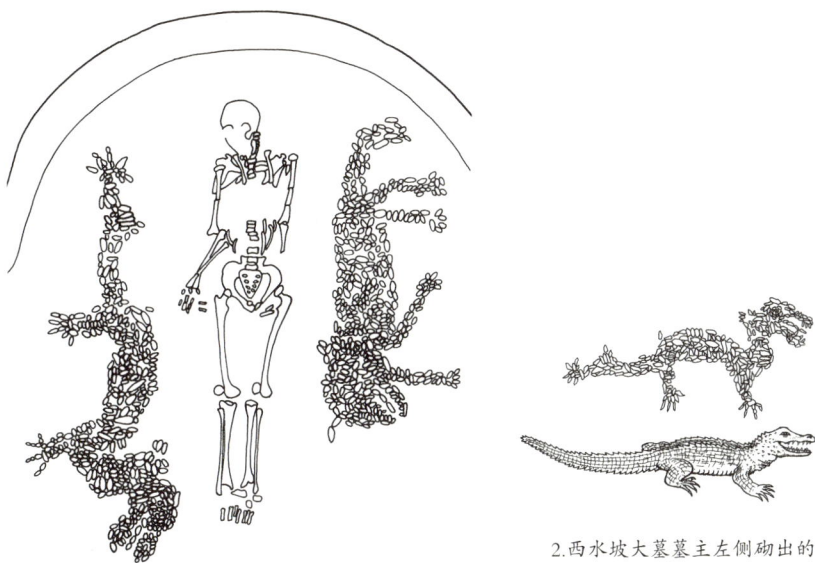

1.河南濮阳西水坡仰韶大墓墓主身侧之蚌壳砌出的两个动物

2.西水坡大墓墓主左侧砌出的动物疑似鳄鱼（刘洪杰、李文翎摹）

3.内蒙古赤峰兴隆洼出土陶尊上的猪首蛇身动物

4.陕西宝鸡北首岭出土陶瓶上的鲵形动物

5.甘肃武山傅家门出土陶瓶上的六足形动物

图一　新石器时代若干特异的动物形象

　　那么，在商代以前，原始社会中有没有与甲骨文"龙"字相近的艺术形象呢？对此，首先应举出的是红山文化中的玉卷龙。玉龙在内蒙古赤峰巴林右旗羊场及那斯台、巴林左旗尖山子、敖汉旗大洼、翁牛特旗三星他拉及黄谷屯，河北

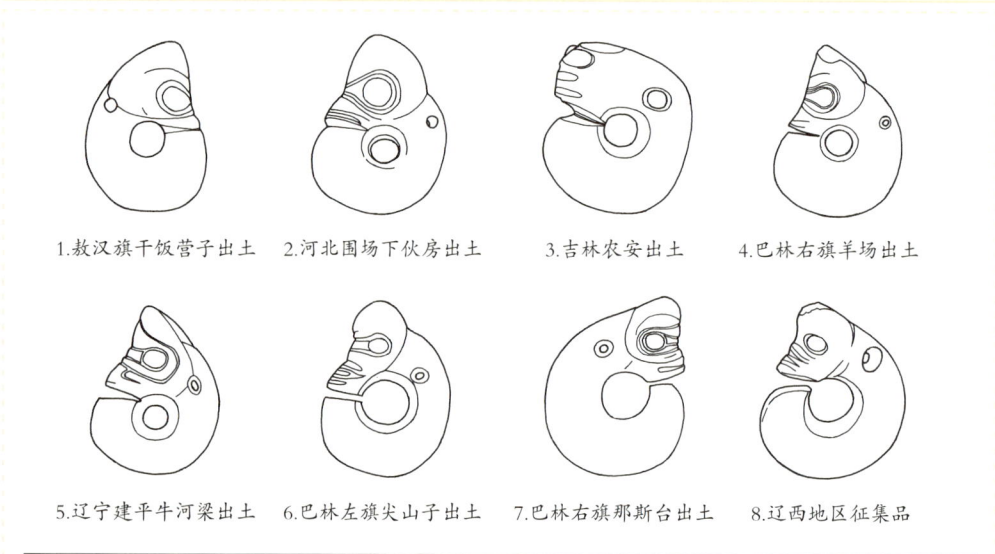

1.敖汉旗干饭营子出土　2.河北围场下伙房出土　3.吉林农安出土　4.巴林右旗羊场出土

5.辽宁建平牛河梁出土　6.巴林左旗尖山子出土　7.巴林右旗那斯台出土　8.辽西地区征集品

图二　红山玉龙

围场下伙房、阳原姜家梁，辽宁建平牛河梁、富山，吉林农安左家山等地均曾出土[5]，国内外还藏有一批传世品。其显著的特点正和上述龙字一样，躯体卷曲：有的首尾连接如环形；也有缺而不断的；还有当中留出隙缝如玦形的（图二）。其前端都有一个被强化和神化了的大头，由于并非用写实手法表现，很难辨识是何物种。过去曾认为是猪头，显然太离谱。此类玉卷龙远在红山文化分布区之外，于濒临长江的安徽含山凌家滩及江汉平原的湖北天门肖家屋脊也出过，造型与红山诸例基本一致。凌家滩所出者头上还有两只角，背上有通到尾部的鳍，显得更有灵气（图三）[6]。再往后，在河南安阳商代妇好墓等处仍出这类玉卷龙（图四）[7]。它的传播面如此广袤，历时如此久远，造型如此固定，似乎不能没有与之相联系的神话传说和自然界中实有的生物作为其立意和造型的基础。

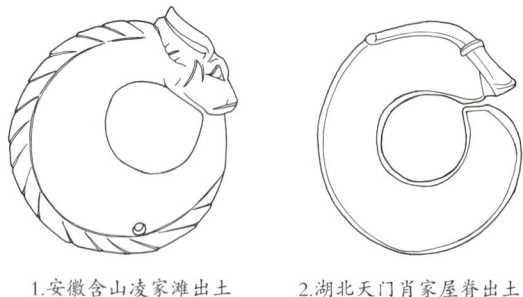

1.安徽含山凌家滩出土　2.湖北天门肖家屋脊出土

图三　南方的玉龙

求之古文献，则远在中华古史中的黄帝时代，就出现了和卷龙相关的记述。《史记·封禅书》："黄帝得土德，黄龙、地螾见。"《史记·五帝本纪》说，轩辕"有土德之瑞，故号黄帝"。索隐："炎帝火，黄帝土代之，即黄龙、地螾见是也。"螾有两种解释。一说螾即蚯蚓（《封禅书》集解引应劭说）。但螾又训蝗（《说文·虫部》）。《尔雅·释虫》"蟓蚓"，郭璞注："即蝘蟺也。"《文

1.安阳妇好墓出土

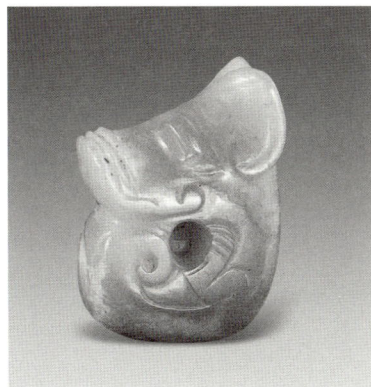

2.安阳孝民屯南701号墓出土

图四　商代玉龙

选·琴赋》张铣注："蟺，盘旋貌。"《说文·虫部》也说："蟺，夗蟺也。"段玉裁注："夗，转卧也，引申为凡宛曲之称。"则蟓又指躯体盘旋卷曲之虫。这样，它和《封禅书》里说的"黄龙"就互相靠近了。因为《说文·虫部》说："螭，若龙而黄，北方谓之地蝼。"蝼也是黄帝时期的祥瑞。《吕氏春秋·应同篇》："凡帝王者之将兴也，天必先见祥乎下民。黄帝之时，天先见大螾、大蝼。"《封禅书》所记者，与之似同出一源。其大螾相当地螾，大蝼则相当于"若龙而黄"的黄龙即地蝼。由于它是上天见示之祥，故又不妨称作"天蝼"。《尔雅·释虫》和《大戴礼记·夏小正》都说即天蝼。《方言》卷一一，蟦蠐"或谓之蝖毂……或谓之天蝼"。又说明天蝼即蟦蠐。资、齐皆为脂部从母字，标声时可相通假，古文献中不乏例证[8]，故蟦蠐亦作蛴蟦。古代将多种类似甲虫的昆虫之幼虫都叫蛴蟦，但主要指金龟子的幼虫，它生活在土壤中，因而从生活习性上说可以叫地蝼；从神话的角度说，又可称之为天蝼。金龟子的蛴蟦屈如环，头尾几乎碰到一起。豆象的幼虫也叫蛴蟦，却只弯成大半个圆弧形（图五）。二者均堪称夗蟺，也正和红山玉卷龙的造型相合[9]。

　　远古之人为什么重视这种昆虫？可能是着眼于其从幼虫到成虫的变化过程。《论衡·无形篇》："蛴蟦化为复育，复育转而为蝉。"蝉的幼虫亦名蛴蟦；虽然蝉与金龟子不同，但它们之成长蜕变的生理机制类似。而且蟓字本身就有生长运动的含意。《淮南子·天文》："斗指寅，则万物蟓。"高诱注："蟓，动生貌。"《史记·律书》："寅，言万物始生，蟓然也。"而《管子·水地篇》说，龙"欲小则化如蚕蠋，欲大则藏于天下"，更极尽蟓动之能事。这里的蚕亦指蛴蟦，因为它亦名"地蚕"。蠋则是与之相近的蠸蛜，即天牛的幼虫[10]。《史记·五帝本纪》

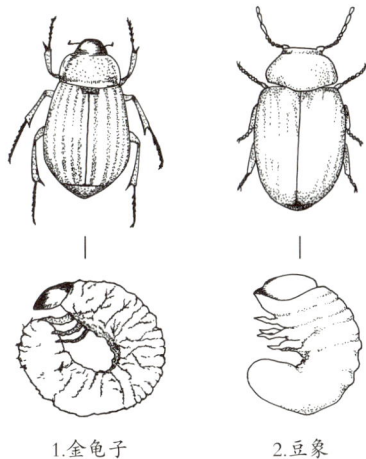

1.金龟子　　2.豆象

图五　两种甲虫（上：成虫　下：幼虫）

235

索隐又说："蟥，土精，大五六围，长十余丈。"是极言其大。不过这和说小如蚕蠋或蛟蟃并不矛盾，因为龙"能为大，能为小"；蟥动变化，了无拘束，正是它的特性。马王堆3号汉墓所出帛书《易传·易之义》中就说龙有"七十变"。故上述两种形态均不失龙的本色。远古之人贴近自然，他们对蛟蟃的观感，跟今天大不相同。《诗·卫风·硕人》："领如蝤蛴。"孔颖达疏引孙炎曰："蛟蟃……关东谓之蝤蛴。"用这种冰凉的白虫子比拟美人的颈部，现代女性恐断难接受。可那时却会附会上若干神话成分，使得它非比寻常。只是这些传说的大部分细节已然湮灭，今天已无法将关于蛟蟃的神话勾画完整。然而通过红山文化的玉卷龙，却使人认识到地蟥、地蝼等反映出的正是龙之"能短""能小"的一面，故可作为土德之瑞的代表。

商代玉器之动物造型，曾自新石器时代不同的古文化中汲取营养，如蝉纹和凤纹得自石家河文化，鹰纹中含有山东龙山文化的成分，龙纹则以红山文化的玉卷龙为祖型。在商周之际，红山玉器是著名的宝物。《尚书·顾命》记康王践阼时，堂上东、西序所陈之物中有大玉、夷玉、越玉。马融说夷玉是"东夷之美玉"。《尔雅·释器》："东方之美者，有医无闾之珣、玗、琪焉。"医无闾山在辽河西岸，山名自上古沿用至今。《周礼·夏官·职方氏》："东北曰幽州，其山镇曰医无闾。"郑玄注："镇，名山安地德者也。"而据《尔雅·释地》郭璞注，幽州的范围"自易水至北狄"，则自今河北中部直到东北，都要仰仗医无闾山来"安地德"。《尔雅》所称"东方"，应泛指这一地区。医无闾山以产玉著称。《楚辞·远游》："夕始临乎于微闾。"王逸注："东方之玉山也。"红山文化诸遗址正分布在医无闾山周边。玉器专家邓淑苹认为，大玉、夷玉、越玉可看作是代表华夏、东夷、苗蛮三大氏族集团的"古玉三大分系"[11]。所以《尚书》中称道的夷玉似即红山玉器。先秦时它一直受到宝爱，陕西韩城梁带村26号春秋墓中仍出土红山文化的玉卷龙，可以为例[12]。

龙最先出现于夷玉，而为中原的华夏族所接受。但是，是什么原因促使先民创造这种形象的呢？一种回答是：它是图腾标志。图腾一词来自美洲印第安奥吉布瓦方言。每个印第安氏族都有自己的图腾，大部分为动物，氏族成员认为自己和图腾动物有共同的祖先，甚至把图腾动物就看作自己的祖先，并且此图腾动物的形象也就成了本氏族的徽识。在印第安氏族的遗物中，图腾徽识占有显著地位。但图腾制并非世界各族在原始社会时必须遵循的制度，我国古代主要是祖先崇拜和萨满崇拜，自考古发掘中看不到图腾崇拜的迹象。我国已发掘的新石器时代古墓葬不下十几万座，但在出土物中却找不出哪怕是一个氏族的成员所共同拥有的图腾徽识。解释龙的形象的形成，有人又提出所谓"图腾兼并说"或"综合图腾说"，认为龙系由多种图腾结合而成。但两个不同氏族的男女缔结婚姻，并不会导致图腾的融合。如果两个氏族发生战争，胜利者也不会把失败者的图腾兼并过来。鉴于图腾的排他性，这种兼并乃至融合在印第安人那里都不曾发生，更不要说在中国了。古代中国各族虽然也有自己的关于始祖诞生的神话，但这和笼罩全社会的制度性的图腾崇拜有本质上的区别。

实际上龙是一种代表升腾变化的吉祥物。作为吉祥物，它可以如"九似说"所称，将众美萃于一身。作为吉祥物，它不只是属于某一氏族的，而是泱泱中华亿万公众和诸多民族所共同拥有的。它既有弹性又有韧性。翻开龙的历史，其造型之多变令人目为之眩，千种姿态，万般风流：既可作成威严凝重的庞然大物之形，又可变为蜷曲蟠结的小巧玲珑之状。把它装饰在任何器物之上，充填于任何图形之中，均可契合无间，挥洒自如。它既可以精细加工，银鳞金甲，耀日生辉；也可以在水墨画中变成画家的笔下逸气，纸上云烟。总之，作为吉祥物，就没有任何禁忌，不设任何樊篱。但这并不是说龙没有神性，商代甲骨卜辞中出现的"龙"字，虽然好多都是当人名、地名用的，但也有表明龙具有神性的记事，如"其作龙于凡田，有雨"（合集29990）。可见作龙就有雨。又如"壬寅卜，宾贞，若兹不雨，帝佳兹邑龙不若。王固曰：帝佳兹邑龙不若"（遗珠620）。龙意不若（顺）就不下雨。均显示出龙是司行雨的神。既然是神，则须有灵异之处，而对龙的形象不断进行艺术加工，就是使之日益神化的手段。

必须指出的是，只有卷体状才是真正的原始龙纹。红山文化流行期比商代早几千年，可是商代玉龙的基本轮廓仍奉红山玉卷龙为圭臬，说明它是一种为公认的神话所支持、世代相传、沿用不替的定型的图案。这种观念一直延续到周代。《左传·昭公二十九年》记蔡墨说："其《夬》（☰）曰：'亢龙有悔。'"亢龙是不吉之占。闻一多在《周易义证类纂》中释亢龙为直龙，谓龙欲曲不欲直。李镜池在《周易通义》中也说："曲龙吉，直龙凶。曲龙是正常的，直龙则反常。"曲龙就是卷曲的龙，即卷龙。据《周礼·春官·司服》："享先王则衮冕。"郑玄注引司农曰："衮，卷龙衣也。"《礼记·玉藻》："龙衮以祭。"郑玄注："龙卷，画龙于衣。字或作衮。"孔颖达疏："卷谓卷曲。画此龙形卷曲于衣，以祭宗庙。"可见在极其隆重的礼服——衮冕服上，周人画的也是卷龙。不过在对龙的形象进行艺术加工的过程中，其体型变得日益生动。龙的尾部虽多向内卷，但也有外翻的。商代之同一类型的玉龙中，尾部内卷、外翻者并存，铜器纹饰中也是如此（图六）。如将它们区别为两个物种，是没有说服力的。从字形上看，甲文"宠"字可作 🔸（合集7358）、作 🔸（续5345），亦可作 🔸（乙7143），其所从之"龙"字的尾部既可内卷亦可外翻，甚至外翻后

1.玉龙，安阳妇好墓出土　　　　　　　2.玉龙，安阳妇好墓出土

3.玉龙，安阳妇好墓出土　　　　　　　4.玉龙，安阳妇好墓出土

5.三联甗，妇好墓出土　　　　　　　6.铜戈（内部），妇好墓出土

7.铜钺，陕西城固五郎庙出土　　　8.铜胄，安阳侯家庄西北冈1004号墓出土

图六　商代之尾部外翻（左侧图）和内卷（右侧图）的龙

1.子龙鼎　　　　2.子龙壶

3.子龙觚　　　　4.子龙爵

图七　子龙诸器的铭文

再内卷，所以不能依据尾巴摆动的姿势把它们释为不同的字[13]。商周之际的子龙诸器中，子龙觚与子龙爵铭文中之"龙"字的尾部内卷，子龙鼎铭文中之"龙"字的尾部则外翻，亦可作为二形相通之证（图七）[14]。唐兰先生认为，只有"虬曲而尾向外"的才是龙字；"蟠结而尾向内"的，则被认为是"其形迥异"[15]。可是若干相当明确的商代龙纹，其尾部皆内卷，难道能因此而认为它们不是龙吗？何况尾部内向的卷龙到了西周、东周乃至西汉仍然常见，如依尾式将它们悉数否定，是讲不通的。

更有学者将 ◎ 字释赢，将红山文化遗物以至妇好墓中出土的玉龙皆改定为玉赢。其实甲骨文赢字作 ❀（合集31084），从赢的"赢"字在金文中作 ❀（庚赢卣），所象之形均强调其背上之奇特的戟刺状物，自别有所指；故 ◎、❀ 两字不能混为一谈[16]。而且先秦时有关龙的神话连篇累牍，却未曾见过赢是何种神物的记述，更表明赢无法攘龙的地位而代之。

红山玉卷龙并不像蛇。到了夏代，在山西襄汾陶寺3072号墓出土的陶盘上却绘出口吐长舌、身上画满鳞甲的接近蛇形的卷龙，从而与螾、蝼等昆虫逐渐拉开了距离（图八）[17]。而且商代的这类龙形上的鳞纹，有的又发展了陶寺龙鳞之葺瓦式的构图。如安阳小屯村北18号商墓及妇好墓出土的铜盘，所饰龙纹在龙身上排列套叠的菱形，显得锋棱峭峻，更像大蛇的鳞甲[18]。《韩非子·说难》中曾提到"夫龙之为虫也"如何如何，此"虫"字读huì，正字作"虺"，指一种蛇。在《说文》中，它和读chóng的"蟲"，不仅是两个不同的字，而且是两个不同的部首。《虫部》称："虫，一名蝮。博三寸，首大如擘指。象其卧形。物之微细，或行、或毛、或赢、或介、或鳞，以虫为象。"但古书经历代翻刻，

图八　陶盘，襄汾陶寺出土

有时会将"虫""蟲"互讹。《左传·昭公二十九年》："魏献子问于蔡墨曰：'吾闻之，蟲莫知（智）于龙。'"此"蟲"字实应作"虫"。可见这时已将龙视若蛇类，即所谓："鳞虫之长。"上述夏、商之龙，有的已进入这个范畴。

多数红山玉龙没有明确的角，凌家滩玉龙和陶寺陶盘上的龙纹却有角。有些商代的龙更将这一部分强化，出现了瓶形角。甲骨文中的"龙"字或作𤡋（京4889），对此亦有所反映。此字亦作𤡋（乙5409），瓶形角简化为Ｙ形；周代金文中的"龙"字作𤡋（龙母尊）者与之相近。后来小篆中的"龙"字作龖，即由此发展而来。添上角的"龙"字当然要比无角的原始"龙"字出现得晚。除了瓶形角，商代的龙角还有作螺形的。殷墟侯家庄西北冈1005号墓中曾出土两件铜中柱旋龙盂，围绕中柱的四条龙，两条为瓶形角，另两条为螺形角。林巳奈夫还举出一件收藏在国外的晚商铜鼎盖，其上饰两龙头相对，一龙为瓶形角，另一龙为螺形角（图九）[19]。两种角型不同的龙以对比的方式出现，其中肯定包含某种用意。《汉书·司马相如传》："蛟龙赤螭。"颜师古注引张揖曰："赤螭，雌龙也。"既言雌龙，则可推知汉代人认为龙分雄雌。再向前追溯，在西周器物上，螺角龙罕有充当纹饰之主题的，它们大多用作铜匜之耳。相形之下，瓶角龙却往往被安排在显著的位置上。那么，是否可以作这样的推测，即瓶角龙为雄龙，螺角龙为雌龙呢？目前尚无确证，不能断定。此外，商龙的足也逐渐成形。红山

1. 饰对龙首的鼎盖

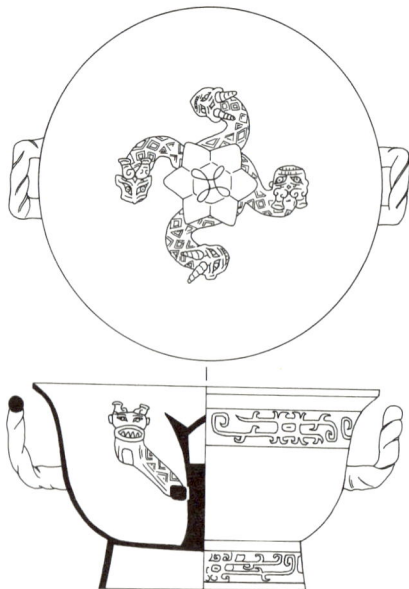

2. 中柱旋龙盂，安阳侯家庄出土

图九　商代的瓶角龙和螺角龙

玉龙无足。商代玉龙有的在腹下有轮廓不甚明晰、几乎是象征性的足状物，从中还能看到其祖型蛟螭的三对伪足的影子。商代铜器上的龙纹则大多有二前足。1973年在安阳小屯宫殿区附近采集到一件石磬，其上之龙纹属于蛇型，但有瓶形角，有生利齿的巨口，龙身有鳞甲，龙背上有一条脊棱，还有明确的、带五爪的前后足（图一〇）[20]。后世之龙的基本特征，到这时初步齐备。

图一〇　石磬，安阳小屯采集

西周龙多继承商代的传统式样（图一一）[21]。但引人注意的是，西周早期还出现了一种别具一格的西周式涡卷龙纹，比如天亡簋的器腹和方座上就饰以此种龙纹。

1.玉龙，陕西长安张家坡出土　　2.玉龙，陕西宝鸡竹园沟出土　　3.父乙簋器底所铸纹饰

图一一　西周的卷龙纹

这件铜器是武王克商后回到周都，大会诸侯、告天告庙、庆祝胜利之际，一位有功之臣所铸，它的铭文不像一般的套话，称为祭祀其祖考而作器，却强调"敏扬王休于尊簋"，也就是说铸簋是为了颂扬武王的勋业。像这样一件铭功之器，其造型显然是经过精心设计的。它的主题花纹采用新式的涡卷龙纹，应该被

看作既是对传统的尊重，又是周人自身之艺术特点的表现。商代铜器上从未见过这种纹样，而西周早期却早有一批饰此种西周特有的龙纹的器物。除天亡簋外，甘肃灵台白草坡出土的簋、陕西泾阳高家堡出土的簋和卣、四川彭县竹瓦街出土的罍，以及美国哈佛大学福格美术馆所藏叔德簋等均是其例（图一二）[22]。这种纹样或被称作"蜗身兽纹"，其实其涡卷的身躯并不代表"蜗牛壳"，而是商代的卷龙纹被周人改造了的结果。

1.天亡簋，陕西岐山出土

2.铜罍，四川彭州竹瓦街出土

3.铜簋，甘肃灵台白草坡出土

4.铜罍，辽宁喀左北洞沟出土

图一二　西周式涡卷龙纹

涡卷龙纹只在西周早期兴盛了一阵子，以后便隐而不彰。到了西周中期，如上海博物馆所藏巽仲壶上的纹饰，就变得只有涡卷而失去龙首了（图一三）[23]。东周的龙纹有时很率意，有时却很张扬。如河南新郑出土的莲鹤方壶、安徽寿县出土的蔡侯方壶，以及河南淅川出土之铜方壶的大龙耳上，龙角都装饰得很繁复，莫可名状（图一四）[24]。这类造型到底是基于神话上的要求，还是出于艺术上的考虑，尚难以遽断。不过也有以简峭的手法出奇制胜的。河北平山出土的中

图一三　西周恭王时的巽仲壶

山王礜方壶器身四角所铸之龙，头顶上伸出带尖的、光素的大弯角，高昂倨傲，气势不凡（图一五）。而类似的弯角龙又见于湖北随州曾侯乙墓出土的楚王舍章所赠之铜镈的钮上[25]。楚国与中山国地处南北，相距遥远，这一造型却彼此肖似，说明当时列国间的铜器具有时代共性。

1.莲鹤方壶，春秋中期，河南新郑出土　　2.蔡侯方壶，春秋晚期，安徽寿县出土　　3.方壶，春秋晚期，河南淅川出土

图一四　方壶龙耳上所见装饰繁复的龙角

中山王礜方壶上的龙有翼，舍章镈钮上的龙也有小翼。艺术史家多半把我国古文物中出现的有翼兽当作东西方文化交流的例证，对它相当重视。其实早在

中山王嚳方壶之前，我国已有这种造型。已知较早的一例为春秋时期的䄅镈，其镈钮作双翼龙噬翼兽形（图一六：1）[26]。镈为齐器，作器者䡬（鲍）就是留下“管鲍之交”的佳话的鲍叔之孙。当时齐、鲁是中国文化的中心。齐地近海，多“海上方士”，其言辞夸诞，翼兽的神话可能是他们想象出来的。然而有些研究者一看到中国古代的有翼兽，立即指之为从西方，具体说就是从西亚传来的[27]。但无论在美索不达米亚或伊朗，早期有翼神兽的翼都出自肩部，因为鸟类翼内之肱骨是和肩关节相衔接的（图一七）。而中国古代的有翼神兽，其羽翼的安排却并不完全遵循鸟类的生理特点。䄅镈钮之龙的翼位于肩部，而被它吞噬之兽的翼位于腰下。淅川出土的春秋晚期之鄬子倗簠的龙形耳上的翼置于腹部（图一六：2）[28]。山西侯马所出春秋中期至战国早期之陶模和陶范上的翼龙，翼的位置更奇特：一块钟钮范上的龙翼是反方向倒置的，一块陶模上的龙于肩、尻、腰间各有一翼，一块壶耳范上的龙纹多处生翼（图一八）[29]。这类形象在西方从未见过。同时中国古翼龙和翼兽身上也没有西方那种自肩部一直延伸到尾部的大翅膀。西方古翼兽可以凭翅膀起飞；而中国古龙腾云驾雾、凌虚御风，其遨游四海并不靠或至少不全靠翅膀的扑打扇动。双方的分歧关系到彼此大相径庭的神话背景、设计意匠和审美情趣。中国古龙之翼与其说是功能性的，倒不如看作是艺术上的加意夸张；膊上添翼与颊上增毫一样，都是作者的神来之笔。所以东、西方的翼龙、翼兽之间找不到造型上的真正交汇点，所谓的传播关系难以成立。后来斯基泰艺术中虽然在神兽肘部出现小翼，但这类制品要到前4世纪至前3世纪才传入

图一五　弯曲光素的尖龙角中山王嚳方壶，战国中期，河北平山出土

1.䄅镈，春秋中期，山西万荣出土

2.鄬子倗簠，春秋晚期，河南淅川出土

图一六　中国早期的翼龙

1.美索不达米亚，阿卡德时代，前24世纪~前22世纪　　2.美索不达米亚，新亚述帝国时代，前9世纪

3.叙利亚，阿拉姆时代，前8世纪~前7世纪　　　　4.乌克兰，斯基泰文化，前4世纪

图一七　西方的有翼神兽

1.陶模（ⅡT81H126：47）　　　　2.陶钟钮范（ⅡT13⑤：6）

3.陶壶耳范（ⅡT31F13：9）

图一八　侯马出土陶模、范上所见翼龙

我国；而鐍铸为前7世纪之物，年代要早得多。之后翼龙历秦汉、六朝均不乏其例，唐、宋时较少见，至明代它再以"飞鱼"的名称出现时，用意就有所不同了。

秦代之带龙纹的文物较少，只在陕西咸阳秦代建筑遗址中出土过龙纹空心砖。龙体修长，嘴短，头方，足细，还没有表现出新的特点。这类龙纹到西汉时才逐渐成熟，虽然其基本构图与秦代差别不大，但各个局部都被强化了，整个体形也被调整了，形成神完气足、既不抽象又不造作的龙。

1. 江苏仪征刘集镇出土　　2. 安徽巢湖放王岗出土　　3. 安徽天长三角圩出土

图一九　西汉玉卷龙

西汉时，也发现过比较传统的卷龙玉饰，尽管其造型在继承中又有变化（图一九）[30]，但毕竟代移时迁，引领潮流的是新的创意。这时新出现的龙可以分成两大类：一类的躯干仍像大蛇，另一类则像猛兽。汉瓦当上恰恰饰有这两类龙纹（图二○）。之后，卷龙纹逐渐退出人们的视野。而且这时的蛇体龙还将兽体龙的足移植过来，于是它的足不再类似蜥蜴，变成了强健的四肢。但长长的身躯仍不太容易处理，如果首尾缺乏呼应，气势将不能贯通，生动的效果就没有了。所以画师对龙体上下打弯处的弧线很注意，因为拱屈而行时，打弯的部位是发力之处，四足也正好安排在这里。以西汉的蛇体龙为例：它们的头部挺立，胸下之足着地，背部拱起，胯下之足再着地，尾部或卷绕，或旋摆，或甩出，整体像横置的"弓"字形。而头部则被着意刻划，其吻长，鼻部略上卷，眼眶凸起，尖耳，有髯，有角。汉代人认为龙

1. 蛇体龙　　2. 兽体龙

图二○　汉代的两种龙纹瓦当

必须有角。《汉书·东方朔传》记有一个以蜥蜴为谜底的"射覆"，东方朔的答案暗指蜥蜴。他说："臣以为龙又无角，谓之为蛇又有足。"可见在汉代人的观念中，龙是不能没有角的。而当龙的形象发育到这种状况以后，就要在龙体内注入生机，使之呈现出矫夭腾踔的气势。为此，汉代艺术家付出了极大的努力。长沙马王堆1号汉墓约葬于文帝时，在这里能看到许多龙纹。如所出之著名的帛画（图二一：1）[31]，其上部为日、月，月下方有一女子乘

1.长沙马王堆汉墓帛画

2.洛阳卜千秋墓壁画

图二一　西汉绘画中的龙

龙。此龙的前后肢虽然画得也比较粗硕，但只在半空向左右松开，并无着力的支撑点，因此显得不够遒劲。此墓所出土的朱地彩绘漆棺左侧壁板上画的龙，也犯同样的毛病，有足而并不用力，形似虚脱。较马王堆汉墓的时代稍晚，在河南洛阳烧沟发掘的卜千秋墓，约葬于昭、宣之世，属西汉中期。此墓壁画中的龙，前二足踩地，后二足却依然悬在空中（图二一：2）[32]。时代再晚些，在河北定县三盘山122号西汉晚期墓中出土了一件连接车盖杠用的铜管箍，上面的纹饰分为四段，以金银嵌错出在云气中行进的各种鸟兽一百二十五个，并镶有圆形和菱形的绿松石，工艺精湛（图二二）[33]。其中的龙纹长短适度，肢体的安排也比较合理。这是在汉代的蛇体龙纹中，第一次看到四足各得其所的作品。

图二二　河北定县三盘山汉墓出土金银错车杠箍部分纹饰展开图

　　兽体龙出现于西汉晚期，最先在镜背花纹中看到。西汉早、中期的镜子，除蟠螭镜、蟠虺镜等多以高度变形的动物纹为饰者外，其他如草叶纹镜、星云纹镜等多以几何图案为饰，日光镜、昭明镜等则以文字为饰。而在西汉晚期的四乳四兽镜中铸出的兽体龙纹，却使人耳目一新。它摆脱开那不容易处理的长长的蛇躯，使之变成一头生着已为时人熟悉的龙头的猛兽。尽管龙本是想象的动物，然而在这里它显得异常生动，身体各部分的比例恰到好处，动作不仅自如，甚至可以称得上是活泼。稍晚的一件铜镜上有一个羽人豢龙的场面，那条龙俯首帖耳，简直有点稚态可掬的样子，以前种种不近情理的生硬造作之病，这时似一扫而空了（图二三：6）。

将镜子上的龙单个挑出来看，还会发现这些形象还不仅是生动活泼四个字所概括得了的，那倔强的颈部、粗壮的长尾、剽悍的四肢，尤其用后腿撑起身来半人立的姿势，岂不是史前恐龙的再现嘛！铜镜的设计师当然没有见过恐龙，但艺术创作的颖悟性和生物进化的合理性碰撞在一起，竟然就是如此巧合，如此会心，如此似曾相识而各臻其妙！

这些龙身上都有翼，如前所述，它不仅与西方的有翼兽毫无关系，而且是汉代人所习用、夸张点说几乎是滥用的艺术手法。在瓦当、陶器、铜器、丝织品、画像石及壁画中，有翼之兽比比皆是。规矩四神镜和多乳禽兽纹镜中的龙、虎、马、鹿、麒麟、辟邪无不有翼。

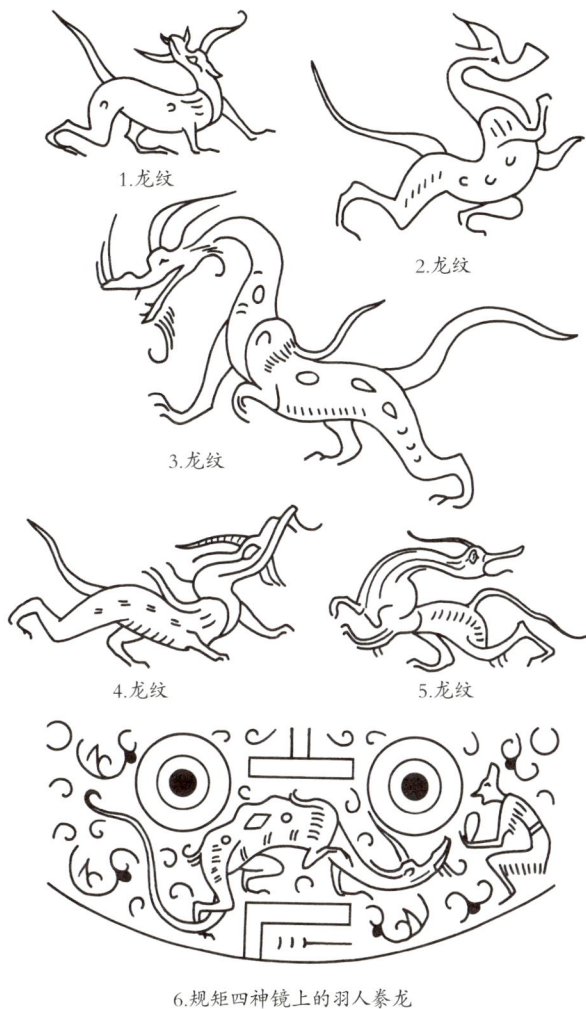

1.龙纹
2.龙纹
3.龙纹
4.龙纹
5.龙纹
6.规矩四神镜上的羽人蓁龙

图二三　汉镜上的龙纹

连河北望都1号汉墓壁画中榜题"羊酒"处的待屠之羊、山东苍山前姚村所出汉画像石中被猎狗追赶的兔子、辽宁辽阳棒台子屯大墓壁画中颈系绳索的守门之犬，也都生有羽翼[34]。流风所及，三国时甚至在青瓷虎子上也有刻翼的。不过汉代人画翼并不像侯马陶范那样精雕细刻，往往只是简单的几根线条，是乘兴之作。有人根据《广雅》中"有鳞曰蛟龙，有翼曰应龙，有角曰虬龙"的说法，称它们为应龙，看来不必。因为《广雅》的分类有点侧重生理，而这种随处可见的翼似乎游走于神话和纯装饰之间，并不在意那些动物是否能真的飞起来。

虽然东汉二百年间，兽体龙蔚为大观，但蛇体龙并未退出历史舞台，特别

249

如交龙穿壁之类体裁，完全是蛇体龙的天下。总的说来，龙之"能幽能明，能细能巨，能短能长"的特质这时已被普遍接受。但兽体龙这样的庞然大物，总使人觉得它升腾时会有所不便，所以到了魏晋以后，蛇体龙更加得势。而且在当时学人的心目中，认为龙本该有很长的躯体。魏缪袭《青龙赋》说："观夫仙龙之为形也，盖鸿洞轮硕，丰盈修长。"晋郭璞《烛龙赞》则说龙"身长千里，可谓至灵"。[35]在这种观念的支配下，兽体龙遂不复得势，此后的龙躯基本上都采用"丰盈修长"的造型了。

以兽体龙与蛇体龙相比，兽体龙的体型还能从现实当中找到若干参照物，相对说来尚易下笔。而蛇体龙则纯属想象，它们一般没有翼，生物界中不曾有生着蛇躯又有四足又会飞的动物。相反，无论生蛇躯或生四足，对飞翔来说都是赘疣。今天不是常说"龙的腾飞"吗？而中国艺术家从南北朝将蛇体龙定于一尊的时候开始，就在艺术实践中为龙的腾飞作着努力了——就是要让龙带动它那长长的身躯，并且不靠翅膀的力量飞起来；就是要完成这样一个艺术形象，创造出这样一个接近神奇的艺术真实。

魏晋南北朝是产生大艺术家的时代，对龙的形象的处理往往很严肃、很认真，汉代人腕下那种写意的逸笔已很少出现。像甘肃高台地埂坡魏晋墓壁画中之端坐并擎起食品、带点幽默感的龙，仅仅偶一见之，几成绝响（图二四）[36]。这时的龙多半是神龙，清峻超逸，一身傲骨。龙翼多呈飘动的火焰状，或称之为"肘鬃膊焰"（宋·曾极），只是对龙之体型的一种衬托，用以调节长身躯的

图二四　甘肃高台地埂坡4号魏晋墓前室壁画

单调感，同时增加运动的气势。与西方之有翼兽的造型相去已不可以道里计。龙角这时上端卷曲，下端增加结节，予以强化。龙腿却变细，小腿部分成为只包着鳞皮的鸟胫，更使它和兽体龙判然两途。江苏丹阳胡桥南朝大墓中的拼镶砖画和洛阳上窑所出北魏画像石棺上的龙均可为代表[37]。但这时它们尚只能在地面横行，飞不起来。龙要不靠双翼而飞，必须将全身的能量借扭曲挣揣之势爆发出来，四足又要在虚空中捕捉到那看不见的着力点。而其前提，就是要先会自由蟠曲，不能像有些交龙纹那样，

图二五　吉林集安五盔坟4号高句丽墓墓顶壁画

纠结得像编丝带一般，几乎动弹不得。汉末三国六朝镜上的龙，有的就蟠曲得较随意。吉林集安五盔坟相当北朝时期的4号高句丽墓壁画中的蟠龙，距上面说的方向更近（图二五）[38]。这样的造型离起飞就不远了。

隋代留下了一批饰龙纹的重要艺术品，如河北赵县安济桥上的石栏板，是1952年修缮此桥时，从桥下洨河淤泥中掘出的隋代原物[39]。其中有一件浮雕二龙对穿岩穴，非常精彩（图二六）。早在汉代，工艺品上的龙纹已有穿游于山峦、

图二六　河北赵县隋安济桥石栏板（局部）

云气之间的构图，画面上龙的身躯被景物遮去一段，却仍是浑然的整体。新疆焉耆博格达沁古城址和平壤石岩里9号乐浪墓出土的汉代金带扣，其上都有在激流漩涡间穿游的龙纹，也隐去龙身的中段，与安济桥石栏板构图的意匠相同。但安济桥栏板上龙体隐没的部分特别大，龙之头尾四肢等部分更加集中，更难处理也更有力度。此桥为隋大业间李春所建，是世界上第一座石构坦弧敞肩拱桥，至今仍巍然屹立。徘徊桥前，流连瞻眺，"李春留得典型在，高枕清江耀岁寒"，使人充满感喟。

一种相当普遍的印象是，龙是皇权的象征。从历史上看却不尽然。在它出现以后的漫长岁月里，并未尽数变成御用之物。龙纹在汉代器物上相当常见，可是许多在铭文中标明系某庙或某厨之皇家用的鼎，却大部分为素面，罕有饰龙纹的。直到汉末魏晋，如陈琳说何进是"龙骧虎步，高下在心"；《世说新语》说嵇康是"龙章凤姿，天质自然"，都没有把他们比作皇帝的意思。虽然秦代曾有人称始皇为祖龙，汉代也曾称高祖为赤帝子，但这时帝王和龙的联系尚不固定，他们还未将这一全社会通用的吉祥物攫为己有。唐代人的看法则略有不同。如果把杜甫的诗作为了解民情的晴雨表，则他一再说："高帝子孙尽隆准，龙种自与常人殊。""云移雉尾开宫扇，日绕龙鳞识圣颜。"反映出皇帝和龙的联系在人们心目中已更加紧密。唐代饰龙纹的器物中，铜镜是很突出的一种。唐玄宗将他的生日八月初五定为千秋节，这一天皇帝赐群臣镜，王公以下亦献镜及承露囊。千秋节时颁赐和进奉之镜主要是带"千秋"铭文的盘龙镜。《太平广记》卷二三一引《异闻录》对此有所记述："扬州进水心镜一面，纵横九寸，青莹耀日。背有盘龙，长三尺四寸五分，势如生动。玄宗览而异之。……歌曰：'盘龙盘龙，隐于镜中。分野有象，变化无穷。兴云吐雾，行雨生风。上清仙子，来献圣聪。'"几乎将镜上之龙当成皇家的纹章了。这种铜镜在出土和传世文物中都能见到，绝大多数仅铸出一条龙。因为镜背的面积不大，外轮廓又是一个固定的框子，当中还要避让开镜钮，龙的活动范围很受限制。但大多数的千秋镜却能在此小小空间之中，使龙威猛的精气蓬勃喷涌；这里没有局促的挤压，没有矫情的安

图二七　唐蟠龙镜

排。谈古镜的文字常称它为蟠龙，然而构图的走向却不是蟠曲，而是捕捉住纵身腾跃的瞬间。弓起的躯体和扭转的头部使画面上的线条充满弹性，极度开张的四肢表现出飞扬蹈厉之势，龙尾缠绕在举起的右腿上，又使豪迈的活力聚而不散（图二七）。再看通过整体的精雕细刻而展现出的富丽堂皇、健劲丰腴之美，更使它无愧于"天子镜"的称号。

尽管龙的形象此前已经定型，但唐龙之若干细节的处理仍具有创造性。这时龙口大张，与南北朝时龙口多半张半闭不同。龙角依隋代的式样分出小支杈，背鳍则从颈部一直延伸到尾部，这两种式样也是南北朝时罕见的。而且龙胸后的密发、肘后的鬃毛、身上的细鳞、腹下的软甲，处理得也都比前代灵巧。或以为唐镜上的蟠龙纹彼此互相接近，有点公式化。其实不然，认真端详每件作品，会发现面貌各有不同，它们不是出自通用底本的依样葫芦。纵使不能说每件都有自己的个性，但至少都是经过分别设计、精细施工的，虽然它们之间存在着共同的时代风格。

除了盘龙镜以外，在江苏丹徒丁卯桥唐代窖藏中还出土了一件饰有龙纹的银筹筒，器壁刻铭：论语玉烛（图二八）[40]。"玉烛"即筹筒别名。花蕊夫人《宫词》："昭仪侍宴足精神，玉烛抽看记饮巡。依赖识书为录事，灯前时复

图二八　江苏丹徒丁卯桥出土唐"论语玉烛"银筹筒与所饰龙纹

错睹人。"唐人饮宴时巡酒行令，席上设录事司筹，依筹罚酒。这件玉烛中装有五十支摘取《论语》文句刻制的酒令筹，故名。从探讨龙之造型演变的意义上说，玉烛刻纹的重要价值在于其上第一次出现了直立的升龙。这种意匠代表

的是真正要起飞的姿势，日后它还要大放光彩。

唐代还从域外引进了一种近似龙形的摩羯纹。摩羯本是印度神话中的巨鱼，生有长鼻上卷的兽首。它通过佛教经典、印度与中亚的工艺品，以及天文学上黄道十二宫中的摩羯宫等渠道传入我国。在唐代

图二九　宋鎏金银摩羯，广西南丹拉要屯虎形山出土

器物的纹饰中，摩羯的兽首被改成龙头，又添上翅膀，俨然是一条中国式的鱼龙。内蒙古昭乌达盟喀喇沁旗哈达沟门出土的中唐银盘上的摩羯纹虽已华化，但距离印度原型还不太远，胸鳍并未变成翼，头上亦无角。丹徒丁卯桥所出晚唐银盆上的摩羯纹就不同了，它不仅有翼，且增独角。辽宋时这种纹样仍然流行，辽墓中多次发现金银摩羯耳坠，辽陈国公主墓出土摩羯玉佩，内蒙古宁城辽墓出土三彩摩羯壶。特别是广西南丹拉要屯出土的宋鎏金摩羯形银器，更为精美（图二九）[41]。其双翼高耸，独角并分成三杈，很特殊。摩羯在我国虽然常被认为是鱼变成的龙，但它始终只有独角，大约表示下真龙一等吧。

伴随佛教还传来了印度的龙（那伽，Nága）和龙王（那伽罗亚，Nágarája）。但印度本无与中国之龙完全相当的概念，那伽指的是一种大蛇。那伽罗亚则是水神、海神和司行雨之神，其像作人形，但在头巾或伞盖上探出蛇头，甚至在头上盘蛇，以表明身份。龙王的神通广大。《大智度论》说："如大龙王，从大海出，起于大云，遍覆虚空，放大电光，明照天地，注大洪雨，润泽万物。"这倒和中国的龙相近。但印度龙种类繁多，既有拥护佛法的龙，也有毒龙、恶龙，佛典中有不少降龙的传说。《大唐西域记》称，桥赏弥国都城西南有"毒龙石窟"。《法苑珠林》称："西方有不可依山，甚寒，山中有池，毒龙居之。"连王维的诗中都有"薄暮空潭曲，安禅制毒龙"之句。刘禹锡的诗也说："独向昭潭制恶龙。"这是中国以前不曾有过的一种观念。后来在辽宁朝阳北塔地宫所出辽代石函上就刻出了那咤追捕和修吉龙王(Vásnki)图（图三〇）[42]。那咤是四大天王中北方毗沙门天王之子，原名那咤俱伐罗（Nalakú-vara），简称那咤，明代人将其名改为哪吒。图中的那咤和龙王头侧分别有题名。那咤戴天王冠，着锁子甲，手托宝塔，端坐祥云之上，挥手令诸夜叉追击。作孽的龙王身已中箭，正在狼狈逃窜。在这里它只是一幅护法的图像，而在《封神演义》中，却

图三〇　辽代石函刻纹"那咤追捕和修吉龙王图"，辽宁朝阳北塔地宫出土

根据此类素材编造出哪吒闹海故事，热闹非凡。不过石函所刻龙王为普通龙形，没有在形象上进一步加以处理，未能在观念上把那个与西方的Dragon有共同之处的Vásnki和我国的龙彻底切割。将那些居心叵测，混淆Dragon与Loong的区别以乱视听，从而制造"赤龙论"的人的嘴早早堵住。

晚唐以降，龙的造型又增神韵。此前各类工艺品中之龙，概成于匠师之手，这时它还出现于文人笔下。《益州名画录》中列入"逸格"的孙位，在应天寺"画山石两堵，龙水两堵"，"龙挐水汹，千状万态，势欲飞动"。又在"能格"中说："黄筌于石牛庙画龙一堵，黄居寀于诸葛庙画龙一堵，（孔）嵩于广福院画龙一堵，蜿蜒怪状，不与常同，逼视远观，势欲蠷跃，时人异之。此三公画龙，宗师孙位。"除壁画外，画家也在屏风上画龙。《图画见闻志》中说："任从一，京师人，仁宗朝为翰林待诏，工画龙水、海鱼，为时推赏。旧有金明池水心殿御座屏扆，画出水金龙，势力遒怪。"又说荀信："工画龙水，真宗朝为翰林待诏。天禧中尝被旨画会灵观御座扆屏看水龙，妙绝一时，后移入禁中。"这些被目为"轩冕才贤，岩穴上士"之知识界的佼佼者投入画龙的活动中，无疑使龙形更曲尽妙趣。在此基础上，郭若虚对画龙的技法作出归纳："画龙者折出三停，分成九似。穷游泳蜿蜒之妙，得回蟠升降之宜。仍要鬓鬣肘毛笔壮快，直自肉中生出为佳也。"不过宋代画龙的名家真迹，泰半不传，今尚存世者只有陈容所绘之龙。

陈容号所翁，生活在南宋晚期。《图

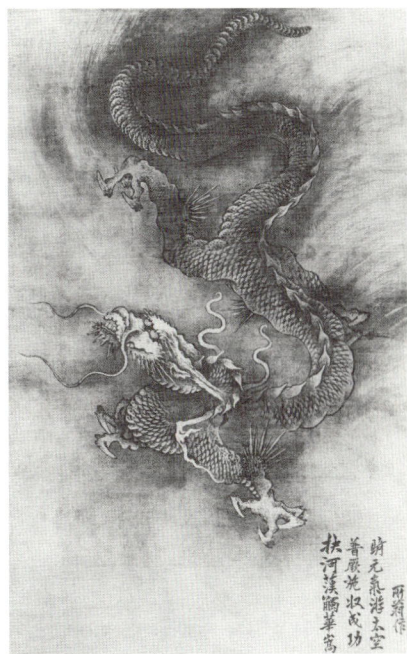

图三一　南宋陈容《墨龙图》

绘宝鉴》说他："善画龙，得变化之意。泼墨成云，噀水成雾。醉余大叫，脱巾濡墨，信手涂抹，然后以笔成之。或全体，或一臂一首，隐约而不可名状者，曾不经意而得，皆神妙。"《画继补遗》说他"善画水龙，得变化隐显之状"。他的画在北京故宫博物院、广东省博物馆、日本德川美术馆、美国波士顿美术馆、纳尔逊美术馆等处均有收藏。广东省博物馆所藏《墨龙图》，画面上的龙在浓云密雾中翻腾（图三一）[43]。诚如萨都剌《题陈所翁墨龙》所云："画龙天下称所翁，秃笔光射骊珠宫。长廊白日走云气，大厦六月生寒风。"张翥诗所云："陈翁砚池藏霹雳，往往醉时翻水滴。便觉天瓢入手来，雨气模糊浑是墨。"他以水墨渲染，使云气弥散渲晕，恍若风疾雨骤，天垂海立；在这种气氛烘托下，怒龙光动鳞甲，足蹈雷霆，显得出神入化。后来明代的汪肇、清代的周璕，画龙均师法陈容而得其三昧。宋代工笔白描的龙也极精到，传李公麟笔《九歌图》可以为例。但宋代画龙的成就，尚未能随即扩散到工艺领域，宋瓷上的龙纹，多沿袭唐制。直到元代，瓷器上画的龙纹，才使人耳目一新。

其实，元代对龙纹曾屡加限制，至元时甚至下令禁止"织造销金日月龙凤段匹纱罗"。但龙凤纹行世已久，势难禁断。《大元圣政国朝典章》载，大德元年三月十一日不花帖木儿奏"街市卖的段子似上位穿的御用大龙，则少一个爪儿，四个爪儿的着卖，有奏呵"。此后则只禁"五爪二角"的龙纹，三爪、四爪者民间可用。

元代龙纹的最高成就表现在青花瓷器上。元青花出现之前，宋代瓷器装饰主要采用刻花、印花、划花、雕花、堆花、剔花等技术，虽然也有绘画，但未曾像元青花画得这样细致。而且元青花还将刻、划、雕、印作为辅助手法，使既奔放又严谨的绘画被陪衬得更加精彩。元代龙纹的身形较细长，原来长着象征性的羽翼之位置，这时已安排上宛曲多叉的火焰纹，有的还给龙尾添上尾鳍。元龙纹大多为三爪、四爪，五爪龙只是偶然出现的例外。由于元代宫廷日常不大使用瓷器，所以

图三二　元青花龙纹扁壶

图三三　元龙泉窑贴花龙纹盘

饰这种龙纹的瓷器也不好以进呈御用的贡瓷来解释。在形象的处理上，行龙、立龙、升龙、降龙这时无不挥洒自如。以青花器为例，由于它多半只在底边画一泓海水，天空中也只有小朵祥云，不能像泼墨那样纵情晕染，所以龙体的轮廓清清楚楚，无意追求纸本绘画上那种阴阳变化、疏密掩映的效果，因而不能有一丝懈笔。可以说，元青花上的龙纹不仅接受了宋代画龙的成就，而且又有发展。一件扁壶上画出一升龙、一降龙，如用张翥《题陈所翁九龙戏珠图》中"一龙回矫一倒起，侧磔虬髯怒喷水"之句来形容，真是恰当不过。但它们仍不脱行龙之构图的窠臼，两龙虽颠倒而立，却总各有一只前足或后足未离开地面，还是阔步前行的姿势（图三二），距离使之腾空飞跃，看来工艺家还有一段路要走。

青花瓷以钴蓝呈色，如通体施此种釉并以高温氧化焰一次烧成，则呈匀净沉着的宝石蓝色，称为蓝釉瓷器。有的蓝釉圆盘中露出一条白龙，仿佛它出现在深湛的海水中，蓝白色调的对比强烈，而又异常和谐。而以铁盐调釉的龙泉瓷，烧成后呈不同色调的绿色。它还有露胎贴花的作法，一件云龙纹折沿盘，盘心贴立龙，其两上肢与龙头均偏向一侧，像真的在跃动。贴上的胎泥花纹烧成后呈火石红色，在刻满水波纹的葱绿色釉面上，给人以典雅的美感（图三三）。再如烧民用瓷的磁州窑，也喜欢在所产瓷罐上画龙，笔道粗狂，饱含着淳朴的生命力。

明代在景德镇设御器厂，遣官督造，所以在瓷器中再出现五爪龙则不为奇。这时画师于瓷上绘龙已得心应手，姿态多变，并产生了一些特殊的或变形的式样，如穿花龙、莲塘龙、飞鱼龙、斗牛龙、夔纹龙以及图案化的正面

图三四　明宣德青花海水龙纹瓶

龙等。明瓷上的龙纹，宣德时最为壮观，如宣德青花海水龙纹大扁瓶，白龙遨游在汹涌的波涛中，鳞甲刻出暗纹，虽师元人遗意，但构图雄健，用笔酣畅，自成一代气象（图三四）。成化、弘治间，官窑瓷器上龙的造型渐趋温驯，口部闭而不张，且有时置身莲塘，不知将何以叱咤风云。万历时出现了将龙头摆到中央、使之直视前方的正面龙。设计者或以为飞动时龙头多为侧面，不够对称。可是将龙头扭到正面，本意虽希望使龙纹更加端庄肃穆，提高品位；但身躯在腾飞，头部却要岿然不动，两部分不容易协调得好，动态和静态难以统一起来。这个问题留到清代也没有完全解决，只不过习惯成自然，久而久之，见怪不怪，它竟成了皇家御用之龙的标准图像。

明代工艺品中的龙纹大多围绕着帝后的服御之器展开，其中也不乏豪犷之作。如一件景泰款的鎏金雕龙铜香炉，二龙盘绕炉腹，头部昂起形成器耳。体量虽不大，但显得很有力度（图三五）。不过更多见的是在精细富丽上下工夫。明

图三五　明景泰鎏金雕龙铜炉

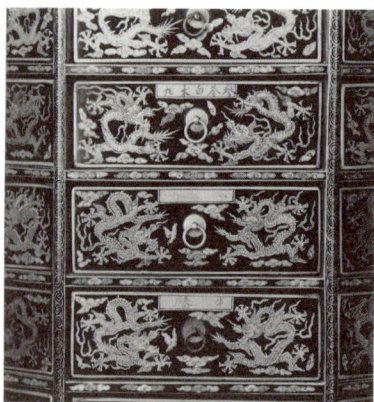

图三六　明万历黑漆描金云龙纹药柜

1.左起第三龙　　　　　　　　　　　　　2.左起第六龙

图三七　山西大同九龙壁

太医院御药局旧存之黑漆描金云龙纹药柜，正面及两侧饰描金开光双龙纹，柜内正中有一组八方旋转式屉，共计八十个抽屉，每个抽屉面上均绘出一对龙纹，在黑漆地的衬托下，金鳞烁耀，光彩夺目（图三六）[44]。再如定陵出土的凤冠，本是皇后受册、谒庙、朝会时所用，冠顶以花丝编出金龙，口衔珠滴，为翠凤、珠花、宝钿所簇拥，显得华贵异常。

说起明代的龙，还不能不提到朱元璋十三子朱桂于洪武二十五年在山西大同其王府门前所建九龙影壁。壁长44.5米、高8米，琉璃砖上模印海水云龙。海水呈绿色，波涛涌漾，天宇呈蓝色，散缀云朵。九条大龙的色调、身姿各不相同，但气概极恢宏，精神极饱满、极昂扬，而且仿佛具有写实意味。龙睛灼灼，威棱逼人。由于是大型高浮雕，所以效果为绘画所难以比拟。龙爪呈轮形，很大，看了它反觉得只有这样才与其体量相称。尾部也处理得很好，有如蜿蜒击水、鼓浪而行（图三七）。亲临其境，驻足观赏，真有目眩神驰、天

图三八　大同观音堂三龙壁

摇地动之感[45]。"凌波擘日曳惊虹，海内无如此壁
雄！"北京故宫和北海的九龙壁，虽然也都是建筑
史上的天之骄子，却被拥抱在一片琉璃丛林里，倒
不显得那么突出了。而明代山西的琉璃建筑装饰确
有不少优异之作，即以大同一地而论，除上述九龙
壁外，兴国寺的五龙壁，甚至观音堂的三龙壁（图
三八），也都是有声有色、照耀人寰的佳构。

清代围绕在皇帝身边的各种龙纹，用得
太泛，太和殿内外，以不同形式出现的龙共
一万三千八百四十四条之多，所以龙纹几乎成为普
通装饰图案或象征性的符号了。帝后朝服上最煊赫
的纹样正龙，本是明中晚期出现的正面龙，这种龙
纹千篇一律，只起纹章的作用（图三九）。固然在
龙袍上将正龙、行龙、过肩龙、团龙和象征"四海
清平"的水波纹、象征"江山万代"的山石、象征"洪福齐天"的云纹和蝠纹以及万字、寿字等精心组织搭配，的确富丽堂皇。精致和艺术上的创造性虽并不等同，

图三九　清代龙袍上的龙纹

可是现在看到那些饰以龙纹的采缎、缂丝、
戳纱等织物，也令人叹为观止。清代饰龙纹
的青花、釉里红、五彩、粉彩、斗彩等诸色
瓷器，更是琳琅满目，各臻其妙（图四〇：
1）。一件康熙釉里红瓷缸上的龙纹，更有
奔放不羁、咄咄逼人之致。龙的肢体配合紧

1.康熙斗彩龙纹缸

2.康熙釉里红海水龙纹缸

图四〇　清代龙纹瓷器

1.光绪金币

2.洪宪金币

3.龙凤银币

图四一　饰龙纹的金、银币

凑，无一处不发力，显得精气充溢，仿佛一声炸雷，拔地腾空，冲云破雾，劈月斩星（图四〇：2）。但这种式样当时并未能引领风尚，实际上没有多少追随者。作为帝国的纹章，要求龙纹约束在固定的格式里，基本上应保持静态，特别是礼仪性器物上的龙纹，更不允许逸出常规。而艺术创作追求的是有所突破，有所创新。这对矛盾在清代几乎无法解决。

正龙既然成为纹章，所以光绪年间的新式铸币上也少不了标出这种图案（图四一：1）。袁世凯复辟帝制时所铸金、银币上的龙纹稍有变化，添上翅膀。设计者可能寓意于"飞龙在天"，反而类似明代三等蟒袍上的飞鱼（图四一：2）。铸币中最后见到的龙纹是1923年天津造币厂所铸龙凤银元，将传统的十二章重新组织成一个国徽的形式。今天看来感到构图似乎太传统了，但当时大约仍有新意。其设计者为鲁迅、钱稻孙和许寿裳。《鲁迅日记》1912年8月28日条记："与稻孙、季市同拟国徽告成，以交范总长。一为十二章，一为旗鉴，并简章二，共四图。"龙凤币上采用的就是他们画的图样（图四一：3）。

古代中华民族创造的龙纹，经历了六千余年的沧桑巨变，仍为广大人民所喜爱，仍能唤起民族自豪感，表明中华文明既古老又年轻。近年龙作为艺术题材相当流行（图四二），预示着在新世纪中，龙的传人将飞腾而起，大展鸿图。然而尚须艺术家为这一值得珍视的艺术形象增辉添彩。

图四二　用花卉摆砌的巨龙（现代）

注释

[1] 《庄子·天运篇》成玄英疏。

[2] 王东：《中国龙的新发现》，北京大学出版社，2000年。其中星象说最近又被强调。论者认为"龙的形象来源于二十八宿东宫星宿的形象"，并称"其本质来源于星象则是最基本的事实"（《考古学集刊》第17集，第160、185页）。但夜空繁星万点，并不构成任何图形。说某个星座的连线像哪种动物，如若不是拿它和已知的形象相比附，本身是什么也看不出来的。故此说与科学的认识论不合。

[3] 极光等说见刘志雄、杨静荣《龙与中国文化》，人民出版社，1992年。雷声说见胡孚琛《谈龙说凤》，《中国社会科学院研究生院学报》1987年第4期。

[4] 中国社会科学院考古研究所内蒙古工作队：《内蒙古敖汉旗小山遗址》，《考古》1987年第6期。濮阳市文物管理委员会、濮阳市博物馆、濮阳市文物工作队：《河南濮阳西水坡遗址发掘简报》，《文物》1988年第3期。中国社会科学院考古研究所：《宝鸡北首岭》，文物出版社，1983年。甘肃省博物馆：《甘肃彩陶》，文物出版社，1979年。

[5] 孙守道：《三星他拉红山文化玉龙考》，《文物》1984年第6期。巴林右旗博物馆：《内蒙古巴林右旗那斯台遗址调查》，《考古》1987年第6期。王未想：《巴林左旗出土的红山文化玉器》，《辽海文物学刊》1994年第1期。孙守道、郭大顺：《论辽河流域的原始文明与龙的起源》，《文物》1984年第6期。邵国田：《概述敖汉旗的红山文化遗址分布》，《中国北方古代文化国际学术研讨会论文集》，中国文史出版社，1995年。翁牛特旗文化馆：《内蒙古翁牛特旗三星他拉村发现玉龙》，《文物》1984年第6期。贾鸿恩：《内蒙古又发现一件新石器时代玉龙》，《中国文物报》1988年4月8日。《中国玉器全集》卷一，图28，河北美术出版社，1993年。河北省文物研究所：《河北阳原县姜家梁新石器时代遗址的发掘》，《考古》2001年第2期。辽宁省文物考古研究所：《辽宁牛河梁红山文化"女神庙"与积石冢群发掘简报》，《文物》1986年第8期。吉林大学考古教研室：《农安左家山新石器时代遗址》，《考古学报》1989年第2期。

[6] 安徽省文物考古研究所、含山县文物管理所：《安徽含山县凌家滩遗址第三次发掘简报》，《考古》1999年第11期。张绪球：《石家河文化的玉器》，《江汉考古》1992年第1期。

[7] 中国社会科学院考古研究所：《殷墟妇好墓》，文物出版社，1980年。

[8] 《仪礼·丧服》"齐衰之绖"，武威出土简本作"资衰之绖"。《尔雅·释草》："茨，本作薋。"《诗·鄘风》："墙有茨。"《说文·艸部》"荠"下引《诗》作"墙有荠"。

[9] 俄国学者C.B.阿尔金《红山文化软玉的昆虫学鉴证》（《北方文物》1997年第3期）一文已提出红山玉卷龙的外形类似甲虫之幼虫的看法，但未援引中国古文物及古文献进行比较研究，故其说在该文中无法落实。不过他凭直觉就能认识到这一点，仍属难能可贵。

[10] 蛴螬又名"地蚕"，见《方言》卷一一郭璞注。蠋之本字作蜀。《说文·虫部》"蜀"下段玉裁注："桑中蠹，即蜎蠋。"

[11] 邓淑苹：《由蓝田山房藏玉论中国古代玉器文化的特点》，载《蓝田山房藏玉百选》，年喜文教基金会，1995年。

[12] 国家文物局：《2005中国重要考古发现》，文物出版社，2006年。

[13] 林沄《所谓"玉猪龙"并不是龙》（载《二十一世纪的中国考古学》，文物出版社，2006年）一文，认为尾内卷的不是龙字，只有尾外翻的才是龙。此说固非林氏首倡，但他却在没有任何证据的情况下，只缘不合己意，便斥乙7143之字为"误刻"。

[14] 子龙觥见《殷周金文集成》卷四，6906号。子龙爵为上海博物馆藏品，见陈佩芬《夏商周青铜器研究》第94图，上海古籍出版社，2005年。子龙鼎藏中国国家博物馆。李学勤等关于此鼎的论述，见《中国历史文物》2006年第5期。

[15] 唐兰：《天壤阁甲骨文存并考释》，第40～41页，辅仁大学丛书，1939年。

[16] 王蕴智：《鼋字探源》，载《追寻中华古代文明的踪迹》，复旦大学出版社，2002年。龙字纯《说鼋与赢赢》则认为，"当与赢同字，为螺赢的象形初文"，即土蜂的形象。又说"马叙伦的

《说文解字六书疏证》，竟至但凭字的翘形与龙字的口形相似，便说是龙字。大抵捕风捉影、望文起意的古文字专家所在多有，古今皆然"（《丝竹轩小学论集》，中华书局，2009年）。

[17] 中国社会科学院考古研究所山西工作队、临汾地区文化局：《1978—1980年山西襄汾陶寺墓地发掘简报》，《考古》1983年第1期。

[18] 中国社会科学院考古研究所安阳工作队：《安阳小屯村北的两座殷代墓》，《考古学报》1981年第4期。

[19] 殷墟所出中柱旋龙盂的用途，拙著《中国圣火》（辽宁教育出版社，1996年）中有说。晚商鼎盖见林巴奈夫《神与兽的纹样学》（常耀华等中译本），第145页，三联书店，2009年。

[20] 中国科学院考古研究所安阳发掘队：《殷墟出土的陶水管和石磬》，《考古》1976年第1期。不过应当说明的是，虽然其造型与河南濮阳西水坡45号仰韶大墓中的蚌砌"龙"有近似之处，但后者取象于鳄，这是古脊椎动物学家考察了其身体各部分的比例关系后得出的结论。而且原始的红山玉卷龙无足，有足的龙不早于商，要晚上几千年。西水坡的蚌砌图形如果被视作龙，则将因其过分超前而无法解释。

[21] 张家坡出土玉龙见《中国玉器全集》卷二，图238，河北美术出版社，1993年。竹园沟出龙见广东省博物馆编《贞石之语》，图153，岭南美术出版社，2006年。父乙簋见李学勤、艾兰《欧洲所藏中国青铜器遗珠》，图85，文物出版社，1995年。

[22] 所举诸例见《中国历史博物馆》，图48，文物出版社、讲谈社，1984年；陈梦家《美帝国主义劫掠的我国殷周铜器集录》，图219，科学出版社，1962年；甘肃省博物馆文物队《甘肃灵台白草坡西周墓》，《考古学报》1977年第2期；葛今《泾阳高家堡早周墓发掘记》，《文物》1972年第7期，王家祐《记四川彭县竹瓦街出土的铜器》，《文物》1961年第11期；喀左县文化馆、朝阳地区博物馆、辽宁省博物馆北洞文物发掘小组《辽宁喀左县北洞村出土的殷周青铜器》，《考古》1974年第6期。

[23] 《中国青铜器全集》卷六《西周2》，图88，文物出版社，1997年。

[24] 《中国青铜器全集》卷七《东周1》，图22、74，卷一〇《东周4》，图35，文物出版社，1998年。

[25] 河北省文物研究所：《譻墓——战国中山国国王之墓》上册，第118～120页，文物出版社，1996年。湖北省博物馆：《曾侯乙墓》下册，图版33，文物出版社，1989年。

[26] 中国历史博物馆：《华夏之路》第1册，第199页，朝华出版社，1997年。

[27] 在我国古代，于飞鸟以外的动物身上添翼的做法由翼龙发轫后，继而出现了多种有翼兽。汉代有大型石雕有翼兽，南朝陵墓前更不乏这类杰作。但自上世纪以来，中国古代有翼兽起源于西方之说亦不断被提出。早在1928年，瑞典学者喜龙仁已持此种观点（见O.Sirén,Winged chimaras in early Chinese art,Eastern Art ,1928）。其后他更肯定地说："它们身上有翼的这一事实，就证明了它们是依属于波斯艺术的。"（见《大英百科全书》卷五，第582页）此论点虽未免皮相，却得到了日本学者的响应，如石田干之助谓："南朝萧齐、萧梁陵墓上的石兽，他那有翼的狮子像，纵使不问其是从哪个地方、经过哪条径路的影响，总之他有波斯方面的感化，是谁也很容易看得出来的；敢不待喜龙仁氏的提说。"（见氏著《支那文化と西方文化との交流》，东京，1936年）然而这一无根之游谈亦为若干中国学者所接受。如朱偰认为："六朝诸陵墓，皆有石兽，无论其为麒麟、天禄或辟邪，皆具双翼。此种作风当自小亚细亚、美索不达米亚传来。"（见氏著《建康兰陵六朝陵墓图考》，商务印书馆，1936年）黄文弼先生甚至表示："在秦汉以前，中国艺术无有以翼兽为雕刻题材者，可证翼兽为受外来影响，非中国所固有也。"（见氏著《罗布淖尔考古记》，北平研究院史学研究所，1948年）建国后，仍有人维护此说，如李零教授一再宣称："中国的有翼神兽"，"与西亚、中亚和欧亚草原的艺术有不解之缘"，"中国的有翼神兽是受外来影响"（见氏著《论中国的有翼神兽》，《中国学术》总第5辑，2001年）。但以上说法似均忽视中国早期有翼神兽之翼的安排与西方之作大不相同的事实。

[28] 《中国青铜器全集》卷一〇《东周4》，图19，文物出版社，1998年。

[29] 山西省考古研究所：《侯马铸铜遗址》卷上，第135、141、226页，文物出版社，1993年。

[30] 河北省文物研究所：《河北定县40号汉墓发掘简报》，《文物》1981年第8期。安徽省文物考古研究所、天长县文物管理所：《安徽天长县三角圩战国西汉墓出土文物》，《文物》1993年第9期。仪征市博物馆：《仪征出土文物集粹》，第87页，文物出版社，2008年。安徽省文物考古研究所、巢湖市文物管理所：《巢湖汉墓》，彩版35：3，文物出版社，2008年。

[31] 湖南省博物馆、中国科学院考古研究所：《长沙马王堆一号汉墓》下册，第73图，文物出版社，1973年。

[32] 洛阳博物馆：《洛阳西汉卜千秋壁画墓发掘简报》，《文物》1977年第6期。

[33] 史树青：《我国古代的金错工艺》，《文物》1973年第6期。

[34] 北京历史博物馆、河北省文物管理委员会：《望都汉墓壁画》，中国古典艺术出版社，1955年。《中国画像石全集》卷三《山东汉画像石》，第114图，山东美术出版社、河南美术出版社，2000年。李文信：《辽阳发现的三座壁画古墓》，《文物参考资料》1955年第5期。

[35] 缪赋见《初学记》卷三〇，郭赞见《艺文类聚》卷九六。

[36] 《甘肃高台地埂坡魏晋墓》，载《2007中国重要考古发现》，文物出版社，2008年。

[37] 南京博物院：《江苏丹阳胡桥南朝大墓及砖刻壁画》，《文物》1974年第2期。洛阳博物馆：《洛阳北魏象石棺》，《考古》1980年第3期。

[38] 吉林省博物馆：《吉林辑安五盔坟四号和五号墓清理略记》，《考古》1964年第2期。

[39] 中国历史博物馆：《华夏之路》第3册，第20～21页，朝华出版社，1997年。

[40] 丹徒县文教局、镇江博物馆：《江苏丹徒丁卯桥出土唐代银器窖藏》，《文物》1982年第11期。

[41] 韩伟：《海内外唐代金银器萃编》，第182图，三秦出版社，1989年。丁卯桥银盆见注[40]所揭文。内蒙古文物考古研究所：《辽陈国公主驸马合葬发掘简报》，《文物》1987年第11期。白俊波：《内蒙古宁城出土辽代三彩壶》，《文物》1984年第3期。《中国文物精华》，第98图，文物出版社，1988年。

[42] 朝阳北塔考古勘察队：《辽宁朝阳北塔天宫地宫清理简报》，《文物》1992年第7期。

[43] 《中国美术全集》绘画编《两宋绘画·下》，第145图，文物出版社，1988年。

[44] 中国历史博物馆：《华夏之路》第4册，第124～125页，朝华出版社，1997年。

[45] 柴泽俊：《山西琉璃》，文物出版社，1991年。

传统文化中的几个问题

时　间：2012年4月26日
地　点：中国国家博物馆学术报告厅
主讲人：王蒙

　　当前，整个社会谈论弘扬传统文化的热情很足。江泽民同志提出的"三个代表"中，有一个特别讲到了"代表先进文化"；在十七大上，胡锦涛同志提出来要促进中国文化大发展、大繁荣；十七届六中全会上，又有一段话专门讲传统文化。从民间的整个形势来说，包括港澳台地区，大家对传统文化的兴趣和重视程度也越来越高。

　　但是，我们的传统文化的特点到底是什么？这个问题很不好讲。我曾多次听赵启正先生（原国务院新闻办公室主任）举一个例子。一个代表团出国访问，中方的专家和领导到处在讲"中华传统文化博大精深"。一个记者问："您说的博大精深的传统文化有哪些特色？"我们这位同志就说："没法说，太博大精深了，给你讲也讲不清楚。"如果我们对传统文化的认识停留在这样一个水平，博大精深到了等于零的程度，就变成了禅语"不可说"。还有一种现象是，将文化说得非常泛，什么都是文化。比如说，山东有酒文化研究会，如何酿酒、如何饮酒都是文化。我小时候，用牙粉刷牙，农村当时把盐炒一炒，叫作糊盐，也是刷牙的。到了美国则时兴用牙线刷牙。这都是牙文化。这样发展下去，针头文化、马桶文化、厕所文化、夜壶文化，都可以研究下去。

　　所以，这里我尝试着把中国文化和以欧美为代表的在世界上处于主流地位的文化作一个比较，看看能否找出一个特点，提供一个思路。我的这些说法没有经过很充分的论证，也并没有得到学界的公认，但是我们可以一起来讨论一下。

一、中国文化的一大特点是它的泛道德论，或者叫作泛善论

　　美国最著名的汉学家费正清（哈佛大学亚洲–太平洋研究中心）提出，中国有一套在大国进行政治统治的传统和经验，如果外国人想指导他们该怎么样统治国家，中国人很难接受。因为在中国，统治国家的学问太深了，自古以来就有一

大批人研究怎么样治理国家。费正清还有很多高论，他说自秦朝以来，中国人口急剧增长，但是中国以县为基础的行政单位总数没有增长，只是每个县的人增加了。秦朝的时候是这样，到宋、元、明、清、民国还是这样。原因是中央集权统治两千多个县最方便，再多了不好统治，再少了不适应行政要求。这里说的集权是"集中"的"集"，是指一种行政管理方式，本身是中性词，集权、分权、地方自治，本身没有任何的贬义。而"极权"是有贬义的，是极端的，指专制、独裁、没有民主。我说秦朝是"中央集权"，是指由中央集中管理。欧美现在强调的政权合法性，主要靠两条。第一，世袭。比如君主制是世袭的。第二，法理。比如选举，虽然选举有各种不同的方式，有的是直选，像欧洲很多国家；有的是间接选，像美国。还有极少数情况，按照欧美的说法是"和领导人的个人魅力有关"，他们认为毛泽东就是靠个人魅力掌握的政权。

从理论上说，中国也讲继承，比如说真龙天子。但是这个继承并不是一条线，因为中国自建立以来，整个历史进程不是一条线下来的，仅仅讲世袭还讲不清楚。还要补充一句，中国的很多理论把道德说成是统治合法性的依据。"天下唯有德者居之"，所谓天下就是中国。为什么你能够统治天下呢？因为你有道德。道德的根据是什么呢？主要来自于天地。"天行健，君子以自强不息。地势坤，君子以厚德载物"，道德的标准就是天和地。"四时行焉，万物生焉"，这是孔子的话，到了庄子就是"天地有大美而不言"。因此，皇帝是天子。何以证明呢？因为他实行的道德就是天和地给你树立的标准。这是个很有特色的想法。

我们常常讲中国封建时代的权力缺少监督，但在某种意义上，泛道德论和孔子提倡的礼治，就是对权力的一种道德监督和文化监督。何以见得？中国一方面有"君君臣臣父父子子""忠孝节义"的传统，另一方面又有很严厉地监督权力的文化道德的标准。所有的造反者都有一个最厉害的思想武器，就是如果当权者是无道昏君，你就有权力推翻他。中国文化的博大精深也正复杂在这里，一方面，君要臣死，臣不敢不死，父要子亡，子不敢不亡；另一方面，就是良禽择木而栖，良臣择君而事。"王侯将相宁有种乎？"道家也有相似的理论，"天之道，其犹张弓与"，意思是天道就像拉弓射箭，前面和后面的手要相互协调，高的地方要往下压一压，低的地方要往上举一举；力气大的地方要稍微减弱一些，力气小的地方要加强一下。所谓"天之道，损有余以奉不足"，用现在的语言说就是强势要多作贡献。"人之道"则相反，是"损不足以奉有余"，越是弱势越受欺负。所以自古农民起义都打一个招牌叫"替天行道"。道德问题碰到的第一个困难就是有一个向它挑战的东西。

第二，有时单纯讲道德是无效的，所以毛主席在他的著作中嘲笑宋襄公式的、蠢猪式的仁义道德，打仗无法讲那么多仁义道德。之所以有这种比较尖锐的说法，是因为毛主席所处的时代是要动员人民起来革命，它不能接受孔夫子式的道德说教。

第三，道德更多的是个人的主观感受。什么叫有道德？什么叫没有道德？群众的议论特别重要，群众的感受特别重要，人际关系特别重要。所以强调道德的结果必然就会出现一个对"和"的追求，能够让大多数人感到和顺、感到愉快，这才好。

举例来说，《红楼梦》中有一个关于平儿处理案子的小故事。王夫人那儿丢了几瓶玫瑰露（一种浓缩饮料）。大家分析是丫鬟彩云和贾环偷走了，但是彩云不承认，非说是玉钏。平儿怎么处理这件事呢？她把有关人全找来，说："谁偷的玫瑰露我很清楚，大家也很清楚，偷的人更清楚。但这个人是我一个好姐妹，而且还牵扯到我们府上的一个有头有脸的重要人物……"这个重要人物用现在的话说就是VIP，这个VIP就是探春，她也是赵姨娘所生，一追究到贾环这儿，赵姨娘必然会闹，她一闹，就会弄得探春脸上很不好看。而对于这个事，宝二爷希望和平解决，愿意为人顶缸。因此平儿宣布玫瑰露是贾宝玉偷的，以后不要再提此事。宣布完后，彩云面红耳赤，站起来说："各位姐姐，我错了，是我偷的，要杀要剐，你们把我送到夫人那里去，我听候制裁。"大家一听，彩云竟是这样侠肝义胆，成英雄人物了。大家既歌颂彩云又歌颂平儿，认为平儿处理问题万无一失，既保护了VIP，又保护了自己的姐妹，谁都没得罪。所以林彪曾经表示，他要向平儿学习。这个故事说明主观感受、人际关系高于一切。但是你要让德国人听了，他想不开，弄不好能自杀。因为德国人是讲死理的，怎么会是贾宝玉偷的呢？别人都服，全国人都服，林彪服了，但就是德国人不服，希特勒也不服。

以上只是个玩笑，说明我们重视主观感受胜于客观事实，我们缺少科学主义和实证主义的传统，而且我们善于把各种问题综合在一起来考虑。而德国人的思想则不同，是什么就是什么。还有一个玩笑说，中国搞汉语分级考试，就像英美人用托福考我们。有一年出了一道题是：张三和李四在一块喝酒，这时候王五到了，张三和李四互相一笑："说曹操曹操就到。"四个回答分别是：A.张三到了；B.李四到了；C.王五到了；D.曹操到了。外国人回答都是曹操到了。没错啊，你们说得清清楚楚的，是说曹操到了呀。看来思路就是不一样。

"五四"时期对传统文化、对所谓仁义道德是不相信的，鲁迅就说，翻开中国的二十四史，只有两个字：吃人。但是"五四"时期的说法也有很大的片面性，按照泛道德论的说法，执政者、当权者应该有较高的道德修养，成为人民的道德表率。这种说法已经深入民心。虽然执政者首先还是要从权力出发、从利益出发，但如果完全不讲道德的话，是站不住的，会变成无道昏君。所以泛道德论的问题又不能简单地否定。我还认为，只承认泛道德论，就是自绝于现代化；但把泛道德论一笔抹煞，就是自绝于人民。中国长期以来重视礼义廉耻，原来叫作孝悌忠信、礼义廉耻，"礼义廉耻，国之四维，四维不张，国乃灭亡"。戏曲里讲忠孝节义，国民党讲"忠孝仁爱、信义和平"，有各种好的词。这些好的词，对修身、齐家、治国有意义，但是完全靠它也是不行的。

讲到泛道德论，我要特别提到"中庸之道"。在政治道德里，中国人最讲的就是中庸之道。我的体会是，西洋的政治在理论和口头上强调的是多元制衡，某种意义上有性恶论的味道。20世纪80年代美国出过一本书，题目就叫作《总统是靠不住的》。它认为人都是靠不住的，人都是有私心和嫉妒心的，有贪欲、畏惧、怯懦的时候，所以它说权力一定要让它互相制衡。中国绝对没有权力制衡的传统，如果中国搞权力制衡的话，在几千年时间里，这个大国是没有办法能够统治到今天的。对中国而言，一方面靠道德和文化的监督，更重要的是中国在政治上表现出历时性的平衡。就是说，在时间纵轴上常常会产生一种三十年河东、三十年河西的现象。赵氏孤儿就是很典型的例子。中国政治发展的这种特点养成了一个很重要的政治道德，就是"不为已甚"，不能落井下石，不能跟着风跑，不能卖友求荣。反对卖友求荣，也带有普世价值的味道，即使关于普世价值还有各种各样的争论。马克思的女儿曾问他说："你最能原谅的人的行为是什么？"马克思回答说是"轻信"；"你最不能原谅的人的行为是什么？"，回答同样是"卖友求荣"。

当然，"中庸"两个字讨论起来也够我们研究几年。简单来说，"中"不是说正中间，而是读作zhòng，是指能够直中靶心，就是准确。汉语中如"过犹不及"讲得都是这个道理。所以，中庸之道就是实事求是，就是不搞上海合作组织所反对的三种势力——极端主义、分裂主义、恐怖主义。所以中国喜欢的是一种老成，这点林语堂早就说过。如果说一个人少年老成，都会被认为是优点，不激动、不过分。我看电视上奥巴马下舷梯的时候，有时候还有点小跑的架势。中国没有这样跑的，这样跑的只有副科以下的。官越大，走路越慢，官越大，说话越慢，要求老成。中国的成语是十年树木，百年树人，年轻的时候我看着相当瘆得慌，要培养我一百年，一百年我还用他培养吗？ 1957年中国作协党组开扩大会议，当时扩大到我身上。批判丁玲时，她在发言当中说，在延安的时候毛主席告诉她，看一个人要看几十年。为什么要几十年？我明白了，因为三十年河东，三十年河西，他在三十年河东期间一直表现挺好，到了河西的时候，你知道他怎么表现？所以看一个人，至少要看三十二年，三十年在河东期间表现基本良好，到了河西再看两年，就没有什么大问题，就是好人。不必特别长看，因为他快退休了。中国养成了这样的对道德的认识、对很多事情的看法、对中庸之道的看法，有它自己的特色。这些特色我们至今不能够小看。比如说选拔干部，我们一直提"德才兼备"，中组部有一个提法好像是"以德为先"。在这个问题上，中央高层领导也有争论，但从我们的文化传统来说，我们始终认为"德"是最重要的。这是一个泛道德论的问题。

尽管如此，泛道德论也不能完全满足走向现代化的需要，不能完全满足一个走向有中国特色的、民主和法治国家的需要，这些地方我们也应当看到。现在有一种误解是，由于我们长久地批判传统文化，轻视传统文化，一旦拿过来大家

"传统文化中的几个问题"讲座现场

又觉得真好。"人之初、性本善，性相近、习相远"，讲得真好。还有《弟子规》，"出必告，返必面"，敢情中国是这么好的国家，这么讲规矩，这么明白事理，这么听话，这么顺从。这么好的国家，共产党为什么要革命，把一个好好的国家弄乱了？有人有这种看法。有这种看法确实属于脑残。道理很简单，您读一遍《红楼梦》，再读一遍《金瓶梅》，再读一遍《水浒传》和《三国演义》，您就知道了，仁义道德在中国做到了吗？管用吗？整个《红楼梦》里有没有一个人在那儿强调仁义道德？贾宝玉不讲仁义道德，他认为那是最虚伪的；林黛玉也不信，她只信爱情至上；王熙凤不信那个，王熙凤放印子钱；贾琏也不信，干得都是偷鸡摸狗的勾当；贾珍、贾蓉更不信，都是腐烂透顶。贾府里只有一个人信这个，就是贾政，他还是最没用的。所以我们也不能认为走泛道德论的路子，从五岁时就开始背《三字经》就能把中国治理好。

二、中国文化的第二个特点是泛哲学论、泛概念论、泛理论

中国的一大特色是不喜欢把世界分门别类地进行研究，而喜欢把全世界一锅烩，而且坚信这个世界各种事情的道理是相通的：天地和人间的事情是相通的，士农工学商的道理也是相通的。中国人讲"名将不言兵、名医不言药"，真正会打仗的将军平常谈话绝不随便分析军事，因为军事千变万化，如何知道军事的胜负如何。凡是滔滔不绝评论军事的，都是没打过仗的人，都不是名将。所以赵括谈兵，他爸爸就建议君王不要用他，认为他对军事谈得太随意，靠不住。为什么名医不谈药呢？人有千种万种，病有千种万种，哪里有统一的药？凡是没完没了建议你该吃什么药、该怎么练、该注意什么的，对医学知识都是马马虎虎。但是这个思路很有意思，把名将和名医能连在一块谈，外国绝没有这种思路。中国还有一种说法叫作"不为良相便为良医"。我当不了一个好的首相，就要当一个好医生。这个也很奇怪，从良相怎么会谈到良医呢？意思就是说做总理、搞政治同治病救人、造福民众是一种理念。

中国人还认为把全世界各种现象总结起来就是一个道理，叫"定于一"。所以我国有很多人也都叫"定一"，比如中宣部部长、政治局委员陆定一，这是中国文化的特点。老子说"天得一以清，地得一以宁"，天符合了"一"这个统一的大道，就是晴朗、干净、不受污染的；地符合了"一"这个大道，就不会发生地震；"侯王得一以为天下贞（正）"，侯王得到了这个"一"，就永远是最正确的代表。有人讨论过一个问题，全世界大多数民族都有一个自己选择的宗教，比如欧美主流宗教是基督教，东南亚有些国家是佛教，印度是印度教。中国好像

没有这样一个统一的宗教，但这并不等于中国没有一个"终极关怀"。中国追求的是一种终极概念，追求的是一个无所不包、无所不灵的概念。这个概念对于老子来说就是道，对于孔子来说可能是仁，对于孟子来说可能是义。我们始终在追求用一种最好的、最大的、最管用的概念来统领一切，这是中国人的一种思想方法。孔子也讲"道"，"朝闻道，夕死可矣"，很多学者很费劲地来解释这个。孔子的意思不是让你知道了"道"就去死，说"夕死可矣"，没有说"不死不可矣"。就是说"道"比生命更长远，比生命更终极，比生命更绝对，比生命更重要，是作为一种价值观念来说的。

比如，现在传媒里谈养生的东西很多，但主要是中医在讲，因为西医讲一点趣味都没有。西医一讲，内科是内科，外科是外科，内科又分血液内科、心脏内科、消化内科等。而中医像讲故事一样，某个节气，阴阳五行是什么情况，这种情况下应该吃什么、喝什么、注意什么。这在全世界是非常少有的。有一次，我在美国谈起中国的改革开放，谈到私营经济，谈到市场有很大发展，各种书出版得越来越多等，美国人立即就得到了一个印象，中国现在的情况就是"everything mixed"。又如，我在美国访问期间，几个大学都提供中餐。美国人做的中餐，就是什么都混合起来，土豆也有，豆腐也有，牛肉也有，鸡肉也有。最难吃的是他们的炸酱面，拿花生酱拌面，而且还带甜味。可能美国人认为中餐就是黏黏糊糊都混在一块，万物皆备于我，都统一起来。

我们常常认为世界上的一切事物都是互相联系的，我们很难做到单纯的就事论事。但是西方人是另一种思路。有些外国人出过一些书，专门研究中国外交的谈判技巧。中国的外交谈判都是先从最大的原则上讲起，比如中国人说史密斯，"史密斯先生是中国的老朋友，史密斯先生一直对中国人民怀着友好的感情，在抗日战争期间，史密斯的祖爷爷就给中国捐过钱"，一直讲到最后你才知道，是让我买他的产品。中国人将一切混合起来，以及这种由大及小，从最高处说起的思路，都是很独特的。但其不足之处就是缺少细致的、具体的、有针对性的分析。

过去讲"两论"起家，是说一切都靠毛主席的"实践论"和"矛盾论"。就实践论而言，人的认识分为感性认识和理性认识，有人认为感性认识多了就变成理性认识了，这个说法不准确。举例来说，一个农民从三五岁就在农田里帮助拾麦粒，种了一辈子地，有很多感性认识，这不等于说他有理性认识。康德哲学中还提出一种知性认识，介于感性认识和理性认识之间，是一种信息、一种知识性的认识。那么，感性认识怎么样上升为理性认识？第一需要科学实验，第二需要逻辑推理，第三需要数学计算。我认为毛主席已经觉察到这方面的问题，尤其在"大跃进"以后。1959年后，毛泽东就开始提出三大革命运动——生产斗争、阶级斗争与科学实验，把科学实验与生产斗争、阶级斗争放在同一位置。遗憾的是，目前没有人认真研究这个问题。

关于矛盾论，我的想法更大胆一些。毛主席说，主要矛盾解决了，次要矛盾就可以迎刃而解了。这种认识和他动员革命有关。因为当时对于救中国有各种说法，实业救国论、教育救国论、乡村建设救国论等。毛主席主张只有通过革命推翻反动政权才能救国，所以他说一切都要靠主要矛盾，主要矛盾解决了，人民和帝国主义、封建主义、官僚资本主义政权之间的矛盾解决了，其他矛盾才能解决。但实际上，中国革命史表明，主要矛盾解决了，次要矛盾就迎刃而解的例子并不多见。更多的事例是主要矛盾解决了，次要矛盾更麻烦了。改革开放以后，一些口号已经受到西方工业文明的影响，比如现在企业家很喜欢讲"细节决定成败"，这和以前的提法从根本上是不一致的。因此我认为，将原来的思维、思路变得更科学、更务实，需要一定的努力。

又如，"文革"当中经常有一些说法。以造船为例，从经济上算，造船不如买船，买船不如租船。有人认为这是洋奴思想，西方资产阶级能造出来船，东方无产阶级就造不出来吗？这个话听着很有气势，高屋建瓴、气吞山河，可是这和造船没有具体关系。我们的思维方式应该既要理解和重视中国的泛道德论、泛哲学论，认为天下一切道理都是相通的；同时还要学习细化，学会分析，学会实事求是。

三、中国文化的第三个特点是泛变易论

中国是一个古老的国家，经历过很多事情。所以中国人的观念里认为各种事都是在不断变化的，任何时候都是可以变的。孔子曰："逝者如斯夫，不舍昼夜。"时间像流水一样在那儿不断地流淌，奔流着、演变着。庄子讲"与时俱化"。这不同于"与时俱进"，后者出现得比较晚，是中国共产党特别是江泽民同志提出"三个代表"重要思想的时候强调的；但前者出现在庄子的时代，是指不断变化的一种观念。《尚书》有云："苟日新，日日新，又日新。"是指每天都会有新的事物、新的变化。孔子的学说力求把各种事物都放在一个合情合理的规范中。所谓"君子之泽，三世而斩"，就是说一个君子，或者说一个对社会有贡献的大人物，其恩泽、影响仅能够维持三代。按英国人的说法，一个generation

指三十年。中国过去没有明确的说法，但"三年无改于父之道"，就"可谓孝矣"。庄子还讲一个道理，是说祭祀时，纸人、纸马等器具非常严肃地放在那里，大家见到它们就像见到祖先一样，每一个动作都须恭敬、谨慎。但祭祀典礼完毕，这些器具就要烧掉，否则会变成邪秽。这些都说明，在中国人观念里，任何事情都不是绝对的，不是不可以变化的。

有一年我在斯洛伐克旅行，一个华人导游告诉我欧洲人的特点。他说法国的特点是凡是法律上不禁止的都允许；德国的特点是凡是法律上没规定的都禁止；俄国的特点是不管法律上允许的还是禁止的，都禁止。这是真的，契诃夫有一个很有名的小说叫作《普里希别耶夫中士》，这个主人公整天没事，就摇摇晃晃地等着抓人，甭管你干什么事就说你不合法。而中国的情况是，禁止的和允许的都可能被禁止，也都可能被允许。这是因为中国人的思维方式是考虑各种因素，不单单考虑一种因素。这个铁栏杆明明写着"禁止通行"，却有人把栏杆扒开，都从这儿走，也没什么问题。

很多年前，一个新加坡学者在首都机场，他无法忍受那里很多人吸烟，发现写着"禁止吸烟"的牌子下面，机场的工作人员还叼着一只烟，最后他在全机场找到了一个没人吸烟的地方——吸烟室，所以他躲到吸烟室里。他说全世界哪儿能找得到像中国这样自由的国家。

还有一个美国的汉学家分别写了他在美国和中国与警察打交道的经验。在美国，他和太太走在一起，一个黑人抢了他太太的钱包，他赶紧追。那个黑人跑到了一个警察的身边，说这个人追我。汉学家解释说，这个钱包是他太太的。这个警察就问黑人：是不是他太太的？那个黑人说：不是。于是这个警察告诉汉学家说："对不起，我不能帮助你。"汉学家说可以讲一下这个钱包里的内容，那个警察说："我现在没有资格检查他的钱包，你给我讲了半天内容，对于破案一点帮助都没有，你要认为是他抢了你的钱包，可以按法律走程序。"总之一步一步程序下来，这个钱包还没要回来。在中国，他被中国社会科学院邀请来华后，被派出所的警察请去，说他在某某家里居住已经超过五天，却没有报临时户口，应该受到处罚。他赶紧说明了访问缘由。派出所的人听完后说："既然这样，你把你这次来中国的目的、经过和为什么在这儿住了五天没有报户口，简单写一个情况。本来按照规定你没有报临时户口要受到处罚，但考虑到你的到来能够增进中美人民的友谊，能够改善中美两国的人文学科的交流，这次就不用处罚了。"他听后仿佛驾了云一样。美国警察是绝对不会说这样的话的，像超速、闯红灯这样的事情和中美政治有什么关系呢？有一年我在奥地利开会，有一个专门研究中国三十六计的瑞士汉学家，会间休息时与我谈话说："王先生，我听了你今天的发言，我认为你今天使用的是调虎离山和釜底抽薪两计。"听完我差点没吓晕。

可见中国人确实有这方面的特长，最善于根据不同的情况不断调整。改革开放正是这样。撒切尔夫人和布热津斯基（美国前国家安全顾问），都讲过同样的话，改革开放给社会主义阵营带来了巨大的危险，苏联和东欧的改革开放都搞不成，但是中国能搞成，因为中国有不同的文化，中国人的计谋特别多。他们的话的确被中国所印证，中国的改革取得了世人瞩目、无可争议的成就。世界上曾经有人批评改革，说社会主义不能随便改革，因为社会主义改革有一个特点：退第一步就得退第二步，退完第二步就得退第三步，直到退得自己完蛋为止。但是中国确实就能够做到，能够摘得清楚、解得开，而且道理也讲得比较圆融。所以泛机变论、泛变易论也是中国文化的一个特点。但是变易得太容易了，也会产生问题，诸如缺少实证主义、缺少科学实验、缺少对逻辑和统计的严格要求、缺少对数学和数理逻辑的讲究等。

总之，中国文化博大精深，但是自身也有许多不适应现代化世界的地方。所以我们要像十七届六中全会所说的，要在传统文化的问题上取其精华，去其糟粕，古为今用，推陈出新，坚持保护利用，普及与弘扬并重，加强对优秀传统文化思想价值的挖掘和阐发，维护民族文化的基本元素，使优秀传统文化成为新时代鼓舞人民前进的精神力量！

我特别怀念邓小平同志的题词"面向世界，面向未来，面向现代化"，这是比较复杂的一个问题，目前缺少这方面的权威性评论和研究。

以上只是自己一些不成熟的思想和见解。

谢谢大家！

作者小传

王蒙，1934年10月生于北平（今北京），祖籍河北南皮龙堂村。曾任中共中央委员、文化部长、全国政协常委、全国政协文史和学习委员会主任等职。担任过美国三一学院高级学者（Presidential fellow），哈佛大学燕京学院特邀学者。现为国务院中央文史研究馆馆员、中国作协名誉副主席。

文学创作以小说为主，自20世纪50年代至今，共发表长篇小说，中、短、微型小说，评论，散文，古典文学研究，旧诗，新诗，取自英语和维吾尔语的译作等近一千五百万字的作品。其作品被翻译成英、法、德、俄、日、韩、意、挪、瑞、荷、阿、越等二十余种文字出版。众人熟知的作品有《青春万岁》《活动变人形》《红楼启示录》《老子的帮助》等。

（摄影：周子杰）

中国画在20世纪中期的境遇与发展

时　　间：2012年5月16日
地　　点：中国国家博物馆学术报告厅
主讲人：中国国家博物馆副馆长　陈履生

　　20世纪中国画的发展和变化有着深刻的社会背景，因为不仅是中国画，与之相应的社会的方方面面都发生了变化，最容易看到变化的是衣食住行，而文化上的变化也是显而易见的。伴随着社会的发展和变化，中国画的面貌也逐步发生了改变，每一个过程，每一个阶段，都带来了不断的论争，其焦点反映在绘画的本体上，往往是在文人与现实之间表现出了因为时代的变化而出现的选择上的差异。时至今日，中国画要不要吸收和借鉴西法的问题可以说已经解决，因为时代难以拒绝吸收和借鉴。艺术家基于社会发展的选择，时常有着社会诸多关联的关照，一种纯粹的文人理想几乎难以在今天的社会现实中实现，而文人的笔墨经过时代风雨的洗刷也无法为人们展现一个正脉的体格，与之相关的批评准则的建构又如同一个空中楼阁难以企及，成为一种时代的期待。

　　中国画时代流向中所经历的20世纪，曲折多变，丰富多彩，为我们展现了中国画所呈现的当代文化的诸多内容。当它成为历史的时候，这些丰富的内容所蕴含的发展的规律性，不仅是美术史研究的一个重要课题，而且也是21世纪中国水墨发展的镜鉴。

一

　　从整体上看，进入民国之后的中国画的发展在1949年之前可以分为前后两个时期，以1937年抗战开始为界，前一个时期因为时代的发展，催生了社会内部的变化，国家文化在时代变化中有了许多的应合，中国画的发展则是顺应时代潮流的变化，其中不乏激烈的论争。而后一时期因为外患，民族性的意识主导了绘画的潮流，以抗战为中心的社会现实使得文人的水墨传统发生了根本性的变化，中国画基于抗战的社会现实所产生的变化，改变了文人水墨传统中的脱离现实的孤芳自赏，以一种区别于传统文人的积极的入世态度，表明了社会变化中的文人的政治态度与文化立场。中国文化传统中自古就有的家国与民族的文化悲情，经由现实的激发后得到了现时的发挥。

抗战时期，徐悲鸿的《愚公移山》，傅抱石的《屈原》《苏武牧羊》，蒋兆和的《流民图》不仅表现了国家的灾难和国人自强的信心，同时，还以文人的心态表现了家国之痛，更重要的是由此引导了中国画重走现实主义的道路，将几百年来中国画以模古而凸现的"逸"的思想，转入到关注现实和人生的新时空和新境界中。因此，1947年徐悲鸿基于二十年来"绘画之进步"，提出了建立"新国画"的构想："既非改良，亦非中西合璧，仅直接师法造化而已。"[1]显然，徐悲鸿的理想在抗战胜利后的中国并不可能马上实现，而1949年因为中国社会的巨变却又将中国画的发展带到了一个新的历史阶段——中国画的发展不得不面对新的社会现实问题，而隔海相治的政治格局，因为台湾海峡的阻隔，使得水墨的发展在区域范围内表现出了不同的时代流向。

1949年以后的中国画所面对的是一个历史的抉择。一大批从延安或其他革命根据地来的美术干部接管了各地的美术机构或院校，并开始用毛泽东的文艺思想改造那些旧社会的文人和画家。为了巩固新政权的需要，美术界首先开展了新年画创作运动[2]，以此来树立毛泽东所倡导的文艺为人民服务的思想。面对新社会的新的要求，尽管那些以自我为中心的中国画家的文人笔墨一时还难以适应，可是，他们都以自己的主观努力来响应政府的号召，加入到创作新年画的队伍之中，中国画则暂时进入了历史的沉寂期。而在海峡对岸，随着国民党政权转移至台湾，中国的中国画文化传统与台湾地区日据时代所形成的绘画现实形成了激烈的对抗，在日本画与中国画的争论中，确立了传统中国画在50年代台湾地区的主导地位。而一大批由大陆迁台的中国画家到了一个新的地域，颠簸过后打开行装，开始了中国画艺术在台湾的发展历程。所谓的"渡海三家"正是在"渡海"的概念中表现出了特殊历史时期内的中国画格局。由黄君璧、溥心畲开辟的台湾师范大学艺术系的中国画教育则成为台湾地区中国画发展的原动力，不仅接续了传统中国画艺术在台湾地区的发展，同时，也在与地方文化的融合中逐步形成了具有地方文化特点的中国画新传统。

1949年4月，北京的八十余位画家在北京中山公园举行了"新国画展览会"，5月22日，《人民日报》副刊《星期文艺》以"国画讨论"为题发表了蔡若虹的文章《关于国画改革问题——看了新国画预展以后》，提出当时有一部分中国画家"深切地感受到国画有急需改革的必要，使国画也和其它艺术一样地适应于广大人民的要求，从而达到为人民服务的目的"。此后，徐悲鸿创作了《在世界和平大会上听到南京解放的消息》，1950年，傅抱石开始了表现毛泽东诗意的山水画探索，这一年李可染创作了《土改分得老黄牛》，潘天寿于1952年创作了《丰收图》，这些作品作为改造传统中国画的最初表现，是认识20世纪50年代中国画艺术发展的不可缺少的一个环节。实际上，在新年画创作的高潮过后，传统中国画的推陈出新反映了中国画家致力于改造中国画实践的成果。

从历史的角度来看，中国画在当时的问题主要不是创作，而是改造。1950年，李可染和李桦在新创刊的《人民美术》上分别发表了《谈中国画的改造》和《改造中国画的基本问题》。徐悲鸿也提出了"艺术需要现实主义的今天，闲情逸致的山水画，尽管它在历史上有极高的成就，但它不可能对人民起教育作用，也并无其他积极作用"[3]。到1953年，艾青在《谈中国画》的演讲中[4]，又提出了"新国画"的问题[5]，他把徐悲鸿在1947年提出的"新国画"的概念更加具体化，显示了中国画的变革已经是水到渠成。艾青提出了"新国画"必须"内容新""形式新"，进而要求"画山水必须画真山水"，"画风景必须到野外写生"。由此可以看出，所谓的"改造"就是要解决传统的文人笔墨不能为现实服务的问题，而这之中对于作为文人的画家的改造则成了首要。

1949年以后中国画中的文人阵营，表现为教育系统不同的两大派别：新的文人——主要为经过共产党培养和革命队伍中锻炼的文人，也有经过共产党教育的曾经是读过私塾、留过洋（或受过现代高等教育）的文人；旧的文人——包括读过私塾、留过洋（或受过现代高等教育）的文人。而民国时期中国画中的文人阵营，主要表现为另外的两个教育系统：读私塾的文人；留洋（或受过现代高等教育）的文人。显然，这一变化反映了社会制度的不同，所谓的"新社会"与"旧社会"亦于此中表现出了分野。可以说，新社会中的新文人在新的社会中从事文艺工作是驾轻就熟，但是，那些被认为是从旧社会过来的旧文人不仅不能适应，而且难有作为，因此，对他们的改造就成为这个时代与政权建设相关的一项重要的工作。

问题的另一关键是，过去属于自我的文人绘画，在1949年之后变成了一种服务于体制的革命工作，文人画家也转变为文艺工作者。如此的社会属性决定了文人必须面对新的社会现实的变化，而当这一历史性的改造降落在每个画家头上的时候，过程中的表现就变得超于想象的复杂。对人的改造是从思想上去除文人脱离现实的清高，而在行为上则是将画家引向书斋画室之外的现实之中，在新时代的阳光下培养与真山水、真现实的感情，从而激发起画家表现现实的激情，使艺术能够服务于现实。因此，从1953年开始，北京中国画研究会多次组织画家到北京近郊各风景名胜点写生。1954年春，吴镜汀、惠孝同、董寿平到安徽黄山、浙江富春山一带作写生旅行。李可染、张仃、罗铭赴西湖、太湖、黄山、富春山写生，并在北海公园举办了"李可染、张仃、罗铭水墨写生画展"。

在1955年3月的"第二届全国美术展览会"上[6]，出现了表现建设题材的山水画和反映新生活的山水画，这些在写生的基础上进行的山水画创作，表明了前一段时间所提倡的中国画写生已取得了成果，也为传统中国画的改造起到了示范的作用。因为其"新"表现了文人水墨在时代要求中发生了变化，而传统文人水墨中的那些过去值得夸耀的审美内容在新的现实要求中被改造成了新的方式，"新"的意义也就得到了彰显，"新山水画"或者"新国画"也就得到了时代的确认。后来，中共中央宣传部副部长周扬在中国美术家协会理事会第二次全体会议上所作的《关于美术工作的一些意见》的报告中指出："近年来，新的国画创作已有很多的成绩。国画家开展写生活动，这是很好的事。好处首先是在，打破了国画界传统的模仿风气。我们必须把创作放到生活的基础上。国画的改革和发展，是无论如何不能脱离真实反映新的时代的生活的要求，违背新的时代人民的需要的。"[7]周扬的讲话从正面肯定了中国画写生，同时也对后来的中国画创作具有一定的指导作用。而作为美术界主要领导之一的蔡若虹更是明确地指出："重新提倡写生，就是请画家们退出死胡同走上现实主义大道的第一步；其目的是让画家们接触现实生活，同时养成具有表现实际物象的能力。近年来有些画家这样做了，山水画家到名胜地区观察了真山真水，花鸟画家也观察到了真花真鸟，人物画家也进行了人体写生；有些画家制作了不少的写生习作，有的画家根据实际观察的印象创作了一些作品；这种做法不但不是一件坏事，而且是继承中国古代'师造化'的优良传统方面一件大大的好事。同时，我们必须认清，'国画'家进行写生活动还仅仅是开始，萌芽是不能一下子就变成绿叶婆娑的，开始接触生活实际的画家也不会马上就创作出来最好的作品；从进行写生到从事创作，必须经历一个过程，就从根据实际物象的写生活动或根据现实生活的创作实践来说，它本身也还有一个从不熟练到熟练的过程；应当承认，我们'国画'方面的写生习作和反映现实生活的创作都没有达到熟练的程度，这是发展过程中不可避免的现象；可是却有人提出了疑问：提倡写生是一条正确的道路吗？艺术就是这种'如实地反映现实'吗？'国画'创作难道不要学习古人的'经营位置'和'传模移写'吗？这些问题是应当提出的，可是在回答这些问题的时候，却不能忘记事情的发展过程。"[8]

此后，中国画的主流就是表现新的生活——表现"大跃进"、人民公社，表现大炼钢铁、吃饭不要钱、工人不要计件工资。在运动迭起的年代里，中国画家以满腔的热情紧跟潮流，表现时代的主题。在50年代的政治时空中，对于传统中国画家的改造具有政策和战略的意义，它关系到传统中国画的生存，更关系到传统中国画的发展，以写生求生存，以服务求发展。文人的水墨在脱离书斋画室之后显现出的新气象，首先表现在文人这个水墨主体的变化之上。脱下长袍穿上干部装的中国画家，不再是策杖山林的逸士，而泛舟船上所想的也不是胸中的逸气。文人心态的变化直接表现为一场社会改造的成果。正如傅抱石所说"思想变了，笔墨就不得不变"[9]。笔墨因思想而变的另一个原因是因为表现对象的变化。时代要求中的表现对象是新的社会现实，是新的社会制度下出现的新的变化。文人从表现自我，抒写胸中逸气，到转向表现时代，表现新的社会生活，直至歌颂时代，文人在新的社会中完成了脱胎换骨的改造，中国画的时代面貌也由此发生了根本性的变化。

二

当"电线杆、火车、写实风的房屋、穿干部服的人物"等新的形象和一些新颖的细节，出现在1954年由北京中国画研究会举办的第二届展览会中的时候，这些"新国画"受到了普遍的好评，中央美术学院教授王逊在看了这个展览之后，写下了《对目前国画创作的几点意见》[10]，表述了他对目前国画创作的整体看法："我们今天国画创作中最根本的问题仍是属于思想范围的审美思想和创作思想的问题。无论人物、花鸟、山水所遭遇的问题是共同的：画家要与人民共忧喜，同爱恶，画家才能最后达到根据生活以创造艺术的目的。"王逊进而指出了一些不足："写生之作还不能摆脱老一套的束缚，正如花鸟画还不能完全摆脱旧画稿，人物画不能接触更广阔的题材，是因为没有自由表现的能力，有力不从心之苦的。所以技法的提高必须争取早日解决。"

与之不同的是，以北京画院画家秦仲文为代表的被视为保守阵营中的一些人，站在文人画的立场上，却对这些"新国画"提出了批评。秦仲文（1896年~1974年），原名秦裕荣，号仲文，笔名"秦裕"，因生于河北遵化梁子河村，又别署梁子河村人。自幼喜好绘画，初临摹《芥子园画传》等。1915年入北京大学法政系。1915年前后在北京大学读书时参加了中国画法研究会，师从章浩如、贺履之、陈师曾、汤定之等。1920年参加中国画学研究会，受教于金城等，下苦功临摹古代名作。此后先后任教于北平大学艺术学院（即原北平艺专）、京华美术学院、北平艺专。1947年，因反对徐悲鸿"以素描为中国画造型基础"的主张而与之发生激烈争论，当年暑期后被解聘。1949年后历任北京画院画师、天津美术学院教授等。秦仲文在他的文章中指出："山水画写生活动的意义，应当是：由具有山水画传统技法相当基础的画家们，把已经接受到的古人所直接实践过了的技法和理论（尚有待于证实的间接经验），在这样的活动中求得证实，借以认识自己的缺点和优点，认识古人的缺点和优点，经过这样的客观实际的证明，使我们获得山水画创作的经验；通过这样的实践，才能够掌握接受传统技法的武器和端正创作作风与信念。在这样的基础上，我们才可能创造出科学的、进步的、优良的绘画。但是，参加这几次山水写生活动的画家们的观点不是这样的。我不知道他们经过何人的指示，一心不二地去描写了现实景物，并把这样描写来的东西作为创作。我的主张，这样活动应当是以新的方法学习绘画的一个过程，而不是也不应该是对山水画创作的要求。"[1]

显然，作为画家的秦仲文还没有认识到眼前所发生的山水画变革的社会意义，也忽视了作为画家为了寻求中国画生路而走向风景写生这样一种不得已而为之的无奈，当然，他确实不知道是"经过何人的指示"，可能更不知道1942年毛泽东在延安文艺座谈会上的一次讲话已经奠定了中国共产党的文艺方针，而这正是现时的指导方针和文艺工作者必须遵循的原则。所以，秦仲文只能从技术的层面上就事论事地评价山水的写生和写生的山水，他的观点很明确：写生不等于创作。但是，鼓励和提倡山水写生的人则更多的是从高于技术层面的社会学的角度，关注它对传统中国画的改造和促进新山水画形成的意义——这正是文人与现实之间的矛盾。所以，由此引发了"关于国画创作接受遗产"问题的讨论，《美术》杂志前后发表了十篇文章，成为50年代关于中国画问题讨论的第一波。

水墨写生的进一步发展，反映在1955年3月27日开幕的"第二届全国美术展览会"之中，关山月的《新开发的公路》、潘韵的《春之晨》、张雪父的《化水灾为水利》、岑学恭的《木筏》、董义方的《潮水落下去的地方》等都是以现实生活中的自然景观和生产生活相联系的方法，为新山水画开辟了新的天地，并赢得了一片赞誉。这些被称为"新山水画"的作品，摆脱了写生的状态，体现了时代对中国画发展的要求。在审美上，它们非但没有完全排斥与传统的联系，相反却是依靠这样的关系在新与旧之间架构了能够沟通的桥梁。这种基于社会发展需要的中国画发展的新格局，表明了新的现实并没有完全拒绝文人和文人的笔墨，而是以一种调和的方式，将现实的感受和传统的笔墨结合起来，以呈现出"新"的社会意义，这是新山水画在当时获得社会认可的一个基本要素，也是传统水墨在新的现实中得以立足和发展的必要条件。

可是，在"第二届全国美术展览会"上，属于"新国画"的人物画却受到了舆论的批评，"汤文选的《喂鸡》按整个画面效果来看，是很好的，但人物的脸部画得灰灰的，看了很不舒服。蒋兆和、石鲁、李斛的作品中，人物脸部也都是不适当地运用了'西法'，给人以一种龌龊的感觉"，还有一些画家"不承认李斛的《工地探望》与宗其香的《突破碾庄》是'国画'，而是西洋水彩画"[12]。如果说这样的意见是来自一般群众的看法，那可能会理解为新法还没有为群众所接受，但这却是来京参观这个展览的专业美术工作者的意见，因此，这样的意见就反映了国画改造过程中的种种问题。显然，人物画在改造中融合西法还不完善，可是，这一问题的提出却反映了文人与现实、国画与西画之间的矛盾在中国画的一些本质问题上发生的冲突，这种冲突自20世纪初以来一直延续至今。

从总体上看，已经形成主流的50年代的"新国画"所表现出来的脱离画谱的新的生活，不仅符合了文艺方针的要求，也体现了符合这种要求的新的社会时尚。当"第二届全国国画展览会"于1956年的7月和10月分别在北京和上海展出之后，《人民日报》发表了社论《发展国画艺术》[13]，总结了一个时期以来的国画发展的状况，指出国画家"思想上、政治上都有很大进步，国画创作在质和量两方面也有显著的提高。经过历次的社会改革运动和面临国家大规模的建设，国画家们在思想上得到很大的教育和鼓舞，许多国画家提出了反映现实生活、表现伟大时代的愿望，普遍要求深入实际，参预斗争，使创作的内容更加丰富起来。国画家们这种对待生活、对待创作的严肃态度是值得称许的，这不仅提高了他们对于业务的认识和信心，而且形成国画创作上的生气勃勃的气象"。显然，文人改造的成果得到了政府的认可。而经过一段时间的发展，政府对于国画的发展也有了明确的指导性意见："人们对于国画的各种传统形式，应该根据它的艺术特点来提出要求，不应该一概而论。比如花鸟和山水，它们所表现的也是人民生活当中不可缺少的东西，它们所采取的题材能够唤起人们的美好情感，满足人民精神生活上的需要，因此它们同其他形式一样，也应该得到认识发展的机会。""人们也不应该简单地用西画的观点和标准来要求国画。由于国画具有自己独特的风格和技艺技巧，根据多少年来的创作经验，它形成了自己的方法和理论。虽然，国画和西画之间具有艺术的共同规律，有些原理是一致的；但必须承认，直到目前，国画的方法和理论还没有得到系统的研究和整理，同时也不可避免地会夹杂一些不科学的成分。我们的任务就是要积极地加以研究整理，吸取其精华，舍去其糟粕，同时也要吸收西画的方法理论中的优良的先进的成分，来丰富和提高它。有些人对于国画的一切成果都笼统地加以否定，这种虚无主义的错误态度是应该反对的。"

毫无疑问，《人民日报》对于国画发展的这一态度，从根本上转变了一年前的立场，因为在前一年5月3日的社论《争取我国美术的进一步繁荣和提高》中，已经将国画称为"彩墨画"[14]。这种称谓上的变化，说明了中国画的发展在经过曲折之后的回归，在特殊时期的发展阶段上得到了合乎学理的认知，同时，对此后美术学院的"彩墨画系"恢复为"中国画系"给出了前瞻性的暗示。在《人民日报》社论的基础上，另一官方的主流媒体《文艺报》也于1956年6月的第11期以"发展国画艺术"为题发表了一组文章[15]，并加发了"编者按"，此后还更进一步发文进行讨论。这一切都表明了中国画的改造在取得阶段性成果的基础上，传统中国画的认识回归到了一个近乎本体的位置上。尤其是《人民日报》社论，透露"不久以前国务院批准成立中国画院，大力提倡国画创作和培养国画人才"，"这一措施为国画工作提供了新的发展条件，国画界为之欢欣鼓舞"。显然，政府的重视也为中国画在50年代中期之后的发展创造了一个历史的契机。

1957年5月14日，北京中国画院成立[16]，国务院总理周恩来亲自出席，这不仅给国画界以鼓舞，也给那些被网罗来的原来闲散在社会上的文人画家们以安慰。而由此建立起的画院体制，则保证了中国画的传承和发展，并影响至今。覆盖各省市的官方画院建制，对于保存和发展传统的中国画艺术，亦具有特别的意义。

三

从改造到发展的阶段性变化，说明了文人水墨转向了契合社会需求的以表现现实为主的现代水墨的方式，而这种以现实主义思想为基础的现代笔墨，积极参与到现实社会的需要之中，表现出了丰富的社会主题，退去了文人水墨的自我情怀。1957年，突然降临的"反右"运动，虽然纠正了过去轻视传统艺术的思想或做法，使传统中国画在"百花齐放"中得到了一个基本的社会地位，可是，"反右"运动冲破了学术和政治的界限，也使一部分中国画家被打成"右派"，饱受磨难，而中国画的创作在这种政治的阴影下受到很大的影响。值得一提的是，这一年的台湾画坛上崛起了由年轻画家组合的"五月画会"和"东方画会"[17]，他们大胆地向官方的展览体制挑战，此后，又提出了发展中国画的新的诉求，开始了水墨现代化的历程。

在"大跃进"运动的1958年，"江苏中国画展览会"在北京展出，傅抱石总结了"三结合"的创作方法——党的领导、画家、群众，是保证创作成功的关键，同时他还以"政治挂了帅，笔墨就不同"来概括江苏中国画发生变化的原因[18]。这次展览会上的作品都在属于山水画的范围内表现出了明确的主题思想，既反映了江苏国画界"大跃进"的成果，同时也表现了江苏改造中国画的劳绩。透过江苏新山水画在全国造成的很大影响，傅抱石作为领军人物在南派系统中的影响力迅速扩散，由他开始并不断推进的毛泽东诗意山水画[19]，正成为表现建设内容之外的新山水画的又一个重要题材，也成为在特殊历史时期内发展传统中国画的另一条重要途径。

傅抱石（1904年~1965年），原名长生、瑞麟，号抱石斋主人。江西新余人。少年家贫，十一岁在瓷器店学徒，自学书法、篆刻和绘画。1926年毕业于江西省立第一师范艺术科，并留校任教。1933年在徐悲鸿帮助下赴日本留学。1934年在东京举办个人画展。1935年回国，在中央大学艺术系任教。抗日战争期间定居重庆，继续在中央大学任教。1946年迁南京。1952年任南京师范学院美术系教授。历任江苏省中国画院院长、中国美术家协会副主席、美协江苏分会主席、江苏省书法印章研究会副会长。由于傅抱石和郭沫若私交甚笃，而郭沫若与毛泽东又是诗友，所以，傅抱石于抗战时期的重庆就读到了毛泽东的《沁园春·雪》这首后来脍炙人口的词。大约在1950年，傅抱石就开始了以毛泽东诗意为题的创作，如《七律·长征诗意》《沁园春·雪词意》《清平乐·六盘山词意》，而当时毛泽东的这些诗词还没有公开发表，但是，傅抱石的上述作品已经参加了这一年的"南京市第一届美术展览会"。1953年，他的另两幅毛泽东诗意画《抢渡大渡河》和《更喜岷山千里雪》也参加了"全国第一届国画展"。伴随着国画改造的步伐，毛泽东诗意山水画的出现将传统山水画中那种脱离尘世的清高改变为结合现实的歌颂，这在当时所具有的"革命"的意义，是一般的山水画难以企及的。显然，因为中国画改造的实际可能与现实中的限制，使得这一题材能够获得广泛的表现空间和特殊的社会地位。

1959年，傅抱石和关山月接受了为人民大会堂创作巨幅中国画的任务，这时傅抱石刚从毛泽东的故乡韶山作画归来。当9月27日毛泽东为他的诗意画题写了"江山如此多娇"，《江山如此多娇》就显示出了它不同于其他画作的特别的意义。它启发了后来许多山水画画家的创作思路，使他们找到了一个容易在特定社会环境中获得认可的创作题材。发源于50年代的毛泽东诗意山水画和革命圣地山水画，为现代美术史上的山水画改造和革新找到了一个突破口，也为那些在"文革"中手足无措的山水画家开辟了用武之地。而伴随着对毛泽东个人崇拜的加剧，毛泽东诗意山水画和革命圣地山水画开始流行，并发展到这一新山水画模式的盛期——六七十年代，钱松嵒、李可染则成为这一时期的代表人物。

从50年代中期开始到60年代，中国画创作的文人气象完全被淹没在政治现实的氛围之中，像傅抱石这样具有很好文人素养的画家，也在积极寻找一个能够契合现实的方式方法。傅抱石作为一种文人类型，所表现出的与现实的关系，同样反映了特定时期内中国画发展中的问题。1960年，他带领江苏国画家十三人历时三个月、行程两万三千多里，先后到了六个省的十几个城市，"国画工作团"的示范性的意义在于不仅推出了"山河新貌"画展和画集[20]，也因为傅抱石的《待细把江山图画》等一批具有时代特色的新山水画的问世而使江苏中国画的创新走到了全国前列。而在他的麾下，麇集了一批江南的旧文人画家钱松嵒、龚铁梅、顾伯逵、丁士青、鲍娄先、何其愚、王舫、陈旧村、余彤甫等，这些过去"不可能越雷池一步"的旧文人，"教教书，画画画，为的是糊口"[21]，现在不仅有了思想上的变化，对于表现现实也充满了一种时代的责任感和创作的激情。另外，像魏紫熙、宋文治等一批稍年轻的画家也在这种"新国画"的创作中逐步成长起来，并成为一直影响到七八十年代的一支重要的力量。与江苏毗邻的上海，在吴昌硕文人脉络的繁衍下，姚虞琴、樊少云、钱瘦铁、贺天健、吴湖帆、王个簃、来楚生、江寒汀、袁松年、马公愚、丰子恺、谢之光等传统文人画家，所表现出的整体实力超于江苏，这一时期的创作也较多，可是影响却不及江苏，因为他们缺少像傅抱石这样的领军人物。广东地区虽然也有一些传统的文人画家，并且在岭南画派的护佑下，但是，有影响的创作较少。因此，风头集中在关山月、黎雄才身上，尽管整体实力不强，但是个人影响较大。

在江苏中国画声誉鹊起时，以石鲁为代表的"长安画派"也开始为世人所瞩目。与傅抱石不同，石鲁是一位完全由共产党培养成长起来的文人画家，他于1938年投身抗日救亡运动，1939年入陕西安吴堡青训班学习，1940年到达延安入陕北公学院，开始以画笔献身革命，因仰慕清代画家石涛和现代作家鲁迅，易名"石鲁"。在延安历任西北文艺工作团美术组长、陕甘宁边区文化协会美术干部、《群众画报》编辑、延安大学文艺系美术班主任。虽然石鲁画过几幅表现毛泽东的重要作品，可是，石鲁后来的作品却受到了一些指责，被认为是"野、乱、怪、黑"的代表，而由对他作品的评论所引发的"关于中国画的创新和笔墨问题"的讨论[22]，则是自1953年"关于国画创作接受遗产问题"讨论之后的又一次大规模的学术论争。石鲁的"野、乱、怪、黑"的问题核心是没有完全放下文人的自我，或者说没有正视现实中已经出现了许多不同于延安时期的变化，也就脱离了文人与现实之间的契合点。石鲁的现实境遇与旧文人画家不同，他是从革命的文艺工作者转向到水墨的文人之中，在面对现实的问题上，与旧文人画家在面对同一问题时其实是殊途同归的。而这一偏离主流的方向，不管其出身如何，都不能为时代所接受，尤其是像石鲁这样具有延安教育背景的人。石鲁（1919年～1982年），原名冯亚衡，四川仁寿人。1936年毕业于成都东方美术专科学校。1949年后历任西北美术工作者协会副主任、《西北画报》社社长、中国美术家协会陕西分会主席、陕西国画院名誉院长、中国美协常务理事等。1961年在北京举办"西安美术家协会国画研究室习作展"，被誉为"长安画派"。需要提及的是，在1949年以来的中国画坛上，有一批具有共产党军中背景的中国画家，他们有着共同的革命经历，又长期从事新美术的领导和组织工作，从五六十年代不断成长起来，并以自己在中国画创作上的成就，为中国画在20世纪的发展作出了重要的贡献。代表人物除石鲁之外，还有由西北调往北京的黄胄和南京的亚明。

在1949年至1966年的十七年里，不管是政府所提出的改造，还是所要求的繁荣，各个不同阵营中的国画家们都在努力寻求文人与现实之间的契合，他们在画面中的各种探索实际上就是解决如何用传统的笔墨表现现实的生活，如何化解文人的意境服务于政治的需求。因此，《考考妈妈》的新风尚（姜燕）、《一辈子第一回》的喜悦（杨之光）、《婆媳上冬学》（汤文选）的亲情、《两个羊羔》（周昌谷）的闲适、《洪荒风雪》（黄胄）的乐观、《粒粒皆辛苦》（方增先）的忠告、《八女投江》（王盛烈）的壮烈、《转战陕北》（石鲁）的恢宏，比较完美地处理好了文人笔墨与新的现实题材的关系，与之相关的黄胄、石鲁、亚明、杨之光、周昌谷、汤文选、方增先等一批新画家也脱颖而出。

毫无疑问，与山水、人物画的突出表现相比，花鸟画革新的难度要高很多，尽管齐白石画《和平鸽》歌颂新社会的和平幸福，潘天寿画《雁荡山花》赞美新时代的自然风貌，陈之佛画《松龄鹤寿》祝贺祖国的繁荣发展，无不反映了时代的要求和表现了时代的特色，也得到了社会的认可。可是，花鸟画在时代之中处于边缘化的状况，则促使了后来很多花鸟画家作出了进一步的努力，画人民公社的蔬果，或者在花卉之后添加建设的场景，如此等等的直接的歌颂和附会成为这一段时期社会现实和文艺现状的写照。

中国画在十七年里的改造和发展，所表现的时代精神和时代面貌映现出了"新国画"的风采，可是1966年爆发的史无前例的"文化大革命"，却将这经过十几年努力建立起来的"新国画"的根基毁于一旦。"文革"初期，中国画作为封建艺术的代表成了革命的主要对象，成了需要破除的"四旧"，因此，在很长的一段时期内处于"歇业"的状态。而一大批老画家面临着生存的危机，潘天寿等屈死于折磨之中。这一时期有一些根正苗红的年轻画家，试图画一些类如《炮打司令部》等最革命的题材，但是，以黑为基调的中国画，很难摆脱"黑画"的影子，更难以造就"红、光、亮"的时代风格。到1972年，为纪念毛泽东《在延安文艺座谈会上的讲话》发表三十周年而举办了全国美术展览，在一个相对宽松的环境中作出一些尝试的中国画，得到了展示和社会认可的机会。这些作品基本上沿袭了60年代定型的创作路数，以毛泽东诗意、革命圣地、建设成就构成中国画题材的三个方面。在画法上杜绝笔墨和个性的表现，更多的是以西法的烘染和写实的表现，求得合于生活的真实。而表现画家自我的花鸟、山水作品仍然处于冰冻之中，关山月画梅花，题上了毛泽东诗词中的"俏也不争春"，以点明其政治内涵，为花鸟画的解放找到了一条捷径。而钱松嵒的《泰山顶上一青松》也为山水画树立了样板。

后来国务院总理周恩来指示一部分老画家创作用于场馆布置的作品，一些闲情逸致的山水、花鸟开始出现，使中国画画家看到了前程中的一点生机。当经过多年劳动锻炼的画家重操画笔的时候，其手已经感到很生疏，但是，其心却涌现了希望。他们虽然有心画"革命画"，但这些凝聚老画家心血的作品日后却成了政治斗争中的"黑画"[23]，被批挨斗，使画家望笔生寒，"政治与艺术的关系"仿佛一道魔咒，紧紧束缚了画家的手脚。"文革"后期，主题性创作出现了一线转机，中国画借助主题的力量获得了新的生存空间。

可以说，深陷于现实政治诉求的20世纪60年代的中国画，所表现的社会现实提升了中国画的社会地位，同时也出现了一批代表那个时代的表现现实的中国画代表作品，并形成了一个以表现现实、服务现实的新的中国画传统。与之相应的是，文人传统非但不能得到发展和运用，而且还不能被提及，最终以牺牲中国画发展的多样性为生存的代价，尽管这之中还有"古为今用"的号召。与之不同的是，这一时期台湾地区的中国画的发展正在朝向现代化的道路上迈进，而中国画中的抽象主义的狂飙同样伤及传统文人水墨的命脉。台湾新水墨的西方化的倾向，不仅以对抗传统作为突破点，更重要的是在西方文化的观照下显现出了文化上的隔阂，而新水墨所反映的抽象的语言也表现出了与传统文人语言的巨大不同。

注释

[1] 徐悲鸿：《新中国画建立之步骤》，王震、徐伯阳编《徐悲鸿艺术文集》，宁夏人民出版社，1994年。

[2] 新年画发轫于共产党领导的抗日根据地，作为革命美术的产物，它一直受到共产党政权的重视。1949年11月23日，毛泽东批示同意由文化部部长沈雁冰署名发表文化部《关于开展新年画工作的指示》，由此，开始了在20世纪50年代初期产生重要影响的"新年画创作运动"。1950年初，已有二十六个地区的两百多位画家创作了四百一十二种新年画，发行了七百余万份。到1952年，全国创作新年画五百余种，而出版发行的数量则增至四千万份。参见陈履生：《新年画创作运动与〈群英会上的赵桂兰〉》，《广东美术家》，1993年第1、2期；吕澎、孔令伟：《回忆与陈述——关于1949年之后的中国艺术和艺术史》，湖南美术出版社，2007年。

[3] 徐悲鸿：《漫谈山水画》，《新建设》1950年第1期（总第12期）。

[4] 艾青：《谈中国画》，《文艺报》1953年第15期。

[5] 关于"新国画"一词，1949年之后，最早见于1949年5月22日《人民日报》刊载的蔡若虹《关于国画改革问题——看了新国画预展以后》一文中。当时有一部分国画家"深切地感受到国画有急须改革的必要，使国画也和其它艺术一样地适应于广大人民的要求，从而达到为人民服务的目的。为了这，他们曾先后召开了好几次座谈会，交换了如何改革国画的意见，而且，在两个多月的时间内，一共创作了两百余幅新作，让新国画在创作实践中迈开了第一步"。

[6] 1954年7月11日，由北京中国画研究会举办的"北京中国画研究会第二届国画展览会"在北京故宫博物院展出，共展出二百八十件作品，至25日结束（《人民日报》1954年7月18日）。第一届展览会于1953年7月展出。建设题材的山水画有李斛的《工地探望》、关山月的《新开发的公路》、张雪父的《化水灾为水利》、秦仲文的《丰沙线珠窝口写生》、罗铭的《嘉陵江上游》、陶一清的《落坡岭车站》、溥松窗的《珠窝口的傍晚》等；新生活的山水画有胡佩衡的《颐和园后湖》、唐云的《常熟昭明读书台》、赵望云的《终南春晓》、钱松嵒的《瘦西湖》、贺天健的《严濑东钓台》、刘海粟的《富春江严陵濑朝雾》、潘天寿的《灵岩涧一角》等。

[7] 周扬：《关于美术工作的一些意见》，《美术》1955年第7期。

[8] 蔡若虹：《关于"国画"创作的发展问题》，原载《美术》1955年第6期，引自《蔡若虹文集》，人民美术出版社，1995年。

[9] 傅抱石：《思想变了，笔墨就不得不变——答友人的一封信》，原载《人民日报》1961年2月6日，引自《傅抱石美术文集》，江苏美术出版社，1986年。

[10] 王逊：《对目前国画创作的几点意见》，《美术》1954年第8期。王逊的文章发表后，邱石冥提出了不同的意见，发表了《关于国画创作接受遗产的意见》（《美术》1955年第1期），引来了"关于国画创作接受遗产"问题的讨论，这是1949年以来关于国画问题的第一次大规模的讨论，《美术》杂志前后共发表了十篇文章。1955年第2期发表了线天长、潘绍棠的《对"关于国画创作接受遗产的意见"的商榷》，徐燕荪的《对讨论国画创作接受遗产的问题的我见》；第4期发表了秦仲文的《国画创作问题的商讨》，方既《论对待民族绘画遗产的保守观点》；第6期发表了蔡若虹的《关于"国画"创作的发展问题》，张仃的《关于国画创作继承优良传统问题》；第8期发表了黄均的《从创作实践谈接受遗产问题》，西北艺专美术系理论教研组的《关于国画创作接受遗产问题的讨论》，南京师范学院美术系四年级全体同学的《对继承民族绘画优秀传统的意见》；第9期发表了来稿摘录《对国画创作和接受遗产问题的意见》。这一讨论一直延续到1956年，在《美术》第6期还发表了杨仁恺的《论王逊对民族绘画问题的若干错误观点》；第8期发表了洪毅然的《论杨仁恺与王逊关于民族绘

画问题的分歧意见》，岳松、王忱的《关于杨仁恺一些论断的商榷》。

[11] 秦仲文：《国画创作问题的商讨》，《美术》1955年第4期。

[12] 记者：《为争取美术创作的更大成就而努力——来京参观第二届全国美展的美术工作者对展出作品的意见》，《美术》1955年第5期。

[13] 《人民日报》社论《发展国画艺术》，《人民日报》1956年6月30日。

[14] 1954年，中央美术学院成立了"彩墨画系"，从这一年开始，媒体上出现以"彩墨画"称呼国画或中国画的情况，此后，中央美术学院华东分院也将"中国画系"改为"彩墨画系"。1955年，人民美术出版社出版"第二届全国美术展览会"图录时，专门出版了《第二届全国美术展览会彩墨画选集》。1957年6月11日，在由全国美协召开的"中国画家座谈会"上，有人开始提出"美术学院的彩墨画系应改为中国画系"。11月7日，中央美院华东分院副院长潘天寿召集彩墨画系全体教师开会，通过决议将系的名称恢复为"中国画系"（简称"国画系"），同时，恢复被取消的山水画和花鸟画教学。年底，中央美术学院也将"彩墨画系"恢复为"中国画系"。

[15] 1956年6月《文艺报》第11期发表的文章是：于非厂的《从艾青同志的"谈中国画"说起》、俞剑华的《读艾青同志"谈中国画"》。此后又发表了张伯驹的《谈文人画》、秦仲文的《读艾青"谈中国画"和看中国画展后》、刘桐良的《国画杂谈》、宋仪的《发扬传统不能因噎废食——俞剑华同志〈读艾青同志"谈中国画"〉一文读后》、邱石冥的《关于国画问题》。

[16] 北京画院：《周总理对中国画的亲切关怀》，《美术》1977年第1期。

[17] "五月画会"由台湾师范大学美术系校友组成，"东方画会"由李仲生门下的八位画家组成并不断扩大，这两个青年画家团体是台湾现代艺术史上重要的画会之一，成立于1957年。

[18] 傅抱石：《政治挂了帅，笔墨就不同——从江苏省中国画展览会谈起》，《美术》1959年第1期。

[19] 陈履生：《傅抱石"毛泽东诗意山水画"的历史意义》，《文艺报》2001年6月。

[20] 1961年5月2日，由全国美协与美协江苏分会联合举办的以"山河新貌"为题的"江苏省国画家写生作品展览会"在北京开幕。共展出十三位画家的一百四十余幅作品，是这些画家在1960年9至12月间集体旅行写生的成果。其主要作品有傅抱石的《待细把江山图画》、钱松喦的《西陵峡》、亚明的《出峡》、宋文治的《峡江图》。展览至21日结束。《美术》第3期发表了阿梅的评介文章《画各家之山水》，《美术》第4期发表了郁风的文章《看〈山河新貌〉画展随记》和《〈山河新貌〉观众意见摘录》，并发表了郭沫若参观画展的题诗："真中有画画中真，笔底风云倍如神。西北东南游历遍，山河新貌貌如新。"

[21] 傅抱石：《思想变了，笔墨就不得不变——答友人的一封信》，原载《人民日报》1961年2月6日，引自《傅抱石美术文集》，江苏美术出版社，1986年。

[22] 1962年《美术》第4期在"大家谈（来函照登）"的栏目里，发表了系列评论文章，其中有署名为孟兰亭的来信，指出《美术》再三推举的石鲁的画，"新则新矣"，"然则仅凭新鲜，而无继承传统的实际功夫，可称之为传统的国画么？""但看石鲁先生的画，只是一片水汪汪的烘染，不讲骨法用笔，充其量而言，有墨而无笔，远不见马夏，近不见四王，乍看似不差，细看则无甚意味了。这是没有传统的表明"。该文发表后引起了美术界的关注。《美术》第5期同样在"大家谈"的栏目中以"关于中国画的创新和笔墨问题"为题，发表了施立华的《喝"倒采"》和余云的来信，均表示同意孟兰亭的观点。此后，《美术》收到读者来信五十余封，《美术》于1963年继续开展这个专题的讨论，直到第6期发表了王朝闻的《探索再探索——石鲁画集序》，才结束了这场以对石鲁作品评论为起端的关于中国画创新等问题的讨论。

[23] 1974年初，"四人帮"以"批林批孔"攻击周恩来总理，指认一本外贸部门的出口图样本《中国画》，为"地地道道克己复礼的画册"，不久，"四人帮"在北京不择手段把一些宾馆和北京饭店的布置画骗到手，经过精心策划，"黑画展览"于2月中旬到3月初在北京、上海等地相继展出。1976年3月出版的第1期《美术》杂志刊登了一篇题为《坚持美术领域的文艺革命，不许为黑画翻案》的文章，又旧事重提。后来，《美术》1977年第2期发表了文学艺术研究所美研室批判组的文章《批黑画是假 篡党窃国是真》，揭露了"批黑画"事件的真相。

作者小传

陈履生，1956年生，江苏扬中人。1985年毕业于南京艺术学院美术历史及理论专业，获硕士学位。先后任职于人民美术出版社、中国研究院、中国美术馆，现为中国国家博物馆副馆长。兼任中国美术家协会理事，中国汉画学会常务副会长，北京文艺评论家协会副主席，北京博物馆学会副理事长，中国画学会常务理事，齐白石艺术国际研究中心学术委员会主任，南京艺术学院、吉首大学、广州美术学院、中央民族大学美术学院、北京外交学院、台湾师范大学客座教授。

致力于美术史论研究，在新中国美术研究领域尤有成就，出版有专著《新中国美术图史1949—1966》《革命的时代：延安以来的主题创作研究》。亦擅长绘画、书法、摄影。

（摄影：马腾飞）

芭蕾艺术——芭蕾的历史及其在中国的发展

时　间：2012年8月30日
地　点：中国国家博物馆学术报告厅
主讲人：赵汝蘅

　　我今天的讲座主要涉及西方芭蕾史以及芭蕾在中国的发展，中国芭蕾部分掺杂了我的个人经历。今天的讲座也会穿插一些视频和纪录片，同时特别有幸请来我们中央芭蕾舞团四名优秀的青年演员为大家做示范表演。

一、西方芭蕾

　　"芭蕾"一词源于意大利，原来泛指舞蹈，是在晚会上表演的一种艺术形式。1772年，法国出版的《百科全书》这样解释芭蕾：它是用跳舞解释动作，而且解释一种行动，特别要求的是剧场的赏心悦目。芭蕾是西方的一个特殊舞种，专指15世纪出现在意大利宫廷的舞蹈，经过五百三十多年的发展，这种欧洲古典舞蹈形成了特定的审美标准和技术规范。芭蕾孕育在意大利，诞生于17世纪后期的路易十四的法国宫廷，鼎盛于沙皇俄国。

　　最早出现的芭蕾形式，我们称之为"席间芭蕾"或"宴会芭蕾"。意大利文艺复兴时，宫廷中出现了宫廷舞蹈。在宴会过程中，吃鱼会有一个捕鱼舞蹈，如果吃肉，就有一个捕猎舞蹈。这种在宴会中穿插舞蹈的形式很快传到了法国。

　　真正意义上将芭蕾定义为一种舞蹈形式，其标志是1581年在法国上演的一个作品——《皇后的喜剧芭蕾》。这个舞蹈在当时耗资巨大，演出五个多小时，融入了音乐、诗歌、歌舞、杂技等多种形式，而且有着精心设计的舞台布景，采用了大喷泉。它的故事情节取材于希腊和罗马神话。由于当时已经有了印刷，所以这个剧目的节目单得以保留。从此以后，"芭蕾"一词就以歌舞的形式出现了。当然，这时的"芭蕾"还远不是今天所看到的样子，而是一种特别综合的表现形式。

　　真正将芭蕾发展起来的是法国国王路易十四。其实从路易十三开始，法国宫廷就已经很重视这种舞蹈。而路易十四本人也特别喜欢跳舞，他身材很好，十二岁就曾在《卡桑德拉》里扮演太阳神，因此舞蹈界称呼他为"太阳王"。他也以跳舞来彰显其君主的威望和法国的国力。在他的推动和保护下，宫廷芭蕾得以迅速发展。最早演出的是巴洛克风格舞蹈，所谓"巴洛克风格"就是那种非常豪华、非常繁琐、现在看起来节奏很慢的宫廷舞。其后，古典主义的审美情趣慢慢渗透进来。在这样的背景下，路易十四于1661年下令成立了皇家舞蹈学院，这是最早的皇家舞蹈学院。为了进一步推动芭蕾艺术，又于1713年成立了第一所法国芭蕾舞蹈学校。舞蹈专家每月召开一次例会，专门研究舞蹈动作、收集舞蹈图形、规范舞蹈中演员手与脚的位置。他们按照当时宫廷的审美规定了脚的五个位置和手的五个位置以及很多基本动作，并且一直沿用到今天。

芭蕾是一种非常美的舞蹈形式，它能够用舞蹈动作把人体的美展现出来。北京舞蹈学校在挑学生时参照了俄罗斯专家的体系，他们的体系也是沿用法国当时的程序。招录的每位芭蕾舞蹈演员都可以说是用皮尺量出来的。记得当时我在天津报考舞蹈学校的时候，就是因为腿长，才从众多孩子里被选出来的。在芭蕾舞界挑学生时还要看遗传因素，如果她父母胖的话，可能她将来也会长胖的。

芭蕾演员在做示范

下面就以我们芭蕾舞团的两位团员孙瑞辰和王晔为例，介绍一下挑选芭蕾舞学员的标准。（**示范讲解**）大家可以看到，他们长得跟别人不一样，这当然与我们的训练有关，但也受他们的先天身体条件的影响。我们招生时，首先要量她的腿和上身的比例。现在北京舞蹈学院招收芭蕾舞学生的标准是，腿比上身要长过十二厘米以上。然后，我们再量一下她的胳膊，不能太短，她的手伸出来后与她的身高应该差不多，甚至于比身高还长。三是，在选学员的时候还要看她的脚，要看她是不是有非常好的脚背，这应该是天生的；还要看她的开度，如果她的膝盖和脚尖是对着的，说明开度比较大。第四，要看这个孩子的韧性。实际上，现在的中国舞中掰腿有点难看了，我们并不主张有些孩子先去掰腿，这需要先天条件。芭蕾要求胯要直，掰多了会影响将来骨骼正常发育。

　　作为一个芭蕾舞演员特别不容易，除了具备先天条件，需要天天训练。他们最早的训练是从擦地开始的；然后练习蹲，还需要有韧性，蹲到不能蹲的时候；再就是练习跳，弹跳起来脚要绷紧；还要练习全脚尖和半脚尖，大家看他（孙瑞辰）在做半脚尖时，他的臀部和腰部的肌肉都是收紧的，以保持稳定性。在这种训练下，他们才能练习一些技术动作。

　　下面请孙瑞辰示范一下转圈时的头部动作。大家看到，头需要看到不能看的时候再转过去。再请他为大家转一个基本的男孩转法。看芭蕾的时候要注意演员的开、绷、直、立。开是开度；绷就是脚绷得是否好看；同时要求非常直、要有力度和直立。在显示力度的动作里除了转圈还有跳。下面请孙瑞辰示范一下中跳和打击动作。女孩子练好了很好的半脚尖之后要开始练习脚尖，最开始有一些基本动作的练习，请王晔示范一下。大家看经过半脚尖然后到脚尖，这个过程中她的腰和臀部都收得很紧。练习时先从双脚再到单脚，请王晔再示范一下。

　　在她们立了脚尖之后，除了要完成自己的技术之外，就要和男演员练习双人舞。现在请大家看一下他们是怎么练习双人舞的。我们先看一个双人舞的正面的转，大家看不出男的在后面起什么作用。那么我们请他们转过去看一下，我们可以看到其实是要求女孩自己转的，男孩是帮助她稳定重心。这个动作要求合作得非常好。下面请他们示范一下托举的动作。大家看到如果男演员的腰没有劲儿或者蹲得没有劲儿他举不起来，当然还要求有臂力，也需要他们之间天天的合作。再请他们做一个抛举的动作。大家看到这些动作要求两人要有一个特别好的配合。感谢他们！

　　北京舞蹈学院的中等专业学校的芭蕾舞学员是从十到十一岁开始学习，学习七年；学习中国舞的孩子大多从十二岁开始，学习六年。无论哪种，我们的要求都非常严格。有些家长特别希望孩子能一夜成名，但实际上在我们这个行业里是不可能的。他们要经过艰苦的训练，即便是七年毕业以后参加工作，还要经过剧目的再训练，从艺多年也必须要天天练功，这是伴随他们一生的，同时也给他们带来很多伤病。

　　下面我们继续讲芭蕾在西方的发展。18世纪至19世纪之交，欧洲和北美兴起了"浪漫主义运动"的文艺思潮，芭蕾就是这一思潮的重要组成部分，它能够更直接、更深刻地表达情感。芭蕾也在其影响下得以蓬勃发展，其标志就是女子脚尖技术的形成。在这之前，芭蕾舞演员以男子为主并且没有脚尖的表现形式。

此外，这一时期的芭蕾舞也出现很多新剧目，主要取材于希腊和罗马神话以及像海涅、莎士比亚、歌德这些名家的作品，内容多是描写爱情。代表性剧目为《仙女》和《吉赛尔》。《仙女》首演于1832年的巴黎，《吉塞尔》首演于1841年，这些剧目一直保留至今。它们的共同特点都是由两幕组成：第一幕是"情节芭蕾"，讲现实中的故事，甚至有很多哑剧；第二幕称为"交响芭蕾"，讲梦幻中的故事，以表达人们的追求和理想，常有一大段非常漂亮的群舞，演员穿白色纱裙，所以也被称为"浪漫主义时期的白色芭蕾"。浪漫主义芭蕾的杰出代表人物就是塔里奥尼父女。父亲菲利浦·塔里奥尼为女儿玛丽亚·塔里奥尼编排了舞剧《仙女》，并且为她设计了称为"吊钟"的裙子。同时，玛丽亚·塔里奥尼也是历史记载中最早穿脚尖鞋的人之一。

为了让大家更好地理解浪漫主义芭蕾，下面请我们剧团的一对演员曹舒慈和盛世东为大家表演《吉赛尔》中的两段。这个故事讲的是一个叫吉赛尔的农村姑娘爱上了来乡下打猎的阿尔贝特伯爵，但阿尔贝特伯爵已经有了未婚妻，所以她非常伤心，在第一幕中去世了。第二幕讲述了海涅诗中的一些内容。这段舞蹈几乎包含了在浪漫主义芭蕾里的所有哑剧动作：爱、结婚、订婚、做梦、漂亮、跳舞。下面表现的就是第一幕中两人见面时的一段场景。

（剧情讲解与表演）

下面我继续讲一下俄罗斯芭蕾。17世纪下半叶，俄国使臣在西欧观看芭蕾演出后，立即将它引入俄国。有关俄国芭蕾我主要讲五个历史人物：第一个人物是彼得大帝。彼得大帝同样也喜欢舞蹈，他在1718年时颁布了一个关于举办大舞会的命令，这样，芭蕾舞成为俄国的舞会舞蹈，并且成为上流社会的一种时髦。1738年正式成立了俄罗斯第一所舞蹈学校，也就是今天圣彼得堡的瓦冈诺娃芭蕾舞蹈学校。

第二个人物是俄罗斯芭蕾的奠基人——马里乌斯·伊凡诺维奇·彼季帕。他一生将全部精力投入到芭蕾舞剧的编排上，先后编排了二百余部作品，其中据史书记载，有四十六部主要的大型作品，有大家非常熟悉的《睡美人》《天鹅湖》《舞姬》《唐·吉诃德》等。他最主要的贡献是把今天大家看到的双人舞固定下来，形成一种非常程式化的表演形式。他曾与柴可夫斯基合作了很多部舞剧，像《天鹅湖》《睡美人》等，尤其是《睡美人》，彼季帕的创作水平达到了顶峰，再加上柴可夫斯基的华丽音乐，引起了整个欧洲社会的轰动，《睡美人》也因此成为了19世纪的芭蕾教科书。这里顺带提一下柴可夫斯基对芭蕾的贡献，除了以上提到的《天鹅湖》和《睡美人》外，他还创作过《胡桃夹子》，这些作品是他一生创作的最重要的三部芭蕾舞剧。

第三个人物叫作谢尔盖·巴甫洛维奇·佳吉列夫。他本人并不学芭蕾，而是一个兼通绘画、音乐、戏剧并且与上流社会有着很好沟通的艺术活动家。他既有渊博的文化，又有着超凡的管理才能，曾在法国夏特莱剧院举办多次俄罗斯演出季，轰动了整个法国，对整个欧洲的芭蕾发展也有巨大影响。当时观看俄罗斯演出季的有很多著名人物，如作曲家德彪西、拉威尔，舞蹈家伊莎多拉·邓肯等。当时媒体评论这个演出是"疯狂的演出、疯狂的大厅、疯狂的观众"；巴黎的记者观看他们的排练后说他们"简直就是一些蛮族的入侵"。之所以这样评价是因为俄罗斯芭蕾与传统的欧洲芭蕾有很大不同，法国是用一种宫廷模式和贵族审美来欣赏芭蕾的，而俄罗斯芭蕾受到了他们的民族性格的影响，表现的非常大气，甚至有一点狂野。它像从原始大草原吹来的一股野风，向巴黎直面扑去，一下子掸去了西方艺术中常年的积灰。至今，我们行内都会认为欧美芭蕾很讲究，而俄罗斯芭蕾非常辽阔、非常大气。

佳吉列夫在推动俄罗斯芭蕾的过程中就发现了另一个重要的俄罗斯芭蕾舞界著名的传奇人物瓦茨拉夫·福米奇·尼金斯基，他是一个芭蕾舞天才。我今年参观圣彼得堡舞蹈学校时，他们的展览室里仍然保留着尼金斯基跳《玫瑰花精灵》时的服装。他个头并不高，额骨也比较大，但是他却有着出奇的弹跳，可以盘腿坐在地上腾空而起。尼金斯基年轻时在芭蕾舞团跳舞是没有多少钱的，佳吉列夫就支付给他高额的薪水并为他安排了非常好的生活。尼金斯基在这个过程中也编了很多舞蹈，其中有著名的《春之祭》。

最后一个重要人物是安娜·巴甫洛夫娜·巴甫洛娃。她的特点是非常美。在一次演出中她本来准备演出《天鹅湖》，但是她的舞伴忽然出了问题，当时著名的编导米哈伊尔·米哈伊洛维奇·福金就采用了圣-桑的音乐，很快给她编了一段《天鹅之死》，《天鹅之死》就是从那个时候来的。

芭蕾舞中的俄罗斯学派在十月革命胜利后更加巩固了它的学派基础，并且有了非常好的发展空间。这里的芭蕾人才特别多，剧目也特别多，一直是世界芭蕾的中心。俄罗斯芭蕾最主要的贡献是确立了戏剧芭蕾和交响芭蕾。戏剧芭蕾的代表作是《罗密欧与朱丽叶》，交响芭蕾大家在《天鹅湖》和《吉赛尔》中的很多地方可以看到。

这里我穿插讲一下《天鹅湖》的创作。《天鹅湖》原为彼得·伊里奇·柴可夫斯基作曲的芭蕾舞剧，但很遗憾，由于编导对音乐的不理解致使1877年首演时失败。后来，彼季帕创作的舞剧《舞姬》里有一个男主角叫作伊万诺夫，他在《舞姬》的第二幕大段的舞蹈里找到了一些灵感，于是在他不当演员的时候，他和彼季帕两人合作创作了现在的《天鹅湖》，尤其是成功创造了天鹅的臂膀和颈部的形象。《天鹅湖》在柴科夫斯基逝世一周年的时候再次演出，获得了巨大的成功，其轰动效应一直保持至今。

此外，由于佳吉列夫的演出季把综合艺术运用得非常好，用了非常好的作曲家、设计师、服装设计师等，培养出很多优秀的芭蕾舞编剧和演员。佳吉列夫去世以后，这些人分散到世界各地，对世界各地特别是欧美芭蕾起到了重要的推动作用。其中有一个非常著名的演员叫作乔治·巴兰钦。他在1935年与美国人林肯·科尔斯坦建立了纽约城市芭蕾舞团。这些年轻演员的特点是有着非常好的音乐素养，可以用舞蹈去解释音乐，能够把乐队每一个声部都表现得淋漓尽致。还有一个人叫谢尔盖·里法尔，他在1914年成立的法国巴黎歌剧院排演了大量的舞剧，一直影响到后来的英国皇家芭蕾舞团。后期的代表人物是英国皇家芭蕾舞团的肯尼斯·麦克米伦，他的作品以改编名著而闻名，有影响的作品有《曼侬》《罗密欧与朱丽叶》《梅亚林》等。另外一个代表人物是弗列德利克·阿什顿，2012年10月我们将要引进阿什顿的著名作品《乡村的一月》。这个作品改编自屠格涅夫的小说，是一部独幕舞剧，采用了肖邦音乐，独具韵味。还有一个活跃在当今舞台上的著名编导约翰·诺伊梅尔，他对自己创作的作品和人物都进行深入的研究，例如他研究了尼金斯基的传记、安徒生的童话、《圣经》，并创作了很多作品，像《马太受难曲》《小美人鱼》，他对《茶花女》的改编也非常成功，这些剧目2012年也将要在国家大剧院演出。

世界上著名的大剧院有俄罗斯的莫斯科大剧院、圣彼得堡马林斯基剧院，法国的巴黎歌剧院，意大利的斯卡拉剧院，英国皇家科文特花园剧院，美国大剧院等等。我们中央芭蕾舞团有幸在巴黎歌剧院和英国皇家科文特花园剧院都演出过。世界上的芭蕾还有很多经典流派，除了俄罗斯学派以外，还有丹麦的布农维尔学派，这个学派强调非常漂亮的脚底功夫，其代表作就是《仙女》；还有切凯蒂学派，也是独具特色。中国是以俄罗斯学派为基础，广泛学习各个流派，在传承古典芭蕾流派的同时还学习了现代芭蕾的很多作品。

大家在欣赏芭蕾舞时要注意四个字：轻、稳、准、美。为了让大家看到一个比较规矩的双人舞，下面请王晔和孙瑞辰为大家表演他们在国际比赛中获奖的节目《古典大双人舞》，这个舞蹈中有一个比较难的大斜线，预祝他们能够成功。

（表演）

二、中国芭蕾

我自己伴随中国芭蕾走过了五十多年的历程，所以有我自己的心情在里面。中央芭蕾舞团的前身创建于新中国刚刚成立不久那个百废待兴的年代，从建校到现在只有五十八年历史。能将西方贵族艺术引进到中国是当时领导人的远见卓识以及他们的经历决定的，比如周总理、邓小平曾留学法国。当时的领导人全面引进了俄罗斯的教学制度和艺术思想，并且在物质上对我们投入了极大的支持，这一切为芭蕾艺术在中国的发展打下了非常坚实的基础。中国芭蕾的发展与欧洲芭蕾在贵族生活氛围中的成长不同，我们的芭蕾艺术卷入了历史上的阶级斗争，应该说是非常艰辛而坎坷的。尽管如此，我们的艺术发展从来没有停止过，我们的作品都是健康向上的，我们一直热爱着这门艺术。

中国芭蕾史上第一位重要人物是裕容龄。她的父亲曾经在日本和法国做过公使，她有机会很早就接触到芭蕾，也跟邓肯学过舞蹈，而且曾经在巴黎歌剧院演出过。回国后，她曾为慈禧太后自编自演《菩萨舞》《荷花仙子》《如意舞》等舞蹈。但严格意义上说，她还不能称作专业的芭蕾舞演员。

20世纪30年代，上海、哈尔滨、天津曾创建了一些私人的舞蹈学校，这些学校的教师中特别有名的就有来自佳吉列夫舞团的索科尔斯基夫妇。他们培养了后来的一些芭蕾人才，如胡蓉蓉（《白毛女》的编导）、曲浩等。

第三位是中国芭蕾舞的创始人之一——尊敬的戴爱莲先生。她曾是北京舞蹈学校（现北京舞蹈学院前身）的第一任校长，出生于美国特里尼达，后在英国学习舞蹈。1949年，戴先生作为中央戏剧学院舞蹈团团长请来了索科尔斯基夫妇教授芭蕾。中央芭蕾舞团原团长、《红色娘子军》的主要创作者李承祥老师就是他们的第一批学员。之后，戴先生又主演了《和平鸽》，这是中国第一部舞剧。1954年，她和苏联专家一起在北京东城的香饵胡同开始了创办北京舞蹈学校的历程，下面给大家播放一段纪录片。

（短片）

1954年，北京舞蹈学校在北京朝阳区东大桥白家庄成立了。1955年，我从天津考入了北京舞蹈学校。初来的时候非常兴奋，但是我到学校的第一天就哭了，因为离开妈妈的生活太苦了。当时学校旁边是一片荒地，还有一个火葬场。在一个灰楼里，我们开始了自己的舞蹈生涯。我把这段时期的我们称为"贫穷土地上的贵族们"，因为那时我们不用交学费，一切都是国家供给，而且吃得非常好。当时是苏联专家治校，国家对我们也非常重视，这里培养了中国的第一批芭蕾舞师生和演员。

1955年，学校成立了编导训练班，培养了很多有名的编导人才，《红色娘子军》的这批编导都是从那时走出来的。这里的学员都要经过严格的考试、政审、技术课、表演考试。1956年，学校演出了前浪漫主义第一部芭蕾舞剧《关不住的女儿》。我们最喜欢的俄罗斯专家是彼·安·古雪夫，他在学校时给我们排演了三个著名的舞剧《天鹅湖》《海盗》和《吉赛尔》，之后又为我们创作了中国舞剧《鱼美人》。他一直希望中国能有自己的芭蕾。我跳的第一个穿着脚尖鞋的芭蕾舞叫作《幸福的花朵》，是一个由贾作光老师编导的蒙古舞。学校成立四年之后，我们大胆演出了《天鹅湖》，当时我是三年级，脚尖都立不稳，全校的教职员工都参与了这次演出。

1959年12月31日，中央芭蕾舞团成立了，当时叫北京舞蹈学校附属实验芭蕾舞团。之后学校经历了几个重要的发展阶段。第一阶段就是我刚才提到的1954年至1961年，建校初期的"贫穷土地上的贵族们"的阶段。第二阶段是1961年至1976年，我称之为"自力更生的阶段"。稍微年长一点的人都了解这段时间是怎么经过的，那时是三年自然灾害，又经历了"三反"、"五反"、"反右"斗争、"大跃进"、大炼钢铁运动。对我们小孩来说，可爱的老师一夜之间成了"右派分子"，让我们感到很紧张。即使如此，那时我们也创作了很多非常有时代特色的芭蕾舞，我们的舞蹈事业并没有停止。1963年"文革"前期，我们开始排演《红色娘子军》。"文革"开始后，我们就开始"上山下乡"。世界芭蕾舞史上没有哪个国家像我们这样经历过这么丰富、艰难困苦的一个历史时期。下面为大家播放一段我们从"文革"下乡到《红色娘子军》诞生的视频。

（短片）

《红色娘子军》首演后，周总理很快把我们推荐到小礼堂给毛主席演出。"文化大革命"后我们就变成了样板团，当时经常到小礼堂为外国元首演出。最红火的时候就是在国庆节游行的时候，有着非常壮观的场面。

十年"文革"中，中国关上了大门，中国芭蕾也不对外开放了。那时我们不能再穿紧身衣了，法文动作的术语也被停止应用了，在剧团里还发生了一些悲剧。由于江青的干涉，我们的《红色娘子军》改变了很多；我们特别尊敬的芭蕾舞团首席指挥黎国荃先生遭受批斗后自杀了……尽管如此，我们没有一天停止过跳舞和创作。苏联专家撤走后，我们自己还编排了《巴黎圣母院》《泪泉》，创作了《草原儿女》《沂蒙颂》等多部中国芭蕾作品。

1976年后，中国芭蕾的大门又一次打开，思想得到解放。那时政府的文化部门引进了德国斯图加特、英国皇家著名剧团的演出，受其启发和影响我们开始思考如何用西方的芭蕾艺术形式改编、创作中国文学名著。在这样的背景下，中央芭蕾舞团以李承祥、蒋祖慧为代表的编导创作了《林黛玉》《祝福》《杨贵妃》等具有代表性的大型舞剧，其他有创作才能的人还编了很多中、小型舞剧。这个时期是一个很开放的年代，同时也是我们对外交流的开始。当时戴爱莲先生引进了俄罗斯著名芭蕾舞演员鲁道夫·努里耶夫无偿为我们排演了舞剧《唐·吉诃德》，还邀请了当时英国著名艺术家安东·道林给我们排《女子四人舞》《男子四人舞》，芭蕾舞团从此焕然一新。

1984年，我有幸率团到日本大阪第一次参加一个大型国际比赛，我们得了六个奖回来，让外国人眼前一亮。1986年，我们访问了美国。最辉煌的时候剧团有十三个主要演员。那时候芭蕾舞团第一次接触爵士、霹雳舞，我们演出了两个月。同年还到了英国和俄罗斯访问，见到了我们的俄罗斯专家。

1986年后，芭蕾舞团走入了低谷。原因是我们打开眼界之后，很多人都去了美国，十三个主要演员就剩了三个。那时也是流行歌曲盛行的时候，所以芭蕾舞团又开始了小分队的走穴，由于青黄不接以致到香港去演出的时候，《南华早报》称我们是世界上最老的剧团，当时演员平均年龄三十九岁。

1996年，在整个社会重新复苏的时候，芭蕾舞团也开始重新复苏。我们解除了思想上的禁忌，恢复了《红色娘子军》，找回了我们的传家宝。《红色娘子军》的创作者都是一些勇敢的探索者，因为他们敢向西方芭蕾挑战。西方芭蕾演的都是爱情故事，《红色娘子军》里却没有爱情。从刚才的视频我们看到，由于没有表现爱情的情节，《红色娘子军》把双人舞用在了老四和琼花的打斗场面上。这部舞剧奠定了芭蕾舞团走中国式芭蕾发展道路的基础，到现在这部舞剧即将要演出五十周年，仍然是票房最好、最受欢迎的舞剧。从我个人来讲，从演员到观众，我也一直被它激励着。我们曾在2003年、2008年、2009年带着这些舞剧到法国演出，引起了法国的轰动。我们把无产阶级革命的红旗插到了巴黎歌剧院。巴黎歌剧院为了我们这个戏，制作了五十多页的说明书，全面介绍了中国民主革命的历史。通过这个事例，我们也看到，应该有属于我们自己的作品，只有这样才能让世界认识中国的芭蕾艺术。

其实从1986年起，我们就面临没有资金的困境。20世纪90年代初期，我们陷入了又一个困境，就是如何吸引更多的优秀演员。从我自身体会来说，吸引演员最好的办法就是首先要满足他们在艺术上的追求，有舞跳，其次才是物质上的。当时我们得到了李嘉诚先生的第一笔赞助，排演了肯尼斯·麦克米伦的助手莫妮卡·帕克为我们编导的《睡美人》。这部戏在当时培养了很多芭蕾舞团的新生力量，现在他们都成为芭蕾舞团的中坚力量。那时我们不仅重新接受了俄罗斯学派，在改革开放后我们又吸收了各种不同流派，凡是好的东西我们都肯学习吸收，不管是古典的还是现代的。这时，我们又开始思考新的问题，就是怎样走出《红色娘子军》，排出另外一部有中国特色的舞剧。下面为大家介绍一下《大红灯笼高高挂》的排演过程。

（短片）

1999年，我们就开始筹备和张艺谋合作排演《大红灯笼高高挂》。之所以为大家播放这两部"红剧"，是因为它们代表了中国芭蕾发展的两个阶段，是对外宣传中国芭蕾的两个代表性剧目。2003年，我们在意大利演出的时候就有一个戏剧评论家说：如果《红色娘子军》是中国传统文化的宝贵财富，那么，《大红灯笼高高挂》就代表了现代化的中国。当然，并不是说我们现在创作的这些戏都非常成功，但是中国芭蕾在经历了这么多的坎坷以后能够找到自己的一条路、创作属于自己的中国芭蕾，我认为是难能可贵的。2008年和2009年，我们在法国和英国受邀演出了四部舞剧。此外，我们芭蕾舞团在这些年中也遵循了自己的艺术方针，每年在介绍古典芭蕾的同时，也做一些创意工作坊和现代舞蹈的展示，参与许多国际文化交流活动以及国际芭蕾舞比赛。那么，下面就请孙瑞辰和王晔为大家表演由费波编导的一个现实题材的舞蹈《在路上》。

（表演）

通过这个表演我们看到，芭蕾是一门综合艺术，不只限于脚尖。芭蕾舞也远不是大家想象的只有《天鹅湖》或者《红色娘子军》。在现代芭蕾舞坛上，实际上还有很多优秀的舞剧和可爱的演员，通过演员的表演，可以生动活泼地表现现实生活。

（注：部分内容取材于《西方芭蕾史纲》，朱立人著，上海音乐出版社出版。）

作者小传

　　赵汝蘅，1944年2月生于北京。1961年，以优异的成绩进入中央芭蕾舞团，曾主演《天鹅湖》《仙女们》《吉赛尔》《红色娘子军》等多部大型舞剧。自1994年起，担任中芭团长十五年之久。现任中国舞蹈家协会主席，第十届、十一届全国政协委员，国家大剧院舞蹈艺术总监。国家一级演员、享受国务院政府特殊津贴专家，荣获法国文化部颁发的"艺术与文学骑士勋章"。

　　先后组织创作了具有中国风格的芭蕾作品，引进多种芭蕾流派，与世界著名舞团和编导合作，共演出《天鹅湖》《罗密欧与朱丽叶》《仙女》《春之祭》《练习曲》等数十部优秀剧目。2001年，与张艺谋导演等艺术家合作，推出具有浓郁的中国上世纪三十年代风情的舞剧《大红灯笼高高挂》，该剧与《红色娘子军》一起成为"红色芭蕾"的代表。通过排演与交流，培养了一大批具有国际水平的优秀演员，其中的佼佼者屡获世界芭蕾大赛奖项。在其领导下，中芭以其独特创新的中国芭蕾艺术风格，引起了世界芭蕾舞坛的关注，并跻身世界芭蕾名团之列。她还曾应邀担任十余个国际芭蕾舞大赛的评委。

（摄影：马腾飞）

艺术与生活的边界

时　　间：2012年9月22日
地　　点：中国国家博物馆学术报告厅
主讲人：潘公凯

一、小便池何以成为艺术品

所谓艺术和生活的边界是指艺术作品和现实生活之间的不同和界限，这是20世纪90年代西方的热门话题，艺术的边界问题与艺术的终结密不可分。

早在1917年，著名艺术家杜尚把从商店买来的小便池放到博物馆，然后说，"这是我的艺术作品"，当时连最前卫的展览也认为他太捣蛋。现在，博物馆中的小便池已经被公认为艺术作品，它是杜尚后来重新购买的，用油漆署上"R.Mutt"（美国某卫生用品的标记）。

世纪之交时，《纽约时报》曾选出一百件影响人类历史进程的事件，美术界只有杜尚的小便池入选。英国艺术界举行的一项评选中，杜尚的小便池打败艺术大师毕加索的两部作品成为20世纪最富影响力的艺术作品。

自此，问题就纠缠不清：为什么这个小便池会是艺术作品，而商店中与之完全一样的小便池却不是艺术作品？实际上这就是边界问题，即艺术作品和日常生活用品的界限到底在哪里？或者说到底有没有区分？90年代兴起的讨论艺术终结问题就与此有关。

杜尚并没有简单地提出什么是艺术，而是提出为什么有些东西是艺术品，而与之完全相似的东西却不是，小便池的意义就在于此。

到1964年，艺术家安迪·沃霍尔展出另外一件作品，即布里洛盒子（Brillo boxes），重新提出杜尚所提出的问题。美国当代最负盛名的美学家阿瑟–丹托认为，布里洛盒子与超市里的肥皂粉包装盒在外表看起来并没什么差别。

什么是艺术？艺术的边界在哪里？艺术到底有没有终结？仅从艺术品的外观而言，这些问题没法解答，只能够转向哲学。

丹托和德国美术学家汉斯–贝尔廷（Hans Belting）在80年代中期各自写了一

本书，使艺术品边界变成非常复杂的理论问题，并用整本著作的形式提出来，并指出艺术史就要终结。

原有艺术格局不能继续，是不是艺术活动也要消亡呢？他们认为艺术可以继续，但需要改变方向。

丹托提出可能存在第三领域的美。第一领域的美是写实的、模拟的，第二领域的美是抽象的，第三领域的美可能转向哲学，用艺术作品表现哲学思想，通过哲学思想重新建构美。贝尔廷指出把艺术史的重点转向学科间的交融，也就是过渡区域和受众研究，注重艺术与生活的连接处。

二、西方艺术是用错构表达非常态的生活

"错构是艺术品和常态生活之间的一种结构性生活，简单地说，艺术生活的关键就在'错'和'不错'之间。"

1992年到1994年我在伯克利大学做访问学者，发表一篇长达五六万字的论文《论西方现代艺术的边界》。

这篇论文提出"错构"理论框架，用以解释西方当代艺术，这也恰巧碰到丹托和贝尔廷所讨论的艺术和现实分界问题。

第一，我首先提出生活的常态和非常态这样两个对等概念。比如说大家一起听课，老师讲课，学生听课做笔记，这就是常态；如果走进来一个喝醉了酒的人在地上打滚，那他就是非常态，因为破坏了上课的逻辑。

常态与非常态一眼就能看出，都是在社会环境中所形成的经验，不是理论判断，而是感性的判断。人对于非常态很敏感，非常小的奇怪现象都可以马上被感觉到。

第二，艺术作品是一种非常态的生活现象，属于非常态构成。所谓非常态是指一种与生活逻辑相悖逆的非逻辑结构，我将其称为错构。错构是杜尚以后当代艺术所具有的本质性结构。

错构有三种表现。第一种是内部结构的非逻辑性，直接称其为错构。比如把一辆破汽车压成一个长方形方块，放到美术馆，这肯定是个艺术作品。

第二种就是与周围环境的非逻辑性，叫作错置。最典型例子就是刚才说到的小便池，放在男厕所是生活用具，放到展厅挂上牌子写上字，就成了艺术作品，因为它"放错"了地方。

第三种就是时间上的非逻辑性，称之为错序。比如人应该往前走，但有一个同学倒着走，然后拍下来，这就是艺术作品。

三者组合成错误的时空结构，我将其看成当代艺术的第一必要条件，所有的艺术作品都遵循了错构标准。

艺术作品的第二必要条件是属意。艺术作品要有作者赋予的非实用性，灌输进非常态的意图，它的意义就在于将存在物从周围生活的逻辑之网中脱离出来，与常态发生断裂。

错构是艺术品和常态生活之间的一种结构性生活，简单地说，艺术生活的关键就在"错"和"不错"之间，"错"与"不错"就是关键。符合这两个条件的不一定百分之百都是艺术品，但艺术作品必须符合这两个条件。因此艺术品就是生活的一种非常态形式条件，其必要条件是形式的错构与意义的剥离。

三、艺术始终没有成为生活，生活终究没有成为艺术

错构理论可用以分析整个艺术史。在原始艺术、古典艺术、现代艺术和后现代艺术四个阶段，错构一以贯之。

先从原始艺术说起。原始艺术的本质是模仿和象征，以形式的错构为前提。一个著名的原始艺术是画在岩壁上的一头牛，它不是真的牛，而是假的、没有生命、没有温度，是真实的牛在二维平面上的错构。如果没有二度平面的错构，观者就不会对画在墙壁上的牛有特殊的凝视。

第二个阶段是古典艺术。从古希腊的雕刻到印象主义，贡布里希称之为错觉主义的历程。古典艺术的错构更加逼真，更有空间感，丰富了人类的审美经验，在二度平面上建构起三度空间的幻象。

这种错觉让观者惊叹、凝视、思考，从而忘记周围现实生活的存在。比如《最后的晚餐》，整整占据了餐厅的一面墙，教徒在画下吃饭就仿佛与基督在一起用餐。

第三阶段是现代艺术，又从古典艺术的错觉主义回到原始艺术的自由化、象征化。它以形式语言的纯化为特色，建构起对现实的否定和孤立。比如对面走过来一个漂亮的女孩子，在你想到占有她的时候，审美过程也就结束了，欲望是功能性的，在欲望产生之前的欣赏才是真正的审美欣赏。

第四个阶段是后现代艺术。后现代阶段的研究重点不是形式语言的纯化，而是观念。观念艺术、装置艺术、行为艺术都仍然是以错构为基本存在形式，并以阻断逻辑实现意义的孤立为基本特征。

杜尚之后德国重要艺术家约瑟夫–波依斯（Joseph Beuys）是最接近生活边缘的艺术家，他的作品与生活之间的距离模糊，几乎分不清。1974年他在伦敦一

个艺术中心的小教室讲演，下面基本没有人听。他摆三个木架，然后叠上一百块黑板，不断讲，不断在黑板上乱画，画满后就把黑板扔在地上，一直到画满一百块，整整一个星期。他说，我的艺术作品完成了。他把自己的演讲过程作为艺术作品，让朋友把过程拍下来。最近几十年这些照片越卖越贵，一张就要几万美元。

另外，他还在一个广场种了几千棵树，作为自己的艺术作品。为什么种树可以成为艺术作品呢？首先，他打广告，宣布我要在几月几号开始种树；其次，树的旁边立一块花岗岩的碑，碑和树都可以出售；最后，在每棵树旁边的石头上刻上认购者的名字。总有一些标记使得他种的树和常规性的树有点不一样，但是他的行为已经非常边缘了，常态与非常态的界限已经非常模糊。

我的结论就是艺术始终没有成为生活，生活也始终没有成为艺术，边界是一直存在的。在西方的历史上有两条平行流淌的河流，一条是以基本生活需求为目的的人类生存发展之路，及执着于生活常态的历史，这就是人类生活的社会史；另一条是人类企图摆脱生活常态，寻求精神自由和超越的历史，这是人类生活的远视史，也就是艺术史。

这两条河流互补相生，不可离弃；又互不混淆，泾渭分明。生活和艺术就是这样两条并行流淌的河流。

四、中国文脉是用非常态的眼光看常态的生活

虽然我一直在谈西方艺术，但谈论的背后隐藏着另外一种角度，即中国文脉的叙事。在写《论西方现代艺术边界》时，我将一幅透露中国文脉审美观念的草图放在曹星原女士家，也就是把对西方艺术的理解写成文章，把对中国艺术的理解画成草图。在中国文脉看来，作品就是生命，虽然人已逝去，但作品作为人生命的延续，是无以切割和标示的。

我当时就想做一个装置作品来展现这一理念。当然，理念本身是不能展出的，只能用作品的包装和痕迹来表现，其实是在展示一个不能展示的东西，这是一个悲哀的悖论。

我是一个将东方文化融汇进血液的东方人，怀着中国文化因子去观察西方现代艺术，进而更容易看到他们所看不见的维度。“不识庐山真面目，只缘身在此山中”，或许这也是我能够提出错构理论的原因。借此，可以进一步引申到从东方文化的角度解读西方艺术脉络的内在结构。

西方文脉中艺术研究的核心问题一直是“美”，而中国文脉中艺术研究的核

心问题是"审美"。美是客体化的领域，是对象化的观察方法，重视物质化的作品；而审美则是一个主体化的领域，是一个内心化的体验方法，重视过程化的体悟。"美学"一词实际上是西方概念，中国没有把美作为独立客体进行研究的习惯，而是强调在过程中去体验审美的愉悦。

因此，西方的油画是一幅一幅卖，而中国的国画则可以一尺一尺卖，就算把中国的国画裁成五块，每一块照样可以卖钱，因为每一块都是不同的角度，代表了不同的体验。

进行更深一层观察，艺术体系内部的基本结构也是不同的。西方文脉的重点是用常态的眼睛看非常态的生活。西方的所有作品都是错构，只要是非常态就有可能成为作品。用常态的眼睛观察非常态的错构作品，从中获得审美感悟。而中国文脉的重点是用非常态的眼光去看常态的生活，我将其核心称为"转念"。错构和转念是相对的，是构成艺术的两种方式。

我们用禅宗经常举的一个例子来解释转念。禅宗说人生有三个境界。第一境界是看山是山，看水是水。第二境界是看山不是山，看水不是水。因为深入探究，最终看到的山就不是山，而是由石头、泥土、花草和树木等组成；再往下看，水也不是水，而是由氧气和氢气构成的分子结构。第三境界，看山仍是山，看水仍是水。第三境界和第一境界好像很接近，实际上本质是不一样的。第三境界已经获得一种非常态眼光，感悟到的已经不是常态生活中的所见所感，上升到了审美层面。这就是转念。

中国山水画特别强调"澄怀观道"，要去除大脑中的所有杂念，打坐静心，使心态非常澄明，眼光不能与平常的俗人一样，或者说用有童心的眼去看待山川万物和人世，此时就能够从中看出人生的道和宇宙的韵律。

西方人的美是具体的、技术性、数字化的，研究黄金率的比例，多少才最好看。而中国人从来不研究这些，无论什么比例，没有确定的边界，只要心境换了，念头转变，就可以看出不一样的东西，看出来得就是中国的美。

（编者注：讲座原题《艺术的边界与艺术的终结》，记录稿经作者审核加工后更名为《艺术与生活的边界》。）

作者小传

潘公凯，1947年生于杭州。"文革"期间曾在浙南山区工作生活。1979年调回浙江美术学院中国画系担任素描与中国画论教职，并先后任浙江美术学院学报编辑部主任、浙江美术学院中国画系主任，1992年赴美国伯克利大学东亚研究所做访问学者，1994年回国任中国美术学院研究学部主任，1996年出任中国美术学院院长，2001年调任中央美术学院院长。曾被授予旧金山美术学院荣誉博士和英国格拉斯哥大学荣誉博士。兼任中国美术家协会副主席等。

国画家，美术史论家。20世纪80年代以来，提出中西两大艺术体系"互补并存，两端深入"的学术主张，在中国美术界产生了重要影响。其水墨作品深沉雄阔，曾在纽约、旧金山、东京、北京、上海等地举办个人画展。论著有《中国绘画史》《潘天寿绘画技法解析》等。主编《现代设计大系》（全四卷）、《潘天寿书画集》、《中国美术60年》（全六卷）。近十几年一直主持"中国现代美术之路"学术课题的研究和撰写。

（摄影：李守义）

中国青铜技术的起源与早期发展

时　间：2012年12月1日
地　点：中国国家博物馆学术报告厅
主讲人：梅建军
主持人：中国国家博物馆学术中心主任　铁付德

铁付德：

各位听众，欢迎来到国博讲堂。"国博讲堂"自开办以来，受到社会各界听众的广泛关注。两年左右的时间，大约每月一次的"国博讲堂"，涉及考古、历史、艺术、博物馆学、文保科技等多方面内容。

今天我们有幸请到北京科技大学的梅建军教授来给我们做报告。梅建军教授是北京科技大学冶金与材料史研究所的所长、博士生导师。2000年获英国剑桥大学考古学系哲学博士学位，2006年获选德国考古研究院通讯院士，现为中国科学技术史学会理事。梅建军教授的研究领域，主要包括中国冶金技术史、中西文化交流和科技考古。

大家知道，中国青铜技术的起源和早期发展，一直是中国考古学和冶金史研究的一个热点。金属是人类文明发展的物质基础，金属技术的发生和演变，在早期文明史上是具有划时代意义的重大事件。金属何时在中国出现，青铜冶金是中国起源还是由西方传入，中国青铜技术的发展有着怎样的轨迹和特点，它是否受到西方的影响。这些问题，自20世纪20年代现代考古学引入中国以来，就一直是一个为中外学者所关注的问题。

梅建军教授今天的报告，依据近年来的考古发现和资料，围绕中国早期青铜器发现和区域特征的统计，简要回顾过去半个多世纪，有关中国青铜技术起源研究的历程，梳理重要的研究文献，阐明研究的学术背景和基础。他的报告着重介绍中国西北地区的早期青铜器新发现、研究结果以及研究所反映出的意义，尤其是探讨该地区早期青铜文化与欧亚草原文化的接触与联系等问题，报告将以中国西北地区早期青铜器为参考系，来检视中原和北方地区的早期铜器的发现及其所表现出的区域特征，探讨西北、中原和北方这三个地区之间的文化联系和互动，并展望下一步的研究方向。

　　下面就让我们以热烈的掌声，欢迎梅建军教授来到国博讲堂，给我们带来精彩的报告。

梅建军：

　　各位女士、各位先生：

　　我今天走进这个讲堂，看到有这么多人来听这个报告，感到非常高兴，也有点紧张。我首先要感谢大家！

　　我今天要讲的这个题目，是一个比较专的题目。有这么多的听众来听这样一个有些生僻的专题报告，我感到有些吃惊，但同时也感受到了大家对中国古代科技的发展，尤其是金属技术的发展有很浓厚的兴趣。

　　我为什么会想到讲这样一个题目呢？"中国青铜技术的起源与早期发展"——这样一个题目，就一行字，实际上有几个问题我们应该先略为解释一下。首先，什么叫青铜技术？什么叫起源？什么叫早期发展？而且你为什么要来研究这些问题？你是怎么研究的？这个研究有意思吗？为什么要提这样一个问题？值不值得？有谁关心这个问题？你是谁，有什么资格来谈这个问题？所有这些问题，我们在后面的讲座里会逐渐触及到。但有几个问题要先解释一下。

　　什么是青铜技术？我们讲的青铜，一般是铜和锡的合金，当然青铜的范围还包括其他合金，比如铜和铅的合金，还有铜和砷的合金，砷是一种半金属，我们有时也把它叫作砷青铜。所以"青铜"这个概念有一个比较宽泛的解释。那"技术"就是我们怎么样把青铜做出来。这不是一件简单的事，不是说很容易就能获得青铜，这在人类文明史上有一个很漫长的过程。

　　然后说"起源"，就是说一件事是什么时候开始的，是不是只有一个起源。比如过去一直说青铜可能是在西亚的某一个地方最早开始出现，然后传播到其他地方。那在中国，有人说可能不是这样，可能在中国的某一个地方，最早出现了青铜器，出现了这样一种青铜技术。这样按我们一般的理解，研究一项技术最早从哪里开始，即可称为其起源的研究。大家知道，研究这样的问题是没有止境的。

　　为什么要研究这些问题？这些问题有什么样的意义？我想最后再来回答这两个问题。这项研究有意思吗？这个问题我先不回答，大家听完这个讲座，再来看。我是谁呢？关于这个问题，刚才铁主任已经作了很多的介绍，我就不必细讲了，但我会讲到我的学术传承。

我们先看一下这张图（图一）。这张图出自英国《古代》杂志2009年的一篇非常好的综述性文章，这篇文章讲的是欧亚大陆的冶金发展，给出了这样一张图。文章的作者叫作Benjamin Roberts，是一位非常年轻的学者。这张图是根据现有的考古发现做出的。大家看，最红的地方，显示出早于公元前5000年，青铜冶金也就是（或者）说是铜冶金最早出现的地方。大概有一个梯度，等到青铜冶金传到中国，已经到了公元前2000年。这是2009年的一篇文章，谈到了世界视野下看青铜冶金早期发展所呈现的态势。

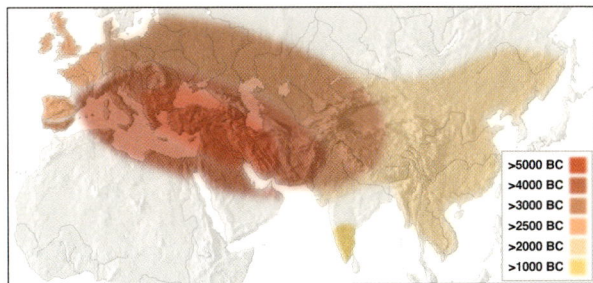

图一　铜冶金技术的起源与传播（采自Benjamin W. Roberts, Christopher P. Thornton & Vincent C. Pigott. Development of metallurgy in Eurasia. *Antiquity*, 2009: 1014）

如果我们回过头来看中国，公元前2000年前，或者是公元前3000年到前2000年，或者到公元前1500年。我所谓的早期，我把它定义为公元前1500年或前1600年以前，也就是商代以前。所谓的早期的发展，指的就是从铜冶金开始到公元前1600年这样一段时间。我们来看在这样一段时间里，中国的早期铜器的发现。笼统地讲，我们可以说有三个重要的地区。一个是在河西走廊，这是中国的西北地区，也就是甘肃、新疆、青海。还有一个我称之为中国的北方地区，就是现在的辽宁、内蒙、北京、河北这一部分地区。还有就是黄河流域，河南、山西的南部，这个地方就是我们说的中原地区。在山东半岛还有一片小的地区，可以算东部，这个地区我们今天暂时不涉及。我们讲三个地区，中国的西北、中国的北方还有中原地区。

在做更进一步的演讲前，我想先讲一讲我是谁，非常重要的是我的学术传承是怎样的。我想先介绍一下我的研究所。1974年，北京钢铁学院（也就是现在的北京科技大学）在柯俊院士的领导下开始了冶金史的研究。大家知道那会儿还是"文化大革命"期间，为什么要做冶金史研究呢？大家恐怕想象不到，是为了"评法批儒"。为了这样一个目的，来研究中国古代的冶金发展。当时为了写一本《中国冶金史》的书，成立了"中国冶金史编写组"。这个是北京科技大学冶金史研究的开端。

我的学术传承在这样几张照片里（图二）。这里面最重要的一位人物，就是左下角的这位，我的老师柯俊院士。还有韩汝玢、孙淑云、李晓岑、李延祥几位教授和北京大学的陈建立教授。左上角这张照片摄于1986年，那个时候我和在座的很多同学一样，还是一名年轻的学生，第一次参加国际性的学术会议——在中国召开的国际冶金史大会，那是第二届。当时站在中间的这位女士，就是现在英国牛津大学的罗森教授。她原来是大英博物馆东方部的主任，后来做了牛津大学墨顿学院的院长。我在英国读书的时候，请她做了我的校外指导老师，这是我的学术传承的另外一方面。我最终选定研究这个课题，跟她有很大的关系。右下角是最近的一张照片，2006年在北京召开的第六届国际冶金史大会。为什么放这个照片呢？是因为我想说，冶金史研究在大家看来可能是一个很窄的领域，但也是有一个国际性的组织的，有国际性的研究氛围，世界各地都有研究冶金史的专家。右上角的照片是国际研究中国科技史的著名人物——李约瑟博士。

图二　左上：与王可、罗森、韩汝玢合影（1986年，郑州）；右上：与李约瑟合影（1994年，英国剑桥）；左下：陈建立、李延祥、柯俊、李晓岑、孙淑云和韩汝玢合影（2003年，北京）；右下：与国际冶金史大会执委会成员合影（2006年，安阳）

要研究中国的早期青铜技术的发展，有一个人我们一定要从他开始讲，就是安特生。安特生可以说是开创中国考古学的一位重要的西方学者。1923年，安特生发表了《中国远古之文化》。这本书的重要性，是他根据在河南仰韶发现的彩陶，命名了"仰韶文化"，并提出中国的彩陶是从西边来的，由此构建了"中国文明西来说"。这是最早用考古证据提出中国文化跟西方文化有联系的人士。

另一位学者是中国考古学之父李济先生。李济先生的一个非常重要的、跟我们今天演讲密切相关的工作，就是在1928年～1937年，主持了河南安阳殷墟的考古发掘。也正是殷墟的发掘，揭示了商代的中国，有非常发达的青铜技术的存在。一大批青铜容器、兵器、礼仪性器物的发现，很自然引起了全世界学术界的关注，也引起了学者们的疑问：这样发达的青铜技术是怎么来的？20世纪40年代，在国际上有两位著名学者，一位是瑞典的高本汉（Bernhard Karlgren, 1889年～1978年），一位是美国的罗越（Max Loehr, 1903年～1988年）。这两位学者在40年代发表论文，争论一件事。应该说这件事最早是由高本汉引起的。他提出，在安阳殷墟发现的带动物纹饰——如柄端带动物头部造型——这样一些青铜器表明，中国的中原地区——就是安阳，对南西伯利亚、欧亚草原地区有影响。这是高本汉提出的学术见解。而罗越先生在《美国考古学》杂志上也发表了论文，他认为传播的方向正好相反，不是由安阳影响到了草原地区，而是草原的青铜器传到了中国的中原，也就是殷墟。

我们来看一下罗越的一段话："安阳实际上代表了中国最早的金属时代的遗址，把我们带回到公元前1300年。这个遗址没有展示任何初始的金属加工迹象，而是极为精美发达……事实上，到现在为止，这样一个初始阶段在中国的任何地区都还没有发现……冶金看来是从外部传入到中国的。"这是1949年发表在《美国考古学》杂志上的一篇经典文章——《来自安阳的武器和工具及其跟西伯利亚的对应物》。这是罗越的见解。

实际上，他的见解有一个深远的背景。当时的学术界在世界范围内对冶金术的起源有一个程式化的看法。著名的英国考古学家戈登·柴尔德（Gorden Childe, 1892年～1957年）早就提出，冶金应该是在近东地区产生的，就是我们一般所谓的两河流域，即伊朗、伊拉克这一地区。他提出"单一中心起源"，就是冶金只能在一个地区发生一次，因为这个技术太复杂了，不可能在所有地方都发生。而这个理论的集大成者是美国的旅行家兼学者沃泰姆（Theodore A. Wertime, 1919年～1982年），他出版有两本书，即《铜器时代的到来》和《铁器时代的到来》。70年代，他在《科学》杂志上发表了数篇文章，倡导冶金单一起源的理论。这个自然会影响到当时的学术界的一些看法。所以说，罗越在40年代提出中国的冶金由外部传入一点也不奇怪。

到五六十年代，新中国成立以后，在中国的甘肃地区有了一些新的发现。这些发现中最重要的一个遗址，就是武威的皇娘娘台，在这个遗址发现了青铜器。我们知道，武威皇娘娘台属于齐家文化。齐家文化是公元前2000年前后，这比安阳的发现要早了七八百年。所以可以说，甘肃的早期铜器发现表明，铜和青铜在中国并不是在商代突然出现的，商代发达的青铜冶铸技术应该有一个更早的演进阶段，存在着一个发展过程。如甘肃地区发现的最早的铜器是马家窑文化的铜刀，它的年代是公元前2800年左右。而马厂文化的残铜刀刀尖，年代大约是公元前2300年。

到六七十年代，有了这些新的考古学证据，有些学者就开始思考，中国的冶金会不会也是独立起源的呢？这里面有几位非常著名的学者，一位是郑德坤先生，当时在英国剑桥大学；一位是何炳棣先生，在美国芝加哥大学；还有一位很重要的人物，是澳大利亚国立大学的巴纳（Noel Barnard），他和一位日本学者，在1975年出版了一本著作，名为《冶金：古代中国的冶金遗存》，把中国的冶金遗物证据都标在地图上。实际上在60年代，张光直先生已经开始关注这个问题，已经提出中国文明，甚至中国文化，还有冶金独立起源的可能性，但是没有提出很强有力的考古学证据。而这几位，应该说主要是利用考古学的证据来论证中国冶金术的本土起源，而且做得非常好。尤其是巴纳教授，发表了大量著作倡导本土起源的观点。

这样一种观点的提出，其实也不是一个孤立的现象。剑桥大学的柯林·伦福儒（Colin Renfrew）教授是最早在欧洲或者说是在西方世界，倡导冶金有多个起源的。他的依据是在50年代碳十四测年技术开始应用于考古学，这个技术把欧洲东南部的冶金，提早到跟近东——也就是两河流域——差不多相当的年代。所以他认为欧洲的冶金并不是从近东地区传来，而是在欧洲独立发展起来的。最重要的一点是他提出，冶金术的产生，并不是技术上的需求，而是出于审美的需要。早期的铜器，不是用于工具，而是用作个人的装饰品。所以他认为是一种审美的价值需求导致了冶金术的产生。这个观点是一种颠覆性的观点，对学术界有很强的影响。如果从更开阔的视野来看，这个时期，也是所谓的新考古学，在全世界尤其是欧美国家兴起的阶段，倡导的就是研究区域性的技术和文化的发展。可以说，新考古学的兴起推动了冶金起源多元论观点流行。我还记得，2005年我与伦福儒教授一起去新疆考察，他一路最关心的一个问题就是中国的青铜冶金究竟是如何起源的。

直到70年代中期，中国大陆的学者还很少参与冶金的起源是多源还是独立的讨论。这大概有很多的原因，比如"文化大革命"等。在"文化大革命"之后，中国学者在新的研究的基础上，开始参与这样一场学术性讨论，这是从80年代初开始的。

1981年，《考古学报》上发表了两篇非常重要的文章。一篇是安志敏先生的《论中国的早期铜器》；另外一篇，是北京科技大学——也就是当时的北京钢铁学院——的孙淑云教授和韩汝玢教授发表的《中国早期铜器的初步研究》。这篇文章是一篇经典文章。为什么这样讲呢？因为过去研究早期铜器，仅仅从形态学上进行描述，而这篇文章是第一次对中国的早期铜器，包括东北、华北、西北地区的早期铜器，采用科学的方法系统地做了检测分析。这样的工作首次揭示了，在公元前第三千纪中国已经开始出现了青铜。因为马家窑文化的铜刀，经过科学分析，证明是铜和锡的合金，而不是纯铜。大家知道，在西方，冶铜技术的发展大致有这样一个过程：首先使用的是天然的铜，然后出现的是人工冶炼的纯铜，最后才进入到铜和锡的合金这样一种历史的发展阶段。可是在中国发现的最早的这件东西是青铜的。在甘肃还有青海的一些齐家文化遗址，也就是公元前2200年到前1600年的遗址里，发现有红铜、锡青铜还有铅青铜这样一些科学的证据。在这样的基础上，我的一些前辈学者，包括孙淑云、韩汝玢、柯俊教授，他们提出了中国的冶金是独立起源的观点

这里还有很多著名的论文，从若干方面来论证这个问题。包括考古学界的安志敏先生的论文，还有巴纳教授1983年的论文，提供了更进一步的证据支持中国冶金的独立起源说。还有严文明先生的《论中国的铜石并用时代》，其中也主张中国的冶金是独立起源的。我的老师柯俊教授在《中国古代文明的科学技术》里，讲到了冶金技术的发展。他把中国早期铜器的分析结果跟西方进行对比，发现中国基本没有发现铜和砷的合金。而西方的发展都是先出现纯铜，然后出现砷铜，最后才出现铜和锡的合金。在中国没有铜和砷的合金，柯先生认为这是一个重要的证据，证明中国的冶金发展和西方是不一样的。另外华觉明先生也在论文中提出冶金术在中国是独立起源的，而且不仅有技术的证据，还有社会的原因来解释这一观点。

在80年代有这样氛围非常浓厚的讨论。1986年在河南郑州召开国际冶金史大会的时候，关于中国冶金的起源问题，会上有非常热烈的讨论。尤其是当时传说陕西发现了两件仰韶时期的黄铜器，引起了很多争议。有代表性的学者是美国宾夕法尼亚大学的穆尼（James Muhly）教授，他提出在中国西北地区的考古发现并不能够认为支持了中国冶金独立起源的学说，但是也没有反过来支持传播论，这样的发现没有任何的倾向性，仅仅是一个新的发现。他认为这个新发现只是展示了中国的冶金最早的发展阶段，和西方相比并没有什么区别。西方发现的最早的铜器都是个人的装饰品，以前在安阳看不到个人的装饰品，在殷墟商代的青铜器里全是非常庄严的青铜礼器。可是在甘青地区发现的早期青铜器都是耳环、指环等装饰品，和西方的一样。所以对同样的考古发现，中西方的学者会有不同的解读。在中国学者看来，是支持了中国冶金独立起源的，在有些西方学者看来，这恰好证明了中国最早的冶金发展阶段，跟西方有一些关联。

穆尼的观点到了90年代开始产生效果，那就是进入90年代，我称之为传播论再起。而传播论再起的一位关键人物，几乎出乎所有人的意料，不是西方人在大声疾呼，而是中国考古学界一位泰斗级的人物——安志敏先生。1993年，他在《考古》杂志上发表了《试论中国的早期铜器》一文，提出冶金术可能是经丝绸之路传入中国的。我们知道安先生是一位非常严谨的学者，我认为他在提出这样的学术见解时是经过了深思熟虑的。这个马上在国际上产生了很大的反响。在我印象中，当时文章刚一面世，美国宾夕法尼亚大学的梅维恒（Victor Mair）教授就注意到了，他把安志敏先生的结论部分翻译成英文，用当时刚出现的电子邮件发给他认识的所有研究中国古代文明的学者，我也在他的名单上。也就是因为这样一个邮件，促使我在进入剑桥大学攻读博士学位的时候，意识到这是一个很重要的选题。因为，很显然我们在讨论中国的冶金起源时，目光仅仅关注到中国的甘肃和青海，可是新疆这个地区还没有任何人触及过。安先生这篇文章首次提出冶金沿丝绸之路东传，大家知道丝绸之路一定要通过新疆，所以新疆显然是一个空白点。因此，我在1994年就选择了新疆的早期冶金作为我的博士论文选题。安先生的见解带有一定的推测性，因为在他的文章里，还没有很明确的证据来支持他的观点，当时新疆的考古发现非常零碎。但是他指出了齐家文化铜器比中原地区更为繁盛，很可能与当时更靠西边的文化有关联，进而指出中国的西北地区很可能影响到中原地区，这仍展现出了极为敏锐的观察力和学术勇气。

90年代还有几篇非常重要的论文相继出来。其中有一篇1995年发表在《早期中国》上，作者是胡博（Louisa G. Fitzgerald–Huber），论文题目是《齐家和二里头——关于跟远方文化的联系的问题》，这篇长文大概有五十多页，中心意思有两点：第一，齐家文化显然跟西边的欧亚草原文化有关系；第二，不仅是齐家文化与西方有关系，中国中原地区最早的青铜文化——二里头文化，也同样和西方有关系。她和安志敏先生的区别在哪儿呢？她的不一样就是，安先生仅仅提出了一个想法，而她是第一位从考古学上进行论证的学者。而在这之前，当时北京大学的水涛博士早已开始关注新疆的考古学文化，并做了系统的梳理，他的论文1993年发表在《国学研究》上。但是他这篇文章因为是用中文发表的，所以在国际上没有产生很大的影响，但在国内引起了很多学者的关注。所以，这是一种有很多环节在其中起作用的发展趋势。这些新的研究成果逐渐在全世界范围内产生影响，包括法国、德国、英国、美国和日本的很多学者，都开始关注到中国新疆地区的考古发现，很多学者到中国跟新疆地区的考古学家合作开展发掘工作。

也是在这样一个阶段，北京科技大学的孙淑云和韩汝玢教授又发表了一篇很重要的关于甘肃早期铜器科学分析研究的论文。这项研究的一个特别重要的发现，就是在河西走廊发现了铜和砷的合金。河西走廊的考古学文化叫四坝文化。

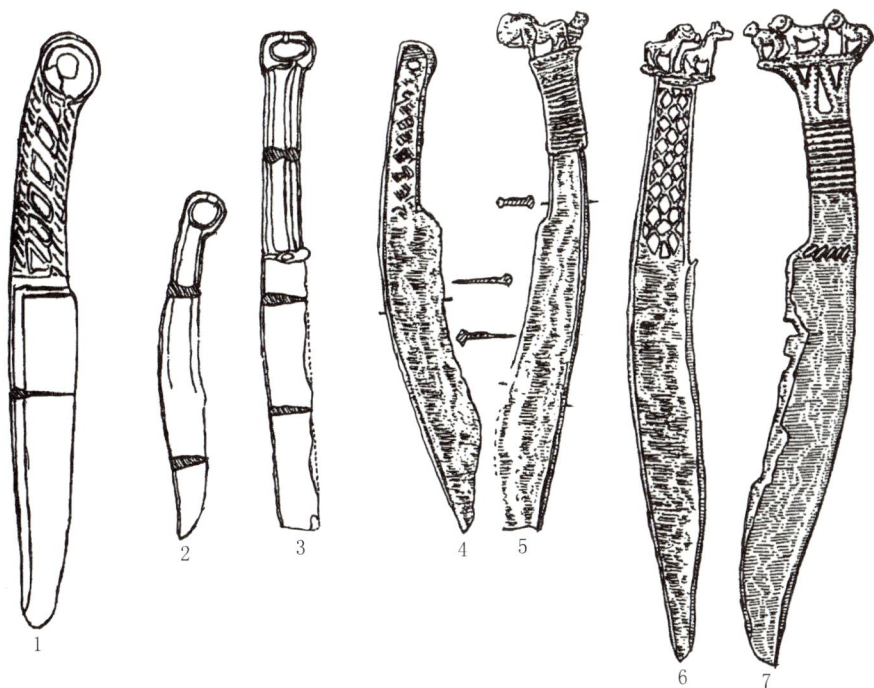

图三　草原地带的青铜刀

四坝文化比齐家文化略晚，大概年代在公元前1900年到前1500年，也是一个有丰富彩陶的文化。我从1995年开始在剑桥大学做新疆早期冶金的研究，然后回到国内，在研究所的支持下，跟新疆的考古学家合作，收集了一批新疆出土的早期铜器的样品，做了第一批分析，大约有十多个数据，发表在日本的《金属博物馆》杂志上。这个可以说是关于新疆早期铜器的第一批系统的科学分析的结果，发现了锡青铜的广泛使用。

那么，为什么胡博会提出中国的这些早期铜器跟欧亚草原有关系呢？我们现在来梳理一下她所使用的一些证据。比如在这张图片里（图三），都是欧亚草原上发现的弓背铜刀，有的在柄首部还有人和动物形象的装饰。弓背铜刀在中国在四坝文化、二里头文化、齐家文化都有发现。所以在类型学上，考古学家认为它们有一定的相似性。特别的是有一件铜矛，其形制很独特，下面有一个倒钩。最早注意到这个发现的，是我在日本做研究时的导师高滨秀先生。他在2000年发表的一篇论文里注意到图四中的2号铜矛，这件铜矛最早是苏联考古学家吉谢列夫先生报导的。

20世纪50年代，吉谢列夫先生曾到中国考察，在陕西省博物馆看见了这件铜矛，并意识到其重要性，因为这种矛在南西伯利亚地区也有发现，所以他就把这件矛画下来了，并发表在1960年出版的《苏联考古学》杂志中，但从未引起人们的注意。高滨秀先生从俄文文献检

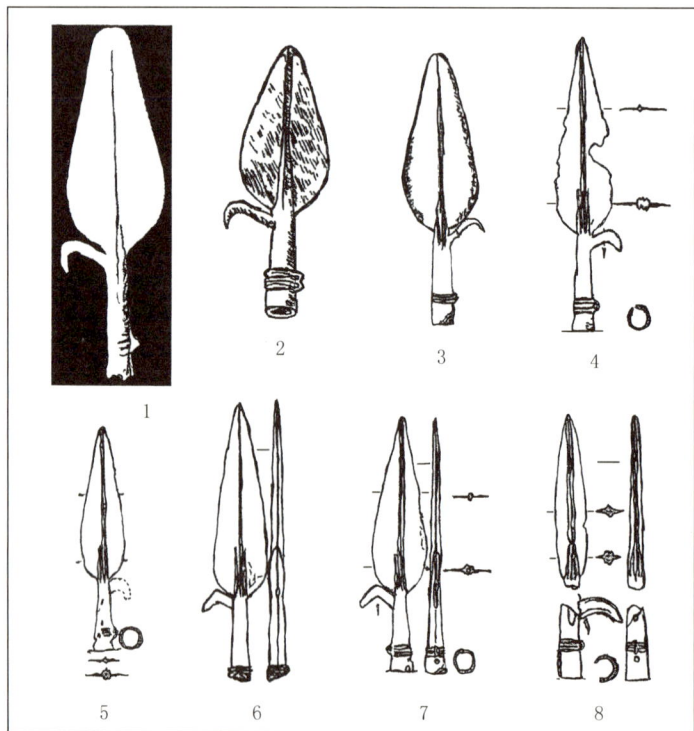

图四　中国和南西伯利亚地区考古发现的青铜时代的铜矛（1. 青海；2. 陕西；3. 山西；4~8. 南西伯利亚）

索到了吉谢列夫先生的论文，因为他本人一直关注西伯利亚地区的考古发现。他为什么会注意到这件铜矛呢？这是因为他最早注意到了在青海西宁发现的这件形制巨大的铜矛。这件铜矛非常特别，被认为是齐家或卡约文化遗址出土的。这件铜矛最特别的地方是有61厘米长，而且尖端是秃的。显然它不是一件实用的器物，而是一种礼仪性的重器，可能是权力的象征，类似于权杖一类的器物。高滨先生注意到了这件东西，然后就收集南西伯利亚的考古发现，后来注意到了吉谢列夫先生在陕西博物馆里面发现的这件器物。

我当时在日本就与陕西考古研究院的张天恩先生联系，托他寻找这件铜矛，他果然在陕西省博物馆找到了这件铜矛。我从此就对这种铜矛很感兴趣。这种铜矛的关联性很强，因为它的类型学特征非常突出。大概在2006年我带学生到山西进行考古调查的时候，山西省博物馆的一位馆长送了我一本《山西重要拣选文物图录》，里面收录了这样一件铜矛，后来也在山西太原的一个小博物馆里找到了。展览标签上将其定为西周时期的器物，我觉得其年代应该比西周要早，西周时期没有发现过这种铜矛。

这个故事还在延续。大概两三年前，社科院考古研究所的何努教授告诉我，他在河南的一个遗址里也发现了这种铜矛，而且一次就发现了四件。我们对其中一件做了分析，是一件纯铜的器物，长度是正常的长度。我一直觉得很纳闷，为什么在中国发现的这些铜矛，顶端都是秃的，而且倒钩很长。这个故事还没完，我前不久到安阳参加学术会议，台湾中研院历史语言研究所的黄铭崇先生告诉我，这种铜矛他曾在安阳市博物馆见过；而社科院考古研究所安阳工作站的岳洪彬先生则透露说，这类铜矛在河南南阳市的博物馆里也有。我原来想象这种铜矛可能只见于中国西北或北方边境地区，而现在在中原地区也有发现，当然都是采集品，没有特别肯定的年代。所以，现在我特别希望考古学家能挖到一件有确切年代的带倒钩的铜矛。这是关于中国跟欧亚草原文化有联系的一些线索。铜矛发现的地理分布表明了从欧亚草原到中原腹地存在着文化联系，这是非常有意思的一个例子。这就是为什么我们要来关注中国的西北地区和欧亚草原的联系。从这样一个宏观的角度来看，这是一片非常广阔的地域，青铜技术的发展绝对不是一个孤立的现象。

现在，我们就进入到2000年。这是一个很漫长的学术史的回顾。2000年以来，研究在走向深入，有两篇重要的论文：一篇是孙淑云、潜伟和王辉教授发表在《文物》杂志上的论文，报告了有关甘肃玉门火烧沟四坝文化遗址出土铜器的分析结果，进一步肯定了四坝文化中砷铜合金的使用。另一篇非常重要的论文，就是李水城教授发表在《考古学报》上的《西北及中原早期冶金业的区域特征及交互作用》。为什么说重要呢？是因为在这篇论文中，他提出了"区域"的概念，把中国西北地区划分为三个区域：一是新疆；二是河西走廊，就是四坝文化这个区域；三是甘肃的东南部，就是齐家文化所在的区域。他认为这三个区域形成了一个链条，所以冶金技术的传播，就是从南西伯利亚进入到新疆的东部，然后从新疆东部进入河西走廊，从河西走廊进入到甘肃东南部，从甘肃东南部进入中国北方还有中原地区。这是他在2005年发表的论文。

我本人在2003年发表的论文也提出了类似的观点，发表在英国学术院的院刊上面。2002年，我在英国学术院做了一个演讲，探讨了中国跟中亚地区的文化联系，实际上我说的中亚地区主要是指新疆地区。我提出了中国中原地区的冶金应该是跟西北地区有密切的关联的。这是学者们不约而同地从不同角度开始认识到中国的早期冶金业可以划分为几个区域，然后可进一步研究区域之间的文化联

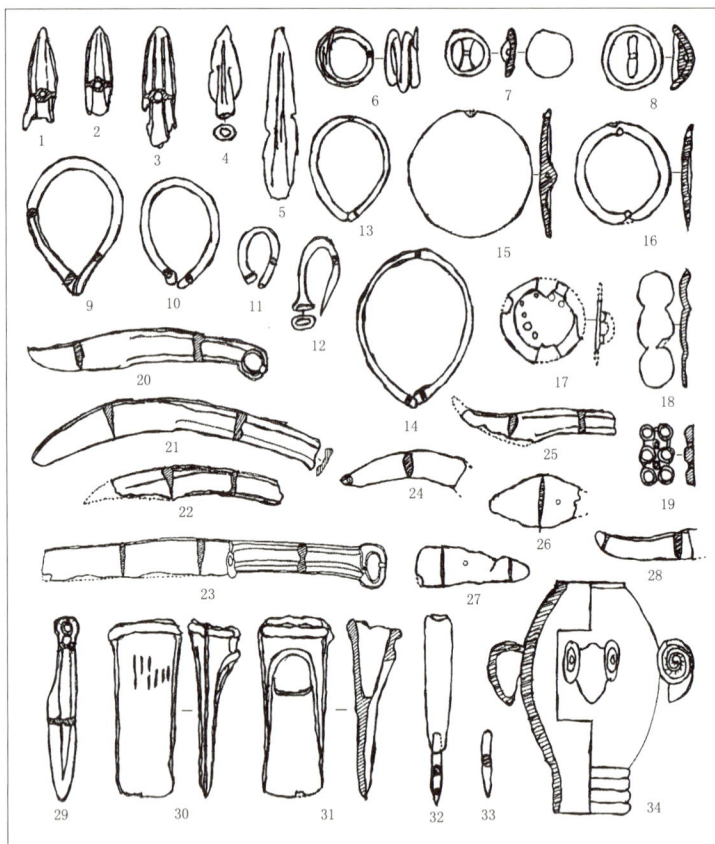

图五　四坝文化诸遗址出土的金属器，其中34为铜权杖头，出自伊朗高原，现藏美国哈佛大学塞克勒博物馆

系和互动。这个图片显示的就是四坝文化的铜器（图五），就在甘肃的河西走廊，我们能看到这样一些铜器，其中有很多有意思的东西，比如带喇叭口的耳环

（图五：12），我们后面还要论及。这图上还有一些铜箭头，大家知道铜箭头一旦出现，就说明铜器已经开始大量出现了。还有弓背铜刀，还有这种我称之为穿銎的铜斧（图五：30、31）。在新疆、在中国的北方地区都有类似的东西。最有意思的是下面的这件权杖头（图五：34）。李水城教授专门写过一篇论文，指出权杖头是从西亚地区传到中国的。但是他讲的权杖头不光是金属的，还有石头的，还有别的材料的。权杖头被认为是西方的一种文化传统。这是很明确的一个例子。我2001年在哈佛大学访问的时候，在塞克勒博物馆看到了这样一件器物，是一个带四羊首的权杖头，出自西亚的伊朗高原。这件东西无论从整个装饰的主题，还是造型，跟中国河西走廊火烧沟遗址发现的这个权杖头都非常相似。

这项工作的很大一个意义就是发现了铜和砷的合金。这是孙淑云教授他们所做多年的工作，不是说只在一个遗址发现了铜和砷的合金，而是在好几处遗址都发现了铜和砷的合金，如东灰山、干骨崖、火烧沟。所以铜砷合金的使用在河西走廊是一个普遍的现象。

2003年，我在英国学术院院刊上发表《青铜时代中国跟中亚地区的文化互动》的文章，还在瑞典的《远东古物》上发表了论文，专门讨论齐家和Seima-Turbino这个欧亚草原青铜文化之间的关联。这是因为2002年在瑞典首都召开了国际学术研讨会，以纪念安特生的学术生涯和贡献。另外，美国匹兹堡大学的林嘉琳（Katheryn Linduff）教授，专门在2004年编辑出版了一本著作，收录了中国关于早期冶金的很多论文，也邀请了一些学者来参与。不光有中国的学者，还有俄罗斯的学者。所以这本文集的题目叫《古代欧亚草原东部和黄河流域早期冶金》。可以看出，国际学术界对这一问题有一种高度的关注。还有一篇论文是新疆考古研究所的刘学堂和李文瑛夫妇发表在2007年《藏学学刊》上的长篇论文，其中深入讨论了新疆的早期铜器跟中亚和欧亚草原的联系。

之前我用了近一个小时讲学术史的回顾。现在作一个简短的小结：20世纪四五十年代是西来说流行的时期；从60年代开始，尤其是70年代到80年代，可以说在中外学者中，独立起源说开始兴起，并引起了广泛共鸣，也得到了科学分析研究的支持；到了90年代，有很多的中外学者开始关注到，在中国早期冶金的发展中，存在一些外来文化的影响因素；到了2000年以后，这项研究继续走向深入，大家在继续关注是独立起源还是外来影响问题的同时，也把更多的研究兴趣和注意力放在区域的技术特征和区域之间的文化互动方面。

下面是本次演讲的第二部分：中国西北地区的早期铜器和冶炼遗址的发现及

其意义。

　　首先，我想讲讲近期研究的几个重点：第一是在早期铜器的使用方面，能不能把各个地区不同的特征——技术特征、文化特征找出来？能不能根据这些特征定义一个区域中心？第二是区域之间的联系及其途径，这个联系是怎么发生的？有什么样的模式、机制？第三是不是所有这些地区，包括新疆、甘青地区，都只是一个中转站——从欧亚草原来的东西，就像接力棒一样一站一站传下去？在这个传播过程中，在每个区域是不是有自己的技术革新、技术丰富过程？为此，我们需要关注每个地区是否存在铜器的生产遗址。最后还有一个很重要的方面，就是冶金生产的组织和社会结构的复杂化，过去我们做冶金史研究只关注技术层面，实际上冶金技术的发展绝对不是一个纯技术的问题，它是跟社会的条件密切相关的，跟社会结构的复杂化有密切关系。

　　我们之所以关注这些，是因为我们得到了国家科技支撑项目"中华文明探源工程"的支持。所以，我们研究的目标很明确，就是为了阐明在中华文明早期的起源和发展过程中，冶金技术究竟起到了什么样的作用。

　　关于近期研究的主要进展，我想在这讲三件事：一是在甘肃的河西走廊发现了早期的冶金遗址，这个非常重要；二是我们对甘肃和青海地区出土的早期铜器做了系统的科学分析，有些铜器是很早就出土了，但是一直没做科学分析，这次在青海和甘肃考古研究所的大力支持下，首次做了科学分析；第三，我们对新疆尤其是小河墓地出土的金属器也做了分析，发现了中国最早的纯锡器物和金银合金，这是重要的研究收获。

　　我们先来看看甘肃冶金遗址的发现。这是甘肃张掖附近的黑水国南城遗址（图六），现在也有学者把它叫作西城驿遗址。有很多学者在这个遗址做了考古调查。为什么会注意到这个遗址呢？是因为做地面调查的时候，发现地面出了一些彩陶片，都是比较早的，可能早到马厂文化时期，也可能是

图六　黑水国南城遗址地层形貌

齐家文化时期的。在遗址上还发现有冶炼的炉渣，这引起了我们的关注。

遗址上采集了一些彩陶片和炉渣。我们对炉渣做了分析检测，结果表明这不是普通的熔炼渣，而是冶炼渣。这里面还发现了冰铜相，显示是通过冶炼得到的炉渣。所以，这处遗址上是有冶金活动的。现在最重要的是需要确定冶炼遗址跟陶片显示的年代，比如说马家窑、马厂或者是马厂跟四坝文化之间的过渡时期，它们的年代是不是同时期的。所以，为了证实这件事，也为了全面揭示这处遗址的考古学意义，甘肃考古所、社科院考古所，还有我们北京科技大学，组织了一个联合考古队，最近三年一直在这个遗址上做考古发掘。我们研究所的陈国科正在做博士论文，就是研究这个遗址。所以在不久的将来，我们会有更系统的结果向大家报告。

接下来，我想讲一下甘肃临潭磨沟齐家文化时期的墓地遗址，这处遗址被评为2008年度全国六大考古新发现。这是一处非常大的遗址，大概有将近一千五百座墓葬。这些墓葬里有非常丰富的个人装饰品。比如铜的手镯，在手腕的部位发现。还有一些放在腰部的小铜刀。

在甘肃文物考古研究所王辉所长的支持下，我们对将近有三百多件铜器进行了科学检测分析，这是前所未有的。过去在齐家文化遗址里发现的铜器，最多的大概也就是青海的尕马台遗址，有四十九件铜器，还有甘肃皇娘娘台，有三十多件，其他的遗址都是几件。这是第一次在齐家文化遗址里面发现有这样丰富的金属器物。当然，因为有这个遗址的发现，我们对齐家文化年代的认识也要有所改变，过去我们认为是公元前2200年～前1800年，有了甘肃磨沟的这一发现，齐家文化的年代可能要拉得晚一些，到公元前1600年。这些装饰品的类型非常丰富，而且发现了可以称之为项饰的东西，可以说在中国的早期铜器里面是首次发现。最有意思的是一种带喇叭口的耳环，这在中国的很多地方都有发现。还有一端打扁的耳环。有新的东西，也有过去见过的东西。还有一个铜扣，上面显然还有范线，表明其铸造工艺的特征，值得展开进一步的研究。还有手镯、耳环、铜泡。喇叭口的耳环有的做得非常精致，有的喇叭口上还有三道小的装饰。不光有青铜的耳环，还有金耳环，也带小喇叭口。还有小刀。我们对一些已经破损的器物，取了一小点样品，到实验室做了科学分析。初步的结果，这里只有一件是纯铜，绝大部分都是青铜合金，有锡青铜、有铜锡铅的合金，个别还含有一点砷。我们也做了金相组织的鉴定，显示有三件是用热锻的加工工艺，其他是铸造的。我们把甘肃磨沟出土铜器的分析结果小结一下，在铜器中，最主要的合金是铜和锡的合金，还有其他的，如铜锡铅、铜锡砷的合金。所有的铜管和耳环基本是锻造制成的，铜扣基本都是铸造制成的。这是磨沟遗址出土铜器的初步研究结果。

接下来，我讲一下青海的宗日遗址。宗日遗址的发掘在20世纪80年代就结束了，但是铜器一直没做过科学分析。这次在西北大学陈洪海老师和青海的格桑本先生支持下，我们取得了几件样品。这几件铜器都是小件的装饰品和工具，而且锈蚀严重。宗日文化遗址的年代是比较早的，大概是公元前2500年～前2000年，考古学家认为其中发现的铜器年代晚一些，属于齐家文化时期。我们用扫描电镜—能谱分析，做出来三件铜器里面都含砷。有的已经锈蚀了，所以结果不可信，但是最后一件只是轻微锈蚀，它的结果是可信的，含有5%～8%的砷。其金相组织，可以看出是铸造的组织。宗日遗址出土铜器的分析结果有什么意义呢？简单地讲，就是发现了铜和砷的合金，而且是早于四坝文化的铜砷合金，这是完全出乎我们意料的。这是在青海出土的早期铜器中首次发现铜砷合金，对全面研究中国西北地区早期青铜技术的发展历程意义重大。

最后，让我们来看一看新疆的小河墓地。相信很多听众都看过了小河墓地的非常惊人的发现。小河墓地也叫千口棺材墓地，位于塔克拉玛干沙漠中，是一个非常干燥的地方，出土的有机质的木头、纺织品都保存得很好，还有用整木做成的船形棺。铜器的使用更令人想不到，考古学家没有发现大件的铜器，但是在这种所谓的"男根"——在女性的墓葬前面，立这样一根木桩，木桩带尖端——在这样的男性生殖器的象征物上面，发现有小铜片夹放在顶端，在木桩底端的裂口处也放着一块铜片。这是什么习俗？表达了什么意思？我们不知道。在这个遗址里没有采集到大型的铜器，但是有这种小的铜片，有的从木头上脱落了，落在沙子里面，考古学家筛沙子筛出来一些铜片，形状很不规则。也有小的铜管，但比较罕见。还有金耳环，里面含铜，所以表面呈现出锈色。最重要的是有一件发灰的耳环，当时推测是铅制的。在新疆文物考古研究所的支持下，我们对小河墓地出土的金属器做了科学分析，结果表明铜片主要是铜和锡的合金，个别的是纯铜，还有个别的含一点砷。最后这件疑似铅的耳环其实是纯锡的，这是在中国发现的年代最早的锡制品。我们还对铜片做了金相鉴定，发现所有铜片都经过了捶打加工，夹杂物被拉得很长，说明加工量很大。当时的人使用金属非常奇怪，比如曾在人头骨的牙缝里发现几个小小的金环。用无损分析，基本是金和银的合金，只有一件耳环很有可能是纯金的。总结一下，七件金环中有一件纯金，其他都是金银合金；十四件铜器做了鉴定，九件是锡青铜，其他的有纯铜，有铅青铜，还有一件含锡和砷的合金。这是我们对小河墓地出土金属器技术特征一个初步的认识。

现在进入到本次演讲的第三部分：由西北看中原和北方。

我们在西北做了这样一些研究工作以后，再回过头来看中原和中国的北方地区，我们会有哪些新的认识呢？比如说，有一个铸造的齿轮形的器物，是在山西的陶寺遗址出土的，是龙山文化的遗物，年代大概在公元前2000年左右。这件东西也是含砷的，它的金相分析的工作是中国社会科学院考古研究所的刘煜博士做的。它的造型非常奇怪。2011年我在合肥一个中国科学史的会议上讲到这件器物的时候，我说我不知道它做什么用。中科院自然科学史研究所的副所长孙小淳教授说这是一件天文仪器，有二十九个齿，可能是用来计算天数，或代表一个月。具体怎么做不清楚，但很可能跟天文观测有关。他为什么这么说呢？是因为他正在研究陶寺遗址上的一个疑似"天文观象台"的遗迹现象。我觉得他的话有一定道理。

还有在陕西北部神木县发现的具有北方风格的一把铜刀，其年代可能相当于夏文化时期。分析结果表明其也是铜锡合金制成的。

我们来看一下中国北方地区出土的铜器，比如说北方地区有夏家店下层文化和朱开沟文化（图七），年代大概在公元前1900年～前1600年。这些文化的遗址所出土的铜器，除了刀和小件工具外，主要是个人装饰品，带喇叭口的耳环尤其值得大家关注。这里的耳环与甘肃磨沟遗址出土的带喇叭口的耳环可以做一个对比，考古发现的这类耳环分布很广，不光在中国的北方和西北地区有，往西可一直到欧亚草原地区，在哈萨克斯坦或更远的文化遗址里均能找到（图八）。可见这是早期青铜文化的装饰品的一个重要特征。

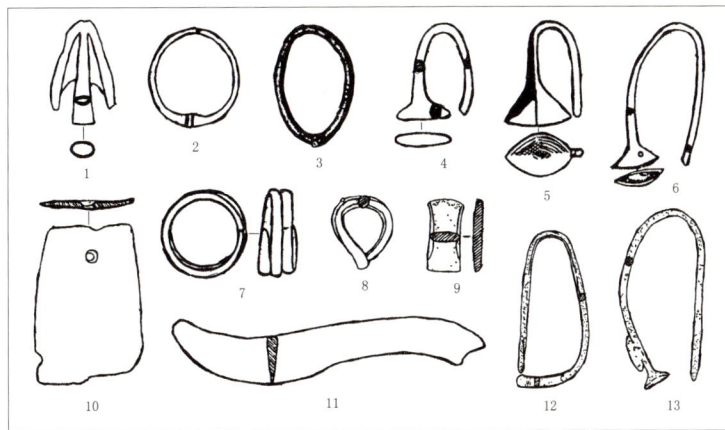

图七 朱开沟文化和夏家店下层文化遗址出土的铜器

我们再把目光投放到中原地区，中原的二里头文化里就没有发现这类耳环。二里头文化的年代大概在公元前

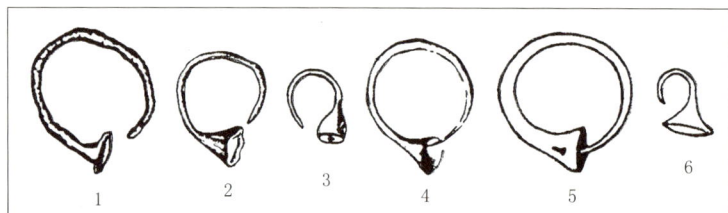

欧亚地区发现的安德罗诺沃型铜耳环。1.出土自哈萨克斯坦阿姆河附近的 Tagirmen Sai；2.出土自西西伯利亚；3.出土自托木斯克的Malyi墓地附近；4.出土自中亚西部地区；5.出土自北京平谷刘家河

图八　中国和欧亚草原出土的带喇叭口的铜耳环

1800年～前1600年，我们发现这时已经开始出现青铜制作的容器了，也有包括刀在内的工具（图九）。对二里头文化来讲，如果说它跟西北地区有什么不一样，那最重要的就是青铜容器的范铸技术。把一块块的泥范组合在一块，来铸造容器，这个技术是个全新的现象，这个在中国西北地区不见，在欧亚草原地区也不见。这是一个全新的划时代的技术上的突破。这件事意义非常重大，我们考察中国文明的起源就一定要从这个角度来看。我们要问，早期的社会里面是什么因素来决定铜器这么使用？比如在西北地区，我们见到的都是个人装饰品，至少是以装饰品为主，还有一些小件工具。为什么到了中原地区开始出现这种用青铜铸造的礼制容器呢？为什么会出现这样大的变化？是什么因素导致了这样大的变化？而且在二里头时期，还出现了一种在其他地区、其他时期都不见的，只在洛阳偃师二里头遗址才见到的镶嵌绿松石的铜牌饰，其意义也非常特别。

所以，我们要来看看，中原地区范铸技术传统的出现是在什么社会背景下发生的。为此，我们要看中原地区在青铜器出现之

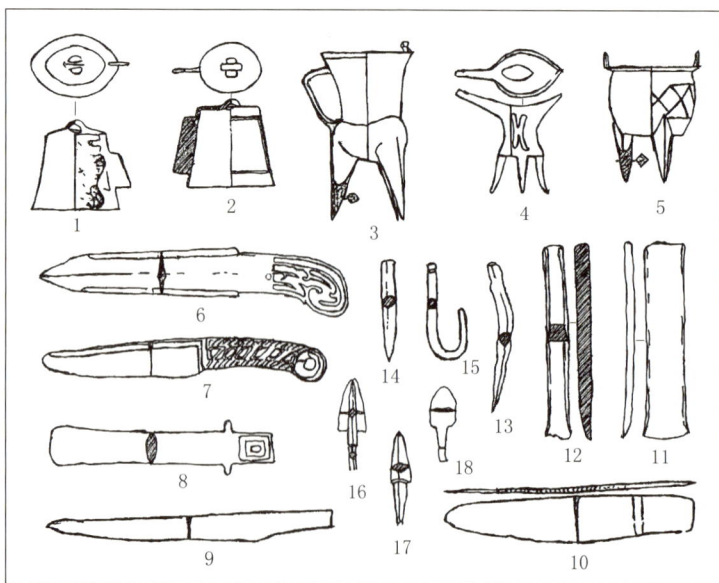

图九　中原二里头文化遗址出土的早期铜制品

前，有一些什么样的文化的发展。这一点我们要来先看能称之为礼器的东西。除了玉器、彩陶器，还有什么样的容器作为装饰品、殉葬品放在墓葬里，反映了一种丧葬的礼仪，这个里面是有意义的。所以我觉得，很重要的一个观察角度，就是要看一下从陶制礼器到青铜礼器的发展。

二里头遗址出土的陶制礼器，有瓠、爵。甚至在有些礼器上，有的学者认为有锻造铜器的特点。比如有的陶器上的小圆点，感觉像是铜的铆钉。这里出土的陶器都在二里头遗址的二期墓葬里面，二里头的铜器基本上是从第三期开始使用。在第二期，二里头已经开始使用陶制的礼器了。到了第三期，铜制的礼器就开始出现了。早期的青铜容器出现的时候，是非常简朴的，没有很多装饰，而且造型都是比较简陋的形态。可以比较一下二里头时期的陶盉和青铜盉（图一〇）。所以二里头遗址里，青铜的容器大部分能找到陶制的容器的祖型。但是有些容器，比如上海博物馆以前的副馆长李朝远先生说，要找青铜斝的祖型就比较费劲，因为这里找到的陶斝的年代是不是比青铜斝的年代要早，没办法确定。再比如说青铜鼎，也不是像前面几种容器那样，有一种清晰可见的继承关系，这里

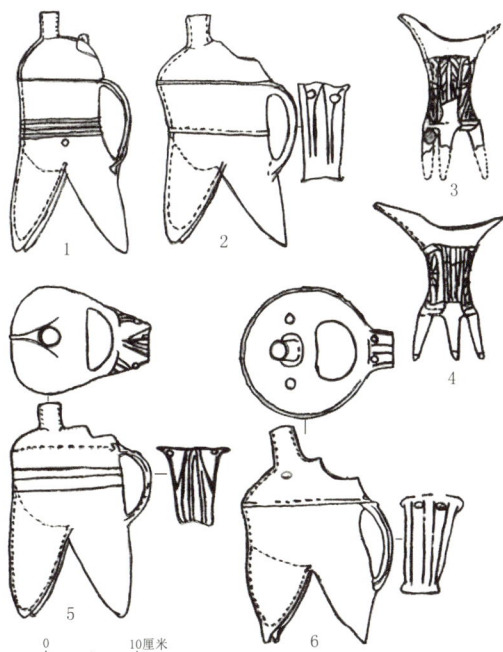

二里头文化三期墓葬出土陶盉及陶爵
1.I式盉（IVM17∶3）　3.I式爵（IVM17∶2）　5.III式盉（IIIKM2∶4）
2.II式盉（VIM7∶1）　4.II式爵（VIM7∶5）　6.IV式盉（VIKM3∶10）

图一〇　二里头文化的陶盉与青铜盉之对比

面就有比较大的差别。在陶寺遗址出土有陶铃，二里头遗址也有青铜铃。许宏先生曾说好像没有斝，他推测当时用的可能不是陶制的，是用的漆器，所以找不到。为什么在中国的早期祭祀礼仪里，容器会这么重要呢？对这件事学术界有很多研究，罗森教授、岗村秀典和傅稻廉先生就解释说，这是因为民以食为天，所以祭祀祖先的时候，就是要请祖先吃饭。为什么礼仪性的铜容器种类好像比陶容器要多？如鼎、斝、瓿。这些是有疑问的。这是许宏先生提出的问题，我觉得到现在为止还没有材料将它解释清楚。

另外还有两个大的问题，今天也没办法解释清楚，但是我认为很有意思。为什么在中国的早期这段时间，从夏代一直到战国，大概持续一千五百多年甚至更长，礼仪性的青铜容器会得到如此持久的尊崇和使用？礼制的力量为什么这样强大？在这个过程中，中国的先民们花费大量精力来传承和改善青铜铸造的工艺技术，其背后的推动力是什么？这些都是值得深入思考的问题。

现在我们来小结一下：把中国的西北地区和中国的中原作一个比较，从器物类型上就能看到明显差别，显然这是两种文化的传统在起作用。一边能看到小件的工具、个人装饰品，在中原地区能看到青铜容器的出现，装饰品也非常不一样，比如那个铜牌饰。这是我们能看到的强烈对比。这种对比说明了什么？为什么会出现这种显著的差异？要得到一个令人信服的解释，我们还有很长一段路要走。

下面我想讲讲未来研究应该关注的重点：首先，早期冶金的发展与社会结构复杂化进程之间的关系，我们需要加强对矿冶遗址的调查和研究。事实上我们研究所有几位老师一直在做这件事，尤其是李延祥教授，一直在做早期矿冶遗址的调查和深入研究，而且已经取得了非常显著的成果；其次，早期铜器的使用，跟社会的礼仪、宗教有非常密切的关系，而且社会性的选择对技术的发展有很强的影响。如果我们要看冶金从矿石到金属的使用，中间有一个很长的产业链条。从采矿到冶炼、铸造、加工再到产品贸易交换，再到使用者手里使用。所有过程里都有一系列问题值得研究。比如冶炼是不是在一个中心聚落里？它一定要有一个社会结构来支持运作，因为这是很复杂的，涉及很多内容。铸造加工也不是很简单的事，尤其是中原地区铸造大型青铜礼容器，那是非常大型的铸造作坊，有社会结构在支撑。这是我们今后的研究中要关注的内容。

通过今天的报告，我要阐述的主要是这几件事：一是强调在中国早期青铜技术发展过程中，西北地区的地位非常重要；二是北方与中原地区不一样，跟西北地区有很多密切关联，所以我觉得北方地区跟西北地区很可能在文化上有密切关联，可能中国西北地区的发展直接影响到中国北方的青铜技术发展。北方跟中原地区也有密切的交流，所以北方地区很可能是冶金技术传播过程中的重要环节；三是青铜礼容器和组合陶范铸造工艺的出现是一个划时代的发展，构成了早期青铜时代中国冶金技术的中心。这个中心一旦确立，就再没有动摇过。这对中华文明在中原地区的起源和发展有非常直接的推动作用。另外，我觉得要理解中原地区的发展，除了本土的礼制传统，陶制礼容器的使用以外，最重要的推动力来自于外部跟中国西北、中国北方的文化互动。这种互动提供了推动力，是中国中原地区早期青铜技术取得突破的重要原因。所以，青铜礼容器和青铜范铸技术构成了中华文明在中原地区起源的重要的技术和经济基础。这是我今天的主要结论。

最后，我要感谢国博讲堂，感谢铁付德主任的盛情邀请。这项研究工作得到了国家科技支撑计划、国家自然科学基金和国家文物局的支持。我们项目组有很多成员，包括李延祥教授、陈建立教授、刘煜博士、陈坤龙博士，还有我的学生王璞、郁永彬、刘建宇、徐建炜和沈璐等人，都给我很多的支持和帮助，在此我对大家，尤其是对甘肃、青海、新疆和陕西等地的考古学家，表示衷心感谢！

谢谢大家！

（附记：本文是在演讲录音的基础上整理而成的，衷心感谢我的学生王颖琛细心记录此演讲的录音，并整理成文。）

作者小传

梅建军，1984年毕业于北京钢铁学院冶金物理化学专业，1987年毕业于北京科技大学科学技术史专业，1988年获中国科学技术大学理学硕士学位，2000年毕业于英国剑桥大学考古学系，获哲学博士学位。1994年~1995年在英国剑桥李约瑟研究所做访问学者，2000年~2004年，先后在剑桥大学麦克唐纳考古研究所、日本东京国立博物馆和东京国立文化财研究所、剑桥李约瑟研究所和伦敦大学考古学院从事研究工作。2003年被英国剑桥李约瑟研究所聘为荣誉研究员，2006年获选为德国考古研究院通讯院士，2007年被国际科技考古期刊 *Journal of Archaeological Science* 和 *Archaeometry* 聘为新一届编委会委员。现为北京科技大学教授，博士生导师，冶金与材料史研究所所长；兼任中国社会科学院古代文明研究中心客座研究员、中国科学院传统工艺和文物科技研究中心学术委员会委员、中国科学院自然科学史研究所中国传统科技文明研究中心学术委员会委员、中国科学院研究生院人文学院科技史与科技考古系学术委员会委员、吐鲁番学研究院研究员、《中国科技史杂志》编委会副主编和中国科学技术史学会理事会理事。

从事的研究领域主要包括中国冶金技术史、中西文化交流史和科技考古等。目前承担或参与的研究项目有"中华文明探源工程（二）：3500BC~1500BC中国文明形成与早期发展阶段的技术和经济研究"、"铁质文物综合保护技术研究"和"中国早期青铜冶金发展及其同欧亚草原文化的关系"等。

（摄影：周子杰）

附录 "国博讲堂"（2011.4～2012.12）讲座一览表

讲座时间	主讲人	讲座题目	讲座地点
2011.4.2	吕章申、范迪安、陈燮君、米歇尔·艾森豪威尔、马丁·罗特、克劳斯·施恩克	"启蒙之对话"第一讲：启蒙的艺术——展览的历史	国博剧院
2011.6.21	钟涵、侯一民、全山石、詹建俊	钟涵、侯一民、全山石、詹建俊谈革命历史题材美术创作	国博学术报告厅
2011.7.14	潘公凯、朱青生、约阿希姆·卡克、李卡利施	"启蒙之对话"第二讲：启蒙与艺术	国博剧院
2011.8.23	金荣敏、郑文杰	韩国国立中央博物馆研究人员学术报告会	国博444会议室
2011.9.4	陈履生、Fiorenzo Lafirenza、Sabrina Rastelli、Amanda Triossi	中国与意大利两国经典设计艺术的历史与发展	国博学术报告厅
2011.9.9	汤一介、陈来、瓦格纳、雅戈	"启蒙之对话"第三讲：启蒙与其在中国的历史	国博剧院
2011.10.12	孙机	从汉代看罗马	国博学术报告厅
2011.11.17	甘阳、黄平、赵汀阳、沃尔夫·勒佩尼斯、吕泽布林克、汉斯·费格	"启蒙之对话"第四讲：启蒙与近现代	国博剧院
2011.12.13	杨天石	辛亥革命的再研究	国博学术报告厅

（续表）

讲座时间	主讲人	讲座题目	讲座地点
2011.12.26	韩美林	民族文化的现代意义	国博学术报告厅
2012.1.10	信立祥	汉代画像石中所表现的汉代人的宇宙观	国博231会议室
2012.2.22	孙机	神龙出世六千年	国博学术报告厅
2012.3.25	杨振宁、李零、梅建军、文树德、傅玛瑞	"启蒙之对话"第五讲：启蒙与知识文化	国博剧院
2012.4.10	伊米莉亚、哈努斯	波兰考古发掘形式	国博231会议室
2012.4.26	王蒙	传统文化中的几个问题	国博学术报告厅
2012.5.16	陈履生	中国画在20世纪中期的境遇与发展	国博学术报告厅
2012.6.8	李零	说出土文物的性别特征	国博学术报告厅
2012.7.27	杨天石	蒋介石日记——中国近现代史研究的富矿	国博231会议室
2012.8.30	赵汝蘅	芭蕾艺术——芭蕾的历史及其在中国的发展	国博学术报告厅
2012.9.22	潘公凯	艺术的边界与艺术的终结	国博学术报告厅
2012.11.2	理查德·华莱士、谢恩·特·鲁吉	毛利碧玉：打开神圣之门——毛利族长者兼文化专家讲解毛利碧玉的历史与文化	国博学术报告厅
2012.11.16	倪凯若	以博物馆的视角看二十一世纪：交叉学科	国博办公楼会议室
2012.12.1	梅建军	中国青铜技术的起源与早期发展	国博学术报告厅
2012.12.4	马利诺、比埃蒂、菲奥雷利·马莱西	佛罗伦萨与文艺复兴名家名作	国博学术报告厅